Konsum und Verhalten Band 26

Werbewirkungsanalyse mit Expertensystemen

Herrn Schweiger

mit herzlichen Grüßen überreicht

Konsum und Verhalten

Herausgegeben von
G. Behrens, Wuppertal · K. P. Kaas, Frankfurt · W. Kroeber-Riel, Saarbrücken
V. Trommsdorff, Berlin · P. Weinberg, Paderborn

Eine Übersicht über die lieferbaren Bände der Reihe finden Sie am Schluß dieses Buches.

Bruno Neibecker

Werbewirkungs-analyse mit Expertensystemen

Mit 59 Abbildungen

Physica-Verlag Heidelberg

PD Dr. Bruno Neibecker
Grumbachtalweg 159
D-6601 Saarbrücken-Sfb.

ISBN 3-7908-0485-1 Physica-Verlag Heidelberg

CIP-Titelaufnahme der Deutschen Bibliothek
Neibecker, Bruno:
Werbewirkungsanalyse mit Expertensystemen / Bruno
Neibecker. – Heidelberg: Physica-Verl., 1990
(Konsum und Verhalten; 26)
ISBN 3-7908-0485-1
NE: GT

Druck und Bindearbeiten: Weihert-Druck GmbH, Darmstadt
7120/7130-543210

Vorwort

Die neuen Entwicklungen auf dem Gebiet der "Software-Technologie" ermöglichen den Einsatz von Computersystemen in bislang kaum zugänglichen Anwendungsbereichen. Diese neue Klasse von Programmen wird als "Expertensysteme" oder weitgehend synonym als "wissensbasierte Systeme" bezeichnet. Obwohl man die Leistungsfähigkeit solcher Expertensysteme nicht mit "Science-fiction" verwechseln darf, bestehen doch berechtigte Hoffnungen für einen flexibleren und "intelligenteren" Einsatz von Computern. Allerdings wagten sich bisherige Entwicklungen kaum in solche Wissensbereiche hinein, in denen man zur Problemlösung verstärkt auf subjektive Urteile der am Analyse- und Entscheidungsprozeß beteiligten Personen angewiesen ist. Das hier detailliert vorgestellte ExpertenSystem zur WerbewirkungsAnalyse (ESWA) kann wohl als der erste Versuch betrachtet werden, den eher mit vage, symbolisch, heuristisch und qualitativ zu umschreibenden Komplex der Werbewirkungsanalyse in ein wissensbasiertes System zu übertragen (zu implementieren).

In ESWA sollte zunächst einmal das "vorhandene" wissenschaftliche Werbewirkungswissen (soweit möglich) berücksichtigt werden. In einer nun beginnenden Ausbauphase kann jeder Benutzer sein spezifisches Erfahrungswissen ergänzend eingeben.

Zunächst verstecken sich hinter vielen psychologischen Grundlagentheorien wertvolle Anhaltspunkte zur theoretisch-konzeptionellen Aufarbeitung dieses Problemfeldes. Andererseits ist häufig zu beobachten, daß sich viele Theorien ins uferlose verlieren und dadurch an Praktikabilität für eine angewandte Marketing- und Werbeforschung verlieren. Es wird Aufgabe dieser Arbeit sein, sich auf die anwendungsbezogenen, funktionalen Aspekte der Grundlagenforschung zu konzentrieren und die heute verwertbaren Ansätze und Ideen herauszuarbeiten. Gleichzeitig sind diese Erkenntnisse soweit implementationsbezogen aufzubereiten, daß sie in die Wissensbasis eines Expertensystems aufgenommen werden können.

Die Betonung des funktionalen Aspekts erlaubt es deshalb, wissenschaftliche Grundsatzdiskussionen lediglich zusammenfassend abzuhandeln, und die Erarbeitung weitestgehend wissenschaftlich gesicherten und anwendbaren

Expertenwissens zur Werbewirkungsanalyse in den Vordergrund zu stellen. Dies schließt nicht aus, daß gleichzeitig auch "vages und nicht allgemein akzeptiertes Expertenwissen" in das System eingeflossen ist. Herausragendes Merkmal von Expertensystemen ist jedoch die Änderungsfreundlichkeit des eingegebenen Wissens, so daß einzelne Teile dieses Wissens relativ problemlos ausgetauscht bzw. ergänzt werden können.

Die graphische Darstellung soll einen globalen, aktuellen Überblick des Systemaufbaus vermitteln. Als Endergebnis wird eine graphisch gestützte Darstellung der wichtigsten Analyseergebnisse sowie ein verbaler Rohtext (Expertise) ausgegeben, der anschließend mit einem Textverarbeitungsprogramm weiter bearbeitet werden kann.

Erste konzeptionelle Vorüberlegungen zu dieser Arbeit entstanden schon zu meiner Zeit als wissenschaftlicher Mitarbeiter am Institut für Konsum- und Verhaltensforschung der Universität des Saarlandes, Saarbrücken (Direktor: Prof. Dr. Werner Kroeber-Riel). Im Rahmen eines Habilitationsstipendiums der

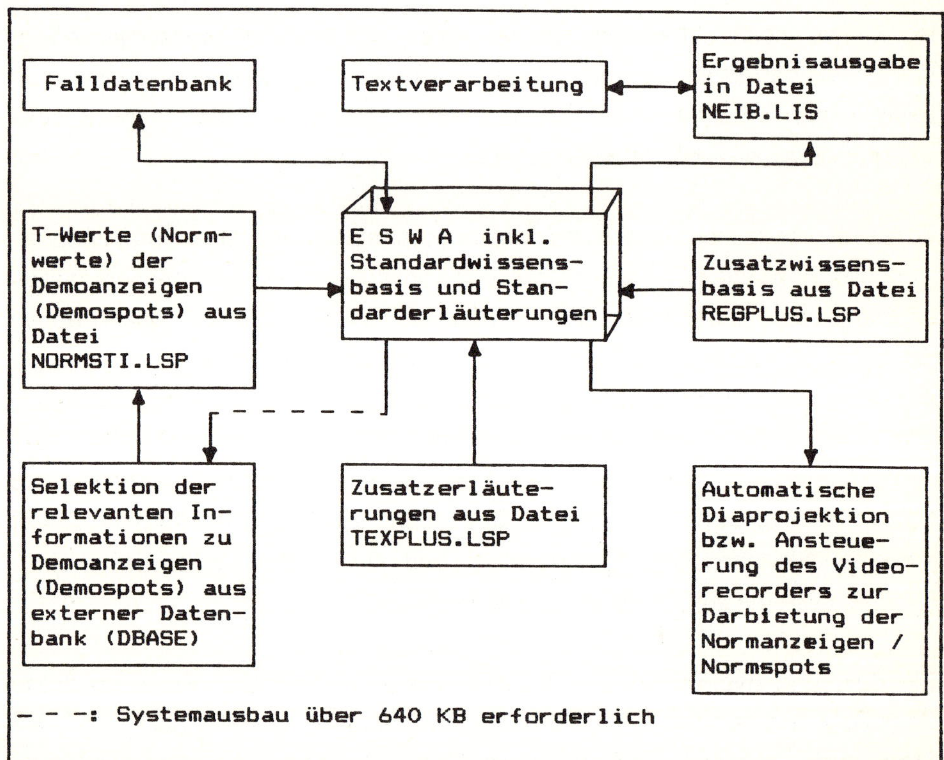

Deutschen Forschungsgemeinschaft DFG konnte ich mich in den Jahren 1987 bis 1989 verstärkt diesem Vorhaben widmen. Indirekte Unterstützung fand die Arbeit durch zwei Lehrstuhlvertretungen an der Johann Wolfgang Goethe-Universität in Frankfurt/M. und der Universität Trier, die in diese Zeitspanne fielen. Schließlich gilt mein persönlicher Dank meinem akademischen Lehrer, Herrn Prof. Dr. Werner Kroeber-Riel sowie Herrn Prof. Dr. A.-W. Scheer, die beide die aufwendige Erstellung der Gutachten übernahmen. Abschließend möchte ich allen Mitarbeitern der angesprochenen Institute sowie ganz besonders dem Großen Fakultätsrat der Rechts- und Wirtschaftswissenschaftlichen Fakultät der Universität des Saarlandes für die Unterstützung und Annahme der Arbeit danken.

Saarbrücken, im Januar 1990 Dr. Bruno Neibecker

Inhaltsverzeichnis
===============

Seite

Seite

Seite

1. T e i l : Das Expertensystem ESWA

1. Einführung in Expertensysteme

Die Entwicklung und Anwendung von Expertensystemen gehört zu den gegenwärtig besonders stark diskutierten Neuerungen in der Datenverarbeitung (DV). Parallel mit der fortschreitenden Entwicklung der Leistungsfähigkeit von DV-Systemen kam es in den letzten Jahren zu einer beachtlichen Weiterentwicklung im Einsatz von Methoden und Werkzeugen der Künstlichen Intelligenz (KI). Neben Sprachverstehen, der Analyse von Spielstrategien, dem Bildverstehen und Robotics gehören Expertensysteme zu den wichtigsten Teilgebieten der KI.[1]

Man verfügt heute über einen Wissensstand, der es rechtfertigt, Expertensysteme über die magische Schwelle hinweg in den praktischen Einsatz zu bringen. Allerdings erschwert das Fehlen allgemein anerkannter Kriterien die definitorische Abgrenzung wissensbasierter Systeme gegenüber anderen Systemen - denn seit Expertensysteme verbreitetes Interesse hervorgerufen haben, werden viele Computerprogramme bzw. -systeme als solche bezeichnet und angeboten.

Ganz allgemein kann man jedoch ein Expertensystem als ein Computerprogramm charakterisieren, das gebietsspezifisches Expertenwissen speichert, verwaltet und gezielt auswertet, so daß es selbständig Auskünfte an den Benutzer geben kann und zur Abwicklung bestimmter Aufgaben (z.B. zur

---

[1] Die einzelnen Teilgebiete der Künstlichen Intelligenz sind zwischenzeitlich so umfangreich, daß eine Arbeit, deren vordringlichste Aufgabe die Implementierung des grundlegenden Werbewirkungswissens in einem Expertensystem-Prototypen darstellt, keine umfangreiche Einführung in die sog. "artificial intelligence" bieten kann. Deshalb sei hier stellvertretend auf den Klassiker von Winston (1984) verwiesen. Gerade die Informatiker beschäftigen sich, insgesamt gesehen, viel stärker mit den anderen Teilgebieten wie "intelligente Spielstrategien", Sprachverstehen und Robotics. Immerhin konnten intelligente Schachprogramme in der Vergangenheit ein beachtliches Interesse erregen und nennenswerte Spielerfolge erzielen.

Werbewirkungsanalyse) nutzen kann. Deshalb redet man häufig auch von "wissensbasierten Systemen".

Nicht zuletzt hat die Wirtschaftsinformatik den Weg zu dieser neuen Klasse von Computeranwendungen in der Betriebswirtschaftslehre geebnet. So wird heute die Integration und Automatisierung des unterschiedlichen Expertenwissens auch in der Betriebswirtschaftslehre als eine notwendige Aufgabe angesehen (u.a.: Krallmann 1986; Mertens und Allgeyer 1983; Müller-Merbach 1986; Scheer und Steinmann 1988; Zentes 1987). Dies ist auch für den Wissenstransfer in die Praxis von Bedeutung, nicht zuletzt um sicherzustellen:

- daß mit dem einzelnen Experten nicht auch das Wissen verschwindet, sondern das Know-how erhalten bleibt (**Wissenskonservierung**);
- daß wichtige Teilaspekte des vorhandenen Wissens nicht vergessen bzw. übersehen werden (**Expertensystem als intelligente Checkliste**);
- daß die Synergieeffekte, die durch die Kombination des Wissens verschiedener Experten entstehen, auch freigesetzt werden (**Kompositionsfähigkeit durch Expertensysteme**).

Man kann Expertensysteme ganz allgemein als eine neue Klasse von Anwendungsprogrammen bezeichnen, die meist als Dialogsysteme ausgelegt sind. Im Gegensatz zu traditionellen Programmen, verfügen sie über eine flexible, interne Verwaltung der Daten und des Wissens. Man spricht auch von Fakten- und Wissensbasis (vgl. auch Jackson 1987).

2. Zum Aufbau von Expertensystemen

Expertensysteme bestehen in der Regel aus (vgl. Abb. 1):

- Dialogkomponente
- Wissenskomponente
- Erklärungskomponente
- Wissenserwerbskomponente und
- Problemlösungskomponente (Inferenzmaschine)

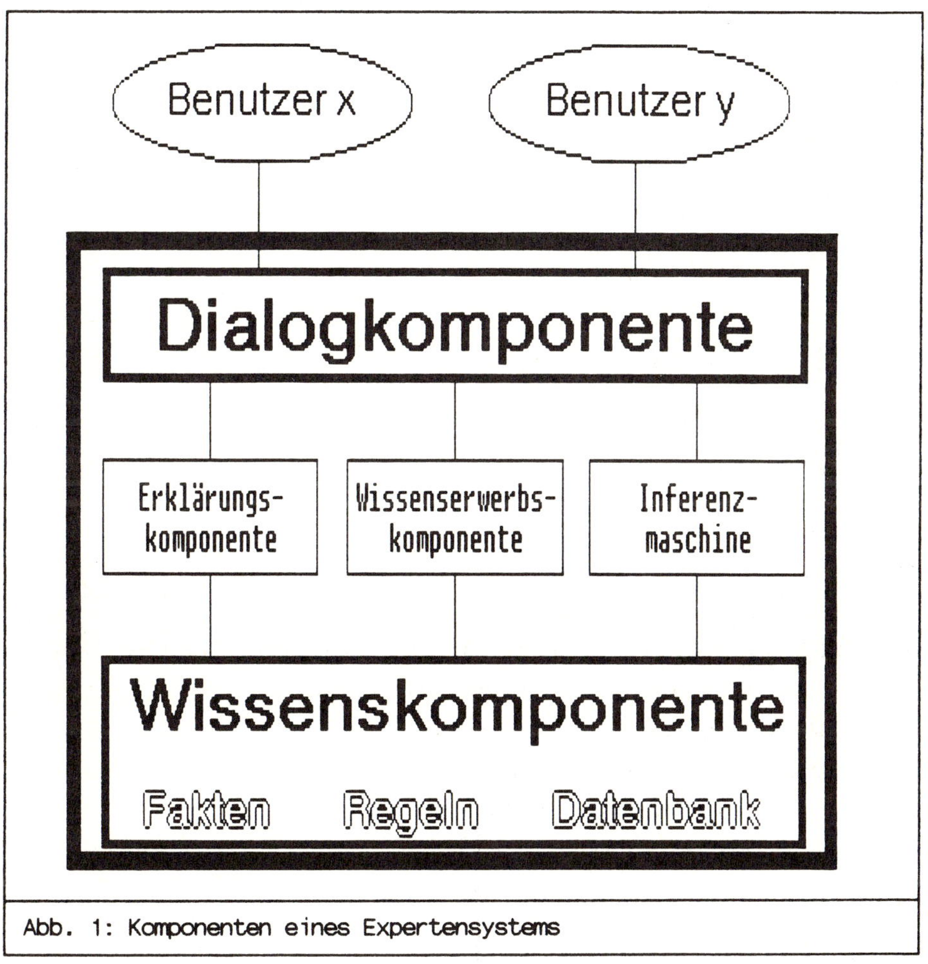

Abb. 1: Komponenten eines Expertensystems

2.1. Wissenskomponente

In der Wissenskomponente wird das Expertenwissen gespeichert. Viele Systeme verwenden hierzu regelbasierte Ansätze. Man spricht dann auch von Produktionssystemen. Das Wissen wird vom menschlichen Experten in kleinste Einheiten zerlegt und vom Systemexperten, dem sog. Knowledge-Engineer, in möglichst einfachen Regeln abgebildet.[2] Diese Regeln bestehen aus einem Bedingungsteil und einem Ausführungs- oder Folgerungsteil. Ein Beispiel:

R1:
Wenn: die Einstellung zu einer Marke verbessert wird,
Dann: wird die Kaufbereitschaft gesteigert.

R2:
Wenn: die Kaufbereitschaft gesteigert wird,
und die Distribution der Marke gewährleistet ist,
Dann: wird die abgesetzte Menge zunehmen.

R3:
Wenn: die abgesetzte Menge zunimmt,
und der Preis konstant bleibt,
Dann: erhöht sich der Umsatz.

Eine zweite Wissensrepräsentationsform lehnt sich an die semantischen Netzwerkmodelle der kognitiven Psychologie an (vgl. u.a.: Anderson J. R. 1985). Ein semantisches Netz besteht aus Knoten, die mit Pfeilen verbunden sind. Die Knoten beschreiben ein Objekt, ein "theoretisches" Konzept oder ein Ereignis. Die Pfeile verkörpern, je nach Wissensdomäne, die Eigenschaften und Beziehungen zwischen den Knoten (vgl. Abb. 2). Damit wird die ursprüngliche Intention der kognitiven Psychologen leicht modifiziert, denen es vorallem um ein Modell zur Darstellung sog. Propositionen und deren Speicherung im Gehirn ging. Interpretiert man jedoch Propositionen als

---

2 Als Knowledge-Engineer bezeichnet man den Datenverarbeitungsexperten mit KI-Hintergrund, der den Experten bei der Konzeption eines Expertensystems, bis hin zur Wissensaufbereitung und Validierung des Systems, unterstützt. Er hat dabei insbesondere die Einschränkungen der Rechner- und Werkzeugarchitektur zu berücksichtigen.

komplexe, abstrahierte Wissenseinheiten, so wird die Analogie deutlich.

In der KI faßt man nun komplexe Objekte zu sog. "Frames" zusammen. Man spricht deshalb auch vom objektorientierten Programmierstil (vgl. Harmon und King 1987; Kraetzschmar und Plattfaut 1987; Waterman 1986; Winston 1984). Gleichzeitig werden die Frames in eine hierarchische Ordnung gebracht. Damit einher geht die hierarchische Vererbung von Eigenschaften.

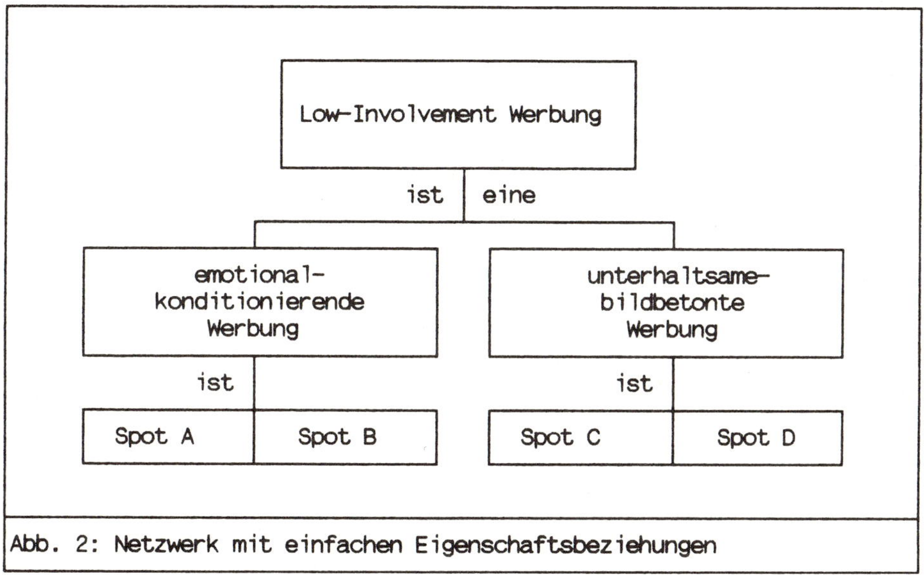

Abb. 2: Netzwerk mit einfachen Eigenschaftsbeziehungen

In objektorientierten Expertensystemen werden den Knoten (Objekten) eine Reihe von Eigenschaften und Werten zugeordnet. Diese Zuordnungen stehen in sog. Slots. Die zentrale Idee dieser Lösung besteht darin, daß auf diese Weise alle hierarchisch untergeordneten Knoten eine Vielzahl von Eigenschaften automatisch erben. Dadurch werden vorallem bei klassifikatorischen Problemstellungen eine Reihe von Redundanzen vermieden und Speicherplatz eingespart. Eigenschaften, die einem hierarchisch oben angesiedelten Knoten zu eigen sind, werden nur dort in einem Slot vermerkt. Denken wir an eine typische Bedingung von Low-Involvement Werbung: sie benötigt viele Werbekontakte, um wirken zu können. Somit ist sofort bekannt, daß Spot A und B, wie auch Spot C und D, die durch ihre übergeordneten

Knoten als Low-Involvement Werbung typisiert werden, auf häufige Schaltungen in den Medien angewiesen sind, um eine ausreichende Zahl von Werbekontakten zu erzielen.

Frames eignen sich besonders zur Lösung von Klassenbeziehungen. Hierbei ermöglichen die Slots eine flexible Anpassung an verschiedene Fragestellungen, da sie sowohl Eigenschaften, als auch Verzweigungen zu anderen Prozeduren, wie auch voreingestellte Werte enthalten können. Voreingestellte Werte sind dann wichtig, wenn das Expertensystem keinen spezifischen Wert ermitteln kann. Für unser Beispiel könnten zwei Frames folgendermaßen aussehen:

Knoten: emotional-konditionierende Werbung
übergeordneter Knoten: Low-Involvement Werbung
Slot 1: verwende stark aktivierende Reize
Slot 2: (verzweige zur Prozedur Kontaktoptimierung)

Knoten: Low-Involvement Werbung
übergeordneter Knoten: emotionale Werbewirkung
Slot 1: mehrere Werbekontakte erforderlich

Eine Verzweigung in die Prozedur zur Kontaktoptimierung erfolgt hier erst im Knoten "emotional-konditionierende Werbung". Dieses Vorgehen ist dann erforderlich, wenn sich aufgrund besonderer Klassenmerkmale für "emotional-konditionierende Werbung" und "unterhaltsame-bildbetonte Werbung" unterschiedliche Kontaktoptimierungen ergeben. Wenn nicht, sollte man diese Verzweigung im hierarchisch übergeordneten Knoten vorsehen, um weiteren Speicherplatz einzusparen.

Hybride Systeme zeichnen sich dadurch aus, daß sie die Möglichkeit bieten, beide Wissensrepräsentationen gleichzeitig zu realisieren. In sehr komplexen Systemen dieser Art werden dann selbst die Regeln in Frames dargestellt und intern verarbeitet.[3]

---

[3] Eine durchgängig objektorientierte Wissensdarstellung, die mit weniger Speicherplatz auskommt, muß offensichtlich durch erhöhte Rechnerleistung erkauft werden. Solche Systeme laufen deshalb eher auf Großrechnern bzw. spezialisierter Hardware.

2.2. Problemlösungskomponente (Inferenzmaschine)

Das Vorgehen der Problemlösungskomponente hängt von der Wissensrepräsentation und den besonderen Anforderungen der Wissensdomäne ab (vgl. Mertens und Allgeyer 1983). Steht das Wissen in Form von Produktionsregeln zur Verfügung, so arbeitet die Problemlösungskomponente im wesentlichen als Regelinterpreter. Da in den meisten Expertensystemen das Wissen in Form von Regeln abgelegt ist und die grundlegenden Mechanismen einer Frame-Verarbeitung bereits dargelegt wurden, konzentrieren wir uns hier auf den Regelinterpreter.

Der Regelinterpreter ist der Teil eines Expertensystem, der die Auswahl und Anwendung der Regeln bestimmt. Er muß eine korrekte Regelauswahl und Regelanwendung gewährleisten. Denn mit den Regeln sind zwar die Verknüpfungen zwischen den einzelnen Wissenseinheiten vorgegeben, wie die Regeln jedoch weiterverarbeitet werden und in welcher Reihenfolge sie zur Anwendung kommen, wird erst bei der Anwendung bestimmt. Es existiert also keine (vollständig) vordefinierte Ablaufstruktur wie in konventionellen Programmen.

Konventionelle Programme enthalten fast das gesamte Wissen, das sie zur Lösung einer Aufgabe benötigen, im Programm selbst. Sie besitzen eine nahezu vollkommen fixierte Kontrollstuktur. Für die häufig anstehenden, quantitativen Fragestellungen sind deshalb die algorithmisch-numerisch orientierten Programmiersprachen wie PASCAL, FORTRAN, BASIC und auch COBOL bestens geeignet. Denn zur Lösung konventioneller Probleme sind Änderungen in den zu bearbeitenden Daten und den aufgabenspezifischen Parametern wesentlich häufiger zu bewältigen, als Änderungen an den Algorithmen selbst (vgl. u.a.: Schnupp und Nguyen Huu 1987).

Deshalb auch die Trennung in Daten und Programme. Die Datenorganisation und -verwaltung wurde auf leichte Änderbarkeit ausgelegt, die Programme, die das gesamte "Know-how" zur Problemlösung implizite enthielten, wurden extrem änderungsunfreundlich ausgelegt. Dieses Vorgehen bietet sich auch heute noch zur effizienten Bewältigung algorithmischer Probleme an: Denn um beispielsweise eine lineare Regression zu berechnen, sind lediglich die konkreten Daten notwendig, an den dazu erforderlichen Algorithmen, wie der

"Methode der kleinsten Quadrate" ändert sich dagegen nichts - und: die änderungsunfreundliche Speicherung der Programme in Maschinenkode ermöglicht andererseits erst die effiziente Nutzung des Computers.

Dieses Vorgehen ist aber nur solange sinnvoll, wie die gestellten Aufgaben mit dieser Software-Technologie auch bewältigt werden können.
Demgegenüber hatte eine zentrale Eigenschaft qualitativ-symbolischer Problemstellungen tiefgreifende Auswirkungen auf die Software-Technologie der KI: Ergibt sich nämlich die Notwendigkeit, auch das spezielle **Wissen zur Problembewältigung** kurzfristig und regelmäßig zu ändern, dann bietet sich fast zwangsläufig eine Dreiteilung an.

Gerade diese Dreiteilung muß als der entscheidende Schritt der neuen Software-Technologie betrachtet werden. Der erste wichtige Schritt fand mit dem Einzug der Universalrechner statt, indem man das eigentliche Programm von den Daten trennte. **Expertensysteme** gehen noch einen Schritt weiter und **trennen** auch das **Problemlösungswissen ab**. Damit entstehen drei praktisch selbständige Bereiche: Die Daten, das Wissen zur Problembewältigung und die generelle Problemlösungsvorschrift in Form des "Programms". Als Programmiersprachen bieten sich dann insbesondere LISP und PROLOG an.

Diese generellen Problemlösungsvorschriften werden im Regelinterpreter zusammengefaßt. Er deduziert aus dem vorhandenen Wissensblock und den vom Benutzer erfragten Fakten seine Schlußfolgerungen. Dazu existieren zwei grundlegende Techniken zur Regelverknüpfung. Man unterscheidet Rückwärts- und Vorwärtsverkettung, auch backward/forward chaining genannt.

Wird anhand der vorliegenden Daten versucht, zu weiteren Schlüssen zu gelangen, spricht man von Vorwärtsverkettung. Wenn umgekehrt eine aufgestellte Hypothese zu bestätigen ist, dann wendet man die Rückwärtsverkettung an - z. B. könnte in unserem Beispiel die Hypothese getestet werden "nimmt der Umsatz zu?". Diese Rückwärtsverkettung ist die mit Abstand wichtigste Technik zur Ableitung weiteren Wissens. Der

Regelinterpreter wählt hierbei nur die relevanten Regeln aus, der Lösungsbaum wird dadurch wesentlich eingegrenzt.

Es wurden noch eine Reihe anderer Lösungsstrategien vorgeschlagen, die in bestimmten Anwendungsbereichen spezifische Vorteile aufzeigen (vgl. Barr und Feigenbaum 1982). Insgesamt hat sich aber herausgestellt, daß die Leistungsfähigkeit eines Expertensystems in wesentlich stärkerem Maße durch die Qualität der Wissensbasis bestimmt wird, als durch partiell optimierte Schlußfolgerungsstrategien.

Ein Dialog zur Beantwortung der Frage "nimmt der Umsatz zu" könnte dann folgendermaßen aussehen:

R3 besagt: zur Erzielung von mehr Umsatz muß der Preis konstant bleiben und die abgesetzte Menge zunehmen. In R2 werden dazu nähere Angaben gemacht, insbesondere unter welchen Voraussetzungen die abgesetzte Menge zunimmt. Dort findet der Regelinterpreter die beiden Bedingungen "Distribution muß gewährleistet sein" und "Kaufbereitschaft ist zu steigern" vor. In R1 erfährt er darüber hinaus, daß die Kaufbereitschaft durch verbesserte "Einstellung zur Marke" gesteigert werden kann.

Jetzt ist die Inferenzmaschine allerdings am Ende ihres "Wissens" angelangt. Alle weiteren Fakten muß sie vom Benutzer erfragen. Dies sind: "Einstellung zur Marke", "Distribution der Marke" und der "Preis". Liegen die erfragten und die "intern" deduzierten Fakten vor, so kann der Inferenzmechanismus schließlich seine Schlußfolgerung ableiten.[4]

Allerdings wird an diesem einfachen Beispiel bereits deutlich, daß man für marketingorientierte Problemstellungen häufig nicht mit absoluter "Sicherheit" die Fakten bestätigen kann. Dieses Problemfeld der Behandlung unsicheren Wissens im Rahmen der Problemlösungskomponente werden wir später noch eingehend erörtern.

---

4 Ergänzend sei angemerkt, daß fehlendes Faktenwissen auch in einer externen Datenbank abgefragt werden kann - evtl. sogar durch ein weiteres Expertensystem zur Verfügung gestellt wird.

Während dieses Prozesses der Wissensableitung werden Bedingungen, die sich wiederum aus anderen Regeln herleiten lassen, kurzfristig vom Regelinterpreter als "temporäre Hypothesen" eingesetzt, die es zu bestätigen gilt. So kommt es, daß eine Bedingung selbst zur Hypothese wird, wobei dieser Prozeß der rekursiven Aneinanderreihung von Hypothesen erst auf der letzten Stufe beendet wird.

Für die selbständige Ableitung von Wissen kommt erschwerend hinzu, daß es häufig mehrere Regeln zu einem bestimmten Faktum gibt. Man hat es dann mit einer sog. Konfliktmenge zu tun. In diesem Fall muß man auf eine geeignete Konfliktlösungsstrategie zurückgreifen - hierzu werden diskutiert (vgl. Mertens und Allgeyer 1983; Davis und King 1985):

1. Interne Reihenfolge der Regeln. Wenn die Regeln entsprechend ihrer Priorität geordnet sind, so wird die erste Regel der Konfliktmenge ausgewählt. (Diese Auswahlregel wird mit zweiter Priorität in unserem Expertensystem ESWA eingesetzt.)

2. Interne Reihenfolge der Fakten. Wenn die Fakten entsprechend ihrer Priorität geordnet sind, so wird die Regel ausgewählt, die den höchsten Erklärungsbeitrag zu Fakten höchster Priorität leistet.

3. Auswahl der Regeln nach dem Grad der Allgemeinheit bzw. nach dem Grad der Komplexität. (Diese Auswahlregel wird mit erster Priorität in ESWA verwendet.)

4. Aktualitätsgrad der Fortschreibung: Es wird diejenige Regel ausgewählt, deren Bedingungsteil die zeitlich am kürzesten zurückliegende Änderung erfahren hat.

Viele Inferenzmaschinen sehen an dieser Stelle lediglich eine Einfachableitung vor. Ähnlich wie in MYCIN, wo man - soweit vorhanden - das Wissen mehrerer Regeln zur Ableitung einer bestimmten Hypothese berücksichtigt, hat sich auch für das hier entwickelte Expertensystem die Notwendigkeit einer Mehrfachdeduktion herausgestellt. Zur Beurteilung einer bestimmten

Werbewirkung ist es letztlich wichtig, das gesamte vorhandene Wissen zur Entscheidungsfindung heranzuziehen. Auch die oben dargestellte Strategie eine Prioritätenfolge von Regeln und Fakten ist wenig praktikabel, da ein Experte nach der Formulierung von möglicherweise einigen Hunderten von Regeln kaum noch den Überblick behalten kann, um eine sinnvolle Prioritätenfolge aufzustellen. Diese Arbeit muß deshalb vom Regelinterpreter geleistet werden, weshalb diese Konfliktlösungsstrategie in ESWA nur mit untergeordneter Priorität verfolgt wird. D.h. ein Experte kann die interne Reihenfolge nach Prioritäten ordnen, diese Ordnung der Regeln ist aber für das richtige Arbeiten des Expertensystems nicht erforderlich. Somit läuft der Inferenzmechanismus auf eine Variante der Tiefensuche (depth-first) in einem Baum mit UND/ODER-Struktur hinaus.

2.3. Dialogkomponente

Die Dialogkomponente bedarf keiner umfassenden Erklärung. Sie stellt das Verbindungsstück zwischen Benutzer und den internen Prozeduren des Expertensystems dar. Selbstverständlich kommt dieser Komponente die Aufgabe zu, dem Benutzer die Kommunikation mit dem System so benutzerfreundlich wie möglich zu gestalten. Fenstertechnik und erweiterte Eingabemöglichkeiten für Intensitätsangaben sind Möglichkeiten, diesem Anliegen nachzukommen. Vorallem die Fenstertechnik kann die Orientierungsfreundlichkeit des Bildschirmaufbaus wesentlich steigern und eine Mausschnittstelle den Eingabekomfort erhöhen (vgl. auch Brombacher 1988; Kuß 1987; Nastansky 1984).

In ESWA werden zur Darstellung von Informationen bestimmte Anzeigefenster vorgesehen. Als Eingabemedium dient die Tastatur und zur Eingabe von Intensitätsabstufungen kann eine sog. Maus verwendet werden. Damit wird der Dialog mit dem Benutzer vereinfacht und beschleunigt.

2.4. Erklärungskomponente

Eine herausragende Eigenschaft von Expertensystemen ist die Möglichkeit, getroffene Schlußfolgerungen im Rahmen des verfügbaren Wissens begründen und erklären zu können. Dies ist auch ein wichtiger Schritt für die Akzeptanz der Systeme durch die potentiellen Benutzer. Häufig auftauchende Fragen während einer Konsultation sind: "Warum wird gerade jetzt dieses Faktum benötigt?", "Wie wirkt sich dieses Faktum und die damit verbundene Regel auf die weitere Ableitung von Schlußfolgerungen aus?" und "Wie ist der Begriff hier zu verstehen?".

Gerade die oft geringe Durchschaubarkeit von komplexen, konventionellen Modellen hat ihrer Verbreitung, sicherlich oft unbegründet, im Wege gestanden und zu geringer Einsatzbereitschaft in der Praxis geführt. Hier sind jedoch richtungsweisende Ansätze in Sicht, die Expertensysteme mit konventionellen Modellen verknüpfen (vgl. Gaul und Schaer 1988).

Wegen der großen Bedeutung, die der Erklärungskomponente zukommt, wird diesem Teilaspekt hier besondere Beachtung geschenkt. (1.) An oberster Stelle ist die Möglichkeit zu nennen, die Wissensbank grafisch unterstützt zu analysieren. (2.) Auch eine Analyse der Baumstruktur nach Endknoten ist möglich. Diese Endknoten entsprechen in einer partiell abgeschlossenen Wissensbank den Werbezielen, die in ESWA enthalten sind. (3.) Zu jedem Faktum wird dem Benutzer in einem permanenten Erklärungsfenster eine Erläuterung geboten und die verwendeten Begriffe näher spezifiziert oder definiert. (4.) Während des Dialogs kann der Benutzer stets abfragen, wie sich ein bestimmtes Faktum auf die weitere Ableitung von Schlußfolgerungen auswirkt.

2.5. Wissenserwerbskomponente

Die Wissenserwerbskomponente wird sicherlich in Zukunft eine zentralere Bedeutung erlangen. Sie soll den Knowledge-Engineer, aber auch den Benutzer, bei der Aufbereitung und Eingabe des Expertenwissens unterstützen. Das Spektrum der Forderungen reicht vom normalen Texteditor zum Erfassen der Regeln, bis hin zu automatisch abgeleitetem Wissen durch das Expertensystem selbst.

Allerdings sollte eine Plausibilitätskontrolle der eingegebenen Regeln angestrebt werden. Ein schwieriges Problem in komplexen Wissensbasen sind mögliche zirkuläre Beziehungen zwischen den Regeln. Sie sollten von der Wissenserwerbskomponente selbständig entdeckt werden. Danach sind sie durch Modifikation der Regeln zu beseitigen oder durch ein Abbruchkriterium (z.B. eine Zeitschranke) zu übergehen. ESWA weist den Knowledge-Engineer auf Zirkularitäten hin und geht davon aus, daß diese Widersprüche in der Wissensbasis beseitigt werden.

3. Hard- und Software

Man muß zur Zeit noch eine relativ starke Kopplung von Hard- und Software in Kauf nehmen. Standardsoftware, die auf einer breiten Palette von Rechnern läuft, ist eher die Ausnahme. Dies hängt wohl auch damit zusammen, daß eine lauffähige Systemlösung die Leistungsfähigkeit eines Rechnertyps möglichst vollständig ausschöpfen muß, um vernünftige Antwortzeiten zu erzielen. Dies geht zu Lasten der Portabilität.

Teilt man die Hardware in drei Klassen ein, so lassen sich Personal Computer (PC), "Workstations" und Großrechner unterscheiden. Durch die stetige Weiterentwicklung bei den Mikroprozessoren verwischt sich diese Trennung jedoch zunehmend. Die schnellsten PC mit 32-Bit-Prozessoren reichen heute schon an die Workstations heran. Trotzdem können sie die Leistungsfähigkeit der speziellen KI-Hardware (z.B. von Herstellern wie: Symbolics, Xerox oder Siemens) noch nicht erreichen. Anzustreben ist deshalb stets eine Aufwärtskompatibilität: d.h. eine durchgängige Lauffähigkeit eines Programms auf allen Rechnerklassen. Dann kann man bei wachsendem Bedarf an Rechenleistung immer noch auf eine höhere Klasse umsteigen. Mit bestimmten PROLOG- und LISP-Dialekten ist dies schon weitgehend realisiert. Auf den Symbolics-Rechnern der Familie 3600 ist beispielweise Common LISP implementiert, das auch für Personal Computer angeboten wird. ESWA wurde deshalb auch in Common LISP geschrieben. Auch einige Shells, wie z.B. TWAICE von Nixdorf, laufen auf einem PC wie auch auf größeren Rechnern (vgl. Pfeiffer 1987 C't; Scheer und Steinmann 1988; Scholz und Rohloff 1987).[5]

---

[5] Die Anforderungen an die Hardware sind natürlich je nach Einsatzgebiet unterschiedlich. Von Vorteil ist aber auch bei einer PC-Realisierung ein Arbeitsspeicher von 1-2 MByte und ein Plattenspeicher. Letztlich ist dies jedoch eine Frage der Investitionsbereitschaft. Einen PC mit 16-Bit-Prozessor kann man in der Grundaustattung schon ab etwa 5 000 DM erhalten, Workstations wie z.B. die Syteme von Symbolics (Eschborn/Ts.) kosten dagegen etwa 80 000 DM. Für

An Werkzeugen für die Entwicklung von Expertensystemen unterscheidet man zwischen den grundlegenden Programmiersprachen, insbesondere LISP und PROLOG, und den speziellen Entwicklungsumgebungen wie z.B. OPS 5 und LOOPS (Xerox). Ferner werden komplette Shells (auch Werkzeugsysteme genannt) angeboten - z.B.: EMYCIN, KAS, KEE, TWAICE geeignet ab Workstations aufwärts. Andere wie: GOLDWORKS, NEXPERT OBJECT, PERSONAL CONSULTANT PLUS oder XiPLUS sind dagegen auch für den PC-Einsatz konzipiert.[6]

Bei der Vielzahl des Angebots an Hard- und Software wird es immer schwieriger, eine optimale Auswahl zu treffen. Selbst die Spezialisten kennen sich im Idealfall nur in einigen wenigen Shells und Sprachen aus, so daß sie für eine konkrete Empfehlung nicht auf das ganze Spektrum verfügbarer Systeme zurückgreifen können.

Da auch ein Systemspezialist zum Zeitpunkt des Projektstarts die besonderen Probleme der zu bewältigenden Wissensdomäne gar nicht überschauen kann, ist es für ihn nahezu unmöglich, eine Aussage darüber zu treffen, ob überhaupt ein geeignetes Werkzeugsystem am Markt vorhanden ist. Deshalb ist häufig der Rat zu hören, sobald man feststellt, daß ein bestimmtes Werkzeugsystem doch nicht für die anstehenden Probleme geeignet ist, lieber heute als morgen auf ein anderes Werkzeugsystem umzusteigen bzw. ein eigenes System zu programmieren. Bedenkt man diese Probleme und die doch beachtlichen Investitionskosten, so sind die heute vorzufindenden Bedingungen nicht

---

Großrechner, wie z.B. die 43xx Systeme von IBM (Stuttgart), muß man dagegen mit wesentlich höheren Beträgen rechnen.

6 Shells wie PERSONAL CONSULTANT PLUS kosten etwa 10 000 DM, andere Shells für PC bis zu 20 000 DM. Die Shells für Workstations sind ab 25 000 DM (TWAICE) bis hin zu rund 100 000 DM (KEE) zu bekommen. Allerdings gibt es hier ständig Bewegungen, so daß auch gelegentlich Preise ab 5 000 DM für Shells genannt werden. Spezialisierte Anbieter sind u.a.: ELECTRONIC ASSOCIATES (Aachen); EXPERTISE und BRAINWARE (Berlin); INTELLICORP (München); DANET (Darmstadt); INSIDERS (Mainz).

gerade dazu angetan, die Akzeptanz des Einsatzes und die Entwicklung von Expertensystemen zu steigern.

4. Das Marketing als geeignete Wissensdomäne für Expertensysteme

4.1. Voraussetzungen für den Einsatz von Expertensystemen

Prüfen wir zunächst die Argumente die für das Marketing als eine geeignete Wissensdomäne für den Einsatz von Expertensystemen sprechen (vgl. Cook und Schleede 1988; Neibecker 1989; Prerau 1985; Stender 1986). Anders formuliert: Welche grundlegenden Merkmale einer für Expertensystem-anwendungen geeigneten Wissensdomäne sprechen für und wider das Marketing als geeignetes Einsatzgebiet - denn nach wie vor stellt die richtige Auswahl von Einsatzgebieten und Aufgabenstellungen für Expertensysteme eine anspruchsvolle und in ihrer Tragweite kaum zu unterschätzende Aufgabe dar:

Zu den wichtigsten Kriterien, die für den Einsatz von Expertensystemen im Marketing sprechen, zählen:

1. Die Wissensdomäne erfordert Expertenwissen und -erfahrung. Die zu lösenden Aufgaben sind nicht so einfach, daß sie ein menschlicher Experte in wenigen Minuten lösen könnte, noch so komplex, daß eine Expertise mehrere Tage in Anspruch nimmt.

2. Konventionelle Programmiermethoden haben nicht zum gewünschten Ergebnis geführt. Damit verbunden ist die symbolische Charakteristik der Aufgabenstellung, die mit algorithmischen Methoden nur unzureichend erfaßt wird.

3. Es existieren Experten, die anfallende Probleme mit hoher Wahrscheinlichkeit besser lösen als Laien.

4. Das Wissen ist in beachtlichem Umfang durch Vagheit und Unsicherheit, die Problemlösung durch Anwendung von Heuristiken, Faustregeln und strategischen Vorentscheidungen gekennzeichnet.

5. Die potentiellen Anwender können die Leistungsfähigkeit von Expertensystemen realistisch einschätzen und verstehen. Sie wissen, daß auch ein Expertensystem, ebenso wie jeder menschliche Experte, suboptimale Ergebnisse produzieren kann. Die Lösung stellt also nicht ein Alles oder Nichts dar, sondern eine tendenziell bessere, erfolgversprechendere Alternative.

6. Das Expertensystem kann mit relativ geringen Änderungen an der bestehenden Organisationsstruktur eingesetzt werden.

7. Zumindest in der Anfangsphase kann eine bestimmter Prozentsatz nicht abgedeckter Wissensbereiche akzeptiert werden. Das bedeutet, daß die Aufgaben zerlegbar sind, eine schnelle Erstellung eines Prototypen ermöglichen und eine anschließende Weiterentwicklung in Breite und Tiefe erfolgen kann.

8. Es existieren Lehrbücher und (empirisch) abgesicherte Forschungsergebnisse, so daß bereits ein Teil des Wissens in systematischer Form erarbeitet wurde.

9. Das Wissen ist hinreichend stabil, so daß nicht ständig grundsätzliche Neuerungen im Lösungsmechanismus erforderlich sind, sondern eine Erweiterung und Spezifizierung der Wissensbasis neue Erkenntnisse integrieren kann.

10. Es besteht auf absehbare Zeit keine Notwendigkeit, die zu lösenden Aufgaben in "real-time" zu bewältigen.

11. Es besteht ein Mangel an Mitarbeitern mit bestimmten Fachkenntnissen. Ein Expertensystem kann diese Mitarbeiter zwar nicht vollständig ersetzen, aber es kann sie von Routineaufgaben, auch in der Beratung von anderen Mitarbeitern, entlasten.

12. Es entstehen zuweilen Engpässe durch Urlaub, Pensionierung oder dergleichen, weil Spezialisten nicht verfügbar sind. Ein Expertensystem könnte einen Teil des Wissens konservieren und für Notzeiten verfügbar halten.

13. Ein Expertensystem ist "streß-stabil" und arbeitet immer als "intelligente Checkliste", d.h. es vergißt nichts.

Als Gegenargumente, die dem Einsatz von Expertensystemen im Marketing entgegenstehen, sind zu nennen:

14. Die Lösung der Aufgaben erfordert oft Kenntnisse aus anderen Wissensdomänen. Zur Problembewältigung ist auch ein Rückgriff auf Allgemeinwissen erforderlich. Deshalb kann die heute zur Verfügung stehende Technologie schnell überfordert sein.

15. Die Experten sind aus verschiedenen Gründen nicht bereit, den erforderlichen, erheblichen Teil an Entwicklungsarbeit und Zeit in das System zu investieren. Ferner bleibt stets das Restrisiko, daß ein Experte keine wirkliche Bereitschaft zur Preisgabe des Expertenwissens zeigt.

16. Das Expertenwissen kann nur bedingt durch **einen** Experten zusammengetragen werden. Dies ist heute noch empfehlenswert, um die Konsistenz der Wissensbasis zu sichern und Zirkularitäten zu vermeiden. Allerdings könnte ein "Experte" das Wissen mehrerer Spezialisten in konsistenter Weise zusammenfassen und in einer Wissensbasis integrieren.

17. Die verschiedenen Experten stimmen in der Beurteilung der Systemergebnisse nicht immer überein. Eine Bedingung, die jedoch durch intersubjektiv nachprüfbare Validierungstechniken abgefangen werden kann, wenn genügend Testfälle zur Verfügung stehen.

Vergleicht man diese Kriterien mit typischen Problemstellungen des Marketing, so kristallisieren sich eine ganze Reihe hochinteressanter Anwendungsfelder für Expertensystemanwendungen heraus. Vielleicht ist gerade darin der Grund zu sehen, warum konventionelle Datenverarbeitungsmethoden vergleichsweise wenig zur Lösung von Marketingaufgaben beitragen konnten.

4.2. Expertensystem zur Werbegestaltung

Bisher steht das Marketing, im Verhältnis zu anderen betriebswirtschaftlichen Teilbereichen, in dem Ruf, geringe Akzeptanz und Aufgeschlossenheit gegenüber dem DV-Einsatz zu zeigen.

Trotzdem gibt es erste Ansätze, Expertensysteme für Marketinganwendungen zu entwickeln (vgl. Esch und Muffler 1989; Mertens et al. 1988; Neibecker 1989). Ein System, das sich mit der Kommunikationspolitik beschäftigt, tangiert unmittelbar die vorliegende Arbeit und soll deshalb eingehender analysiert werden.

An der Wharton School hat man sich mit der Entwicklung von ADCAD (ADvertising Communication Approach Designer), einem Expertensystem zur Werbegestaltung, beschäftigt (vgl. Rangaswamy et al. 1986).

4.2.1. Problemstellung

Die Entwicklung einer neuen Werbekampagne und die Auswahl einer geeigneten Kommunikationsstrategie gehören zu den Bereichen des Marketing, die nicht mit streng deterministischen Methoden gelöst werden können. Aus diesem Grunde fehlte es bislang an DV-Unterstützung, so daß man dieses Problemfeld mit einem Expertensystem bearbeiten wollte.

Drei Gründe waren hierfür entscheidend: (1.) Die Aufgabenstellungen sind hinreichend komplex und aufgrund der unüberschaubaren Vielfalt an kreativen Variationsmöglichkeiten und der zahlreichen, unterschiedlichen Umweltfaktoren, die die Werbewirkung beeinflussen, entsprechend fehleranfällig; (2.) Die Kommunikationsentscheidungen gründen auf einem nur vage strukturierten Wissensgebiet, das zu den idealtypischen Anwendungsfeldern für Expertensysteme gerechnet werden kann; (3.) Es existieren sowohl von den Werbepraktikern, als auch von wissenschaftlicher

Seite Faustregeln, die zur Entscheidungsfindung herangezogen werden (vgl. u.a.: Faison 1980; Kroeber-Riel 1988; Ray 1982; Weilbacher 1984).

Bevor man sich für einen bestimmten Kommunikationsansatz entscheidet, werden geeignete Marketing- und Kommunikationsalternativen, z. B. zur Produktpositionierung, zur Bestimmung des grundlegenden, strategischen Vorgehens, erarbeitet. Erst dann sollte eine konkrete Umsetzung in Werbealternativen stattfinden.

4.2.2. Systemdesign

Es erschien notwendig, das Problemfeld für ADCAD auf ein realisierbares Maß einzugrenzen. Die Fragestellungen wurden deshalb in mehrere, weitgehend deskriptiv abgegrenzte Teilaspekte aufgeteilt. Diese umfassen:

1. Auswahl eines USP (Unique Selling Proposition) bzw. Produktvorteils wie z.B.: Wirtschaftlichkeit und Verarbeitung eines PKW - Reinigungskraft und Duft eines Waschmittels.

2. Auswahl der Werbestory wie: "slice-of-life", Humor, Produktdemonstration durch Gebrauch.

3. Präsentertyp wie: bekannte Persönlichkeit (celebrity), Experte oder anonymer Produktverwender.

4. Textaussage und Argumentation wie: ein- vs. zweiseitige Argumentation, vergleichende Werbung (in der BRD nicht zulässig).

5. die emotionale Färbung der Anzeige durch: Erholung, Nostalgie, Romantik, Angst usw.

Die zur Verfügung stehenden Alternativen für Produktvorteile, Form der Werbestory und emotionale Färbung mußten auf die grundlegendsten Varianten beschränkt werden - dies war für die Prototypentwicklung offensichtlich aus "Performancegründen" erforderlich.

So wird für die relativ überschaubare Fragestellung einer geeigneten Textaussage eine weitgehend vollständige Alternativenmenge berücksichtigt. Es stehen zur Verfügung:

- einseitige Argumentation,
- zweiseitige Argumentation,
- direkt vergleichende Werbung,
- indirekt vergleichende Werbung,
- ein Vergleich mit einer anderen Produktkategorie,
- keine Textaussage.

In anderen Teilbereichen, wie z.B. der "emotionalen Gestaltung" und der "szenischen Umsetzung" gibt es weit mehr Alternativen, so daß die Beschränkung auf wenige Hauptkategorien die Reichweite des Systems in seinen Schlußfolgerungen weit mehr einschränkt.

Der Systementwickler wird also ständig gefordert, im Rahmen der zur Verfügung stehenden Rechnerkapazität, einen praxisrelevanten Detaillierungsgrad in der Wissensbasis zu realisieren. Betrachten wir deshalb einige konkrete Regeln von ADCAD (sinngemäß übersetzt).

4.2.3. Regeln zur Auswahl von Marketingaktivitäten

Wenn: im betrachteten Marktsegment unsere Marke bislang nicht verwendet wurde,
Dann: sollten die Marketingaktivitäten für dieses Segment eine Stimulierung von Versuchskäufen beinhalten.

Wenn: die betrachtete Marke schon länger angeboten wird,
und die Konsumenten in diesem Segment entweder markentreu sind oder zumindest eine weitgehende Markentreue zwischen unserer Marke und einer Konkurrenzmarke besitzen,
und der Absatz entweder durch Aufzeigen neuer Markenverwendungen oder durch direkte Verbesserung der Kaufbereitschaft gesteigert werden kann,
Dann: sollten die Marketingaktivitäten auf eine Steigerung der Markenverwendung (Einkaufshäufigkeit) abzielen.

Wenn: das betrachtete Marktsegment früher unsere Marke verwendet hat,
und jetzt regelmäßig eine andere Marke verwendet oder häufig zwischen den Konkurrenzmarken wechselt,
Dann: sollten sich die Marketingaktivitäten darauf konzentrieren, diese Markenwechsler wieder zu gewinnen.

4.2.4. Regeln zur Werbemittelgestaltung

Wenn: das Kommunikationsziel in diesem Segment in der Vermittlung von Produktvorteilen bzw. -änderungen besteht,
und die Marken weitgehend austauschbar sind,
und das Produktinvolvement in diesem Segment gering ist,
und Humor mit den wesentlichen Produktvorteilen in Einklang gebracht werden kann,
Dann: verwende satirische oder lustige Werbung für dieses Segment.

Wenn: das Kommunikationsziel für dieses Segment in der Verstärkung der Markenüberzeugungen (beliefs) besteht,
und es wahrscheinlich ist, daß dieses Segment Gegenargumenten ausgesetzt ist,
und starkes Involvement vorhanden ist,
und eine höhere Schulbildung besteht,
Dann: verwende in diesem Segment zweiseitige Argumentation.

4.2.5. Analyse der Wissensbasis von ADCAD

ADCAD versucht, durch die Einbeziehung einer relativ weiten Palette von Aktionsparametern aus der Kommunikationspolitik und ansatzweise auch der Preis- und Produktpolitik, einen Beitrag zum Marketing-Management zu leisten. Hervorzuheben ist der Versuch, klassische Konzepte, wie z. B. das Produkt-Lebenszyklus-Modell, und verhaltenswissenschaftliche Erkenntnisse, in einer gemeinsamen Wissensbasis zu integrieren. Da ADCAD in Zusammenarbeit zwischen Marketingwissenschaftlern und Praktikern einer Werbeagentur entstanden ist, kann dies als ein positives Signal interpretiert werden, die vier zentralen absatzpolitischen Instrumente (Produkt-, Preis-, Distributions- und Kommunikationspolitik) trotz alternativer Forschungsansätze zu einem gewinnbringenden Marketing-Mix zu vereinen.

Berücksichtigt man die Größenordnung und Komplexität dieser Aufgabe, ist es verständlich, daß man mit Hilfe formaler Methoden, wie sie im Rahmen der Ökonometrie und der Unternehmensforschung entwickelt wurden, bisher nur Teilerfolge in der Entwicklung eines Unternehmenstotalmodells erzielen konnte (vgl. auch Nieschlag et al. 1988). Selbstkritisch hinterfragt bleibt allerdings abzuwarten, inwieweit Expertensysteme zu dieser Globalintegration einen zusätzlichen Beitrag leisten werden. In jedem Fall können wissensbasierte Systeme dort eine weitere Hilfestellung sein, wo quantitativ-numerischen Modellen bislang der Erfolg versagt blieb. ADCAD kann ein erster Schritt in diese Richtung sein. Möglicherweise ist der nächste Schritt eine sinnvolle, leistungsadäquate Symbiose aus beiden Lösungsansätzen.

Sicherlich bedingt die Implementierung auf einem PC Einschränkungen in der Komplexität des Systems. Dies ist jedoch keine generelle Einschränkung und hat, wie auch dieser Anwendungsfall zeigt, aufgrund der besseren Verfügbarkeit dieser Rechnersysteme auch eine Reihe praktischer Vorteile. Andererseits bleibt die Option erhalten, spezialisierte Hardware zur Leistungssteigerung einzusetzen.

Will man das System von seinem inhaltlichen Aufbau der Wissensbasis durchleuchten, fällt die weitgehend deskriptive Kategorisierung der Einzelkomplexe auf. Solange man sich auf die Auflistung von Handlungsalternativen und deren mögliche Umsetzungsvarianten konzentriert, versucht man ein kreativ unerschöpfliches Terrain von Einzelbausteinen zu erschließen. Die erschöpfende Aufnahme des Expertenwissens zum Einsatz und Auftritt von Präsentern kann dann bereits das System sprengen. Dabei handelt es sich hierbei nur um **einen** relevanten Einzelbaustein aus der Gesamtpalette werbewirkungstheoretischer Gestaltungstechniken. Ein Beispiel mag dies verdeutlichen:

Der Präsentertyp kann, wie oben beschrieben, eine Persönlichkeit, ein (simulierter) Experte oder irgendein Produktverwender sein. Gleichzeitig ist der Präsenter aber Zentralfigur der Werbestory, die entweder emotional oder rein argumentativ (kognitiv) inszeniert werden kann. Der Präsenter kann als Einzelperson auftreten; es ist aber auch eine Gruppe von Personen denkbar usw.

ADCAD greift also schon in den Kreativprozeß ein, der zu Beginn der Entwicklung und Gestaltung einer Werbekampagne stattfindet. Obwohl dieses Ziel einer automatischen, rechnergesteuerten Kreativität immer wieder als faszinierendes Endergebnis der KI-Entwicklung stehen mag, bleibt doch fraglich, ob ohne umfassendes Allgemeinwissen und ohne die Fähigkeit, kontextbedingte Analogien abzuleiten, die heute verfügbare Soft- und Hardwaretechnologie für Expertensysteme diesen hohen Anforderungen gerecht werden kann. So geben denn auch Rangaswamy et al. (1986, S. 15) die Stimulierung des Kreativprozesses durch die Benutzung von ADCAD als Hauptziel von ADCAD an. Dieser Nebeneffekt wissensbasierter Systeme, als streß-stabile, intelligente Checkliste keine Alternativen zu vergessen, ist oftmals Grund genug, die Entwicklung eines Expertensystems zu rechtfertigen.

Mit Blick auf diese Arbeit stellt sich allerdings die Frage, ob die weitgehend deskriptive Sammlung von Einzelbausteinen zur Abdeckung des verfügbaren Wissens zur Werbewirkung nicht durch eine verhaltenswissenschaftliche Strukturierung der Wissensbasis verbessert werden kann? Diesen Gedanken greift das Expertensystem ESWA auf, das weiter unten dargestellt wird.

4.2.6. Validierung

In einem ersten Validierungsschritt wurden die Systemvorschläge mit den Lösungen der Kreativen der Werbeagentur verglichen. Wenn starke Abweichungen auftraten, wurde der Entscheidungsprozeß von ADCAD interaktiv zurückverfolgt und die für die Fehleinschätzung verantwortlichen Regeln modifiziert. Dazu wurden entweder die mit der Regel verbundenen Sicherheitsfaktoren (certainty factors) geändert, um der Regel mehr oder weniger relatives Gewicht zu geben, oder die Regel wurde neuformuliert, gelöscht bzw. neue Regeln zusätzlich aufgenommen.

Im Augenblick wird ADCAD versuchsweise in der Agentur eingesetzt. Eine Gruppe arbeitet mit, die andere ohne die Unterstützung von ADCAD. Das Arbeitsergebnis der beiden Gruppen wird verglichen und bewertet. Es handelt sich hierbei um eine Art "split-ballot" Design; man kann auch von einem modifizierten "Turing Test" sprechen, wenn beispielsweise der Auftraggeber nicht unterscheiden kann, ob seine Kampagne von einem Expertensystem oder den Werbekreativen entwickelt wurde (vgl. auch Kapitel 8.2.).

Zur Bewertung der Wirksamkeit der einzelnen Werbealternativen werden sowohl subjektive Expertenurteile, als auch objektive (Werbe-) Pretestergebnisse herangezogen. Quantifizierte Ergebnisse zur Validität von ADCAD liegen zum augenblicklichen Zeitpunkt noch nicht vor, dürften aber in absehbarer Zeit zur Verfügung stehen. Insgesamt betrachtet, steht ADCAD am Übergang von einem Prototyp zu einem kommerziellen System.

Wollte man im nächsten Schritt ein umfassendes Expertensystem zur Werbemittelgestaltung entwickeln, müßte dieses System auch strategische Aspekte der Markenpolitik und Markenwerbung in geeigneter Form berücksichtigen. Sicherlich wird es schwierig, über einen deskriptiv-klassifikatorischen Rahmen hinaus, diese Herausforderung mit heutigem Technologiestandard zu lösen.

Ferner muß man auf Seiten der sog. Kreativen, die sich heute schon oftmals erbittert gegen Werbepretests wehren, mit erheblichem Widerstand gegen ein Expertensystem rechnen. Genauso wie dieser Widerstand gegen undifferenziert durchgeführte Pretests nicht völlig unbegründet erscheint, könnte man eine kritische Haltung gegenüber einem Expertensystem, das nur **grundlegende** werbetaktische Gestaltungsaspekte berücksichtigt, nachvollziehen.

Greift man nur die oben dargestellte Regel zur Werbemittelgestaltung bezüglich "Humor in der Werbung" heraus, so ist eine solche Empfehlung eines Expertensystems, angesichts der Vielzahl sensibel abzuwägender Einzelaspekte, einem Kreativen nur bedingt hilfreich (vgl. auch Spieker 1987). Diese

Gesamtproblematik vor Augen, wird mit dem nachfolgend vorgestellten Expertensystem ESWA eine andere Zielsetzung verfolgt.

5. Expertensystem zur Werbewirkungsanalyse (ESWA)

5.1. Grundlegende Ziele

Im Rahmen dieser Arbeit wird ESWA (ExpertenSystem zur WerbewirkungsAnalyse) entwickelt. Es zielt darauf ab, dem sachkundigen Anwender als beratendes System zur Seite zu stehen. ESWA kann so die Entscheidungsqualität verbessern und Diskussionen über antizipierte Werbewirkungen versachlichen. Einsatzbereiche sind im Produktmanagement, bei Marketingforschern, Werbeberatern und in der Ausbildung zu suchen. Darüber hinaus wird eine intersubjektiv nachprüfbare Validierung des Prototypen angestrebt, die im Rahmen dieser Ausführungen erläutert wird und auch auf andere Expertensysteme übertragbar ist.

Vier grundlegende Ziele werden ins Auge gefaßt:

1. Der neueste Stand der wissenschaftlichen Werbewirkungsforschung wird gezielt zur Implementierung in dem Expertensystem aufbereitet. Hierbei sind natürlich ausgewählte Schwerpunkte zu setzen.

2. Geeignete Ansätze der psychologischen Testtheorie sollen in dem Expertensystem soweit berücksichtigt werden, daß ein Normierungssystem für (verhaltenswissenschaftliche) Werbewirkungskonstrukte realisiert werden kann. Im allgemeinen Fall ist dieses Normierungssystem auch auf die Begriffssysteme der empirischen Sozialforschung übertragbar.

3. Der Prototyp soll auf einem leistungsfähigen, portablen Rechner lauffähig sein (IBM-AT bzw. kompatible Rechner). Angesichts der hohen Investitionssummen für Hard- und Software - wenn man sich für

Workstations bzw. Großrechner entscheidet - kann nur auf diese Weise einer weiteren Verbreitung der Weg geebnet werden.

4. Aufgrund der besonderen Aufgabenstellungen dieser Wissensdomäne ist der Berücksichtigung sog. unsicheren Wissens besondere Aufmerksamkeit zu widmen.

Zunächst jedoch einige Hintergrundinformationen zur angesprochenen Wissensdomäne.

5.2. Problemstellung

Eine Vielzahl von Anbietern muß sich gegenwärtig mit dem Problem der Marktsättigung und Marktstagnation auseinandersetzen (vgl. Kroeber-Riel 1984d; 1988; Meffert 1988). Das vorhandene Marktpotential wird durch die angebotenen, in ihrer Qualität weitgehend vergleichbaren Produkte ausgeschöpft. Das Ergebnis dieser Entwicklung ist nicht nur eine zunehmende Austauschbarkeit zwischen den Marken, sondern auch eine auffällige Gleichgestaltung der Werbung innerhalb der Produktgruppen. Als Lösung wird mittelfristig ein Umdenken in der Werbekonzeption vorgeschlagen. Durch Berücksichtigung der Strategie eines erlebnisbetonten Marketings ließen sich die angebotenen Marken zu Medien emotional verankerter Konsumerlebnisse aufbauen. Damit werden neue Wege der Produktpositionierung eröffnet.

Gleichzeitig kann eine dramatische Zunahme des Informationsangebots beobachtet werden (vgl. Kroeber-Riel 1987). Dies betrifft nicht nur den redaktionellen Teil des Medienangebots, auch die Zahl der Werbekampagnen steigt (Schätzungen liegen heute bei rund 40000 Kampagnen pro Jahr). Dies bedeutet gleichzeitig, daß die Informationsüberlastung beachtliche Ausmaße erreicht (darunter versteht man den Anteil der nichtbeachteten Informationen am gesamten Informationsangebot). Die Nachfrage nach Informationen bleibt, nicht zuletzt aufgrund biologischer Restriktionen der menschlichen Verarbeitungskapazität, weitgehend konstant. Die Folgen für die Werbekommunikation sind beachtlich: die Kommunikationsleistung sinkt und die Werbewirkung verringert sich. Nur **sozialtechnisch effiziente Werbung** kann in dieser Informationskonkurrenz bestehen.

Da sich nicht jeder Entscheidungsträger ständig über den neuesten Stand der Werbewirkungsforschung informieren kann, liegt es nahe, mit einem Expertensystem theoretisches und praktisches **Wissen zur Werbewirkung direkt am Arbeitsplatz** zur Verfügung zu stellen.

Nachdem die Kreativen Ihre Lösungsvorschläge erarbeitet haben, liegen dem Auftraggeber eine Vielzahl von unterschiedlichen Alternativen auf dem Tisch. Sämtliche Alternativen einem Pretest zu unterziehen ist im allgemeinen zu aufwendig. An diesem Punkt greift deshalb ESWA unterstützend ein.

Ein Expertensystem kann bereits unmittelbar nach der Prototypentwicklung kostengünstige Expertisen zu den Wirkungsschwerpunkten der verschiedenen Alternativen liefern und damit die Vorauswahl tragfähiger Realisierungen erleichtern. Grobe werbewissenschaftliche (sozialtechnische) Gestaltungsmängel können noch vor einem sich anschließenden Pretest beseitigt werden. Mit zunehmender Leistungsfähigkeit kann ESWA sicherlich auch die Zahl der Pretests reduzieren. (Vor einer vollständigen Substitution von Pretests durch Expertensysteme muß aber gewarnt werden, da sich kein Anwender vollständig in die Zielgruppe hineinversetzen kann, und deshalb die Erfassung des Faktenwissens nicht frei von Verzerrungen sein wird.)

5.3. Grundlagen zur Berücksichtigung unsicheren Wissens

5.3.1. Klassische Logik

5.3.1.1. Logischer Schluß

Die Logik, die früher in der Form der klassischen, aristotelischen Logik ein Teilgebiet der Philosophie war, ist heute eine selbständige wissenschaftliche Disziplin geworden (vgl. hierzu Borkowski 1977; Carnap 1960; Kutschera und Breitkopf 1985). Im engeren Sinn versteht man heute unter "Logik" die formale Logik. Sie soll die Überprüfung der Richtigkeit eines durchgeführten Schlusses ermöglichen. Unter Schließen wiederum wird ein Denkprozeß verstanden, der darin besteht, anhand bestimmter Prämissen des gegebenen Schlusses, einen Satz zu beweisen (Konklusion des Schlusses).

Das so verstandene Schließen ist die Begründung eines Satzes, weil eine bestimmte logische Beziehung, ein logischer Zusammenhang zwischen den Prämissen und dem Schluß besteht.

Ein Schluß wird als gültig bezeichnet, wenn unter der Voraussetzung, daß alle Prämissen wahr sind, auch die Konklusion wahr ist. Wenn also behauptet wird, ein Schluß sei gültig, so wird weder behauptet, daß die Prämissen wahr sind, noch, daß die Konklusion wahr ist. Es wird vielmehr nur behauptet, daß die Konklusion wahr ist, wenn alle Prämissen wahr sind.

Es wurden eine Reihe von Regeln aufgestellt, nach denen die Beweisführung in logischen Annahmesystemen zu erfolgen hat. So besagt beispielsweise die für unsere Ausführung wichtige Regel des hypothetischen (bedingten) Syllogismus:

p -> q
q -> r

Konklusion: p -> r (p impliziert r)

5.3.1.2. Sekundäre logische Gesetze

Aus diesem klassischen Aussagenkalkül leiten sich folgende wichtige Gesetze ab, wobei \/ als Disjunktionszeichen und /\ als Konjunktionszeichen verwendet wird (vgl. mit den entsprechenden Beweisen: Borkowski 1977, S.66 ff.; sowie Winston 1984, S. 209):

```
Kommutativgesetz:   p \/ q ≡ q \/ p   (der Alternative)
                    p /\ q ≡ q /\ p   (der Konjunktion)
Assoziativ-    (p \/ q) \/ r ≡ p \/ (q \/ r) der Alternative
gesetz:        (p /\ q) /\ r ≡ p /\ (q /\ r) der Konjunktion
Distributiv- p \/ (q /\ r) ≡ (p \/ q) /\ (p \/ r)
gesetz:      p /\ (q \/ r) ≡ (p /\ q) \/ (p /\ r)
```

Gesetz der
doppelten Negation: $\sim (\sim p) \equiv p$

Additionsgesetz
der Vorderglieder : $(p \rightarrow r) \land (q \rightarrow r) \equiv (p \lor q) \rightarrow r$

Multiplikations-
gesetz für die
Hinterglieder: $(p \rightarrow q) \land (p \rightarrow r) \equiv p \rightarrow (q \land r)$

Erweitert man diese Aussagenlogik zum klassischen Prädikatenkalkül, so sind insbesondere der Alloperator und der Existenzoperator von Bedeutung.[7] Der Alloperator drückt die Generalisierung aus, er umfaßt Ausdrücke wie: alle, sämtliche, jeder, jegliche. Das Symbol $\land_x$ steht für einen solchen Alloperator mit Allquantoren. Der Existenzoperator umschreibt Beziehungen der Art: etwas, ein, es gibt ein, einige, manche. Er wird analog mit dem Symbol $\lor_x$ gekennzeichnet.

Indem die Prädikatenlogik mehrfaches Quantifizieren zuläßt, geht sie über die Syllogistik von Aristoteles hinaus, denn daß sich in der modernen logischen Symbolik Sätze mit verschränkten Quantoren bilden lassen, in denen ein Quantor vor einen Ausdruck gestellt wird, der selbst schon Quantoren enthält, erhöht den Ausdrucksreichtum dieser Symbolik ganz wesentlich (vgl. Kutschera und Breitkopf 1985)

5.3.1.3. Logische Antinomien

Ein Problem der klassischen Systeme waren früher die logischen Antinomien. Eine Antinomie ist der Beweis zweier sich widersprechender Ausdrücke. Es konnte gezeigt werden, daß aus zwei sich widersprechenden Ausdrücken eine beliebige Aussage folgt. In einem solchen System kann dann jeder Ausdruck bewiesen werden, unabhängig davon ob er nun wahr oder falsch ist.

---

[7] In der Logik wird derjenige Ausdruck als logisches Prädikat verstanden, der übrigbleibt, wenn man in einfachen Sätzen den vorkommenden Namen wegstreicht. In dem Ausdruck "Pferde wiehern" ist "wiehern" das Prädikat, oder "Saarbrücken liegt an der Saar" mit "liegt an" als Prädikat (Kutschera und Breitkopf 1985).

Logisch nennt man Antinomien, wenn sie mit Hilfe der Termini des Prädikatenkalküls oder der Mengenlehre formuliert werden. Klassisches Beispiel ist die Russellsche Antinomie: Man definiert N_1 als die Menge aller und nur der Mengen, die nicht Element von sich selbst sind

$$A \in N_1 \equiv A \sim \in A.$$

Setzt man in dieser Definition die Konstante N_1 für die Variable A ein, so ergibt sich offensichtlich ein Widerspruch. Man erhält die Äquivalenz (vgl. Borkowski, 1977, S. 417 ff.):

$$N_1 \in N_1 \equiv N_1 \sim \in N_1.$$

Für die vorliegende Betrachtung wichtiger sind jedoch die semantischen Antinomien. Zur Formulierung semantischer Antinomien werden semantische Termini oder Termini, welche hinreichen, semantische Termini zu definieren, verwendet. Eine bereits seit dem Mittelalter bekannte semantische Antinomie ist die Antinomie des Wortes "heterologisch". Diese Antinomie erhält man mit der Definition:

"W" ist heterologisch $\equiv$ "W" ist nicht W.

Die in dieser Definition vorkommende Variable "W" ist eine Namenvariable. Zum Verständnis dieser Antinomie wird darauf verwiesen, daß jeder Name eines Gegenstandes, der kein Wort ist, ein heterologisches Wort ist. Beispielsweise ist das Wort "Saarbrücken" heterologisch, weil das Wort "Saarbrücken" nicht Saarbrücken selbst ist, denn Saarbrücken ist eine Stadt und kein Wort. Nun kann man für die Variable "W" auch das Wort "heterologisch" einsetzen, denn das hier verwendete Wort "heterologisch" gehört zur syntaktischen Kategorie der Namen (vgl. im einzelnen Borkowski, 1977, S. 525 ff.). Man erhält dann die Äquivalenz:

"heterologisch" ist heterologisch $\equiv$ "heterologisch" ist nicht heterologisch.

Es gab eine Zeitepoche in der Logik, in der man die durch die semantischen Antinomien hervorgerufenen Schwierigkeiten nicht lösen konnte. Erst die grundlegende Unterscheidung zwischen einer Sprache und einem Metasystem, der Metasprache, löste die Probleme. Danach gehören die sich auf die Ausdrücke eines gegebenen Systems beziehenden semantischen Termini zu einem Metasystem. Deshalb werden die semantischen Termini, welche sich auf Ausdrücke eines Systems S beziehen, in einem Metasystem M_S des Systems S angegeben. Bedingung ist, daß es zu jedem Ausdruck des Systems S einen mit ihm gleichbedeutenden Ausdruck im Metasystem M_S gibt, der ihm auch einen Namen zuweist.

Wenn den Variablen x_1, x_2, ... des Systems S die zu M_S gehörenden Variablen a_1, a_2, ... entsprechen und den zu S gehörenden Eigenschaftskonstanten (Prädikatenkonstanten) P_1, P_2, ... die zu M_S gehörenden Konstanten R_1, R_2, ... zugeordnet werden, dann gibt es für jeden zum System S gehörenden Ausdruck im Metasystem M_S einen Ausdruck, welcher seine Übersetzung und mit ihm gleichbedeutend ist. Die Relationen R_1, ..., R_n können Mengenoperationen oder Funktionen sein. Das Metasystem muß ferner alle logischen Konstanten des Systems S beinhalten.

Durch diese Zuweisung entstehen im Metasystem M_S Variablen eines höheren logischen Typs, denn im Metasystem sind nicht nur Namenvariablen, sondern auch Variablen enthalten, die aus Elementen des Systems S gebildete Folgen repräsentieren (bzw. deduktiv äquivalente Aussagenausdrücke).

5.3.2. Begriffsbildung in empirischen Wissenschaften

Wahrheitsbegriff:

Dehnen wir nun unsere Betrachtungen auf empirische Wissenschaften aus. Dazu ist eine differenzierte Betrachtung der "Wahrheit" erforderlich - man unterscheidet faktische Wahrheit (F) und logische Wahrheit (L). Um einen vorliegenden Satz auf seinen Wahrheitswert zu untersuchen, werden im Rahmen der klassischen Version der symbolischen Logik zwei Schritte unterschieden (Carnap 1960, S. 16 ff.; Kroeber-Riel 1984a, S. 14 ff.; Weinberg

1971, S. 20 ff.). Der erste Schritt besteht darin, daß wir den Sinn des Satzes feststellen. Hierzu müssen wir einerseits die Bedeutung der in dem Satz vorkommenden Zeichen wissen (diese Bedeutungen können durch eine Liste von Bedeutungsregeln festgelegt werden) und andererseits die Form des Satzes in Betracht ziehen, d.h. wie die Zeichen des Satzes zusammengestellt sind. Der zweite Schritt besteht darin, die Aussage des Satzes mit den Fakten zu vergleichen, auf die er sich bezieht. Wir müssen durch Beobachtung (empirischer Gegebenheiten) feststellen, wie die Fakten sind, und das Ergebnis vergleichen mit dem, was der Satz über die Fakten aussagt. Stimmt die Aussage des Satzes mit den Fakten überein, so ist er faktisch wahr (F-wahr) andernfalls falsch (vgl. Abb. 3). Man spricht auch von synthetischen Aussagen. Sie implizieren einen Wahrheitsbegriff, der auf faktischer bzw. empirischer Basis beruht.

Wert	Wertinterpretation	Aussagensystem
w a h r	L - wahr	analytisch
	F - wahr	synthetisch
f a l s c h	F - falsch	
	L - falsch	kontradiktorisch

Abb. 3: Logische Gültigkeit und faktische Wahrheit

Einführung von Begriffen

Aufbauend auf der erweiterten symbolischen Logik wurde im Rahmen des analytischen Empirismus die begriffliche Zerlegung einer wissenschaftlichen Theorie in ein axiomatisch formuliertes, theoretisches Kalkül und ein System von interpretierenden Sätzen, die den Ausdrücken des Kalküls empirischen Gehalt verleihen, vorangetrieben.[8] Damit steht man vor dem

[8] Carnap (1960, S. 79 sowie S. 102) hat eine Sprache, für die syntaktische Regeln gegeben sind, als Kalkül bezeichnet. Wenn außerdem noch semantische Regeln gegeben sind, spricht man auch von einem interpretierten Kalkül.

Bedeutungsproblem für theoretische Ausdrücke, das in der Ansicht wurzelt, daß die Sätze einer Theorie objektives Verständnis und objektive Anwendung auf empirische Phänomene zulassen sollen. Deshalb muß die Theorie eine Klasse von Sätzen einschließen, die genau bestimmen, wie die theoretischen Terme verstanden werden sollen, welche Bedeutungen sie besitzen sollen (Hempel 1974, S. 87). Dazu wird der Inhalt eines Begriffs festgelegt (Intension) und sodann der Umfang des Begriffs (Extension) bestimmt; d.h. welche Einheiten besitzen die betreffenden Eigenschaften.

Theoretische Ausdrücke, auch als theoretische Konstrukte bezeichnet, treten oft als hoch abstrakte Terme, vornehmlich in fortgeschrittenen Stadien der wissenschaftlichen Theoriebildung, auf. In der Physik sind dies z. B.: Masse, Kraft, absolute Temperatur. Diese theoretischen Begriffe können durch sog. Reduktionssätze schärfer gefaßt werden. Dabei legt ein Reduktionssatz keine vollständige Definition des durch ihn beschriebenen Terms vor, sondern leistet in der Regel nur eine partielle Festsetzung seiner Bedeutung. Die verbleibende Indeterminanz eines Terms kann nach und nach durch die Aufstellung zusätzlicher Reduktionssätze, die sich aus anderen Testbedingungen usw. ergeben, verringert werden. Ein Reduktionssatz zum Magnetismus lautet dann: Wenn ein Stück Eisen zu einem gegebenen Zeitpunkt nahe an einem Objekt x ist, dann ist x zum gegebenen Zeitpunkt dann und nur dann magnetisch, wenn dieses Objekt sich zum gegebenen Zeitpunkt auf x zubewegt.

Das Verfahren der Reduktion läuft demnach auf eine partielle (konditionale) Definition hinaus und schließt das Standardverfahren der expliziten Definition als einen Spezialfall ein.

Wendet man also eine Theorie T, die das bereits vorliegende "wissenschaftliche" Vokabular V_A verwendet, auf empirische Phänomene an, so läßt sich aus einem Satz S_{a1}, mittels geeigneter aus T entnommener Sätze - S_T sei die Konjunktion dieser Sätze - ein anderer Satz S_{a2} ableiten, der in V_A ausgedrückt ist. Schematisch kann diese logische Implikation dargestellt werden durch:

$$S_{a1} \wedge S_T \rightarrow S_{a2}.$$

Eine Folgerung dieser Art besagt dann, daß gemäß der Theorie T das durch S_{a2} beschriebene Phänomen auftritt, wenn die durch S_{a1} beschriebenen Bedingungen vorliegen. Die Theorie T muß deshalb Kriteriumssätze enthalten, die theoretische Terme zu bereits vorliegenden Termen in Beziehung setzen, so daß es möglich wird, theoretische Ausdrücke auf empirische, in V_A beschriebene Phänomene anzuwenden. Die **Objektivität** einer solchen **Theorie** bezüglich ihrer Anwendung auf **empirische Phänomene** wird vorallem vom **Grad der Expliziertheit** und der **Präzision**, mit der die **theoretischen Prinzipien** formuliert sind, abhängen, ferner von der Gültigkeit der logischen und mathematischen Folgerungsprinzipien, die bei der Ableitung benutzt werden, und von der Klarheit und Uniformität im Gebrauch des bereits vorhandenen wissenschaftlichen Vokabulars.

Diese liberalere Auffassung von Empirismus erlaubt dann, eine wissenschaftliche Theorie als ein räumliches Netzwerk zu betrachten. Die Terme stellen die Knoten dar, die Verbindungen die Definitionen und grundlegenden sowie abgeleiteten Hypothesen. Das gesamte Theoriegebilde schwebt dann über der Beobachtungsebene und ist durch Interpretationsregeln in ihr verankert. Aufgrund dieser interpretativen Verknüpfungen einzelner Konstrukte mit der Empirie kann die Theorie arbeiten. Von bestimmten Beobachtungsdaten steigt man über die interpretativen Verbindungen zu einem Punkt im theoretischen Netzwerk empor, von dort gelangt man über Definitionen und Hypothesen zu anderen Konstrukten, die dann möglicherweise wieder eine empirische Verankerung besitzen. Die alleinige Bindung von Termen an beobachtbare Sachverhalte, eine Forderung des enger gefaßten Empirismus, müßte diese Dynamik ersticken.

Die Konzeption, die später zur Validierung des Expertensystems ESWA entwickelt wird, baut genau auf diesen Grundüberlegungen zu empirisch verankerten Theorien auf. Gleichzeitig werden die Beziehungen zwischen den Begriffen so gestaltet, daß sie mit vorhandenen statistischen Verfahren (z.B. mit linearen Strukturgleichungsmodellen - LISREL) geschätzt werden können (vgl. u.a.: Bagozzi 1980; Neibecker 1985a).

5.3.3. Induktive Logik

5.3.3.1. Erfahrungsdaten und Bestätigungsgrad

Jedes induktive Schließen im Sinne des nichtdeduktiven Schlußfolgerns, ist ein Schließen aufgrund von Wahrscheinlichkeit. Hierbei gibt der Wahrscheinlichkeitsbegriff der induktiven Logik den Grad der Bestätigung einer Hypothese auf der Grundlage gegebener Prämissen an. Da sich die induktive Logik als Wahrscheinlichkeitslogik versteht, sind alle Prinzipien und Lehrsätze analytisch. Deshalb hängt die Gültigkeit eines induktiven Schlusses nicht von irgendwelchen synthetischen Voraussetzungen ab, eine wichtige Rahmenbedingung für die induktive Logik von Carnap (vgl. Carnap und Stegmüller 1959).

Zur Präzisierung des Wahrscheinlichkeitsbegriffs wurde eine Zweiteilung vorgenommen. Es wird eine Wahrscheinlichkeit im logischen Sinne, die induktive Wahrscheinlichkeit, und eine statistische Wahrscheinlichkeit unterschieden. Die **statistische** Wahrscheinlichkeit ist ein bestimmtes quantitatives, oftmals physikalisches Merkmal, das Systemen von Dingen zukommt. So wie allen anderen empirischen Größen kann auch dieses Merkmal nur auf dem Weg über Beobachtungen (Messungen) festgestellt werden. Daher ist der Begriff der statistischen Wahrscheinlichkeit eng mit dem Häufigkeitsbegriff verknüpft. Eine Aussage über **induktive** Wahrscheinlichkeit hat eine Relation zwischen einer Hypothese und einer Gesamtheit von Erfahrungsdaten (z.B. bestimmten Beobachtungsergebnissen) zum Inhalt. Der darin behauptete Wahrscheinlichkeitswert bezeichnet den Grad, in welchem die Hypothese durch die Erfahrungsdaten bestätigt oder gestützt wird (Carnap und Stegmüller 1959, S.5-6). Eine induktive Wahrscheinlichkeitsaussage gibt also den Bestätigungsgrad (c) einer Hypothese h aufgrund der Erfahrungsdaten e an. In anderer Form geschrieben ergibt dies $c(h,e)=x$. Das relevante Erfahrungswissen ist in e enthalten, weshalb der Grund für die Gültigkeit einer solchen Wahrscheinlichkeitsaussage nicht selbst wiederum empirischer Natur sein kann. Darin kommt zum Ausdruck, induktive Wahrscheinlichkeitsaussagen nicht als synthetische Sätze mit Tatsachengehalt aufzufassen, sondern als rein logische Aussagen. Deshalb ist es für die Gültigkeit - im Unterschied zum praktischen Wert oder der Anwendbarkeit -

eines Satzes der induktiven Logik, ebenso wie für einen der deduktiven Logik, unbedeutend, ob die Daten wahr sind oder nicht, bzw. ob die Daten bekannt sind oder nicht.

Für die Anwendung der induktiven Logik tritt aber eine zusätzliche Schwierigkeit auf, die Forderung des Gesamtdatums. Damit wird gefordert, daß die **Einbeziehung des gesamten Wissens** in das Datum e zu erfolgen hat. Wenn ein Satz der induktiven Logik c(h,e)=x auf einen konkreten Fall angewendet wird, dann muß verlangt werden, daß das Datum e zur Beurteilung des Bestätigungsgrades von h das gesamte verfügbare Erfahrungswissen berücksichtigt. Jedes weitere Wissen i, welches in e nicht enthalten ist, muß deshalb ohne Relevanz für die Beurteilung von h sein. Die Übertragung dieser Forderung auf reale Situationen einer Einzelwissenschaft erfordert natürlich Abstriche, denn jeder Experte wird eine so große Anzahl von Ereignissen beobachtet haben, daß deren vollständige Berücksichtigung aussichtslos erscheint. Es hat sich jedoch immer wieder bestätigt, daß auch die für Idealfälle gewonnenen Gesetzmäßigkeiten stets dann approximativ gelten, sobald die idealen Bedingungen in der Realität approximativ erfüllt sind. Deshalb gelten die Ergebnisse der induktiven Logik, obwohl sie für einfachere Universen gewonnen wurden, auch in der realen Welt.

Eine Aussage dergestalt, daß die (induktive) Wahrscheinlichkeit von h aufgrund von e hoch sei, bedeutet dann nichts anderes als: Wenn ein Experte nur e kennt, etwa durch direkte Beobachtung, und weiter nichts, dann hat er gute Gründe dafür, die unbekannten Tatsachen, die durch h beschrieben werden, zu erwarten.

5.3.3.2. Wichtige Induktionsschlüsse

Bislang ist es im Rahmen der induktiven Logik erst gelungen, relativ einfache Sprachsysteme mit der dazugehörenden Metasprache zu entwickeln. Carnap und Stegmüller (1959, S. 138; S. 234) weisen jedoch darauf hin, daß es unberechtigt wäre, die relative Einfachheit dieser Sprachsysteme als einen Einwand gegen die induktive Logik vorzubringen. Schließlich hat die deduktive Logik, von den ersten Anfängen bei Aristoteles an gerechnet, mehr als zweitausend Jahre benötigt, bis es gelang, die heute verfügbaren komplexen

Gebilde deduktiver Logik zu entwickeln. Man kann deshalb nicht verlangen, daß es bereits beim ersten Versuch gelingt, ein System induktiver Logik mit analogem Reichtum zu entwickeln.

Trotzdem liefern die methodologischen Überlegungen, die im Rahmen der induktiven Logik entwickelt wurden, einige grundlegende Denkmuster, die für die Behandlung unsicheren Wissens im Rahmen eines Expertensystems fruchtbar sind. Die wichtigsten Denkmuster wurden in den verschiedenen Induktionsschlüssen zusammengefaßt:

1. Der direkte Schluß, d. h. der Schluß von einer Grundgesamtheit auf eine Stichprobe der Grundgesamtheit.

2. Der Voraussageschluß: dies ist der Schluß von einer Stichprobe auf eine andere, von der ersten verschiedenen Stichprobe. Von einem "singulären Voraussageschluß" wird gesprochen, wenn die zweite Stichprobe nur aus einem einzigen Individuum besteht, im Falle unseres Expertensystems also einer Anzeige oder eines Spots.

3. Der Analogieschluß, d. h. aufgrund einer bekannten Ähnlichkeit wird von einem Individuum auf ein anderes geschlossen.

4. Der inverse Schluß, d. h. der Schluß von einer vorliegenden Stichprobe auf die Gesamtheit.

5. Der Allschluß, dies ist der Schluß von einer Stichprobe auf eine Hypothese vom Charakter eines Allsatzes.

Schließen wir unsere Basisüberlegungen zur Logik mit der tiefgründigen Bemerkung von Carnap: Induktive Logik ohne Beobachtungen ist leer, Beobachtungen ohne induktive Logik sind blind.

5.4. Berücksichtigung der Ungewißheit von Fakten

5.4.1. Ausgangsüberlegungen zur Berücksichtigung der Ungewißheit von Fakten

Betrachtet man die heute einsatzbereiten Expertensysteme im Hinblick auf die Realisierung einer Unsicherheitskomponente, so fällt auf, daß einige offensichtlich nur durch deren explizite Berücksichtigung so erfolgreich waren, andere Systeme jedoch praktisch ohne Unsicherheitskomponente auskommen. Tendenziell scheint sich abzuzeichnen, daß man in Wissensbereichen, die vergleichsweise weitgehend durch deterministische Lösungswege gekennzeichnet sind (wie z.B. Anlagenkonfiguration) und mit dichotomen Antwortvorgaben (Faktum trifft zu: Ja/Nein?) auskommen, auf die Realisierung einer Unsicherheitskomponente nicht angewiesen ist.

In Wissensbereichen, die verstärkt durch symbolisches, vages Wissen gekennzeichnet sind, wird eine explizite Berücksichtigung der Unsicherheit durch Konfidenzangaben erforderlich (z. B. in MYCIN und PROSPECTOR). Bislang existieren zur Lösung dieses Problems nur mathematische Näherungsverfahren; ein Tribut an menschliches Entscheidungsverhalten, das durch die bestehenden Modelle nur unzulänglich abgebildet wird.

In Anlehnung an die Notation der induktiven Logik findet man folgende Schreibweise:[9]

$$c(h,e) = x.$$

Die Sicherheit bzw. der Bestätigungsgrad, womit die Hypothese h angenommen wird, wenn die Fakten (Daten) e bekannt sind, ist x. Stellen wir

---

[9] Die oben dargestellte strenge Trennung zwischen dem induktiven und statistischen Wahrscheinlichkeitsbegriff gebietet zwei verschiedene Terminologien. P(h) ist die übliche Darstellung der statistischen Wahrscheinlichkeit und c(h,e) entspricht dem Bestätigungsgrad des induktiven Wahrscheinlichkeitsbegriffs. Aus Zweckmäßigkeitsgesichtspunkten wird diese strenge Trennung hier aufgeben. Sie ist im Rahmen der induktiven Logik erforderlich, um auf das Problem hinzuweisen, daß zur Anwendung klassischer, statistischer Lehrsätze bereits vorab bestimmte c-Werte bekannt sein müssen, was von logischer Seite kritisiert wird.

uns eine Anzeige mit einem erotischen Motiv vor, so beträgt etwa die Sicherheit, mit der wir unter diesen Bedingungen eine Anzeigenaktivierung annehmen dürfen:

$$c(\text{Aktivierung, erotisches Motiv}) = 0{,}7.$$

Aus einer Reihe von Voruntersuchungen weiß man, daß stark erotische Motive ein überdurchschnittliches Aktivierungspotential besitzen. Aufgrund diese Vorwissens läßt sich die Hypothese aufstellen: Je erotischer das Bildmotiv, desto stärker die Aktivierung einer Anzeige. Es ist nun gerechtfertigt, im Rahmen eines singulären Voraussageschlusses, bei Vorliegen eines bestimmten Datums (erotisches Motiv in der betrachteten Anzeige) bestimmte Schlußfolgerungen zu ziehen. Diese Schlußfolgerung könnte entsprechend unserer Hypothese lauten: diese Anzeige löst mit hoher Wahrscheinlichkeit Aktivierung aus, sie besitzt demnach ein überdurchschnittliches Aktivierungspotential.[10]

Als Ausgangspunkt einer formalen Lösung zur Berücksichtigung der Ungewißheit von Fakten in einem Expertensystem greift man auf das Theorem von Bayes zurück (vgl. Carnap und Stegmüller 1959, S. 169; Sachs 1974). Hierbei wird der allgemeine Fall von n Hypothesen untersucht, von denen genau eine gilt. Es wird für die Beobachtungen i und e angenommen $c(i,e) > 0$; $h_1, \ldots, h_n$ $(n > 1)$ seien so beschaffen, daß $e \wedge i \rightarrow h_1 \vee \ldots \vee h_n$, so daß alle h_i

---

[10] An dieser Stelle drängen sich zwangsläufig Parallelen zur "signal-detection-theory" auf, die in der Psychophysik und in der Meßtheorie große Bedeutung erlangt hat (vgl. u.a.: Gescheider 1976; Stevens 1975). Zusammenfassend geht man davon aus, daß jedes relevante Signal sich von einem verrauschten Hintergrund abheben muß, um als solches erkannt zu werden. Je schwächer nun das Signal im Verhältnis zum verrauschten Hintergrund ausgeprägt ist, desto geringer ist die Wahrscheinlichkeit, daß es als Signal erkannt wird.

Um auf das Aktivierungsbeispiel zurückzukommen, könnte demnach die Aktivierungskraft eines Motivs mit umso höherer Wahrscheinlichkeit festgestellt werden, je stärker sich die ausgelöste Aktivierung vom Hintergrundrauschen (d.h. der gerade vorhandenen tonischen Aktivierung und den Spontanschwankungen im Aktivierungsniveau) abhebt.

Diese Anbindung unserer Überlegungen an die "signal-detection-theory" wird jedoch nicht weiter verfolgt, da die induktive Logik als umfassenderes Theoriegebilde dafür besser geeignet erscheint.

L-disjunkt in bezug auf $e \wedge i$ sind). Die Sätze $e \wedge i \wedge h_1$, $e \wedge i \wedge h_2$, ..., $e \wedge i \wedge h_n$ seien ferner paarweise L-unverträglich. Für h als einer der n h-Sätze gilt dann:

$$c(h, e \wedge i) = \frac{c(h,e) * c(i, e \wedge h)}{\sum_{i=1}^{n} c(h_i, e) * c(i, e \wedge h_i)}$$

Mit c(h,e) wird die Ausgangsbestätigung oder die a priori Wahrscheinlichkeit für eine Hypothese h angegeben, bevor die weiteren Fakten i vorliegen.

Gibt man den induktiven Wahrscheinlichkeitsbegriff auf und verwendet die übliche, statistische Schreibweise und ersetzt c(h,e) durch die Wahrscheinlichkeit $P(A_i)$, daß ein Ereignis A_i von A_1, ... A_n sich ausschließenden Ereignissen des gesamten Ereignisraums eintritt, so ergibt sich die klassische Darstellung des Theorem von Bayes - vorausgesetzt das Ereignis E, das mit $P(E) > 0$ nur in Kombination mit A_i eintreten kann, ist bereits eingetreten:

$$P(A_i/E) = \frac{P(A_i) * P(E/A_i)}{\sum_{i=1}^{n} P(A_i) * P(E/A_i)}$$

Für angewandte Problemstellungen in Expertensystemen erreicht n üblicherweise Werte von einigen hundert Hypothesen. Die gesamte Datenfülle, die für eine exakte Anwendung des Bayes-Theorems erforderlich ist, läßt sich dann nicht mehr ermitteln (vgl. auch Shortliffe und Buchanan 1985). Das Bayes-Theorem kann demnach nur der Ausgangspunkt für eine approximative Lösung sein.

Desweiteren wird von Shortliffe und Buchanan (1985) ein Problem aufgezeigt, das sich aus der axiomatisch abgeleiteten Wahrscheinlichkeit der Negation eines Ereignisses bzw. einer Hypothese (~h) ergibt: Es folgt axiomatisch (vgl. auch Körth et al. 1972):

$$c(\sim h, e) = 1 - c(h,e).$$

In der Beispielhypothese wird davon ausgegangen, daß bei Vorhandensein eines erotischen Motivs eine Aktivierung mit einem Bestätigungsgrad von 0,7 erzielt wird. Aus dem Vorhandensein eines erotischen Motivs wird eine (positive) Evidenz für die Aktivierungswirkung einer Anzeige abgeleitet. Es fällt nun einem Experten mitunter schwer, damit gleichzeitig eine Wahrscheinlichkeit für die Erzielung von Desaktivierung zu begründen. Ein Anwender kann deshalb kaum der axiomatisch bedingten Negation c(~h,e) = 0,3 zustimmen, wonach mit einem Bestätigungsgrad von 0,3 ein erotisches Motiv eine Desaktivierung verursacht. Ein Lösungsvorschlag zur Behebung dieser Asymmetrie zwischen positiver Evidenz und deren Negation wird in der Einführung einer unabhängigen Bestätigungsfunktion für negative Fakten gesehen.

Ein weiterer Umstand kommt erschwerend hinzu: menschliche Experten, wie auch der normale "Durchschnittsbürger", folgen in ihrer Entscheidungsfindung nicht immer den axiomatischen Vorgaben der Statistik. Erinnern wir uns in diesem Zusammenhang an die ursprüngliche Zielvorgabe, die seitens der Informatiker allenthalben postuliert wird: Expertensysteme sollen den Computereinsatz in jenen Bereichen ermöglichen, die durch vages, heuristisches Wissen gekennzeichnet sind. Anders formuliert bedeutet dies, daß ein Expertensystem auf irgendeine Weise in die Lage zu versetzen ist, das **Entscheidungsverhalten** eines **menschlichen Experten** nachzubilden.

Nun belegen zahlreiche Experimente, - Anderson J. R. (1985) gibt einen Überblick -, daß menschliche Entscheidungsprozesse vorallem auf dem einfachen Schluß des "modus ponens" aufbauen, und bereits mit komplexeren logischen Strukturen auf der Grundlage des "modus tollens" beachtliche Probleme auftauchen. Wenn also gilt: A -> B, so folgt nach der Logik: wenn A wahr ist, dann ist auch B wahr. Ferner besagt der "modus tollens": unter der Annahme, daß die Implikation zutrifft, kann man aus B falsch auch auf A falsch schließen (vgl. u.a.: Harmon und King 1987). In Form einer Wahrheitstabelle wird diese Überlegung deutlicher:

A	B	A -> B
W	W	W
W	F	F
F	W	W
F	F	W

Nur unter der Bedingung, daß die zweite Konstellation entfällt, da man von der Richtigkeit der Implikation "aus A folgt B" ausgeht, kann man den "modus tollens" anwenden. Es wird in diesem Zusammenhang oft beklagt, daß Expertensysteme überwiegend auf der Grundlage des "modus ponens" arbeiten. Dieser Schlußfolgerungsmechanismus wird allerdings auch von menschlichen Entscheidern zu 100% angewendet, während der "modus tollens" nur von rund 60% als "anwendbarer" Syllogismus eingestuft wird.

Will man also den "modus tollens" generell in ein Expertensystem übernehmen, so entfernt man sich teilweise vom "menschlichen Vorbild". Ferner gilt es bei unsicherem Wissen zu berücksichtigen, daß es zu der beschriebenen Implikation einer deduktiven Logik keine Analogie in der induktiven Logik gibt. Aus der deduktiven Aussage "wenn e wahr ist, dann ist auch h wahr" kann in der induktiven Logik nichts erschlossen werden, lediglich der Grad der Gewißheit kann angegeben werden (vgl. Carnap und Stegmüller 1959, S. 78). Insofern werden auch wir uns in unserem Expertensystem auf den "modus ponens" beschränken.

Der Problemkreis unsicherer Fakten wird noch von einer weiteren Komponente überlagert. Betrachten wir hierzu folgendes Fallbeispiel: Wir kommen abends nach Hause und sehen, daß die Tür unseres Hauses offen steht. Wie prüfen wir die Hypothese, daß diese offenstehende Tür die Folge eines Einbruchs ist. Zwei Probleme tauchen auf: (1.) aufgrund einer allgemeinen Lebenserfahrung bilden wir eine Art Vorabwahrscheinlichkeit, daß ein Einbruch in unserer Wohngegend vorliegt; (2.) ist es durchaus möglich, daß in das Haus eingebrochen wurde und die Tür trotzdem nicht offen steht.

Ein mathematisch-normatives Modell für diese Problemkonstellation ist das Bayes-Theorem. Nun darf es nicht überraschen, daß der Mensch nicht perfekt entsprechend diesem normativen Modell Schlußfolgerungen zieht. Zum einen verlaufen menschliche Wahrscheinlichkeitsanpassungen konservativer, als dies durch das Bayes-Theorem vorgegeben wird (vgl. Edwards 1968), zum anderen werden Vorabwahrscheinlichkeiten nicht konsistent und mit der gebotenen Konsequenz zur Entscheidungsfindung herangezogen (vgl. Kahnemann und Tversky 1973). Somit ist ein Kompromiß anzustreben, der bei weitgehender Anlehnung an normative Modelle die Flexibilität und Inkonsistenz menschlichen Problemlösens berücksichtigt (vgl. auch Cherniak 1984; sowie mit Bezug zum Marketing Folkes 1988).

Die diskutierten, weiterführenden Ansätze sind mitunter sehr komplex und dann für eine praktikable Lösung zu rechenintensiv (vgl. Goodman und Nguyen 1985, insbes. S. 552 ff.; Kanal und Lemmer 1986). Die heute angewendeten Lösungsansätze sind demgegenüber praktikabler, aber nur approximativ exakt.

Ungeachtet der Frage, welche Berechnungsmodelle angewendet werden, sind aber für unsichere Fakten folgende drei Problemkreise zu lösen (vgl. Winston 1984):

1. Wie wird aus den Sicherheitsfaktoren der verschiedenen Bedingungen einer Regel die gemeinsame Eingangswahrscheinlichkeit (input certainty) der Regel gebildet.

2. Wie wird die Eingangswahrscheinlichkeit einer Regel in die Ausgangswahrscheinlichkeit (output certainty) überführt.

3. Wie wird die Sicherheit eines Faktums berechnet, wenn sich seine Existenz aus mehreren Regeln ableiten läßt (multiple evidence).

5.4.2. Berechnung der Eingangswahrscheinlichkeit

5.4.2.1. Das MYCIN-Modell

Anknüpfend an die eingangs aufgezeigten Probleme wird in MYCIN eine Trennung zwischen einer positiven und negativen Bestätigungsfunktion durchgeführt.[11] Es ergibt sich als Nettowert der sog. certainty factor (CF), der aus der positiven Evidenz für ein Faktum (MB: measure of increased belief) minus der negativen Evidenz (MD: measure of increased disbelief) errechnet wird (vgl. Shortliffe und Buchanan 1985):

$$CF(h,e) = MB(h,e) - MD(h,e).$$

Das Modell, das als approximative Lösung zu exakten statistischen Verfahren zu verstehen ist, erfüllt folgende Kriterien:

1. Grenzen:

   MB(h,e+) wächst bis zu einem Maximalwert von 1 an, wenn weitere, bestätigende Fakten dazukommen.

   MD(h,e-) wächst bis zu einem Maximalwert von 1 an, wenn weitere, verneinende Fakten hinzukommen.

   $CF(h,e-) \leq CF(h,e- \wedge e+) \leq CF(h,e+)$

2. Absolute Bestätigung oder Ablehnung:

   Wenn MB(h,e+) = 1, dann ist MD(h,e-) = 0, ungeachtet der verneinenden Fakten in e- (MD analog).

   Der Fall MB(h,e+) = MD(h,e-) = 1 ist kontradiktorisch, der dazugehörende CF-Wert bleibt undefiniert.

---

[11] Der MYCIN-Ansatz wurde zwischenzeitlich in eine Reihe weiterer Shells implementiert, z. B. in TWAICE von Nixdorf (vgl. Mescheder 1985).

3. Kommutativität:

Wenn e und i eine geordnete Folge von Fakten darstellen, so soll die Reihenfolge, in der die Fakten ermittelt werden, den Bestätigungswert einer Hypthese nicht beeinflussen:

$MB(h, e \wedge i) = MB(h, i \wedge e)$

$MD(h, e \wedge i) = MD(h, i \wedge e)$

$CF(h, e \wedge i) = CF(h, i \wedge e)$

4. Fehlende Informationen:

Wenn e' ein Faktum darstellt, dessen Bestätigungsgrad bzw. Vorhandensein nicht angegeben werden kann, so soll e' unbeachtet bleiben, so daß das System trotzdem weiterarbeiten kann:

$MB(h, e \wedge e') = MB(h,e)$

$MD(h, e \wedge e') = MD(h,e)$

$CF(h, e \wedge e') = CF(h,e)$

Die Berechnung der Eingangswahrscheinlichkeit (EW) in MYCIN geht von der Grundannahme aus, daß eine Kette nur so stark ist, wie das schwächste Glied. Es gilt für die Konjunktion von Hypothesen (Regelprämissen):[12]

$$MB(h_1 \wedge h_2,e) = \min\ [MB(h_1,e), MB(h_2,e)]$$
$$MD(h_1 \wedge h_2,e) = \max\ [MD(h_1,e), MD(h_2,e)]$$

Demgegenüber hat die Behandlung von Disjunktionen zu mißverständlichen Interpretationen geführt. In MYCIN werden disjunkte Regeln der Art:

$$A \wedge (B \vee (C \wedge D)) \rightarrow E$$

in zwei konjunktive Regeln aufgelöst. Es ergibt sich:

$$A \wedge C \wedge D \rightarrow E$$
$$A \wedge B \rightarrow E$$

12 Es sei nochmals darauf hingewiesen, daß durch die Rekursionen der Inferenzmaschine die Bedingungen einer Regel selbst wiederum als "temporäre Hypothesen" betrachtet werden. Deshalb haben wohl auch die Autoren von MYCIN auf die strenge sprachliche Trennung zwischen Hypothesen und Bedingungen einer Regel verzichtet.

Hierauf weist Shortliffe (1985, S. 81) hin. Wenn mehrere dieser Regeln feuern, wo wird eine Evidenzfortschreibung nach der Funktion für Mehrfachableitungen durchgeführt (vgl. Shortliffe 1985, S. 114; Shortliffe und Buchanan 1985, S. 260).

Disjunktionen werden nur für einen Teil der Regelprämissen zugelassen, wenn insgesamt eine Konjunktion von Bedingungen erhalten bleibt. In vereinfachenden Beispielen wird diese Disjunktionsfunktion aber auch zur Berechnung von Mehrfachableitungen verwendet (vgl. Winston 1984). Die entsprechenden Gleichungen lauten:

$$MB(h1 \vee h2,e) = \max\,[MB(h1,e), MB(h2,e)]$$

$$MD(h1 \vee h2,e) = \min\,[MD(h1,e), MD(h2,e)]$$

Global betrachtet, wird mit der Berechnung einer Eingangswahrscheinlichkeit der mit jeder Bedingung verbundene Sicherheitsfaktor $P(B_i)$ zu einem Ereignis E, zu einer gemeinsamen Wahrscheinlichkeit $P(B_1,...,B_n)$ zusammengefaßt. Die dem MYCIN-Anzsatz zugrunde liegende unscharfe Logik (fuzzy-logic) ergibt demnach in anderer Schreibweise (vgl. auch Schöneburg 1987)[13] :

$$EW = \min\,[\,P(B_1), \ldots , P(B_n)\,]$$

5.4.2.2. Das PROSPECTOR-Modell

Alternativ wird der theoretische Ansatz von Duda et al. (1976; 1978) dargestellt, der Grundlage für die Behandlung unsicheren Wissens in dem Expertensystem PROSPECTOR ist (vgl. auch Waterman 1986). Das entscheidende Verdienst dieses Modells liegt allerdings nicht primär in der Berechnung der

---

[13] In späteren Arbeiten hat Zadeh (1975a; 1975b; 1975c) die Fuzzy-Logik auf linguistische Problemstellungen zugeschnitten. Hiermit wird es möglich, verbal verankerte Intensitätsangaben, in der Terminologie von Zadeh auch als linguistische Variablen bezeichnet, durch geeignete Transformationsfunktionen in mathematische Modelle einzuführen. In ESWA folgen wir jedoch einem Ansatz direkter psychophysischer Skalierung, so daß wir diesen Aspekt der Fuzzy-Logik vernachlässigen können (vgl. Neibecker 1985a).

Eingangswahrscheinlichkeit, sondern in der Mehrfachableitung, auf die wir später noch eingehen.

Nimmt man Unabhängigkeit zwischen den Bedingungen einer Regel an, ergibt sich nach dem speziellen Multiplikationssatz der Wahrscheinlichkeitsrechung:

$$P(B_1 \wedge B_2) = P(B_1) * P(B_2)$$

Alternativ läßt sich aber auch die "fuzzy-set" Logik von Zadeh (1965) anwenden (vgl. auch Kraetzschmar und Plattfaut 1987; Whalen et al. 1987):

$$P(A \wedge B) = \min [P(A), P(B)]$$
$$P(A \vee B) = \max [P(A), P(B)]$$
$$P(\sim A) = 1 - P(A)$$

Ein generelles Problem dieses Vorgehens wird darin gesehen, daß die einzelnen Bedingungen einer Regel oftmals nicht unabhängig sind. Für einen Münzwurf kann diese Annahme als erfüllt gelten, für Bedingungen einer Expertensystemregel wird die Annahme problematisch, da diese Bedingungen letztlich Indikatoren für einen gemeinsamen Schlußfolgerungsteil sind und deshalb in vielen Wissensdomänen auch gemeinsame Varianzanteile aufweisen, d. h. interkorreliert sind. Gerade in den Sozialwissenschaften hat sich in jüngster Zeit bestätigt, daß es eine Vielzahl von unterscheidbaren, aber interkorrelierten Faktoren zu berücksichtigen gilt. Dies wurde aber erst durch die flexiblen Berechnungsmethoden mittels Kausalmodellen möglich und nachweisbar (vgl. u.a.: Bagozzi 1982; 1985; Bentler und Speckart 1981; Burnkrant und Page 1982; 1988; Heyer et al. 1985; Liska 1984).

Inwieweit die Annahme unabhängiger Bedingungen in der jeweiligen Wissensdomäne erfüllt ist oder nicht, muß der Experte anhand empirischer Befunde bzw. durch "Expertenurteil" bestimmen. Zur Analyse und Prognose von Werbewirkungen ist es jedenfalls eine große Hilfe beim Aufbau eines funktionstüchtigen Expertensystems, wenn solche Interaktionsbeziehungen berücksichtigt werden können. Ein Beispiel soll den Stellenwert dieser Interkorrelationen nochmals verdeutlichen:

Eine elegant gekleidete Frau (aus der Zielgruppe) hält eine Flasche der Marke x in der Hand. Hiermit ist bei räumlicher Nähe (B_1) eine sinnvolle Verknüpfung zwischen Marke und dem relevanten Bildelement (B_2) hergestellt (vgl. Neibecker 1987b). Wie später noch dargestellt wird, handelt es sich in der Sprache der visuellen Kommunikationsforschung um eine Form der interaktiven Anzeigengestaltung - die wiederum nicht mit einer statistischen Interaktionswirkung verwechselt werden darf. Eine realistische Alternative dieser Darstellungsweise könnte sein: ein Mann wirft der Frau eine Flasche der Marke x zu, die Anzeige zeigt diesen Vorgang im Fluge. Hiermit ist wiederum eine sinnvolle Beziehung zwischen Marke und Frau sichergestellt, die räumliche Nähe zwischen der Marke und den relevanten Bildelementen geht allerdings verloren. Da aber mit zunehmender Nähe von wichtigen Bildelementen auch deren assoziative, inhaltliche Verknüpfung zunimmt, können beide Bedingungen nicht als unabhängig eingestuft werden.[14] Ferner setzt eine kreative Umsetzung, die räumliche Nähe mit inhaltlichem Bezug realisiert, zusätzliches, multiplikatives Wirkungspotential frei.

Legt man in Fall 1 die Werte 0,7 für die erste Bedingung (B_1) und 0,8 für B_2 zugrunde, dann ergibt sich:

nach dem MYCIN-Ansatz: EW = min [0,7; 0,8] = 0,7;

nach dem Multiplikationssatz: EW = 0,7 * 0,8 = 0,56.

Folgt man jedoch psychometrischen Überlegungen (die sich oft auch in der Alltagserfahrung widerspiegeln) so müßte, wenn zwei gleichzeitig erfüllte Bedingungen dasselbe Faktum bestätigen und nachweislich interkorrelieren, die Eingangswarscheinlichkeit, d. h. die Wahrscheinlichkeit, daß das gesuchte Faktum tatsächlich vorliegt, größer als das Minimum sein. Eine unter das Minimum sinkende EW ist dagegen noch schwerer nachvollziehbar.

---

14 Am Rande sei angemerkt, daß die zweite Darstellungsvariante andere werbewissenschaftliche Pluspunkte besitzt: durch die ungewöhnlichere und dynamischere Gestaltung wird mehr Aktivierung ausgelöst.

Im Gegensatz zu diesem Vorgehen wird auch empirisch belegt, daß die simultane Berücksichtigung aller Bedingungen und eine daraus abgeleitete Durchschnittsbildung dem menschlichen Entscheidungsverhalten eher entspricht. Downing et al. (1985) konnten für multikausale Schlußfolgerungen aufgrund einer solchen Durchschnittsbildung eine höhere Varianzaufklärung nachweisen. Deshalb streben wir für ESWA ein Berechnungsmodell an, daß diese Anforderungen besser berücksichtigt. Dazu wollen wir zwei relativ einfach zu handhabende aber für eine umfassende Validierung sehr vielversprechende Ansätze der Psychometrik in ESWA implementieren und entsprechend adaptieren. Der erste Schritt besteht in einer Normierung unterschiedlicher Meßverfahren, um zu einer Vergleichbarkeit der Werte zu gelangen.

5.4.2.3. Normierung von Meßwerten

In der Psychologie hat man sich schon sehr früh mit der Normierung von Meßwerten, insbesondere von Rohwerten bei Intelligenztests, beschäftigt. Konkret ist damit die Transformation von Meßwerten in eine andere Skala gemeint. Die Gründe hierfür sind vielfältig. Oft will man nur eine angemessenere Skala erhalten, die man womöglich leichter handhaben kann. Ein anderer wichtiger Gesichtspunkt ist das Streben nach vergleichbaren Skalen für unterschiedliche Tests. Die Ergebnisreihe einer bestimmten Meßmethode ist nicht zwangsläufig mit der Datenreihe einer anderen Methode unmittelbar vergleichbar. Letztlich will man aber eine **Skala** erhalten, **deren Ausprägungen eine standardisierte Bedeutung erlangen.**

Andererseits werden viele sozialpsychologische Konstrukte in physikalischen Maßeinheiten gemessen. Denken wir nur an die Antwortzeit im Rahmen einer Computerbefragung, oder die analogen Meßwerte der Magnitudeskalierung (vgl. Neibecker 1983; 1984). Obwohl sich diese Meßwerte vom physikalischen Standpunkt betrachtet völlig proportional verhalten können, ist es mehr als fraglich, ob die menschliche Psyche dieser physikalischen Vorgabe von Maßeinheiten gehorcht. Oftmals ist dies nachweislich nicht der Fall. So wird etwa die Überzeugtheit einer Antwort, objektiv in Sekunden Antwortzeit gemessen, viel eher durch eine Skala der Reziprokwerte dieser Antwortzeiten abgebildet.

Erste Normierungsversuche orientierten sich an den Stichprobenmittelwerten. Schließlich will man aber Skalentypen entwickeln, die sowohl in den Mittelwerten, als auch in der Standardabweichung und der Verteilungsform vergleichbar sind.

Für die anstehende Problemlösung suchen wir also eine Transformationsmethode, die einerseits Vergleichbarkeit zwischen verschiedenen Meßwertreihen herstellt, und andererseits relativ einfach anzuwenden ist. Die weithin bekannte standardisierte Normalverteilung kommt dieser Zielsetzung schon sehr nahe. Allerdings hat sie den Nachteil, daß sie nur dann Vergleichbarkeit herstellt, wenn die Verteilungsformen übereinstimmen. Weitere praktische Nachteile sind die relativ große Skaleneinheit von einer Standardabweichung und die negativen Werte. Über zulässige Skalentransformationen läßt sich das Problem der großen Skaleneinheit wie auch die negativen Werte beseitigen. Es bleibt aber ein schwerwiegender Nachteil übrig: die Verteilungsform.

Aus diesem Grund hat man die T-Skala entwickelt (vgl. Guilford 1965; Lienert 1973; 1975). Die gesamte Spannweite der T-Skala reicht von -5 bis +5 und besitzt normalerweise 100 Skaleneinheiten (Abb. 4).

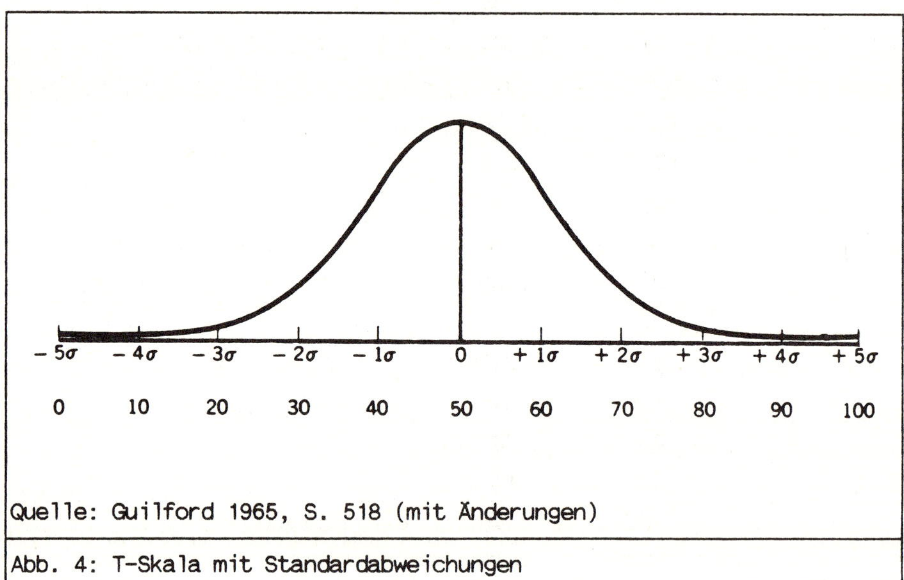

Quelle: Guilford 1965, S. 518 (mit Änderungen)

Abb. 4: T-Skala mit Standardabweichungen

Wird nun eine Normstichprobe zugrunde gelegt, die praktisch den gesamten, relevanten Bereich vorkommender Objekte umfaßt, so erhält man eine universelle Skala mit vergleichbarem Nullpunkt und gleicher Skaleneinheit. Der Mittelwert der T-Skala liegt bei 50, der Maximalwert bei 100 und der Minimalwert bei 0. Der herausragende Vorteil der T-Skala besteht darin, daß hiermit beliebig verteilte Meßwerte in normalverteilte Meßwerte mit einem Durchschnitt von 50 und einer Standardabweichung von 10 überführt werden.

Dies geschieht unter der Annahme, daß die untersuchten Merkmale zwar grundsätzlich normalverteilt sind, aber mit einem skalenverzerrenden Meßinstrument erfaßt worden sind, woraus sich eine schiefe Verteilung in der Stichprobe ergeben hat. Auch muß eine näherungsweise metrische Ausgangsskala vorliegen.

Es wurden eine Reihe sog. normalisierender Transformationen entwickelt. Solange man sich innerhalb einer bestimmten Meßmethode mit vergleichbaren Skaleneinheiten bewegt, sind diese Transformationen wesentlich ökonomischer durchzuführen und auch völlig ausreichend.

Für sozialwissenschaftliche Disziplinen kommt allerdings die erschwerende Tatsache hinzu, daß über die Verwendung und Standardisierung von Meßmethoden keine Einigkeit besteht und auch in naher Zukunft nicht in Sicht ist. Selbst in der Werbewirkungsforschung gibt es kaum Einigung darüber, welche konkreten Skalen und Meßverfahren man für bestimmte Fragestellungen einsetzen soll.

Unter diesen Bedingungen bietet die T-Skala die Möglichkeit, verschiedenste Meßwertreihen in diese Standardskala zu transformieren und somit vergleichbar zu machen. Allerdings setzt eine umfassende Normierung dieser Art voraus, daß jeweils genügend repräsentative, den relevanten Bereich eines Objektes (Konstrukts) abdeckende Meßwerte, bereitstehen. Idealtypisch sind etwa hundert Werte zur Normierung zu fordern.

Die Vorgehensweise läßt sich mit der folgenden Meßwertreihe von Meyer-Hentschel (1983, S.112) demonstrieren. Nachdem Meyer-Hentschel den meßtheoretischen Stand der Aktivierungsmessung durch elektrodermale Reaktionen (EDR) diskutiert hat, folgt er u. E. voreilig einem Vorschlag von Brodsky und Brodsky (1978) und verzichtet auf die Umrechnung der Amplitudenwerte in physikalische Widerstandswerte (kOhm). Denn diese für Intervallskalen zulässige Transformation in kOhm ermöglicht zumindest eine bedingte Vergleichbarkeit der Ergebnisse verschiedener Aktivierungsuntersuchungen. Ohne eine Normierung ist es deshalb kaum möglich, diese wichtigen Meßergebnisse mit anderen Untersuchungen zu vergleichen.

Obwohl nur sechzehn Reize verwendet wurden, decken diese den gesamten relevanten Bereich des Aktivierungsspektrums für Werbung ab. Als ein erster Schritt werden deshalb diese Werte in eine T-Skala transformiert. Dies ist mit der T-Skala möglich, obwohl die Empfindlichkeitseinstellung des Polygraphen nicht bekannt ist und somit eine Umrechnung in kOhm nicht mehr möglich ist. Konkret wurden folgende Amplitudenwerte in Millimeter gemessen:

Bild Nr.	Amplitude	Bild Nr.	Amplitude
14	26,9	5	5,1
8	12,5	2	5,0
1	11,1	13	4,6
6	10,0	12	3,9
4	8,0	7	2,8
11	7,7	16	2,3
3	7,4	10	1,2
9	6,1	15	0,6

Rohwerte	Häufigkeit	kumulierte Häufigkeit	kumulierte relative Häufigkeit	T-Wert
30,0-33,2	0	16	1,00	82,9
26,6-29,9	1	16	1,00	82,9
23,3-26,5	0	15	0,94	65,5
20,0-23,2	0	15	0,94	65,5
16,6-19,9	0	15	0,94	65,5
13,3-16,5	0	15	0,94	65,5
10,0-13,2	3	15	0,94	65,5
6,6- 9,9	3	12	0,75	56,7
3,3- 6,5	5	9	0,56	51,5
0,0- 3,2	4	4	0,25	43,3

Abb. 5: Berechnung der T-Skala für EDR-Reaktionen in Millimeter

Die Berechnung der T-Skala:

1. Schritt

Auflistung der Klassenintervalle. Je mehr Klassenintervalle gebildet werden, desto genauer lassen sich später die T-Werte zuweisen. Zur Erleichterung können in einer weiteren Spalte die genauen Intervallgrenzen angegeben werden, was sich jedoch bei Rundung erübrigt.

2. Schritt

Auflistung der Häufigkeiten.

3. Schritt

Berechnung der kumulierten Häufigkeiten.

4. Schritt

Berechnung der relativen kumulierten Häufigkeiten.

5. Schritt

Ermittlung des T-Wertes unter Anwendung von Tabelle 1.[15]

6. Schritt

Berechnung einer Transformationsfunktion, um für zukünftige Werte eine direkte Umrechnung zu ermöglichen. Dieser Schritt ist allerdings erst nach Vorliegen einer umfassenden Normstichprobe sinnvoll.

---

[15] Eine genaue Transformation der kumulierten, relativen Häufigkeiten in T-Werte kann durch exakte Berechnung der Flächenanteile der Verteilungsfunktion erfolgen. Dies ist jedoch eine sehr rechenintensive Prozedur. Um eine forschungsökonomische Möglichkeit zur T-Wert-Berechnung zu ermöglichen, wurden die Werte aus Tabelle 1 durch ein Polynom approximiert. Mit dieser Transformationsgleichung wird auch der Einsatz von Tabellenkalkulationsprogrammen zur rechnergestützten Ermittlung der T-Werte möglich. Die Gleichung lautet:

$$T = 21{,}7 + 282{,}977\,x - 1488{,}272\,x^2 + 3689{,}183\,x^3 - 4045{,}347\,x^4 + 1618{,}05\,x^5$$

R = 0,996, d.h. über 99% der Varianz der Tabelle 1 wird mit diesem Polynom erklärt. Damit ist eine hinreichende Approximation sichergestellt.

Proportion below the point	*T score*	*Proportion below the point*	*T score*	*Proportion below the point*	*T score*
.0005	17.1	.100	37.2	.900	62.8
.0007	18.1	.120	38.3	.910	63.4
.0010	19.1	.140	39.2	.920	64.1
.0015	20.3	.160	40.1	.930	64.8
.0020	21.2	.180	40.8	.940	65.5
.0025	21.9	.200	41.6	.950	66.4
.0030	22.5	.220	42.3	.960	67.5
.0040	23.5	.250	43.3	.965	68.1
.0050	24.2	.300	44.8	.970	68.8
.0070	25.4	.350	46.1	.975	69.6
.010	26.7	.400	47.5	.980	70.5
.015	28.3	.450	48.7	.985	71.7
.020	29.5	.500	50.0	.990	73.3
.025	30.4	.550	51.3	.993	74.6
.030	31.2	.600	52.5	.995	75.8
.035	31.9	.650	53.9	.9960	76.5
.040	32.5	.700	55.2	.9970	77.5
.050	33.6	.750	56.7	.9975	78.1
.060	34.5	.780	57.7	.9980	78.7
.070	35.2	.800	58.4	.9985	79.7
.080	35.9	.820	59.2	.9990	80.9
.090	36.6	.840	59.9	.9993	81.9
		.860	60.8	.9995	82.9
		.880	61.7		

Quelle: Guilford 1965, S. 520

Tabelle 1: Ermittlung der T-Skalenwerte

Wie für EDR-Messungen üblich, erhält man eine extrem linkssteile Verteilung mit positiver Schiefe. Durch die T-Transformation werden die Rohwerte gedehnt bzw. gestaucht, so daß die entsprechenden Flächen der normalisierten T-Verteilung den ihnen äquivalenten Flächen der Rohwertverteilung zugeordnet werden. In Abb. 6 wird dieser Vorgang grafisch dargestellt.

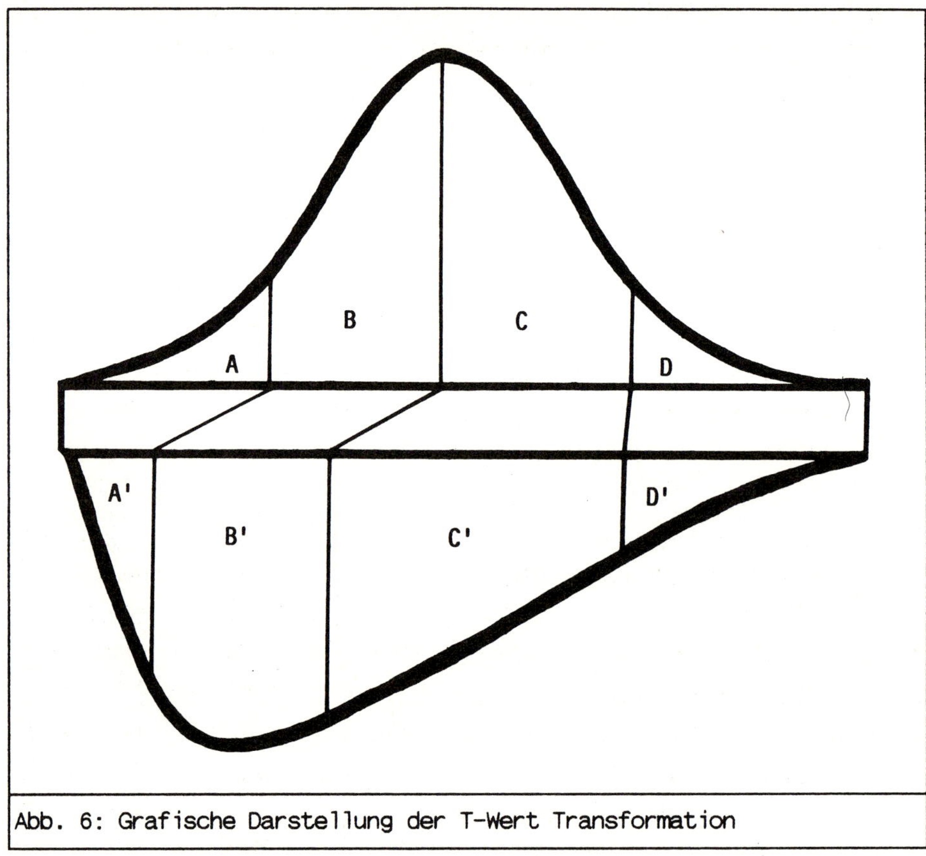

Abb. 6: Grafische Darstellung der T-Wert Transformation

Global betrachtet, ist es ohne eine Normskala unmöglich, die verschiedenen Meßmethoden, die für eine umfassende Analyse der Werbewirkung notwendig sind, miteinander zu vergleichen. Man denke nur an Befragungsergebnisse mittels Ratingskalen, Aktivierungswerte als Ergebnis von EDR-Messungen, die Gefallensmessungen mit Programmanalysator, kognitive Reaktionsmessungen nach der Methode des lauten Denkens usw. All diese verschiedenen Methoden werden auf unterschiedlichen Skalen mit nicht vergleichbaren Skaleneinheiten gemessen.

In ESWA dient der hier entwickelte Normierungsgedanke im Sinne einer T-Skala als Grundlage für die Erfassung und Ausgabe aller Werte. Es ist zum augenblicklichen Zeitpunkt bereits mit relativ guten Schätzungen der Benutzer zu rechnen, auch wenn für ein bestimmtes Wirkungskonstrukt noch keine

Normstichprobe vorliegt. Der sachkundige Benutzer, z.B. der Produktmanager bzw. der Etatmanager in einer Werbeagentur, kann sehr wohl abschätzen, wie seine Anzeige, bezogen auf das repräsentative Gesamtkontinuum von Anzeigen, abschneidet. Diese grobe Einschätzung einer bestimmten Anzeige wird dann als T-Wert interpretiert. Ein Wert von 50 bedeutet dann: die Anzeige liegt bei diesem Faktum genau in der Mitte des Gesamtkontinuums.

Im Verlauf einer stetigen Weiterentwicklung von ESWA, können nach und nach die wichtigsten Meßverfahren und Konstrukte auf einer T-Skala normiert werden, so daß auch dem weniger sachkundigen Benutzer der Zugang zu ESWA geebnet wird, indem er sich bei seinen Beurteilungen auf die Normstichprobe beziehen kann.

Da aber gleichzeitig jeder T-Wert aufgrund der Verteilungsfunktion eine Wahrscheinlichkeit besitzt, stellt die Umrechnung in "Unsicherheitsfaktoren" keine Schwierigkeit dar. Ein T-Wert von 60 für Aktivierung würde dann bedeuten: 16% aller Anzeigen aktivieren noch stärker als die betrachtete Anzeige und 84% besitzen ein geringeres Aktivierungspotential. Damit erhält die sonst sehr abstrakte Zuordnung von Unsicherheitsfaktoren bezüglich einer Beobachtung eine wesentlich konkretere und nachvollziehbare Interpretation (vgl. zur Skalierung auch Hüttner 1988/89).

5.4.2.4. Das ESWA-Modell

In der Literatur wird häufig für die hier angesprochene Eingangswahrscheinlichkeit, als auch für die später noch darzustellende Ausgangswahrscheinlichkeit, der gleiche Begriff "certainty-factor" verwendet. Diesem verwirrenden Sprachgebrauch soll hier nicht gefolgt werden. Für die Bestimmung der Ausgangswahrscheinlichkeit einer Regel - dies ist eine Problemstellung induktiver Logik - wird deshalb der Begriff des Bestätigungsgrades verwendet. Die abgestufte Eingabe, im Sinne der Eingangswahrscheinlichkeit eines Faktums, werden wir als "subjektive" Intentsitätsangabe bzw. als Ausprägungsgrad bezeichnen.

Damit bleibt ein drittes, bislang im Rahmen von Expertensystemen nicht diskutiertes, allgemeines Meßproblem offen: die Genauigkeit (Reliabilität) der

Intensitätsangabe selbst. Diese Problematik ist meßtheoretisch zwar lösbar - es existieren in der psychometrischen Literatur eine Reihe von geeigneten Verfahren -, aufgrund der dazu notwendigen wiederholten Messungen muß die Berücksichtigung dieses Problems gegenüber der praktischen Einsatzfähigkeit des Expertensystems im Augenblick noch zurücktreten.

Man sollte sich jedoch vergegenwärtigen, daß es sich bei einer wie auch immer bezeichneten Eingabe eines Intensitätswertes für ein bestimmtes Faktum, um eine Mischung aus den beiden folgenden Komponenten handelt: (1.) Ein bestimmtes Faktum läßt sich auf einem höheren Skalenniveau (metrisch) messen und ist somit vom Benutzer durch Intensitätsabstufungen mitteilbar. (2.) Die Intensitätsangabe des Benutzers selbst wird wiederum durch Fehlerkomponenten überlagert.

Offensichtlich sind aber beide bisher dargestellten Methoden zur Bestimmung der Eingangswahrscheinlichkeit für das hier geplante Expertensystem zur Werbewirkungsanalyse nicht befriedigend. Alternativ wird deshalb, aufbauend auf der Theorie zur Reliabilität von Linearkombinationen, ein ergänzendes Berechnungsmodell abgeleitet und auf seine Tauglichkeit überprüft (vgl. Nunnally 1978, S. 246 ff.).

Dem liegt der Gedankengang zugrunde, daß ein (sachkundiger) Benutzer den Ausprägungsgrad eines Faktums - bezogen auf ein repräsentatives Gesamtkontinuum - angeben kann. Diese Intensitätsangaben sind, sofern man sich mit Begriffen (Konstrukten) der Werbewirkungsforschung beschäftigt, oftmals unumgänglich. Nur selten wird man sich mit dichotomen Antwortvorgaben (Ja/Nein - Antworten) begnügen können. Mit zunehmender Ausreifung des Systems, evtl. mit Unterstützung einer digitalen Bildbank, kann der Benutzer hierzu mehr und mehr auf die Normstichproben zurückgreifen, wodurch ihm die Eingabe von Intensitätsabstufungen sicherlich erleichtert wird.

Um auf das oben erwähnte Beispiel des Aktivierungspotentials einer Anzeige zurückzukommen, schöpft eine dichotome Frage "Ist in der Anzeige ein erotisches Motiv vorhanden" den Informationsgehalt nicht genügend aus. Neben der eigenen Einsicht des Autors hat sich bei Voruntersuchungen und in

Diskussionen mit anderen Werbewirkungsexperten stets gezeigt, daß eine abgestufte Antwortmöglichkeit besser geeignet ist. Dies ist umso stärker erforderlich, je mehr man es mit komplexen Wirkungskonstrukten zu tun hat.

Die Frage könnte dann heißen: "Wie stark ist die erotische Ausstrahlung der Anzeige?". Je nachdem, wie unbekleidet das Fotomodell ist, welcher spezifische Gesichtsausdruck vorliegt, welche Aufnahmetechnik bzw. Kameraführung verwendet wird usw., ergeben sich viele verschiedene Intensitätsstufen der vermittelten Erotik.

Tritt nun der Fall ein, daß mehrere Teilaspekte (Bedingungen) zusammengehören, weil sie nur gemeinsam ein sinnvolles Reduktionsgebilde für eine Schlußfolgerung ergeben, dann ist die Aufsplittung einer solchen komplexen Regel in unabhängige, einfachere Regeln nicht vertretbar. Damit verstößt man auch gegen den Grundsatz der "wechselseitigen Diskrimination" der Regeln untereinander - eine Vorgabe, die aufgrund der statistischen Fortschreibungsalgorithmen wenigstens näherungsweise erfüllt werden soll. Andererseits erscheint es für die vorliegende Problemstellung unangebracht, hierfür durchgängig die "Minimumregel des MYCIN-Ansatzes" zu verwenden. Dafür sind die Bedingungen unserer komplexen Regeln zu oft interkorreliert.

In einem anderen Zusammenhang wurde bereits auf die Reliabilität von Messungen eingegangen. Diese wird auch als Meßfehlertheorie bezeichnet. Entscheidend ist im Augenblick, daß damit ein mathematisch ausformuliertes Modell vorliegt, das sich an unsere Problemstellung adaptieren läßt. Dazu sind folgende Analogiebetrachtungen notwendig:

Ein T-Wert von 100 besagt: bezogen auf die zugrundeliegende, repräsentative Normstichprobe wird die maximale Ausprägung erzielt. Man könnte auch sagen: das Wirkungspotential eines Konstruktes wird zu 100% ausgeschöpft.

Die Mehrzahl der Werbung wird jedoch das Wirkungspotential nicht voll ausschöpfen können - eine Feststellung die bereits definitorisch in der T-Skala enthalten ist. Entsprechend wird der Benutzer einer solchen Anzeige einen geringeren Ausprägungsgrad für ein bestimmtes Faktum zuordnen. Somit läßt sich das gesamte Wirkungspotential (w_g) in eine von der Anzeige ausgeschöpfte Komponente (w_a) und eine Restkomponente (w_f) zerlegen. Die nicht ausgeschöpfte Restkomponente kann auf Fehler und Unzulänglichkeiten in der Umsetzung der Werbeidee, aber auch auf Hemmungen durch andere Gestaltungs- und Wirkungsfaktoren zurückgeführt werden. Man erhält:

$$w_g \quad = \quad w_a \quad + \quad w_f$$

Wirkungspotential = ausgeschöpftes Potential + Unzulänglichkeiten in der Gestaltung

Ausgedrückt in relativen Größen erhält man:

$$1 = \frac{w_a}{w_g} + \frac{w_f}{w_g}$$

Diese Idee der Komponentenzerlegung ist nicht neu und wurde bereits in der Varianz- und Regressionsanalyse eingesetzt. An dieser Stelle drängt sich jedoch die Analogie zur Meßfehlertheorie auf. Dort versucht man im Rahmen der Reliabilitätsbestimmung eine vergleichbare Problemstellung zu lösen.

Wäre es möglich, eine Messung unabhängig von sämtlichen inneren und äußeren Störeinflüssen durchzuführen, dann erzielte man vollkommen genaue Ergebnisse. Die Betonung liegt hier auf **genau**, was nicht mit der Validität einer Messung zu verwechseln ist.

Aus allgemeiner empirisch-experimenteller Erfahrung weiß man, daß immer ein Teil der beobachteten Gesamtvarianz zu Lasten dieser Störeinflüsse geht. Dies gilt genauso für physikalische wie auch für sozialwissenschaftliche Messungen. Aus diesen Überlegungen hat man folgende Varianzzerlegung abgeleitet (vgl. u.a.: Guilford 1965):

$$\sigma^2_g \quad = \quad \sigma^2_w \quad + \quad \sigma^2_f$$

Gesamtvarianz = wahre Varianz + Fehlervarianz

In relativen Größen ausgedrückt erhält man:

$$1 = \frac{\sigma^2_w}{\sigma^2_g} + \frac{\sigma^2_f}{\sigma^2_g}$$

Der Quotient σ^2_w / σ^2_g wird auch als Reliabilitätskoeffizient bezeichnet. Dieser Reliabilitätskoeffizient ist ein theoretischer Wert, der nur mit mehr oder weniger geeigneten Verfahren geschätzt werden kann.

Die zusätzlichen Annahmen, die zur konsistenten Schätzung des Reliabilitätskoeffizienten notwendig sind, können wir an dieser Stelle vernachlässigen. Wir übernehmen lediglich die konzeptionelle Idee der Varianzzerlegung in Komponenten für die Berechnung der Eingangswahrscheinlichkeit in ESWA. Dies bedeutet aber nichts anderes, als das ausgeschöpfte Wirkungspotential in Analogie zum Reliabilitätskoeffizienten zu interpretieren.

Damit ist die Konzeption der Varianzzerlegung unmittelbar für die Berechnung der Eingangswahrscheinlichkeit verwendbar. Allerdings erhalten die Einzelterme eine abweichende Interpretation. Auch die Meßfehlertheorie übernimmt den Gedanken der Varianzzerlegung aus der Varianz- und Regressionsanalyse, verfolgt dabei jedoch gänzlich andere Zielsetzungen.

Jeder Begriff, der über eine Regel in das Expertensystem "eingespeist" wird, besitzt somit ein Gesamtpotential von 100% - dies ist einem T-Wert von 100 äquivalent. Wie aber schon mehrfach angedeutet, sind die meisten Anzeigen bzw. Spots nicht in der Lage, dieses Gesamtpotential auszuschöpfen. Bleiben wir bei unserem Aktivierungsbeispiel und dem erotischen Motiv. Jahrzehntelange Forschung hat gezeigt, daß unter werbetypischen Kommunikationsbedingungen keine hundertprozentige Ausnutzung des (optimalen) Aktivierungspotentials möglich ist. Die sog. Lambda-Hypothese bleibt für Werbereize stets im positiven Bereich der Normalaktivierung (vgl. Kroeber-Riel 1984a). Das bedeutet gleichzeitig: auch ein überdurchschnittlich erotisches Motiv wird nur in Ausnahmefällen sein Gesamtpotential ausschöpfen können. Der Quotient w_a / w_g wird also nahezu ausnahmslos < 1

sein. Dies entspricht einem T-Wert < 100. Das Fehlerpotential verkörpert dann alle sonstigen Einflußfaktoren, die eine vollständige Ausnutzung des Gesamtpotentials verhindern. Die Fülle möglicher Einflußfaktoren für diese Restschwankung sind vielfältig, z. B. kommen ethische, kommunikationstechnische und markenspezifische Gründe in Betracht.

Akzeptiert man diesen Analogieschluß und interpretiert den Ausprägungsgrad eines Faktums als ausgeschöpftes Wirkungspotential im dargelegten Sinne, so läßt sich die Meßfehlertheorie als Ausgangsbasis für ein Berechnungsmodell von Eingangswahrscheinlichkeiten heranziehen. Damit wird es aber gleichzeitig möglich, auf die realitätsferne Annahme der Unabhängigkeit zwischen den Bedingungen einer Regel zu verzichten - denn die Meßfehlertheorie bietet mit ihrer mathematischen Verankerung die Möglichkeit, interkorrelierte Bedingungsteile von Regeln konsistent zu berücksichtigen.[16] Ferner läßt sich hiermit auch die Durchschnittsbildung bei multikausalen Schlußfolgerungen realisieren.

In dem Maße, in dem keine Unabhängigkeit zwischen zwei Variablen besteht, nimmt die Korrelation zwischen beiden Variablen zu. Diese Interkorrelation zwischen verschiedenen Variablen wird zur zentralen Größe in der erweiterten

---

16 Es folgt unmittelbar aus der Formel zur Berechnung des Korrelationskoeffizienten, daß nur bei unabhängigen Variablen keine Korrelation (r = 0) vorliegt. Der Korrelationskoeffizient berechnet sich nach:

$$r = \frac{\sum_{i=1}^{n} (X_i - \overline{X}) * (Y_i - \overline{Y})}{n * s_x * s_y}$$

Die Kovarianz zweier Variablen wird durch das Produkt der Standardabweichungen der Variablen ($s_x . s_y$) dividiert. Für zwei unabhängige Variablen wird die Kovarianz gleich Null und damit auch der Korrelationskoeffizient.

Meßfehlertheorie, die sich mit der Linearkombination von Variablen beschäftigt.

Übertragen auf ESWA entsprechen den Variablen die verschiedenen Bedingungen (Teildimensionen) einer Regel (= k). Die Eingangswahrscheinlichkeit wird deshalb als Linearkombination der einzelnen Bedingungen ermittelt.

Zur Berechnung der Reliabilität von Messungen eines komplexen Konstrukts, das aus einer Vielzahl unterschiedlicher Teilaspekte besteht, wurde die Meßfehlertheorie auf die Linearkombinationen der einzelnen Teilmeßwerte erweitert.

Folgt man diesem Grundgedanken und interpretiert die Bedingungen B_1, ... B_n einer Regel als Teildimensionen des Schlußfolgerungsteils, so läßt sich die Eingangswahrscheinlichkeit als Linearkombination

$$EW = B_1 + ... + B_n$$

ermitteln. Aus den allgemeinen Überlegungen zur Komponentenzerlegung folgt als Berechnungsmethode einer Linearkombination der Eingangswahrscheinlichkeit (vgl. Nunnally 1978, insbes. S. 246 ff.):

$$EW = \frac{\text{ausgeschöpftes Wirkungspotential der Linearkombination}}{\text{Gesamtpotential der Linearkombination}}$$

Betrachten wir hierzu folgende Korrelationsmatrix von zwei interkorrelierten Bedingungen (B_1 und B_2) einer Regel:

	B1	B2
B1	1,0	0,3
B2	0,3	1,0

(mit R° als Summe aller Matrixelemente)

Die Varianz einer Linearkombination von Differenzwerten $y' = b_1 + b_2$, die hier dem Gesamtpotential der Linearkombination entspricht, ergibt sich aus:

$$\sigma^2 = \frac{\sum y'^2}{N} \quad \text{[wobei y' den Differenzwerten } (Y_i - \bar{Y}) \text{ entspricht]}$$

$$\sigma^2 = \frac{\sum (b_1 + b_2)^2}{N}$$

$$\sigma^2 = \frac{1}{N} \sum (b_1^2 + b_2^2 + 2b_1 b_2)$$

$$\sigma^2 = \sigma_1^2 + \sigma_2^2 + 2\sigma_{12}$$

Im allgemeinen Fall ergibt sich als Varianz der Summe von Variablen:

$$\sigma^2 = \sum \sigma_i^2 + 2 \sum \sigma_{ij} \quad i \neq j$$

Die Varianz einer Summe von Variablen entspricht demnach der Summe der Varianzen der einzelnen Variablen plus zweimal der Summe aller Kovarianzen zwischen den Variablen. Dies entspricht bei standardisierten Variablen der Summe aus Nicht-Diagonalelementen und Diagonalelementen der Korrelationsmatrix (= R°).

Die Ableitung des Zählers erfordert einen umfassenden Rückgriff auf das sog. "domain-sampling" Modell (vgl. Nunnally 1978, S. 151 - 255, insbes. S. 249). Zusammenfassend besteht das ausgeschöpfte Wirkungspotential - Standardisierung vorausgesetzt - aus einer Korrelationsmatrix, deren Diagonalelemente dem ausgeschöpften Wirkungspotential entsprechen. Damit unterscheiden sich beide Matrizen nur in ihren Diagonalelementen. Um die Zählermatrix mit den Termen der Nennermatrix auszudrücken, werden zuerst die Diagonalelemente der Nennermatrix subtrahiert. Diese enthalten bei Standardisierung den Wert eins. Danach werden die Diagonalelemente der Zählermatrix addiert, die in diesem Fall dem ausgeschöpften Wirkungspotential entsprechen. Man erhält somit für k Diagonalelemente:

$$EW = \frac{R^{\circ} - k + \sum w_{ii}}{R^{\circ}} \quad \text{mit } w_{ii} = \frac{w_a}{w_g} \ (i = 1 \dots k) \qquad (5.1)$$

$$EW = 1 - \frac{k - \sum w_{ii}}{R^{\circ}} \quad \text{(vorläufige Fassung ohne Ausgangswahrscheinlichkeit)} \qquad (5.2)$$

Für unser Beispiel erhält man mit einer Interkorrelation von 0,3:

$$EW = 1 - \frac{2 - 0{,}7 - 0{,}8}{2 + (2 * 0{,}3)} = 0{,}81$$

Dieser Wert bringt zum Ausdruck, daß zwei teilweise zusammenhängende Bedingungen, bei gleichzeitigem Auftreten, die Gesamtwahrscheinlichkeit für das Faktum zumindest über das Minimum hinaus erhöhen sollen. Eine spätere Validierung dieses Modells kann dann die Tauglichkeit der hier vorgestellten Berechnungsalternative konkretisieren.

Da wir die Eingangswahrscheinlichkeiten unmittelbar aus den einzelnen Ausprägungsgraden der Bedingungsfakten ermitteln, erhalten wir mit dieser Gleichung unmittelbar die Ausgangswahrscheinlichkeit. Dies wird im nächsten Abschnitt deutlich.

Dieses Berechnungsmodell, das durch einen Analogieschluß verbunden mit einer Adaption der Meßfehlertheorie entstanden ist, stellt folgendes sicher:

1. Grenzen:
   EW(h,e+) wächst bis zu einem Maximalwert von 1 an, wenn weitere, bestätigende Fakten dazukommen. Auf verneinende Fakten kann in ESWA verzichtet werden, da zur Berechnung der Ausgangswahrscheinlichkeiten auf ein Modell zurückgegriffen wird, das diesen Schritt entbehrlich macht.
   Da der Wert EW(h,e+) aus dem T-Wert hervorgeht, erfahren verschiedenste Meßwerte stets eine vergleichbare, normierte Interpretation.

2. Absolute Bestätigung oder Ablehnung:
   Ein Ausprägungsgrad von EW(h,e+) = 1 ist nach wie vor im Modell möglich, wird aber in ESWA intern, über Transformationsfunktionen realisiert.

3. Kommutativität:
   Wenn e und i eine geordnete Folge von Fakten darstellen, so soll die Reihenfolge, in der die Fakten ermittelt werden, den Bestätigungsgrad einer Hypthese nicht beeinflussen:
   EW(h, e /\ i) = EW(h, i /\ e)

4. Fehlende Informationen:
   Wenn e' ein Faktum darstellt, dessen Ausprägungsgrad bzw. Vorhandensein nicht angegeben werden kann, so soll e' unbeachtet bleiben, so daß das System trotzdem weiterarbeitet:
   EW(h, e /\ e') = EW(h,e)

5.4.3. Berechnung der Ausgangswahrscheinlichkeit

5.4.3.1. Das MYCIN-Modell

Mit der Berechnung der EW wird eine Regel mit mehreren Bedingungen in eine Einbedingungsregel überführt. Der Überführung der EW in die Ausgangswahrscheinlichkeit (AW) liegt der Gedanke zugrunde, daß eine Regel, unter Berücksichtigung des begrenzten Bedingungsteils, ihren Folgerungsteil nur selten mit absoluter Sicherheit bestätigen kann. Es handelt sich um einen Sicherheitsfaktor für die abgeleitete Hypothese, wenn die Bedingungen der Regel erfüllt sind (attenuation factor) - man kann deshalb vom Sicherheitsfaktor der Regel sprechen. Dieses Vorgehen entspricht einem induktiven Schluß.

Übertragen auf unser Aktivierungsbeispiel könnte man sagen: Selbst wenn die erotische Wirkung eines Anzeigenmotivs optimal ist, so kann Erotik alleine, solange andere Einflußfaktoren unbestimmt bleiben, nicht das ganze Aktivierungspotential erklären. Da beispielsweise Anzeigen auch der Einsatz multisensualer Wirkungen verwehrt bleibt, werden sie in der Regel weniger stark aktivieren als bewegte Bilder mit Ton.

Für diesen mit der Sicherheit einer Regel verbundenen "Gewichtungsfaktor" wurden die Begriffe "attenuation" und "certainty factor" verwendet. Beide Begriffe sind jedoch nicht sehr glücklich gewählt worden. "Attenuation" besitzt bereits in der Meßfehlertheorie eine feststehende Bedeutung und "certainty factor" wurde bereits für die Unsicherheit der Eingangswahrscheinlichkeit verwendet. Damit wird aber der gleiche Begriff für logisch unterschiedliche Vorgänge benutzt. Wir wollen deshalb den Begriff des "Bestätigungsgrades", wie er aus der induktiven Logik bekannt ist, verwenden.

So ergibt sich nach dem MYCIN-Ansatz für einen Bestätigungsgrad von 0,9 folgende Ausgangswahrscheinlichkeit:

$$AW = EW\ (0{,}7) * \text{Bestätigungsgrad}\ (0{,}9) = 0{,}63$$

In Expertensystemen wird nun davon ausgegangen, daß der Experte mit der Regel auch den Bestätigungsgrad der Regel angibt. Liegt nun eine EW von eins vor, d.h. das Ereignis E wird mit absoluter Sicherheit beobachtet, dann erhält man mit P(H/E) den oberen Endpunkt der Ausgangswahrscheinlichkeit (Abb. 7). Für ein P(E) = 0 ergibt sich als unterer Endpunkt P(H/E) = 0. Diese Transformationsbeziehung entspricht dem MYCIN-Modell zur Berechnung der Ausgangswahrscheinlichkeit.[17]

[17] In MYCIN werden Eingangswahrscheinlichkeiten $\leq 0{,}2$ allerdings so behandelt, als ob das Faktum nicht bekannt wäre. Für negative Konfidenzfaktoren gilt entsprechend $\geq -0{,}2$.

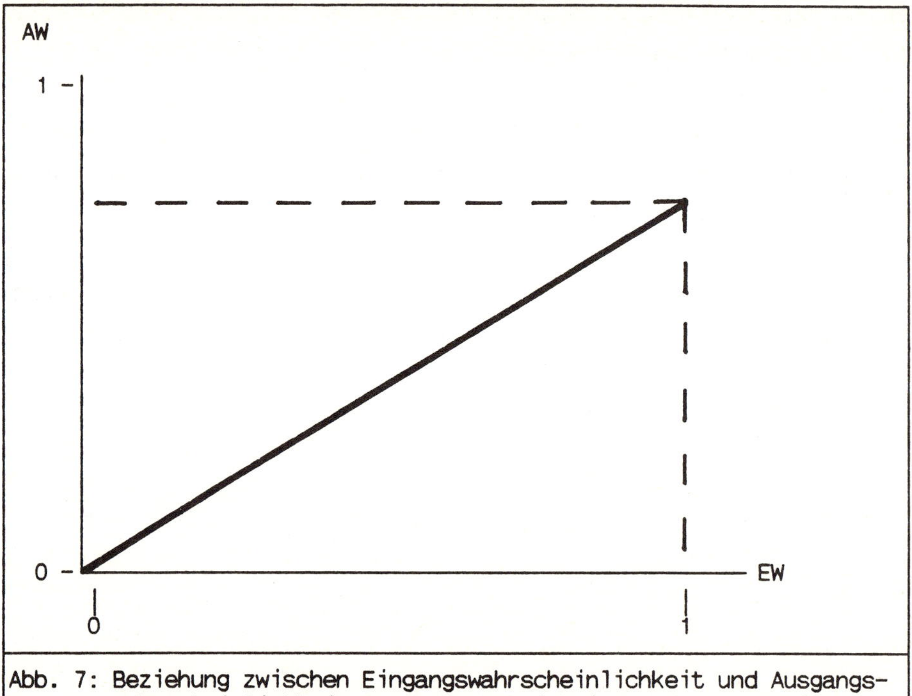

Abb. 7: Beziehung zwischen Eingangswahrscheinlichkeit und Ausgangswahrscheinlichkeit unter Berücksichtigung des Bestätigungsgrades (MYCIN-Modell)

Die Feinjustierung des Bestätigungsgrades einer Regel ist für die Richtigkeit der abgeleiteten Schlußfolgerungen von großer Bedeutung und sollte deshalb nicht aus den Augen verloren werden.

5.4.3.2. Das PROSPECTOR-Modell

Ergänzend zum MYCIN-Ansatz wurden verfeinerte Verfahren entwickelt, die die MYCIN-Funktion als Spezialfall enthalten, da die Transformationsfunktion nicht notwendigerweise durch den Ursprung verlaufen muß (Duda et al. 1976; Tanimoto 1987). Wir stellen hier nur die wesentlichsten Gedanken dieses Ansatzes von PROSPECTOR vor. In Kapitel 5.4.4.2. werden die methodischen Grundlagen vertieft.

Zu lösen ist die Problemstellung, daß wir aufgrund einer Beobachtung E' das Vorhandensein des Ereignisses E ermitteln wollen. Häufig kann aber dieses Ereignis E, aufgrund einer mehr oder weniger vagen Beobachtung, nur mit einem bestimmten "Sicherheitsgrad" bestätigt werden. Diese Beziehung wird durch den Term P(E/E') ausgedrückt, wobei E' das für E relevante, jedoch häufig unsichere Beobachtungswissen verkörpert.

Die Wahrscheinlichkeit für eine Hypothese H, wenn eine bestimmte Beobachtung getätigt wurde, ergibt sich dann aus:

$$P(H/E') = P(H/E) * P(E/E') + P(H/\sim E) * P(\sim E/E')$$

und der daraus resultierenden konvexen Linearkombination der beiden Vektoren.

Wird aufgrund einer Beobachtung E' ein Ereignis E mit einer Sicherheit von eins bestätigt, so erhält man den oberen Endpunkt P(H/E) dieser Beziehung - d.h. die gesamte Wahrscheinlichkeit für P(H/E') resultiert aus P(H/E). P(H/E) wiederum läßt sich auf der Grundlage des Bayes-Theorems ermitteln. Wird dagen E aufgrund von E' mit einer Sicherheit von null bestätigt, so erhalten wir den unteren Endpunkt dieser Beziehung, nämlich P(H/~E). Die konvexe Linearkombination liefert uns ergänzend hierzu die Interpolationswerte. Ferner wird mit P(E) die Vorabwahrscheinlichkeit (a-priori-Wahrscheinlichkeit) für ein Ereignis angegeben, mit P(H) die Vorabwahrscheinlichkeit für die Hypothese. Diese Werte erhalten wir durch Expertenurteil.

Daraus folgt: wird nun E genau mit der Vorabwahrscheinlichkeit bestätigt, so bleibt die Wahrscheinlichkeit für H unverändert. Dieser Sachverhalt wird in Abb. 8 graphisch dargestellt.

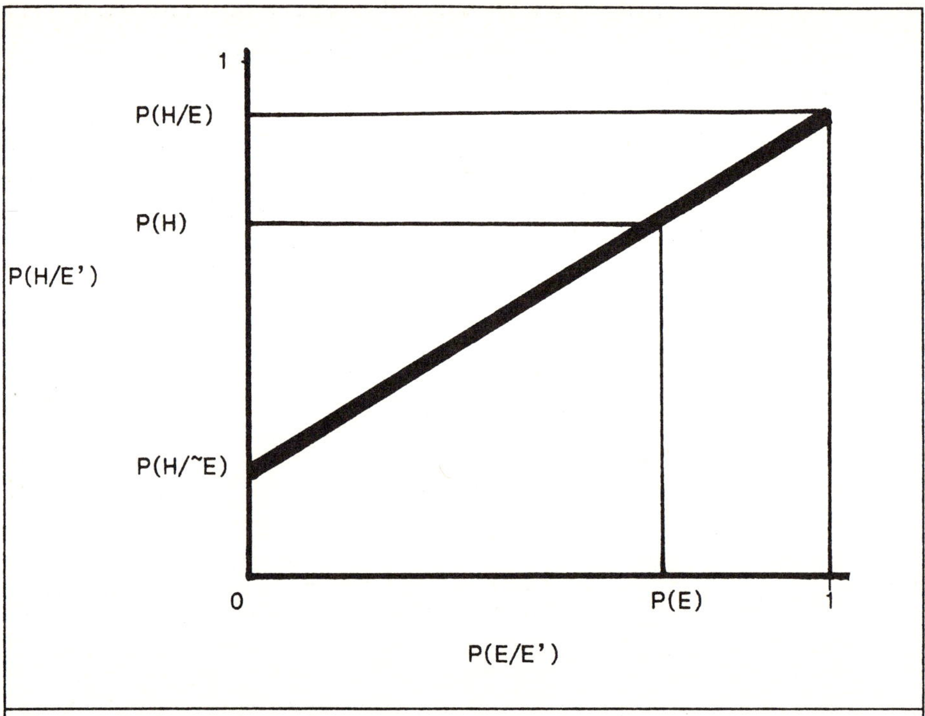

Abb. 8: Beziehung zwischen Eingangswahrscheinlichkeit und Ausgangswahrscheinlichkeit unter Berücksichtigung des Bestätigungsgrades (PROSPECTOR-Modell)

In einem komplexen Inferenzbaum (bzw. UND-ODER-Baum) tritt nun aber leicht der Fall ein, daß ein bestimmtes Ereignis über Ableitungsketten in verschiedene übergeordnete "Knoten" eingeht. Dann ist davon auszugehen, daß die einzelnen Schätzwerte der a-priori-Wahrscheinlichkeiten Inkonsistenzen aufweisen, wie sie in Abb. 9 verdeutlicht sind. Die Vorabwahrscheinlichkeit P(E) liegt unter der konsistenten Wahrscheinlichkeit Pc(E). Dies könnte zu der paradoxen Situation führen, daß eine Wahrscheinlichkeit im Intervall Pc(E) - P(E) die Wahrscheinlichkeit P(H/E') unter die Vorabwahrscheinlichkeit P(H) absenkt, obwohl das Ereignis E mit einer Sicherheit bestätigt wurde, die über die Vorabwahrscheinlichkeit P(E) hinausgeht.

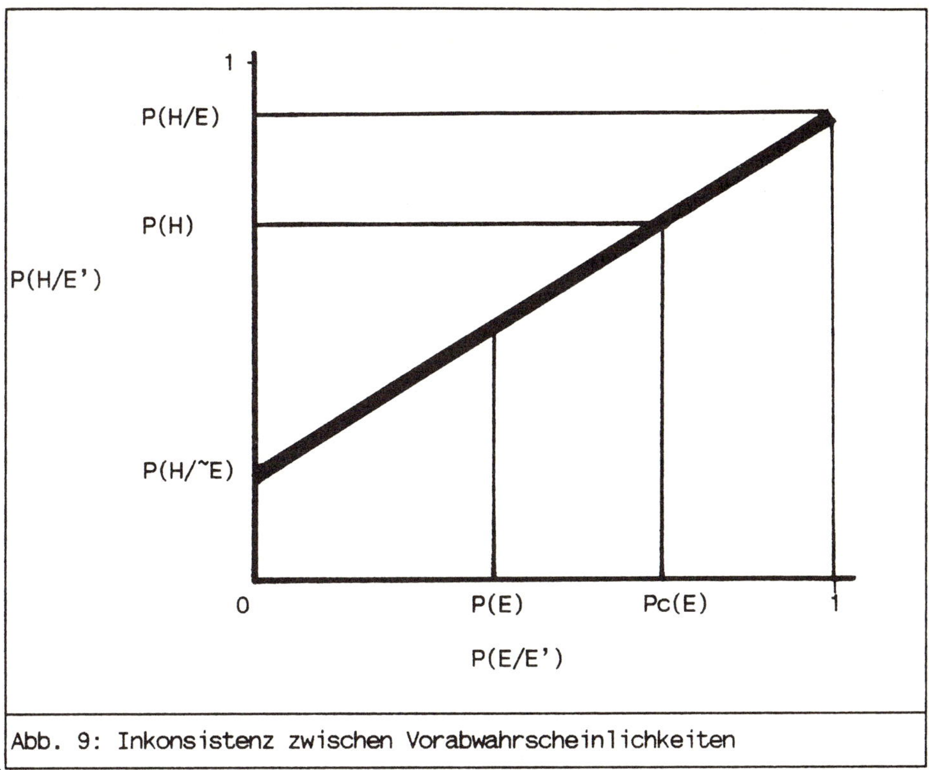

Abb. 9: Inkonsistenz zwischen Vorabwahrscheinlichkeiten

In Abb. 10 ist **eine** Variante einer konsistenten Interpolationsfunktion verdeutlicht, die dieses Problem kompensiert, ohne vom Experten über eine Vielzahl von Regeln hinweg zu fordern, stets konsistente Vorabwahrscheinlichkeiten anzugeben.

Hierbei wird der Definitionsbereich der Transformationsfunktion in Intervalle geteilt, so daß sich letztlich mehrere lineare Funktionen ergeben. Im Ergebnis werden also mehrere Interpolationsgeraden eingeführt, um die Eingangswahrscheinlichkeit in die Ausgangswahrscheinlichkeit zu überführen. (Ab sofort geben wir die etwas umständliche Schreibweise von P(H/E') wieder auf und verwenden die bereits eingeführte Schreibweise AW.)

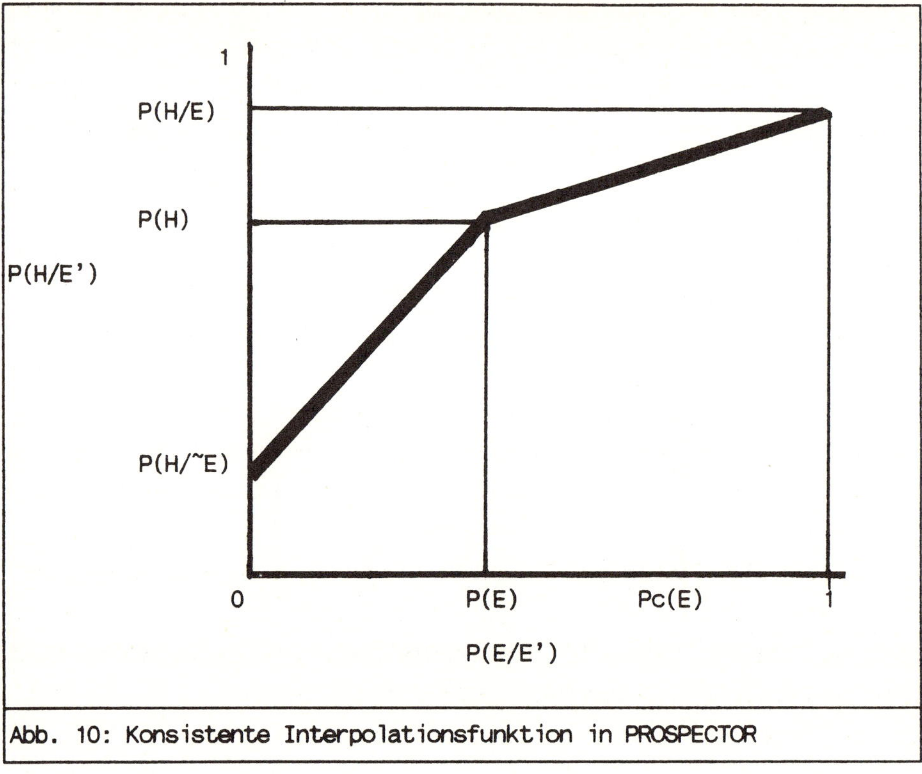

Abb. 10: Konsistente Interpolationsfunktion in PROSPECTOR

An dieser Stelle bleibt jedoch die Entwicklung von PROSPECTOR stehen. Es bleibt die Problematik der subjektiv zu ermittelnden Vorabwahrscheinlicheiten bestehen. Wie nun, wenn es **erstens** gelingen könnte, eine konsistente Annahme über alle Vorabwahrscheinlichkeiten der Fakten eines Inferenzbaumes zu treffen und **zweitens**, diese auf den Wert 0,5 zu fixieren, wodurch sich der Berechnungsaufwand des PROSPECTOR-Modells nochmals erheblich reduzieren ließe. Genau diese beiden Probleme werden in ESWA durch den Rückgriff auf eine in der Psychologie entwickelte Skalierungstechnik gelöst - wir haben diese Skala bereits als T-Skala vorgestellt.

5.4.3.3. Das ESWA-Modell

Zusätzlich wird in ESWA ein Modell realisiert, in dem der Experte nicht den Bestätigungsgrad der vollständigen Regel global einschätzt, sondern für **jede**

Bedingung eine Transformationsfunktion angibt. Diese Funktion enthält implizite den Bestätigungsgrad. Je nach Funktionsverlauf können so sehr flexibel verschiedenste Wechselwirkungen zwischen den Bedingungen abgefangen werden, wie sie zur Werbewirkungsbeurteilung öfters erforderlich sind.

Die Transformationsfunktion wird demnach in ESWA für jede Bedingung einer Regel getrennt erfaßt. Genaugenommen verwenden wir den linearen Funktionstyp aus PROSPECTOR getrennt für jede Bedingung. Da wir aufgrund unseres Normierungssystems für alle Fakten der Wissensdomäne eine konsistente Annahme über die Vorabwahrscheinlichkeit treffen, genügt uns eine einfache, nicht geknickte, lineare Funktion. Diese lineare Funktion kann jedoch in späteren Versionen durch ein Polynom ersetzt werden, wenn hierbei die Konsistenz zwischen Vorabwahrscheinlichkeit des Ereignisses und der abgeleiteten Hypothese erhalten bleibt. Möglicherweise stellt sich später heraus, daß mindestens ein Polynom dritten Grades erforderlich ist, um mit dem besonderen Verlauf der Transformationsfunktion auch abnehmende Wirkungsbeziehungen besser berücksichtigen zu können.

Für eine Mehrbedingungsregel, wobei die Transformationsfunktion in Klammern angeben wird, erhält man dann:

Wenn: B_1 (0,15 + 0,72 w_{11})
und B_2 (0,23 + 0,53 w_{22})
Dann: H (0,2)

Damit sind die typischen Elemente einer ESWA-Regel angeben. Der Faktor 0,2 gibt die Interkorrelation der beiden Bedingungen an. In Abhängigkeit vom Ausprägungsgrad der einzelnen Bedingungen (w_{ii}) werden die Ausgangswahrscheinlichkeiten errechnet.

Die Ausprägungsgrade werden entweder vom Benutzer erfragt oder selbständig vom System abgeleitet. Für ein w_{11} von 0,7 und ein w_{22} von 0,9 ergeben sich als transformierte Eingangswahrscheinlichkeiten w^*_{11} = 0,65 und w^*_{22} = 0,71. Diese Werte werden in die Gleichung (5.3) für w^*_{ii} eingesetzt.

Diese Funktion leitet sich unmittelbar aus (5.2) ab. Allerdings werden die w_{ii} nun durch w^*_{ii} ersetzt. Die w^*_{ii} sind die um den Bestätigungsgrad korrigierten Werte. Wir fassen dies in der folgenden Formel zur Berechnung der Ausgangswahrscheinlichkeit in ESWA zusammen:

$$AW = 1 - \frac{k - \sum w^*_{ii}}{R^\circ} \qquad (5.3)$$

Konkret ergibt sich:

$$AW = 1 - \frac{2 - 0{,}65 - 0{,}71}{2 + (2 * 0{,}2)} = 0{,}73$$

Dieser Wert entspricht unmittelbar der Ausgangswahrscheinlichkeit der Regel, da in den Transformationsfunktionen zu jeder Bedingung B_i bereits der Bestätigungsgrad enthalten ist. In Worten ausgedrückt besagt dieses Beispiel: Der Ausprägungsgrad w_{11} des Faktums B_1 liegt mit einem hohen Wert von 0,7 vor. Es besitzt ferner eine hohe Erklärungskraft für die Hypothese. Dies kommt in dem Steigungsparameter von 0,72 zum Ausdruck. Demgegenüber besitzt B_2 einen sehr hohen Ausprägungsgrad von 0,9. Faktum B_2 schöpft nahezu das gesamte Wirkungspotential aus. Aber: B_2 leistet insgesamt nur einen mittleren Beitrag zur Bestätigung der Hypothese. Deshalb liegt der Steigungsparameter nur bei 0,53.

Durch die Möglichkeit, Interkorrelationen zwischen den Bedingungen zu berücksichtigen (hier mit 0,2 angenommen), lassen sich auch multiplikative Verknüpfungen in ESWA berücksichtigen.

Ein typisches **betriebswirtschaftliches Beispiel** für eine solche statistische Interaktion ist die **Preiswerbung.** Eine Preissenkung hat ebenso wie eine Steigerung der Werbeausgaben einen positiven Einfluß auf die abgesetzte Menge. Werden aber beide Instrumente kombiniert eingesetzt, so setzt sich die Wirkung auf die abgesetzte Menge nicht nur additiv aus den Einzelwirkungen von Werbung und Preis zusammen, sondern es gibt darüber hinaus eine

Verbundwirkung, die nur aus dem gleichzeitigen Zusammenwirken beider Instrumente resultiert: z.B. wenn in der Werbung auf das niedrige Preisangebot hingewiesen wird. An diesem Beispiel wird nochmals deutlich, wie unbefriedigend die MYCIN-Lösung zur Berechung der Eingangswahrscheinlichkeit zumindest für viele betriebswirtschaftliche Fragestellungen ist, wenn nur das Minimum der Eingangswahrscheinlichkeiten für beide Instrumente zur Weiterverrechnung berücksichtigt wird.

5.4.4. Mehrfachableitung von Hypothesen

5.4.4.1. Mehrfachableitung in MYCIN

Man kann wohl davon ausgehen, daß diejenigen Expertensysteme, die sich mit symbolischen, weitestgehend heuristischen Wissensdomänen auseinandersetzen, nicht mit einfachen Hypothesenableitungen auskommen. Es wird immer Konfliktmengen von Regeln der Form R_1 -> H, ..., R_n -> H geben, die vollständig abgearbeitet werden müssen und nicht nach der ersten erfolgreichen Ableitung abgebrochen werden können (vgl. Davis und King 1985; Harmon und King 1987). Eine Forderung, die auch von Seiten der induktiven Logik aufgestellt wird.

Für Konfigurationssysteme trifft dies sicherlich weniger zu. Vereinfachend gesprochen erfordert die Problemlösung einer Computerkonfiguration nur, daß von mehreren möglichen Monitor-Anschlußkabeln eines an den Ort der Installation mitgenommen wird. Eine vollständige Ableitung aller Regeln zu Monitor-Anschlußkabeln ist dabei nicht erforderlich. Damit wird aber auch ein ganz entscheidender Unterschied zwischen ESWA und gleichgelagerten Systemen wie MYCIN und PROSPECTOR, im Vergleich zur Lösung von Konfigurationsproblemen, deutlich: In vielen dieser technischen Systeme sind eine Vielzahl von Informationen in Regelform gespeichert. Viele der oftmals tausenden von Regeln speichern letztlich nur bestimmte Daten. Da andererseits eine Mehrfachableitung nur in Ausnahmefällen erforderlich ist, wird der "Lösungsbaum" ganz beachtlich eingeschränkt. Es ist somit leicht nachvollziehbar, daß ein solches System, das heute aus über zehntausend Regeln bestehen kann, seine Regelbasis nicht vollständig abarbeiten kann.

Man stelle sich nur einen Benutzerdialog vor, in dem etwa tausend Fragen zu beantworten sind. Eine Vorstellung, die aus rein praktischen Erwägungen nicht durchführbar ist. Deshalb fällt die Zahl der Regeln in jenen Systemen, die auf vollständige Abarbeitung der Konfliktmenge angewiesen sind, auch wesentlich geringer aus.

Wenn man eine Mehrfachableitung für notwendig erachtet, so ist es durch die "Dynamik" der Inferenzmaschine eines Expertensystems besonders schwierig, kommutative Algorithmen zur Wahrscheinlichkeitsfortschreibung zu entwickeln. In vielen Expertensystem-Shells wird hierzu ebenfalls der MYCIN-Ansatz verwendet (z.B. in TWAICE von Nixdorf; vgl. Savory 1987). Ist eine Mehrfachableitung für ein Hypothese (MA) möglich, so ergibt sich (für den Fall einer positiven Evidenzfortschreibung):

$$MA = AW_1 + AW_2 \, (1 - AW_1)$$

Für AW_1 = 0,4 und AW_2 = 0,7 ergibt sich ein MA von 0,82.

Solange nur bestätigende Regeln hinzukommen, d.h. es gibt keine Regeln, die gegen ein bestimmtes Faktum sprechen, führt diese Kombinationsregel sehr schnell zu hohen (Gesamt-) Sicherheitsfaktoren. Shortliffe und Buchanan (1985) weisen darauf hin, daß eine häufige Anwendung der Kombinationsregel zu Verzerrungen in der Wahrscheinlichkeitsfortschreibung führen kann.

5.4.4.2. Mehrfachableitung in ESWA

Das wahrscheinlichkeitstheoretisch nicht exakt abgesicherte Vorgehen des MYCIN-Ansatzes hat die Entwicklung modifizierter Verfahren begünstigt. Wenn auch diese modifizierten Ansätze, die ebenfalls Grundlage des PROSPECTOR-Modells sind, nicht vollständig mit den Annahmen der Wahrscheinlichkeitstheorie im Einklang stehen, so sind sie doch näherungsweise damit vereinbar und liefern approximative Lösungen (vgl. Duda et al. 1976; Pednault et al. 1981; Winston 1984). Dieser Ansatz wird auch in ESWA zur Mehrfachableitung von Hypothesen verwendet.

Ist die a-priori-Wahrscheinlichkeit einer Hypothese H bekannt, und ist das Ereignis E eingetroffen, so gilt nach der Definition von Bayes:

$$P(H/E) = \frac{P(H) * P(E/H)}{P(E)}$$

Für die Negation von H ergibt sich:

$$P(\sim H/E) = \frac{P(\sim H) * P(E/\sim H)}{P(E)}$$

Durch Division erhält man:

$$\frac{P(H/E)}{P(\sim H/E)} = \frac{P(E/H)}{P(E/\sim H)} * \frac{P(H)}{P(\sim H)} \qquad (5.4)$$

oder

$$O(H/E) = ß * O(H) \qquad (5.5)$$

Dazu werden folgende Definitionen verwendet:

prior odds (Vorabwahrscheinlichkeit) $$O(H) = \frac{P(H)}{P(\sim H)} = \frac{P(H)}{1 - P(H)}$$

posterior odds (fortgeschriebener Bestätigungsgrad) $$O(H/E) = \frac{P(H/E)}{P(\sim H/E)} = \frac{P(H/E)}{1 - P(H/E)} \qquad (5.6)$$

certainty ratio $$ß = \frac{P(E/H)}{P(E/\sim H)}$$

Unter der weiteren Annahme unabhängiger Ereignisse gilt:

$$P(E_1, \ldots, E_n / H) = \prod_{i=1}^{n} P(E_i/H)$$

und analog für ~H. Aus diesen Überlegungen leitet sich aus (5.4 und 5.5) folgende Fortschreibungsregel ab:

$$O(H/E_1, \ldots, E_n) = \prod_{i=1}^{n} ß_i * O(H). \qquad (5.7)$$

Zur Realisierung dieser Fortschreibungsregel ist als nächstes die Frage zu beantworten, wie man geeignete $ß_i$ - Werte erhält. Duda et al. (1976) verweisen mit Recht darauf, daß dies letztlich eine psychologische und keine mathematische Fragestellung ist. Ob es besser ist, den Experten getrennt nach P(E/H) und P(E/~H) zu befragen, oder davon auszugehen, daß man auf anderem Wege geeignete $ß_i$ - Werte vom Experten erhalten kann, muß anhand empirischer Ergebnisse im Rahmen einer umfassenden Validierung beantwortet werden.

Es bleibt allerdings festzuhalten, daß der Experte geeignete Schätzwerte liefern muß, sie können nicht durch weitere Ableitung gewonnen werden. Liegen nun geeignete Werte für P(E), P(H), P(E/H) sowie P(E/~H) vor, dann können für jede einzelne Regel unter Anwendung von 5.5 die sog. "posterior odds" O(H/E) berechnet werden. Beziehen wir dann noch das unsichere Beobachtungswissen in unsere Überlegungen ein, so ergibt sich nach 5.6 und unter Anwendung einer konsistenten Interpolationsfunktion, wie sie in Abb. 8 und Abb. 10 dargestellt wurde, ein Wert für O(H/E'). Dann lassen sich für jede Einzelregel geeignete ß'-Werte auch wie folgt definieren:

$$ß' = \frac{O(H/E')}{O(H)}$$

Wenn wir entsprechend unserer einfacheren Terminologie auf die Ausgangswahrscheinlichkeit zurückgreifen, so gibt uns AW_i den Bestätigungsgrad für die Hypothese H, unter Berücksichtigung des neuerlichen Beobachtungswissens an - wir können dann schreiben:

$$\beta'_i = \frac{AW_i}{1 - AW_i} / O(H) \qquad (5.8)$$

An dieser Stelle wird erneut deutlich, wie durch unsere Annahme über konsistente Vorabwahrscheinlichkeiten der Schätzaufwand für den Experten verringert werden konnte. Statt für jede Regel die doch recht mühsame Prozedur der Vorgabe von vier Schätzwerten zu durchlaufen, erwarten wir vom Experten nur, daß er eine Funktion in Anlehnung an Abb. 8 angibt. Die Steigung dieser Funktion entspricht dann dem Gewichtungsfaktor für diese Regel. Dies ist deshalb möglich, da es uns gelungen ist, über ein geeignetes Skalierungsverfahren die Schätzung von P(E) und P(H) entfallen zu lassen. Dadurch wiederum wird es möglich, die lineare Interpolationsfunktion als konsistente Transformationsfunktion einzusetzen. Ferner können wir auch auf die mühsame Berechnung der Endpunkte der Interpolationsbeziehung über die Schätzwerte P(E/H) und P(E/~H) verzichten. Stattdessen zeichnet der Experte in einem Diagramm entsprechend Abb. 8 die Transformationsfunktion unmittelbar ein - wobei der Steigungsparameter das Gewicht angibt. Dies ist unter praxisrelevanten Bedingungen nur möglich, wenn man eine konsistente, lineare Funktion unterstellen kann. Allerdings haben wir die Möglichkeit vorgesehen, in komplexen Regeln jede Bedingung separat zu gewichten.

In ESWA erhalten wir diese AW_i aufgrund der für jedes Faktum vorhandenen Transformationsfunktion und den bereits dargelegten Verarbeitungsschritten. Es bleibt allerdings auch in ESWA, wie in anderen Expertensystemen auch, die Aufgabe des Systementwicklers, diese **Transformationsfunktionen** so zu **wählen, daß die Regel(n)** insgesamt die **inhaltliche Problemstruktur abbildet(en)**. Im Laufe des Entstehungsprozesses sind wir zu der Einsicht gelangt, daß es einfacher nachvollziehbar ist, wenn wir hierbei durchgängig einen Bezug zur T-Skala beibehalten. Deshalb werden die den T-Skalenwerten entsprechenden Wahrscheinlichkeiten, die sich relativ einfach (aber für eine PC-Lösung doch rechenintensiv) mit der in Fußnote 14 ermittelten Transformationsfunktion und aufgrund der Dichte- bzw. Verteilungsfunktion der T-Skala in Wahrscheinlichkeiten überführen lassen, nur linear-approximativ berücksichtigt. Diese pragmatische Entscheidung zugunsten einer weniger rechenintensiven Lösung ist aber nicht unumstößlich, wenn man anläßlich der empirischen Ergebnisse eine genauere Berechnung für erforderlich hält.

An dieser Stelle wird aber erneut deutlich, wie durch die Einführung des **Normierungskonzepts** auf der Grundlage der T-Skala, die **Anforderungen**, die **an** den zukünftigen **Benutzer** und auch den Knowledge-Engineer zu stellen sind, **geringer und realistischer** werden.

Beim klassischen Expertensystem muß der Benutzer etwa folgenden Fragentyp beantworten: "Für wie wahrscheinlich halten Sie es, daß die Anzeige x eine erotische Ausstrahlung erzielt?" oder "wie sicher sind Sie, daß die Anzeige x eine erotische Ausstrahlung erzielt?". Demgegenüber erwartet ESWA vom Benuter, bei Vorliegen einer Normstichprobe, die Beantwortung folgender Aufgabenstellung: "Wie intensiv beurteilen Sie die erotische Ausstrahlung der Anzeige x?". Zur Beantwortung dieser Frage liegen dem Benutzer eine Reihe von repräsentativen Anzeigen aus der Normstichprobe mit den entsprechenden T-Werten zur "Intensität der erotischen Ausstrahlung" vor. Nun kann er unter Berücksichtigung dieser Bezugsanzeigen die erotische Ausstrahlung der zu beurteilenden Anzeige in T-Skaleneinheiten angeben. Diese Intensitätsangabe, die zudem der Methode der direkten psychophysischen Skalierung nachempfunden ist, kann von einem mathematisch unbeholfenen und mit der Wahrscheinlichkeitsrechnung wenig vertrauten Benutzer sicherlich eher bewältigt werden, als die abstrakte Eingabe einer Wahrscheinlichkeit bezüglich der Sicherheit eines bestimmten Faktums (vgl. Neibecker 1984; 1986). Zudem bietet die T-Skala eine festgelegte, in der Normstichprobe verankerte Interpretation der ermittelten Intensitätsangaben.

Diese Evidenzfortschreibung bietet eine Reihe von Vorteilen:

1. Zu jeder Hypthese benötigen wir lediglich die bislang ermittelte Ausgangswahrscheinlichkeit für ein Faktum bzw. eine Hypothese.

2. Die Fortschreibungsregel ist kommutativ.

Die hinzugekommene Ausgangswahrscheinlichkeit wird zusammen mit der vorhandenen Wahrscheinlichkeit für das Faktum nach (5.8) in $ß'_i$-Werte transformiert. Diese Werte werden nach (5.7) fortgeschrieben - wir erhalten $O(H/E'_i)$. Danach wird die fortgeschriebene Wahrscheinlichkeit nach (5.9) rücktransformiert und zusammen mit der Hypothese gespeichert. Die Gleichung (5.9) folgt durch Umformung aus (5.6).

$$P(H/E'_i) = \frac{O(H/E'_i)}{O(H/E'_i) + 1} \qquad (5.9)$$

Zusammenfassend baut Duda et al. (1976; 1978) auf folgender Erweiterung auf: jedem Faktum (bzw. jeder Hypothese) wird eine Vorabwahrscheinlichkeit P(H) zugeordnet. Man kann davon ausgehen, daß ein Faktum mit einer bestimmten Wahrscheinlichkeit auftritt, ohne daß man irgendeine Zusatzinformation besitzt. Die Berechnung der (Ausgangs-) Wahrscheinlichkeit der Mehrfachableitung erfolgt durch Rücktransformation der "posterior odds" in $P(H/E'_i)$. Diese Ausgangswahrscheinlichkeit berücksichtigt somit jeweils das gesamte, bis zu diesem Zeitpunkt bekannte Beobachtungswissen. Da wir in ESWA für jedes Faktum eine Vorabwahrscheinlichkeit von 0,5 annehmen - dies entspricht einem T-Skalenwert von 50 - vereinfacht sich (5.7 und 5.8) entsprechend, da dem Wert 0,5 ein O(H) von 1 entspricht. Konkret folgt für unsere Beispielwerte:

$ß_1 = 0{,}4 / 0{,}6 = 0{,}67; \; ß_2 = 2{,}33$

$O(H/E_1,E_2) = 1 * 0{,}67 * 2{,}33 = 1{,}56$

$P(H/E_1,E_2) = 1{,}56 / 2{,}56 = 0{,}61 = MA$

Eine relativ hohe Ausgangswahrscheinlichkeit von z.B. 0,7 wird durch eine niedrigere Ausgangswahrscheinlichkeit einer weiteren Regel gemindert - sofern diese unter die Vorabwahrscheinlichkeit sinkt.

Da in ESWA vorwiegend bestätigende Regeln vorkommen, erscheint dieses Vorgehen plausibler als der MYCIN-Ansatz. Ferner kann dann auf die Fortschreibung von "negativen Sicherheitsfaktoren" verzichtet werden, wodurch die Effizienz des Systems gesteigert wird. Der Wert von 0,5 (vergleichbar einem T-Skalenwert von 50) entspricht somit jeweils dem mittleren Ausprägungsgrad. Erzielt eine Anzeige für ein bestimmtes Faktum nur einen unterdurchschnittlichen Ausprägungsgrad, so vermindert dies die Ausgangswahrscheinlichkeit der Mehrfachableitung des Schlußfolgerungsteils. Dementsprechend erhöht eine überdurchschnittliche Ausprägung diesen Wert.

Durch die Transformation aller Meßwerte und Benutzerangaben in T-Skalenwerte, entspricht also der Wert 50 der internen ESWA-Skala jeweils der mittleren Ausprägung des entsprechenden Faktums, wobei sich die Werte auf die Normierungsstichprobe beziehen lassen.

Abschließend wird der gesamte Fortschreibungsalgorithmus von ESWA an einem anschaulichen Beispiel demonstriert. Das Beispiel beruht auf dem Inferenzbaum von Abb. 11.

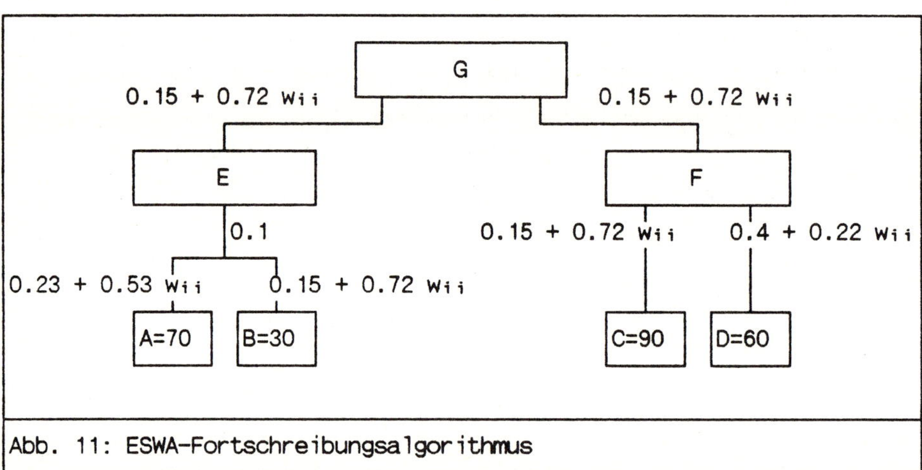

Abb. 11: ESWA-Fortschreibungsalgorithmus

Die entsprechenden Regeln in ESWA-Schreibweise lauten:

	0 = für spätere Erweiterung
(0 REGEL1	REGEL1 = Regelname bzw. -nummer
(W (A 0.23 0.53)	A = erste Bedingung
(B 0.15 0.72))	B = zweite Bedingung
(D (E 0.1)))	E = Schlußfolgerung
(0 REGEL2	0,1 = Interkorrelation
(W (E 0.15 0.72))	
(D (G 0)))	
(0 REGEL3	
(W (C 0.15 0.72))	
(D (F 0)))	
(0 REGEL4	
(W (D 0.4 0.22))	
(D (F 0)))	
(0 REGEL5	
(W (F 0.15 0.72))	
(D (G 0)))	

Für A, B, C, D werden die angegebenen Werte vom Benutzer erfragt. Die T-Skalenwerte werden linear in Sicherheitswerte transformiert, indem sie durch 100 dividiert werden (diese vereinfachte Rechnung scheint uns bis zur Vorlage einer umfassenden Normstichprobe ausreichend und spart erheblich Rechnerleistung ein - ferner rundet ESWA intern stets nach unten ab). Als ESWA Ergebnisausdruck erhält man somit:

T e i l w i r k u n g e n -	T-Wert	R e g e l n - - - - -	
A	70	EXTERN	
B	30	EXTERN	
C	90	EXTERN	
D	60	EXTERN	
E	53	REGEL1	
F	81	REGEL3	REGEL4
G	75	REGEL2	REGEL5

Für das Faktum G ergibt sich ein T-Wert von 75 - dies entspricht einem relativ guten Wert.

2. T e i l: Werbewirkungsanalyse mit ESWA

1. Knowledge Engineering für ESWA

1.1. Erfahrungsskizze zum Knowledge Engineering

Wir folgen hier dem Beispiel der Literatur und zerlegen das Knowledge Engineering zunächst in verschiedene, deskriptiv abgeleitete, abgegrenzte Phasen. Hierbei sollte man nicht aus den Augen verlieren, daß die Vorgehensweise bei der Entwicklung eines Systems durch Flexibilität, Kreativität und Pragmatik gekennzeichnet sein muß. Denn weder der Wissensingenieur noch der Experte wissen am Anfang wie das fertige System einmal arbeiten und aussehen wird (vgl. u.a.: Harmon und King 1987; Noelke 1985; Waterman 1986).

Nur zur groben Systematisierung wollen wir deshalb fünf Entwicklungsstufen anführen und das entsprechende Vorgehen während des Entstehungsprozesses von ESWA darstellen:

1.1.1. Problemidentifikation

Hier ist die Frage zu beantworten, wie sich die zentralen Lösungswege zur Problembewältigung charakterisieren lassen.

Hierzu betrachtete, relevante Fragen im Rahmen der Werbewirkungsanalyse sind:

- Benötigt man eine Unsicherheitskomponente?
- Lassen sich die Konstrukte in handhabbare Wissenseinheiten zerlegen?
- Sind die Wissenseinheiten (einer Ableitungsebene) abhängig oder weitgehend unabhängig?
- Setzt sich die Wissensakkumulation kompensatorisch oder nicht-kompensatorisch zusammen?
- Liegt eine mono- oder multikausale Wissensstruktur vor.

- Reicht die Übereinstimmung zwischen den verschiedenen Experten aus, eine Prototypentwicklung zu rechtfertigen.

In diversen Expertengesprächen hat sich gezeigt, daß eine Dichotomisierung werbetypischer Konstrukte und Fakten nur selten realisierbar ist. Zumindest eine dreistufige Kategorialskala ist als Untergrenze für eine Intensitätsabstufung u.E. erforderlich. Da wir aber eine flexiblere Berücksichtigung unsicheren Wissens anstrebten, wurde in ESWA ein modifizierter PROSPECTOR-Algorithmus für die Behandlung unsicheren Wissens implementiert. Eine erste Erstellung eines Prototypen zur Bildwirkung von Anzeigen war letztlich soweit ermutigend, daß wir davon ausgehen können, daß trotz bestehender Differenzen zwischen verschiedenen Forschungsrichtungen eine widerspruchsfreie Implementierung der grundlegenden Konstrukte zur Werbewirkung möglich ist und daß sich diese Konstrukte auch ausreichend zerlegen lassen (vgl. Neibecker 1988).

Schwieriger ist der Problemkreis der multikausalen Struktur und der Unabhängigkeit der Konstrukte. Der Fortschreibungsalgorithmus setzt voraus, daß die Regeln unabhängig sind. Dies ist "leider" in der Realität selten erfüllt. Deshalb empfehlen wir, darauf zu achten, daß die Regeln zumindest weitgehend unabhängig sind. Für Konstrukte, die eine überdurchschnittliche Abhängigkeit aufweisen, ist zu empfehlen: (1.) Solche Konstrukte in einer Regel zusammenzufassen. Dann kann in ESWA die Stärke der Interkorrelation sogar explizite berücksichtigt werden. Oder (2.): durch eine geringere Gewichtung dieser Regeln einen pragmatischen Kompromiß einzugehen. Durch diese geringere Gewichtung wird die aus zwei oder mehreren teilabhängigen Konstrukten abgeleitete Evidenz auf ein Normalmaß reduziert und die Aussage des Expertensystems läßt sich nach erfolgreichem Feintuning weiterhin sinnvoll interpretieren.

Desweiteren gehen wir davon aus, daß sich die meisten Konstrukte kompensatorisch zusammensetzen. Bewährte Einstellungsmodelle zeigen - zumindest bei vorhandener Eindimensionalität - daß sich auf diese Weise brauchbare Indikatoren ermitteln lassen. Aber auch extrem diagnostische Maße wie die "Aktivierung" setzen sich kompensatorisch zusammen. Durch eine besonders komplexe und neuartige Anzeigengestaltung läßt sich mitunter eine ausreichende Aktivierung erzielen, wodurch ein weniger erotisches Bildmotiv kompensiert werden kann. Umgekehrt wirkt ein stark erotisches Motiv auch dann aktivierend, wenn es nur durchschnittliche Intensität erzielt und die halbe Anzeigenseite einnimmt. Je vollständiger jedoch die einzelnen Determinanten eines Konstrukts ausgeschöpft werden, desto stärker ist allerdings auch die Gesamtwirkung. Kompensatorisch wirkende Einzeldeterminanten können sich also nicht nur wechselseitig ausgleichen, sie setzen sich auch additiv oder multiplikativ zur Gesamtwirkung zusammen.

Als Grundregeln zum Konwledge-Engineering lassen sich festhalten:

Teilbereich der Wissensdomäne ist:	**Lösung:**
kompensatorisch + unabhängig:	möglichst einfache Regeln bilden, Wissensakkumulation erfolgt über Mehrfachableitung.
kompensatorisch + abhängig:	komplexe Regel bilden, evtl. die Interkorrelation zwischen den Bedingungen einer Regel angeben, um die multiplikative Wirkung zu berücksichtigen.
nicht-kompensatorisch + unabhängig:	Multiplikationssatz der Wahrscheinlichkeitstheorie anwenden (in ESWA nicht implementiert).
nicht-kompensatorisch + abhängig:	MYCIN-Algorithmus in Anlehnung an Fuzzy-Set Theorie anwenden (in ESWA nicht implementiert).

In Bezug auf die Abhängigkeit ist von einer "gemilderten" Unabhängigkeitsprämisse auszugehen. Ferner können in ESWA jederzeit Regeln ausgeblendet werden, wenn sie nicht zutreffen oder wenn der Benutzer hierzu keine Angaben machen kann.

1.1.2. Konzeptualisierung

Hier ist die Frage zu beantworten, welche Konzepte oder Konstrukte für eine sinnvolle Problemlösung benötigt werden.

Neben den Gesprächen, die wir am Institut für Konsum- und Verhaltensforschung führen konnten, nutzten wir die Gelegenheit während einer 1986 durchgeführten Kongreßreise nach Toronto, die uns in Teile Kanadas und der USA führte, mit einigen amerikanischen Kollegen das Konzept für ein Expertensystem zur Werbewirkungsanalyse zu erörtern. Hierbei konzentrieten wir uns auf solche Wissenschaftler, die durch frühere Kontakte wenigstens eine gewisse Bereitschaft zur Preisgabe ihres Wissens zeigten. Wir selbst beschränkten uns während der durchgeführten Interviews auf das reine Knowledge Engineering. Dazu wurde eine alphabetisch geordnete Liste mit relevanten Konstrukten erarbeitet, die den befragten Experten als Leitfaden dienen sollte. Es wurden befragt: Rajeev Batra (Columbia University); Ray Burke (University of Pennsylvania); Andrew Mitchell (University of Toronto); Jerry Olson (Penn State University) sowie Jay Russo (Cornell University).

Stichwortliste zur Expertenbefragung:

activation (arousal)
advanced organizer (=introduction cue)
affective response
attention
attitude toward the ad
attitude toward the brand
behavior
beliefs
believability
clutter
cognitive response (support-, counterarguments, ad related cognitions)
comparative (advertising)
comprehension
concretness
conditioning
context
credibility of the presenter
credibility of the source
distinctiveness of the ad (related to competitive brands)
distraction
dynamic in ad execution
feeling state (mood)
informativeness

interaction with product
involvement
irritation
liking of an ad
music
number of exposure (repetition)
novelty
persuasion
physical factors (e.g. color, size)
processing strategy (e.g. visual versus verbal / cognitive versus emotional)
purchase intention
quality of arguments
style of argumentation (e.g. one versus two-sided)
verbal presentation (of product claims)
visuell presentation (of product claims)
vividness (of pictures)

Sowie als komplexe Konstrukte:
* brand awareness
* emotional processing
* information processing
* information retrieval
* memory (long and short-term)
* perception (infomation pick-up)

Obwohl hiermit eine bereits recht weitgehende Strukturierung der Diskussion vorgegeben wurde, war das Ergebnis der Expertenbefragungen weit von dem entfernt, was man als ein implementationsfähiges Konzept umschreiben könnte. Zweifelsfrei sind die befragten Personen durch zahlreiche Veröffentlichungen als Experten ausgewiesen. Aber: die Strukturierung und Zerlegung des Expertenwissens in kleine und kleinste Wissenseinheiten, dazu noch in widerspruchsfreier Form, erfordert nochmals eine gesonderte Wissensanalyse. Insgesamt sind solche implementationsbezogenen Gespräche im Vorfeld der Konzeptualisierung eine wertvolle Bereicherung. Aufgrund der unterschiedlichen Orientierungen der Befragten waren diese Kontakte darüber hinaus äußerst anregend, zumal man die unterschiedlichen Betrachtungswinkel auffallend offen diskutieren konnte. Inwieweit sich das letztlich entwickelte Konzept auf Einzelanregungen aus diesen Gesprächen zurückführen läßt, kann heute nicht mehr exakt beantwortet werden. Auf eine Wiedergabe der einzelnen Modellskizzen wollen wir jedoch an dieser Stelle aus Platzgründen verzichten.

Die doch sehr unterschiedlichen Entwürfe zur Werbewirkung verstärkten unseren Entschluß, das verfügbare (wissenschaftliche) Werbewirkungswissen in einer eigenen Modellkonzeption zu integrieren und den Prototypen nach diesen Vorgaben zu erstellen und zu programmieren.

1.1.3. Formalisierung in ESWA

Hier ist die Frage zu beantworten, wie das System erstellt werden soll und welche Wissensrepräsentation geeignet ist.

Damit das System überschaubar und für den PC-Einsatz geeignet bleibt, haben wir uns für einen regelbasierten Ansatz entschieden, den wir in Golden Common LISP innerhalb der 640 kB-Schranke von MS-DOS realisiert haben. ESWA wurde vollständig neu programmiert, wobei der hier entwickelte Algorithmus zur Behandlung unsicheren Wissens implementiert wurde.

Wie bei Expertensystemen üblich, erfragt das System fehlende Fakten beim Benutzer. Dazu wird folgender Bildschirmaufbau verwendet (vgl. Abb. 12).

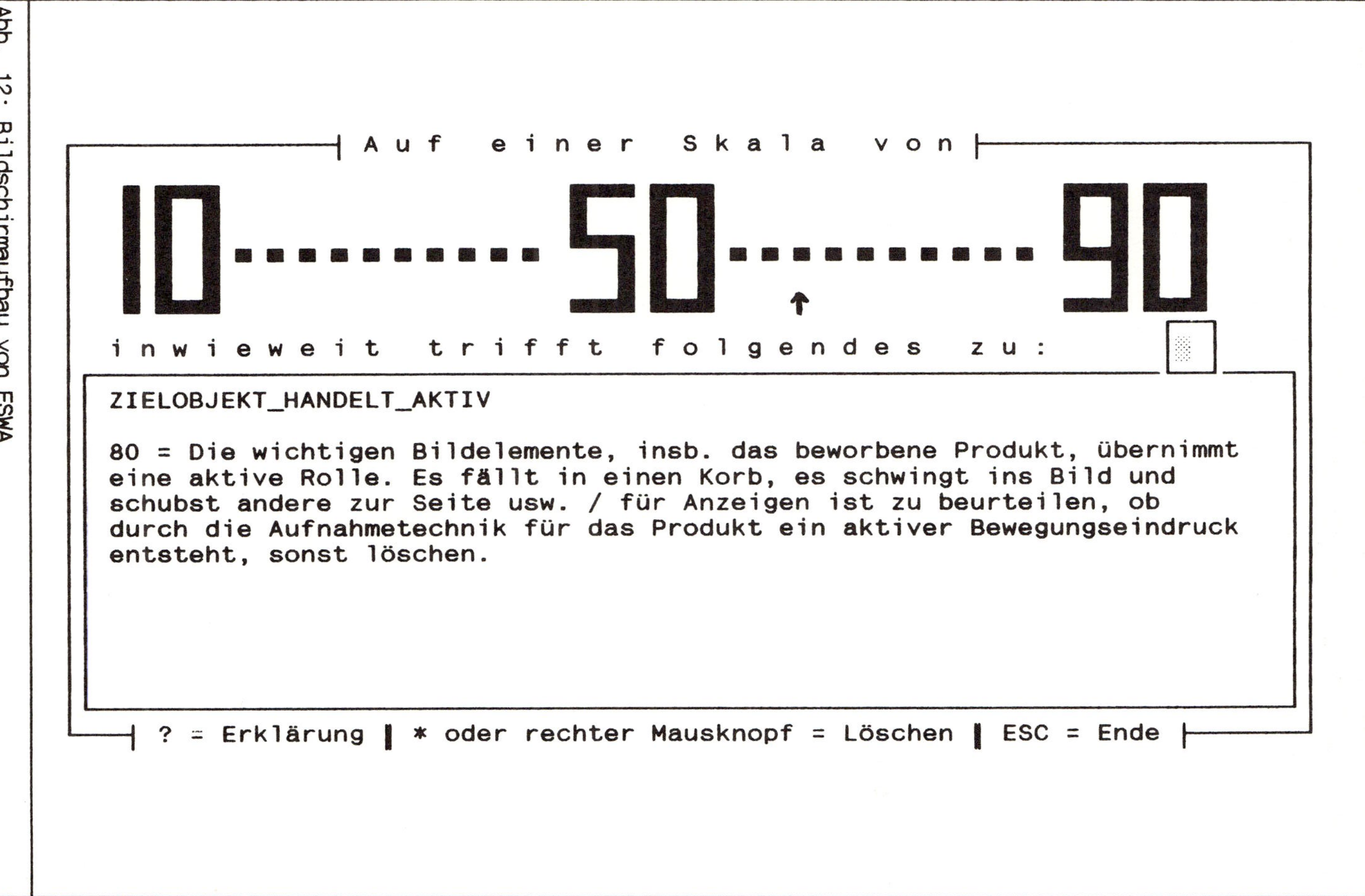

Abb. 12: Bildschirmaufbau von ESWA

Die T-Skala wird im Bereich von 10 bis 90 vorgegeben. Dieser Bereich wurde gewählt, da die Extremwerte unter zehn und über neunzig keine nennenswerte Wahrscheinlichkeitsmasse mehr repräsentieren. Der Benutzer kann mit der Maus einen Skalenwert antippen oder die Tastatur verwenden. Im Antwortfenster werden die eingegebenen Werte angezeigt. Unter dem erfragten Faktum wird in einem optisch abgesetzten, permanenten Erklärungsfenster der vom Experten eingegebene Text angezeigt, der zur Erläuterung der Begriffe dienen soll.

1.1.4. Implementation

Dies ist schließlich der schwierigste Teil, da von der kreativen Umsetzung der Wissenseinheiten in Regeln der Erfolg des Systems abhängt. Es muß gelingen, das Expertenwissen so in Regeln zu fassen, daß die daraus abgeleiteten Schlußfolgerungen in einer sinnvollen Beziehung zur Realität stehen, so daß man zum Expertenwissen adäquate Lösungen erhält.

1.1.5. Test und Validierung

Das System ist praktisch ständig auf seine Leistungsfähigkeit zu testen. Problemfälle sind zu lokalisieren, die Wissensbasis ist daraufhin entsprechend zu verbessern, so daß zumindest die Phasen 2, 4 und 5 regelmäßig zu durchlaufen sind.

2. Werbeziele

2.1. Zielformulierung und Operationalisierung

Planmäßige Entscheidungen setzen ein betriebswirtschaftlich fundiertes Zielsystem voraus. Nur so verfügt das Management über Entscheidungskriterien zur Beurteilung verschiedener Alternativen. Eine grobe Zielhierarchie gibt Abb. 13 wieder (vgl. auch Diller 1985; Hammann 1974; Hauschildt 1977; Heinen 1976; Nieschlag et al. 1988; Rogge 1988).

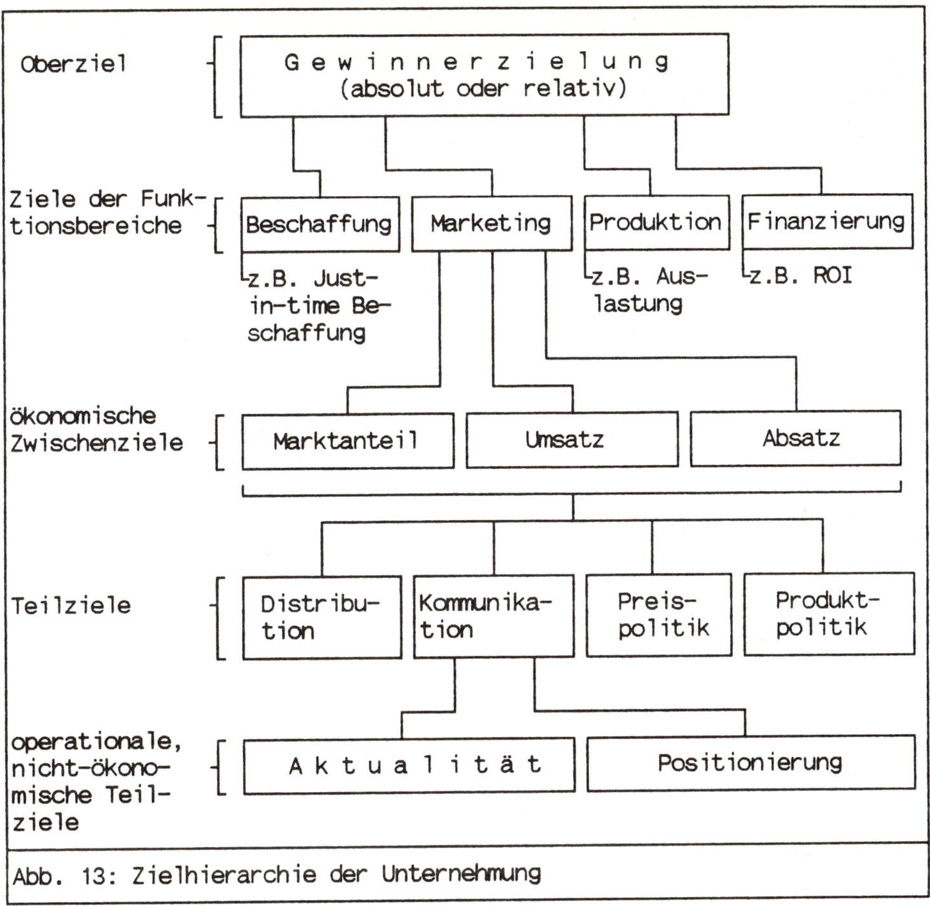

Abb. 13: Zielhierarchie der Unternehmung

Wir wollen nun in Anlehnung an Kroeber-Riel (1984a, S. 595) Werbung als versuchte Meinungsbeeinflussung mit besonderen Kommunikationsmitteln verstehen. Aus absatzpolitischer Sicht zählt Werbung zur Präferenzpolitik, die in der Regel von der Preispolitik eines Unternehmens getrennt wird (vgl. Gutenberg 1984; Wöhe 1986).

Die Zielsetzungen, die ein Unternehmen mit der Werbung verfolgt, werden zweckmäßigerweise in ökonomische Ziele und Kommunikationsziele untergliedert. Als wichtiges ökonomisches Subziel zur Gewinnerzielung (Gewinnmaximierung) wird nicht zuletzt als Ergebnis der PIMS-Studie der Marktanteil gesehen (vgl. u.a.: Köhler 1988; Weitz und Wensley 1984).

Wir konzentrieren uns hier allerdings auf die Kommunikationsziele, die man als eine Operationalisierung der ökonomischen Oberziele betrachten kann, da sich diese nicht unmittelbar bzw. nicht ausschließlich mit ökonomischen Instrumenten realisieren lassen. Beispielsweise muß man, um den Marktanteil zu erhöhen, bestimmte Kommunikationstechniken, Kroeber-Riel (1984a) spricht in diesem Zusammenhang auch von Sozialtechniken zur Steuerung des Konsumentenverhaltens, entwerfen und anwenden. Preispolitik, als ökonomisches Instrument, reicht hierzu alleine oft nicht aus.

Deshalb ist es andererseits erforderlich, daß zur Erreichung der ökonomischen Ziele klare, konkrete Kommunikationsziele formuliert werden, deren planvolle Erfüllung Aufgabe der Werbung ist. Diese Kommunikationsaufgaben sind dann natürlich auch auf Einhaltung zu kontrollieren. Dies geschieht im Rahmen der Soll/Ist-Analyse einer strategischen Marketingplanung. An dieser Stelle kann bereits ein Expertensystem zur Werbewirkungsanalyse hilfreich eingesetzt werden.

Je weiter man sich vom strategischen Bereich entfernt und auf operativer Ebene die taktischen Maßnahmen für den Einsatz der kommunikationspolitischen Instrumente festlegt, umso vielfältiger und unüberschaubarer werden die Einzelziele (vgl. Six 1983). Ohne theoretischen Bezugsrahmen lassen sich diese Ziele jedoch kaum in eine hierarchische, geordnete Form bringen.

Wir wollen deshalb in dieser Arbeit von dem Modell der Wirkungspfade ausgehen, das wir in Abb. 14 darstellen (vgl. Kroeber-Riel 1984a, S. 606 ff.; Neibecker 1985b).

2.2. Grundmodell der Werbewirkung

Dieses Modell bietet eine Reihe von Vorteilen: (1.) Das Grundmodell enthält bereits die wichtigsten Wirkungskomponenten, ohne dabei unübersichtlich zu werden. (2.) Die theoretische Fundierung erlaubt eine modellkonforme Erweiterung für komplexere Analysen, eine Voraussetzung die gerade für Expertensysteme, die auf modulares Wachstum in Breite und Tiefe ausgelegt sind, unumgänglich ist. (3.) Die implizite enthaltene Differenzierung nach diagnostischer und evaluativer Wirkungsmessung kommt der implementationsbezogenen Aufbereitung des Werbewirkungswissens für ein Expertensystem außerordentlich entgegen. (4.) Schließlich lassen sich die unterschiedlichen Wirkungsmuster der Werbung bereits mit dem Grundmodell abgrenzen und begründen. Die Bestimmung dieser unterschiedlichen Wirkungsmuster ist Voraussetzung, um die Werbung problemorientiert zu planen und die Werbewirkung so zu messen, wie es der jeweiligen Marktsituation entspricht.

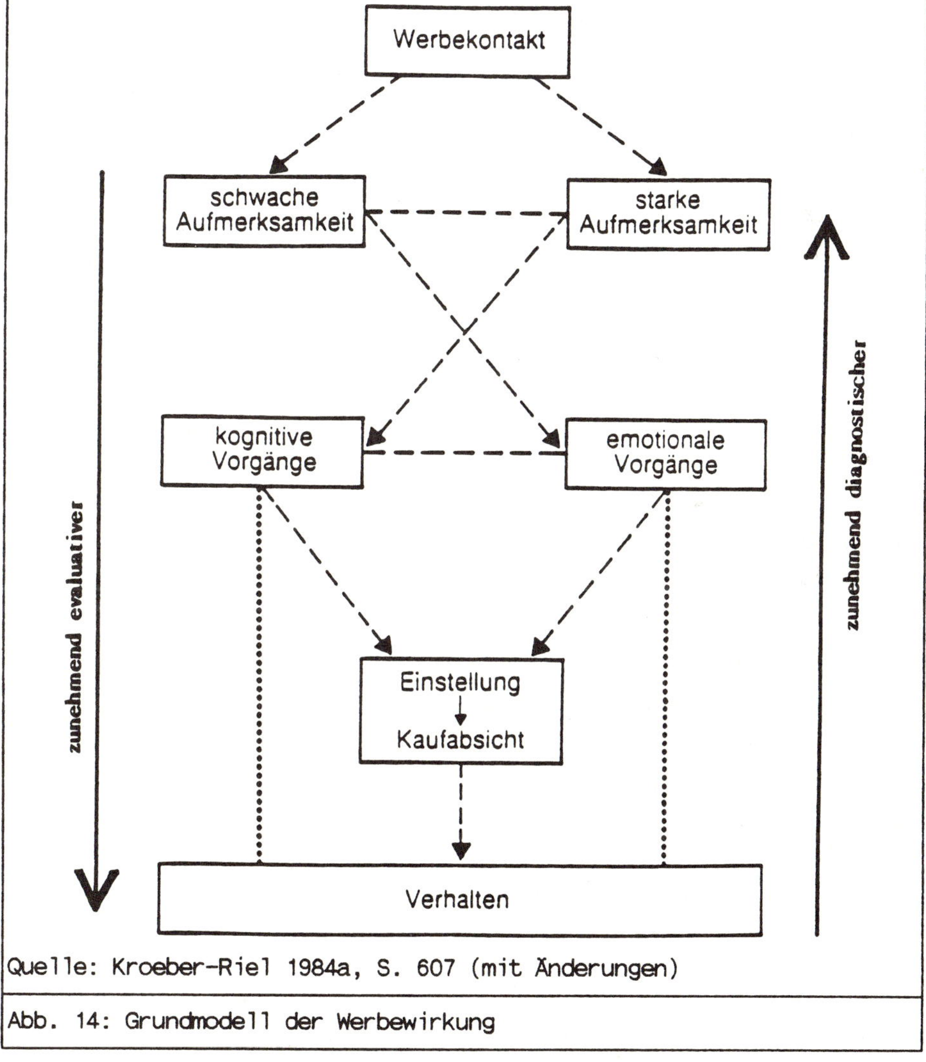

Quelle: Kroeber-Riel 1984a, S. 607 (mit Änderungen)

Abb. 14: Grundmodell der Werbewirkung

Eine Schwierigkeit bei der Vorgabe hieraus abgeleiteter, operativer Werbeziele besteht darin, daß sie einerseits so konkret zu formulieren sind, daß der verantwortliche Manager auch einen kontrollierbaren Einfluß auf die Zielerreichung behält, daß sie sich andererseits wiederum nicht in taktischen Einzelvorgaben erschöpfen sollen, sondern sich in eine mittel- bis langfristige Werbestrategie einpassen. Kroeber-Riel (1988) weist in diesem Zusammenhang zurecht auf das Zurechnungsproblem hin, so daß als Ziele statt der letztlich angestrebten Verhaltensbeeinflussung (Kaufverhalten), die hinter dem Verhalten stehenden Dispositionen als operative Vorgaben zu wählen sind. Verbreitete Ziele dieser Art sind die Erhöhung der Markenbekanntheit, die Veränderung der Einstellungen und die Verbesserung der Kaufabsicht (vgl. auch Steffenhagen 1984).

Im nächsten Schritt ist dann die Operationalisierung der Werbeziele durchzuführen. Sie setzt die Kenntnis der verschiedenen Beeinflussungstechniken (Sozialtechniken) voraus, um Wege und Techniken aufzuzeigen, mit denen die Ziele erreicht werden können. In dieser Phase wird also festgelegt, wie die Werbung gestaltet und über die Medien gestreut wird. Genau diesen Schritt will das Expertensystem ADCAD unterstützen (vgl. Kapitel 4.2.).

2.3. Beeinflussungsziele

Es hieße die Realitäten zu verkennen, wollte man hinter jeder Werbemaßnahme eine ausgereifte, langfristige Werbestrategie vermuten. Es ist deshalb erforderlich, unterhalb der Ebene eines strategischen Zielsystems ein einfacheres System mit grundlegenden Beeinflussungszielen zu formulieren. Dieses grundlegende System von Werbezielen ist dann wiederum soweit abgrenzbar, daß es als geeignete Wissensdomäne für das Expertensystem ESWA in Frage kommt.

Bevor man dieses operative Zielsystem aufstellen kann, sind zwei wichtige Fragen zu beantworten: (1.) Welche Beeinflussungsziele sind aufgrund des werbepsychologischen Kenntnisstandes für die Werbung geeignet, und (2.) in welcher Beziehung stehen diese Ziele zu den übergeordneten Marketingzielen?

Aus diesen Vorüberlegungen leitet Kroeber-Riel (1988) folgende grundlegenden Beeinflussungsziele ab (vgl. zur Aktualität auch Burdich et al. 1987; sowie die Literatur zum "Agenda Setting", u.a.: Ghorpade 1986;

Sutherland und Galloway 1981):

1. Aktualität: Wahrnehmung der eigenen Marke als aktuelle Alternative für die Kaufentscheidung.

2. Emotion: Vermittlung eines emotionalen Erlebnisses der angebotenen Marke - die Marke wird emotional erlebt.

3. Information: Rationale (kognitive) Beurteilung des Angebots - ausgelöst durch den sachlichen Inhalt der Werbebotschaft.

Diese Beeinflussungsziele sind psychologische Zielgrößen, die sich - zumindest mittelbar - aus dem Grundmodell der Werbung ableiten. Welches Beeinflussungsziel auszuwählen ist, hängt allerdings entscheidend von den Kommunikationsbedingungen des Marktes ab.

Die beiden wichtigsten psychologischen Vorgänge, die kognitiven und emotionalen Prozesse, sowie die daraus folgernden Verbundprozesse (die Einstellungen), sind bereits im Grundmodell der Werbewirkung enthalten. Gerade die jüngeren Forschungsergebnisse deuten jedoch darauf hin, daß man mit einem einheitlichen, eindimensionalen Wirkungsmodell nicht auskommt. Im Gegenteil, man verfängt sich dann zu leicht in der irrigen Annahme, daß es **die** optimale Werbung gibt, und verkennt die komplexen Wechselwirkungen zwischen den Konstrukten. Dabei übersieht man leicht, daß es ganz unterschiedliche Kommunikationsbedingungen und Darbietungsformen für Werbung gibt, die im Ergebnis ganz andere Wirkungen erzielen (vgl. auch Vaughn 1986). Die wichtigsten Wirkungsunterschiede für Werbung ergeben sich aus dem Involvement der Empfänger, der Darbietung in Bild- und/oder Textform und spezifischen Wiederholungswirkungen. Wenn wir diese wichtigen Wirkungsunterschiede zusammenfassen, gelangen wir zu:

- kognitiven versus emotionalen Prozessen
- Bild- versus Textwirkung
- hohes (high) versus niedriges (low) Involvement.

Diese drei zentralen Bedingungen der Werbekommunikation fassen wir in einem **3-D-Modell der Werbewirkungskomponenten** zusammen (Abb. 15). Die Wiederholungswirkung müßte eigentlich noch als vierte Wirkungsdimension integriet werden. Aus Übersichtlichkeitsgründen werden wir die Wiederholungswirkungen jedoch dort partiell berücksichtigen, wo sie spezifische Unterschiede auslösen. Dieses 3-D-Modell stellt somit die Grundlage unserer implementationsbezogenen Aufbereitung des Werbewirkungswissens für ESWA dar.

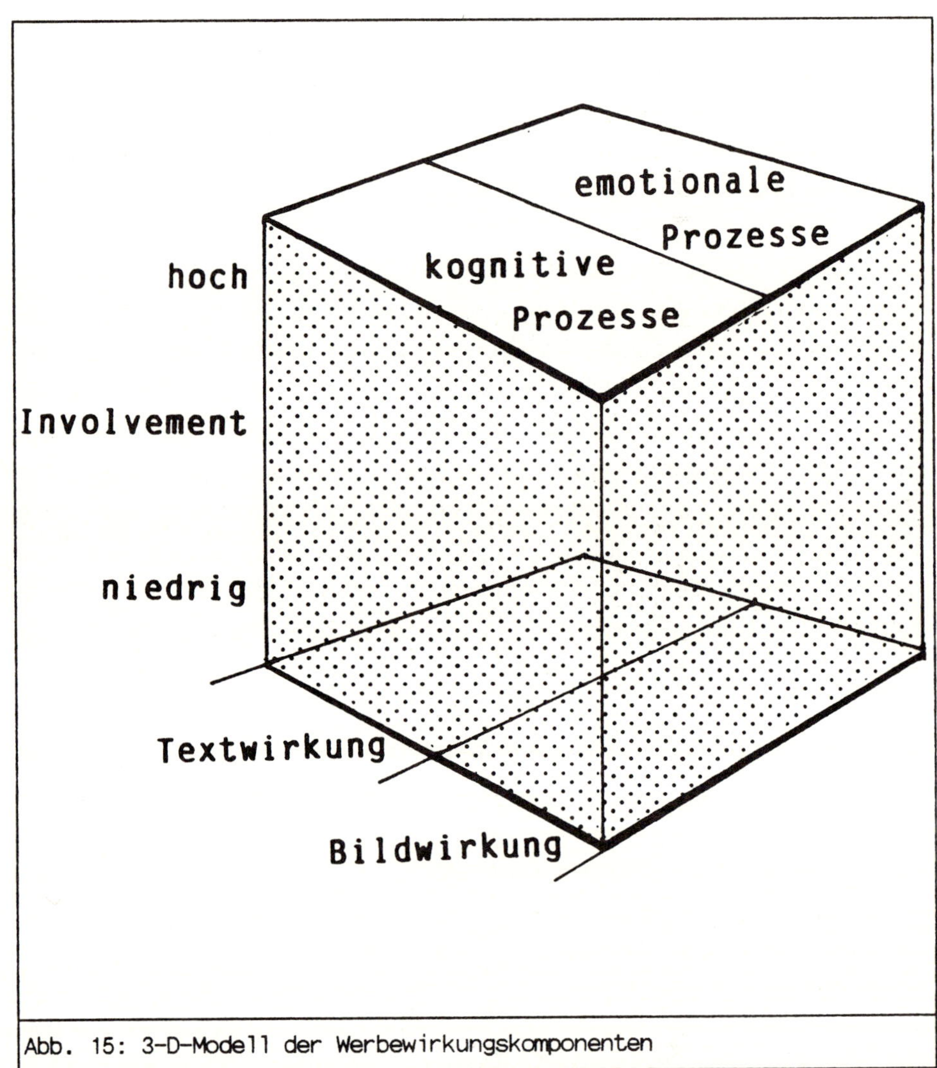

Abb. 15: 3-D-Modell der Werbewirkungskomponenten

Dies hat eine Reihe von Vorteilen. Ohne eine sumultane, mehrdimensionale Betrachtung hat man als Autor ständig das ungute Gefühl, ein "Faß ohne Boden" mal von der einen, dann wiederum von der anderen Seite füllen zu müssen. Was man auch über Bild- oder Textwirkungen aussagt, stets bleibt das quälende Unbehagen, daß einzelne Ergebnisse nur unter ganz bestimmten Involvementbedingungen zutreffen. Gleichzeitig wiederum gibt es rein informative Bilder (z.B. Graphiken), sie wirken vorallem kognitiv, andererseits sind Bilder eine idealtypische Darstellungsform zur Vermittlung von Emotionen.

Diese Liste läßt sich beliebig fortführen. Durch die simultane Berücksichtigung der drei wichtigsten Wirkungsfaktoren in **einem** Wirkungsmodell wird aber unmißverständlich klargestellt, daß die isolierte Betrachtung der einzelnen Faktoren nur die grundsätzlichen Wirkungen aufzeigen kann. Die Interdependenzen sind dann in einem zweiten Schritt aufzuzeigen und auch in der Regelbasis für ESWA zu berücksichtigen.

3. Involvement

3.1. Die Bedeutung von Involvement für die Werbewirkung

Nachdem man trotz minuziöser Verbesserungen in der Meßtechnik mit klassischen Konstrukten, allen voran die Einstellungen, in der Verhaltenserklärung über die 30%-Marke nicht hinauskam, suchte man nach Erklärungen und theoretischen Verfeinerungen zur Analyse und Erklärung des Konsumentenverhaltens (vgl. u.a.: Bagozzi 1982; Batra und Ray 1985; 1986; Kroeber-Riel 1984a; Neibecker 1987a).

Den klassischen Einstellungstheorien folgend, ging man im Marketing lange Zeit vom "high" involvierten Konsumenten aus, der beim Kauf eines Produktes starkes Interesse und Engagement für die Kaufentscheidung mitbringt. Diese enge Sichtweise hat jedoch nicht zum gewünschten Erfolg geführt. Man beobachtete sehr schnell Verhaltensweisen, die in dieses Schema nicht hineinpaßten. Mit den theoretischen Arbeiten zum Involvement hat sich danach ein grundlegender Wandel in der Werbewirkungsforschung vollzogen.

Involvement ist ein innerer Vorgang, der von geringem (niedrigem bzw. low) Involvement bis hin zu starkem (hohem bzw. high) Involvement reicht. Es durchzieht, gleichsam wie ein roter Faden, alle Wirkungsaussagen. Sowohl die Bild- als auch die Textverarbeitung laufen unter verschiedenen Involvementbedingungen nach anderen Regeln ab. Das Involvement der Konsumenten beeinflußt die Markentreue, die Richtung und das Ausmaß der kognitiven Reaktionen, die durch ein Werbemittel ausgelöst werden, die Menge und die Effizienz der Informationsverarbeitung, den Konditionierungserfolg, um einige wichtige Konstrukte vorweg anzusprechen.

Bei hohem Involvement findet eine aktive Informationsverarbeitung statt. Der Konsument setzt sich mit den relevanten Produkteigenschaften auseinander. Die Argumente, die häufig auch aus der Werbung stammen, werden analysiert und bewertet. Erst danach bildet man sich ein Urteil.

Umgekehrt werden Low-Involvement Kaufentscheidungen als Verhaltensweisen charakterisiert, in denen der Konsument das Produkt als ziemlich unbedeutend für seine Person empfindet und sich kaum mit dem Produkt identifiziert (Assael 1984, S. 80 ff.; Engel und Blackwell 1982; Kassarjian 1981; 1982; Mühlbacher 1988).

Zusammenfassend läßt sich der High-Involvement Konsument wie folgt charakterisieren:

- Die Informationen über das Produkt werden aktiv verarbeitet.
- Informationen werden aktiv gesucht.
- Die Werbung wird aufmerksam und kritisch verfolgt. Dadurch wird es für die Werbung sehr schwer, zentrale und verfestigte Meinungen zu ändern und Überzeugungswirkung zu erzielen.
- Die Marken werden vor dem Kauf bewertet.
- Die Konsumenten streben, entsprechend ihrer multiattributiven Markenerwartungen, nach einer Optimierung ihrer Geldausgaben.

- Der Lebensstil und die persönlichen Werthaltungen des einzelnen bestimmen das Einkaufsverhalten.
- Ausgelöst durch die kognitive Auseinandersetzung mit dem Kauf, gewinnt der Bezugsgruppeneinfluß an Bedeutung.

Dagegen finden beim Low-Involvement Konsument andere Prozesse statt:

- Die "Informationssuche" findet eher beiläufig statt und bleibt oft dem Zufall überlassen.
- Die Informationen werden passiv registriert und gesammelt.
- Die Konsumenten gleichen einem unbeteiligten Publikum, das aber mit einer geeigneten Kommunikationsstrategie nachhaltig beeinflußt werden kann. Das gefällige Erscheinungsbild und der Unterhaltungswert der Werbung ist wichtiger als die Schlüssigkeit der Argumente.
- Zum Teil erfolgt die Produktbewertung erst nach dem Kauf.
- Die Konsumenten versuchen den kognitiven Aufwand zu minimieren und streben nach einem akzeptablen Niveau der Bedürfnisbefriedigung. Demzufolge suchen sie keine Problemprodukte, die umfassende Bewertungsprozesse erfordern, sondern entscheiden sich aufgrund weniger Produkteigenschaften. Die Bekanntheit und der Erlebniswert einer Marke ist wichtiger als eine Entscheidungsoptimierung. Denn angesichts der Austauschbarkeit zwischen den Marken lohnt sich dieser Aufwand nicht, man sucht lediglich eine bequem zu erreichende, zufriedenstellende Alternative.
- Da das Produkt die zentralen Werthaltungen des Konsumenten kaum berührt, wird die Entscheidung unabhängig vom Lebensstil getroffen.
- Da mit dem Konsum kaum Gruppennormen tangiert werden, sind auch Bezugsgruppen ohne nennenswerten Einfluß auf die Entscheidung.

Man hat in diesem Zusammenhang auch die Unterscheidung zwischen einem zentralen Weg der Beeinflussung, im Gegensatz zum peripheren Weg der Beeinflussung geprägt (vgl. Cacioppo und Petty 1985; Petty et al. 1983). Die dort diskutierten Wirkungsbeziehungen, die zum "elaboration likelihood - Modell" zusammengefaßt wurden, entsprechen weitgehend den

Verarbeitungsmechanismen bei Low und High - Involvement (vgl. auch kommentierend: Miniard et al. 1988).

3.2. Komponenten des Involvement

Gerade in den letzten Jahren sind nennenswerte Erfolge in der Messung des Involvementkonstrukts gelungen (u.a.: Arora 1982; Beatty und Smith 1987; Kapferer und Laurent 1986; Laurent und Kapferer 1985; McQuarrie und Munson 1987; Zaichkowsky 1985; 1987).

Verstärkt sieht man heute Involvement als ein spezifisches Konstrukt, das durch personenspezifische, produktspezifische, situations- und medienspezifische Faktoren bestimmt wird (Antil 1984; Bloch und Bruce 1984; Jeck-Schlottmann 1987; Kroeber-Riel 1988; Krugman 1965; Mühlbacher 1988; Muncy und Hunt 1984). Ferner läßt sich das Involvement einer Zielgruppe an bestimmten, typischen Verhaltensweisen erkennen.

Verantwortlich für die **personenspezifischen** Unterschiede sind vorallem die Werte des einzelnen. Das Wertesystem und die darin tief verwurzelten, dauerhaften Bedürfnisse, Motive und Interessen einer Person, prägen diese Involvementkomponente. Für ein Produkt, das die zentralen Werte eines Konsumenten anspricht, interessiert und engagiert sich eine Person beharrlich - man spricht deshalb auch vom **Ego-Involvement**.

Das **Produktinvolvement** wird durch den Preis, das wahrgenommene Risiko des Kaufs und der Produktnutzung, sowie durch soziale Auffälligkeit geprägt. Auch die Unterscheidbarkeit der Alternativen ist von Bedeutung. Ferner wird ergänzend das **Markeninvolvement** diskutiert, womit die besondere Bindung eines Konsumenten an eine bestimmte Marke umschrieben wird, das sich auch unabhängig vom Produktinvolvement entwickeln kann.

Das **Situationsinvolvement** umschreibt ein eher kurzfristiges Interesse an einem Produkt. Beispielsweise interessieren sich viele Konsumenten nicht dauerhaft für Autos (Richins und Bloch 1986). In der Kaufsituation wird sich der Kaufinteressent jedoch für die Qualität der Bremsanlage und die Sicherheit der Reifen usw. interessieren. Vermehrte Informationssuche, Mund-zu-Mund Kommunikation und ausgedehnte Markenbeurteilungen sind die Folge.

Situationsinvolvement kann durch eine Reihe von Ereignissen ausgelöst werden. Die plötzliche Reparaturanfälligkeit eines Fernsehers oder ein Pressebericht über Umweltgifte in Milchprodukten sind geeignet, ein kurzfristiges Interesse für Produkte hervorzurufen, die sonst weder ein personen- noch ein produktspezifisches Involvement auslösen. Andererseits kann besonderer Zeitdruck in der Kauf- oder Kommunikationssituation ein sonst vorhandenes Involvement überdecken.

Das **Medieninvolvement** spiegelt das Interesse der Zuschauer bzw. Leser in der Kommunikationssituation wider. So werden Printmedien als High-Involvement-Medien und Fernsehen als Low-Involvement-Medien betrachtet. Dies bleibt natürlich nicht ohne Auswirkung auf die werbliche Gestaltung.

Alle diese Einflußgrößen wirken zusammen auf das Involvement einer bestimmten Zielgruppe ein. Es genügt deshalb nicht, nur das Produktinteresse als monokausalen Faktor zu berücksichtigen.

Eine weitere Möglichkeit, das Involvement einer Personengruppe zu bestimmen, bietet die Beobachtung der dafür **typischen Verhaltensweisen**. Dazu zählen die ausgedehnten Entscheidungsprozesse, die sich in der Entscheidungszeit niederschlagen. Aber auch ein besonders pfleglicher Umgang mit dem Produkt ist ein Indikator für Involvement. Dies kommt dann im häufigen Waschen des eigenen Autos zum Vorschein. Wichtig ist auch, ob mit dem Konsum einer bestimmten Marke ein besonderer Lebensstil ausgedrückt werden soll. Beatty und Smith (1987) fassen die Ergebnisse von rund vierzig Studien zusammen, die sich mit der externen Informationssuche vor dem Kauf beschäftigen. Als besonders wichtige Variablen sind die Zahl der Händlerbesuche (Geschäftsbesuche), die Zahl der berücksichtigten Werbemittel, die Intensität der persönlichen Kommunikation und die verfügbare Zeit zu nennen.

Ferner ist das Produktwissen von Bedeutung. Im Gegensatz zu den anderen Variablen wirkt sich hohes Produktwissen negativ auf die Informationssuche aus. Mit zunehmendem Produktwissen nimmt also die externe Suche nach

Informationen ab. Allerdings bleiben die Beziehungen zu den anderen Involvementkomponenten empirisch weitgehend ungeklärt.

Hier ist sicherlich mit unterschiedlichen Wechselwirkungen zu rechnen. Hohes Produktwissen führt einerseits dazu, daß die Infomationssuche über persönliche Kommunikation weniger wichtig wird - man ist schließlich selbst Meinungsführer. Andererseits ist zu vermuten, daß der Lebensstil und die Werthaltungen das Ego-Involvement unabhängig vom Produktwissen prägen. Produktwissen beeinflußt auch den subjektiv wahrgenommenen Zeitdruck, und je geringer das Wissen, umso länger dauert eine konsistente Bewertung der Marken. Dies hängt auch mit einem Umstand zusammen, den man in der Umweltpsychologie als "stimulus screening" bezeichnet hat (Mehrabian 1980). Damit ist gemeint, daß es unterschiedliche Fähigkeiten gibt, das Wesentliche vom Unwesentlichen zu trennen. Diese Selektion von relevanten Informationen hat dann weitergehende Auswirkungen auf die Aktivierungssensibilität und die Informationsverarbeitung.

Da zu diesen subtilen Wechselwirkungen zwischen Produktwissen und den verschiedenen Involvementkomponenten keine befriedigenden, empirischen Belege vorliegen, wird vorerst der Einfluß des Produktwissens nur für das Situationsinvolvement in die Wissenskomponente von ESWA aufgenommen. Damit soll die dämpfende Wirkung eines allgemeinen, persönlich verfügbaren Produktwissens über die Produktgruppe berücksichtigt werden (z.B. wenn sich ein Informatiker privat einen PC kauft).

Auch die Einstellung zu Shopping beeinflußt die Informationssuche positiv. Dieses Konstrukt scheint jedoch weitgehend mit dem Involvement der Kaufsituation identisch zu sein und braucht deshalb nicht gesondert berücksichtigt zu werden. Im Hinblick auf das spätere Antwortverhalten des Systems, soll die Regelbasis auch nicht unnötig aufgebläht werden.

Die gelegentlich in der Praxis anzutreffenden Rezepte, wie man durch geeignete Werbemittelgestaltung ein Low-Involvement-Produkt zum High-Involvement-Produkt wandelt, werden hier aus zwei Gründen nicht berücksichtigt: (1.) sind die Mittel, durch Werbung tatsächlich einen Involvementschub auszulösen, sehr begrenzt, und (2.) ist es aus didaktischen

Gründen nicht angezeigt, diese Illusionen beim Benutzer des Systems noch zu verstärken, statt gezielt auf die besonderen Wirkungschancen von Low-Involvement-Werbung hinzuweisen.

3.3. Wissensbasis zum Involvement

Chronologisch zur Gliederung werden nun zu jedem Hauptkapitel die abgeleiteten Regeln dargestellt und spezifisch diskutiert. Die allgemeine Struktur der Regeln, die Bedeutung der Transformationsfunktion und die Intensitäteingabe entsprechend der T-Skala werden im Kapitel 5.4. im 1. Teil der Arbeit theoretisch erläutert. Exemplarisch wird hier nochmals Regel "INV10" erläutert:

	0 = für spätere Erweiterung
(0 INV10	INV10 = Regelname bzw. -nummer
(W (PRODUKTINVOLVEMENT 0.23 0.53)	Erste Bedingung
(SITUATIONSINVOLVEMENT 0.23 0.53))	Zweite Bedingung
(D (INVOLVEMENT 0.1)))	Schlußfolgerung
	0,1 = Interkorrelation

Hinter den Bedingungen sind die Parameter der Transformationsfunktion angegeben, z.B.:

$$w^*_{11} = 0{,}23 + 0{,}53\, w_{11}$$

w^*_{11} = transformierte Eingangswahrscheinlichkeit

w_{11} = Eingangswahrscheinlichkeit des Faktums

Diese Schreibweise entspricht der für ESWA erforderlichen, an LISP orientierten, syntaktischen Aufbereitung der Regeln. Sie entspricht der klassischen Wenn-Dann Darstellung:

Wenn: Produktinvolvement
und Situationsinvolvement
Dann: Involvement.

Die weiteren Regeln der ersten Hierarchieebenen zu Involvement lauten:

```
(0 INV20
 (W (EMOTIONALES-INVOLVEMENT 0.4 0.22))
 (D (INVOLVEMENT 0) ) )

(0 INV30
 (W (EGO-INVOLVEMENT 0.23 0.53))
 (D (INVOLVEMENT 0) ) )

(0 INV40
 (W (MEDIENINVOLVEMENT 0.4 0.22))
 (D (INVOLVEMENT 0) ) )

(0 INV130
 (W (INVOLVEMENT-VERHALTENSWEISEN 0.23 0.53))
 (D (INVOLVEMENT 0) ) )

(0 INV260
 (W (MARKENINVOLVEMENT .23 0.53))
 (D (INVOLVEMENT 0) ) )
```

Involvement wird also aus Produkt-, Situations-, Ego-, Medien- und Markeninvolvement abgeleitet. Dazu kommen die neueren Erkenntnisse zum emotionalen Involvement und eine pragmatische Ergänzung: die Involvement-Verhaltensweisen. Zwei Regeln bedürfen hier einer besonderen Erörterung, die anderen werden duch die nachfolgend noch aufzuführenden Regeln hinreichend erklärt.

Im Rahmen der Involvementforschung haben sich bestimmte Verhaltensweisen herauskristallisiert, die man als Hinweissignale für den Grad des Involvement interpretieren kann. Dies ist analog dem Vorgehen in der Umweltpsychologie (vgl. Neibecker 1985a S. 33 f. mit weiterführender Literatur zu ökologischen Hinweisvaliditäten). Folglich wird aus der "Zahl der Händlerbesuche", der "Häufigkeit von Telefonanrufen", der "Zahl der konsultierten Testberichte" usw. auf das Involvement zurückgeschlossen (vgl. unten).

Die verschiedenen Involvementdeterminanten werden als weitgehend unabhängige Erklärungsfaktoren modelliert, wobei wir das Medieninvolvement und das emotionale Involvement etwas schwächer gewichten (Steigungsparameter 0,22), da hierzu entweder nur Einzelbefunde vorliegen (emotionales Involvement) oder die Aussagen für unsere spezifischen Betrachtungen zu global sind (Medieninvolvement).

Produktinvolvement und Situationsinvolvement wurden in einer Regel zusammengefaßt, da wir davon ausgehen, daß Produkt- und Situationsinvolvement sich wechselseitig verstärken, weshalb wir eine (schwache) Interkorrelation von 0,1 berücksichtigt haben.

Die Regeln der nächsten Hierarchiestufe lauten:

```
(0 INV70
 (W (WAHRGENOMMENES KAUFRISIKO 0.23 0.53))
 (D (PRODUKTINVOLVEMENT 0) ) )

(0 INV80
 (W (AUSTAUSCHBARKEIT DER MARKEN 0.78 -0.53)
    (MARKTSÄTTIGUNG 0.70 -0.39))
 (D (PRODUKTINVOLVEMENT 0.1) ) )

(0 INV90
 (W (VERFÜGBARES PRODUKTWISSEN 0.7 -0.39))
 (D (SITUATIONSINVOLVEMENT 0) ) )

(0 INV100
 (W (BEZUGSGRUPPENEINFLUSS 0.23 0.53))
 (D (SITUATIONSINVOLVEMENT 0) ) )

(0 INV110
 (W (ZEITDRUCK IN KOMMUNIKATIONSSITUATION 0.7 -0.39) )
 (D (SITUATIONSINVOLVEMENT 0) ) )

(0 INV200
 (W (PHASE IM KAUFZYKLUS 0.23 0.53))
 (D (SITUATIONSINVOLVEMENT 0) ) )

(0 INV120
 (W (PRODUKTGEBRAUCH BEREITET FREUDE 0.4 0.22))
 (D (EMOTIONALES-INVOLVEMENT 0) ) )

(0 INV50
 (W (ZIELGRUPPE HAT PRODUKTINTERESSE 0.15 0.72))
 (D (EGO-INVOLVEMENT 0) ) )

(0 INV60
 (W (ZIELGRUPPE HAT HOBBYLEIDENSCHAFT 0.23 0.53))
 (D (EGO-INVOLVEMENT 0) ) )

(0 INV140
 (W (AUSGEDEHNTE ENTSCHEIDUNGSPROZESSE 0.23 0.53)
    (BERÜCKSICHTIGUNG MEHRERER PRODUKTEIGENSCH. 0.23 0.53) )
 (D (INVOLVEMENT-VERHALTENSWEISEN 0.1) ) )

(0 INV150
 (W (AKTIVE INFORMATIONSSUCHE 0.23 0.53))
 (D (INVOLVEMENT-VERHALTENSWEISEN 0) ) )
```

```
(0 INV160
 (W (LEBENSSTIL DURCH MARKENKONSUM 0.23 0.53) )
 (D (INVOLVEMENT-VERHALTENSWEISEN 0) ) )

(0 INV170
 (W (PRODUKT WIRD PFLEGLICH BEHANDELT 0.23 0.53))
 (D (INVOLVEMENT-VERHALTENSWEISEN 0) ) )

(0 INV180
 (W (MUND-ZU-MUND KOMMUNIKATION 0.40 0.22) )
 (D (INVOLVEMENT-VERHALTENSWEISEN 0) ) )

(0 INV190
 (W (KURZFRISTIGES INTERESSE AM PRODUKT 0.23 0.53) )
 (D (SITUATIONSINVOLVEMENT 0) ) )
```

Zu den Fakten, die vom Benutzer erfragt werden, kann der Systementwickler eine Erläuterung angeben, die dem Benutzer die Frage weiter spezifizieren soll. Zu den hier vorhandenen Blättern des Inferenzbaumes - dies sind jene Fakten die vom Benutzer erfragt werden - existieren als Erläuterungen:

WAHRGENOMMENES KAUFRISIKO: 80 = Produkt löst ein technisches oder soziales Kaufrisiko aus; ist sozial auffällig; Kauf bedeutet für die Zielgruppe ein finanzielles Risiko.

AUSTAUSCHBARKEIT DER MARKEN: 90 = Die Marken unterscheiden sich objektiv-qualitativ oder in den vermittelten, subjektiven Erlebniswelten kaum voneinander.

MARKTSÄTTIGUNG: 80 = Markt ist gekennzeichnet durch Rückzug, Rationalisierung und aggressive Auseinandersetzung mit den Wettbewerbern; Marktpotential wird ausgeschöpft.

BEZUGSGRUPPENEINFLUSS: 80 = Produkt unterliegt der Konformität des sozialen Drucks; wird häufig als Geschenk gekauft; ist entweder ein Luxusgut oder wird öffentlich konsumiert.

KURZFRISTIGES INTERESSE AM PRODUKT: 80 = Zielgruppe hat ein kurzfristiges Interesse am Produkt; z.B. ausgelöst durch einen Pressebericht über Umweltgifte in der Milch usw.

PHASE IM KAUFZYKLUS: 10 = soeben neu gekauft / 90 = Neukauf steht unmittelbar bevor / bei häufig gekauften Verbrauchsgütern eventuell löschen.

VERFÜGBARES PRODUKTWISSEN: Hiermit wird das allgemeine Produktwissen in der Zielgruppe angesprochen und nicht das spezifische Produktinteresse, das sich z.B. im Lesen von Special Interest Zeitschriften niederschlägt. / 80 = Hat die Zielgruppe mit dem Produkt positive Erfahrung gesammelt oder verfügt sie über besonderes Vorwissen zur Produktgruppe (z.B. ein Informatiker der sich einen PC kauft).

PRODUKTGEBRAUCH BEREITET FREUDE: Mit der Produktverwendung werden angenehme, genußvolle Assoziationen verbunden; positiv (= 80) für Wein, Schokolade, Schmuck (bei Frauen) usw. / negativ (= 20) für Staubsauger, Haushaltsreiniger, Bügeleisen usw.

ZIELGRUPPE HAT PRODUKTINTERESSE: 80 = Das Produkt hat für die Zielgruppe zentrale Bedeutung; entspricht dem Wertesystem der Zielgruppe; Zielgruppe hat anhaltendes Interesse am Produkt.

ZIELGRUPPE HAT HOBBYLEIDENSCHAFT: 80 = Zielgruppe liest Special-Interest-Zeitschriften; zeigt Sammlerleidenschaft; benötigt Produkt für Hobbies.

MEDIENINVOLVEMENT: 80 = Die Werbung wird in Fachzeitschriften oder Special Interest Zeitschriften geschaltet. / 50 = Die Werbung wird in Publikumszeitschriften wie Stern, Neue Revue usw. geschaltet / 20 = Die Werbung wird im Fernsehen geschaltet.

LEBENSSTIL DURCH MARKENKONSUM: 80 = Konsument will mit dem Konsum der Marke auch seinen Lebensstil und seine Persönlichkeit ausdrücken.

PRODUKT WIRD PFLEGLICH BEHANDELT: 80 = z.B. wird das Auto häufig gewaschen; wie oft wird der Rasen gemäht; wird die Kamera stets stoßsicher verpackt; werden die Disketten staubsicher in einer Spezialbox aufbewahrt usw.

MUND-ZU-MUND KOMMUNIKATION: Zielgruppe spricht mit anderen über das Produkt; gibt Informationen über das Produkt an andere weiter.

MARKENINVOLVEMENT: 80 = Der Werbemittelkontakt verstärkt in der Zielgruppe eine bestehende Bindung an die beworbene Marke.

Die Regeln der vierten Hierarchiestufe zu Involvement lauten:

```
(0 INV210
 (W (EINKAUFHÄUFIGKEIT 0.50 0.0)
    (GESCHÄFTSBESUCHE  0.15 0.72))
 (D (AKTIVE INFORMATIONSSUCHE 0) ) )

(0 INV220
 (W (EINKAUFHÄUFIGKEIT 0.50 0.0)
    (TELEFONANRUFE 0.15 0.72))
 (D (AKTIVE INFORMATIONSSUCHE 0) ) )

(0 INV230
 (W (INFORMATION DURCH WERBUNG 0.23 0.53) )
 (D (AKTIVE INFORMATIONSSUCHE 0) ) )

(0 INV240
 (W (PERSÖNLICHE KOMMUNIKATION 0.23 0.53))
 (D (AKTIVE INFORMATIONSSUCHE 0) ) )
```

```
(0 INV250
 (W (EINKAUFHÄUFIGKEIT 0.50 0.0)
    (TESTBERICHTE KONSULTIERT 0.15 0.72) )
 (D (AKTIVE INFORMATIONSSUCHE 0) ) )
```

Die entsprechenden Erläuterungen sind:

AUSGEDEHNTE ENTSCHEIDUNGSPROZESSE: 80 = Der Kauf des Produktes wird geplant und über einen längeren Zeitraum (mindestens einige Tage) verfolgt / 20 = Das Produkt wird ohne längere Vorentscheidungsphase gekauft.

BERÜCKSICHTIGUNG MEHRERER PRODUKTEIGENSCH.: 80 = Für die Kaufentscheidung werden mehrere Produkteigenschaften verwendet. Dies trifft eher für komplexe, erklärungsbedürftige Produkte mit vielen verschiedenen Marken zu; aber auch wenn sich die angebotenen Alternativen ständig verändern [z.B. in einem Wachstumsmarkt]; (Im Zweifelsfall mit 50 antworten).

EINKAUFHÄUFIGKEIT: 50 = Einkaufhäufigkeit (bzw. Inanspruchnahme der Dienstleistung) liegt über 6 Monaten, sonst löschen.

GESCHÄFTSBESUCHE: Wie oft wird der Händler bzw. das Geschäft vor dem Kauf besucht? / 50 = 3 Besuche.

TELEFONANRUFE: Wie oft wird beim Händler (im Laden) angerufen? / 50 = 2 Anrufe.

INFORMATION DURCH WERBUNG: Wieviele Anzeigen/Spots werden zur Kaufentscheidung berücksichtigt? / 80 = 6 Anzeigen/Spots (wenn retrospektiv ermittelt) / 50 = 2 Anzeigen/Spots / 20 = keine Werbung berücksichtigt.

PERSÖNLICHE KOMMUNIKATION: Wieviele Freunde/Meinungsführer werden befragt? / 50 = 2 Meinungsführer.

TESTBERICHTE KONSULTIERT: 50 = 1 Testbericht wird berücksichtigt / 20 = es wird kein Testbericht konsultiert / 70 = es werden zwei Testberichte konsultiert usw.

Um dem Anwender, aber auch dem Knowledge Engineer, einen schnelleren Überblick zu einem bestimmten Ausschnitt der Wissensbasis zu ermöglichen, verfügt ESWA über eine graphisch-gestützte Darstellung der Regeln. In Abb. 16 wird die Wissensbasis zum Involvement graphisch-gestützt wiedergegeben. Dort sind die Fakten mit den dazugehörenden Transformationsgleichungen, die UND- bzw. ODER-Beziehungen der Regeln, wie auch die Hierarchiestufe ersichtlich. Lediglich die Interkorrelationen werden aus Gründen der

Übersichtlichkeit nicht angezeigt. Auf dem Bildschirm werden durch Hervorhebungen zusätzlich jene Fakten gekennzeichnet, die in mehrere übergeordnete Konstrukte eingehen, denn auch hierüber verliert der Systementwickler in einer komplexen Wissensbasis schnell den Überblick.

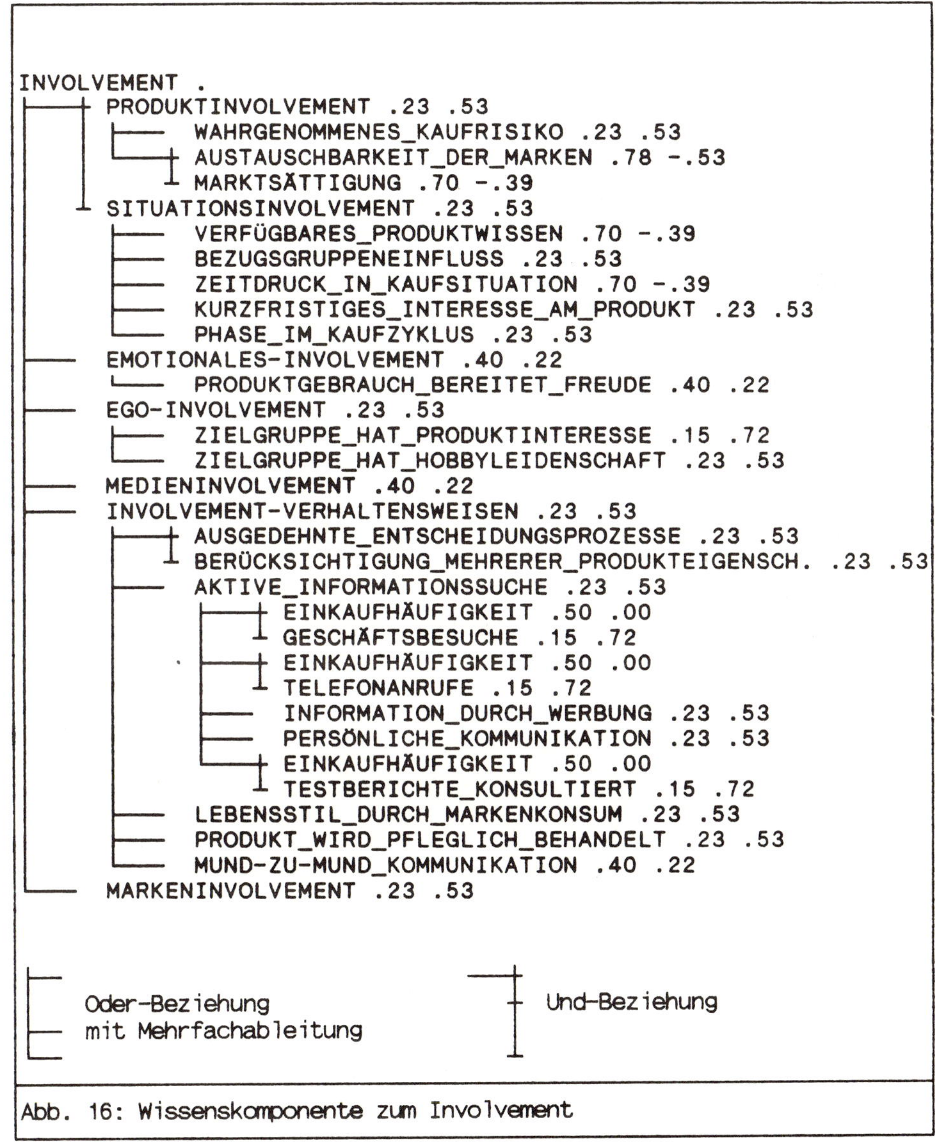

Abb. 16: Wissenskomponente zum Involvement

4. Aufmerksamkeit

4.1. Vorbemerkung

Berlyne (1974, S. 69 ff.) unterscheidet zwei Aspekte der Aufmerksamkeit. Sie umfaßt einerseits einen Intensitätsaspekt und andererseits einen Selektionsprozeß. Damit wird im ersten Fall der Grad der Reaktionsbereitschaft des Organismus umschrieben; man kann auch von der Verarbeitungskapazität sprechen.

Auf der anderen Seite dient das Konstrukt **Aufmerksamkeit** zur Schilderung von Prozessen, die bestimmen, welche Elemente des gesamten Reizumfeldes das Verhalten beeinflussen. Im wesentlichen lassen sich diese beiden Problembereiche konsistent durch die Aktivierungstheorie erklären (vgl. Kroeber-Riel 1984a, S. 55 ff.). Mit der vorübergehenden (phasischen) Erhöhung der Aktivierung wird die Sensibilisierung des Individuums gegenüber bestimmten Reizen erklärt. Der Kapazitätsaspekt kommt in der diese Reaktionen überlagernden, langfristigen (tonischen) Aktivierung zum Ausdruck.

Für den Werbetreibenden ist vorallem der Selektionsprozeß von Bedeutung, denn nur diese kurzfristigen Aktivierungsveränderungen können mit den üblichen Werbemitteln beeinflußt werden. Tonische Veränderungen, also Verschiebungen des Aktivierungsniveaus, gelingen nur selten, bestenfalls noch mit langen TV-Spots.

Wie wichtig jedoch der selektive Aspekt der Aufmerksamkeit für die gesamte Werbewirkung ist, wird darin sichtbar, daß Berlyne (1974, S. 77) diesen Prozeß in drei getrennte Problemkreise aufsplittet, die zum Teil erst durch neueste Forschungsarbeiten in ihrer Tragweite genau spezifiert und bestätigt werden. Er unterscheidet:

1. Auf welchen Reiz wird ein Organismus reagieren, wenn er eine Anzahl Reize erhält, die an inkompatible Reaktionen gekoppelt sind, d.h. unterschiedliche Verhaltensweisen auslösen? Dieses Problem wird als **Aufmerksamkeit beim Handlungsvollzug** bezeichnet. Wir werden diesen

Problemkreis in dem nachfolgenden Kapitel 4.2. über Aktivierung behandeln.

2. Wenn ein Organismus eine Anzahl von Reizen erhält, während er eine Reaktion unter verstärkenden Bedingungen vollzieht (d.h. Bedingungen, welche das Lernen fördern), welche Reize werden dann am stärksten mit der Reaktion assoziiert. Dieses Problem wurde **Aufmerksamkeit beim Lernen** genannt und geht vorallem auf klassische Konditionierungswirkungen zurück. Wegen der zentralen Bedeutung, die die emotionale Konditionierung in der Werbung erlangt hat, wird dieser Aspekt gesondert aufgegriffen (vgl. Kapitel 5.3.1.).

3. Wenn ein Mensch eine Anzahl von Reizen empfängt, an welche Reize wird er sich bei späteren Gelegenheiten erinnern? Dieser Problemkreis, als **Aufmerksamkeit beim Erinnern** bekannt, bedarf einer genaueren Erläuterung.

Wenn wir uns die Ausführungen zum Involvement der Konsumenten in Erinnerung rufen, so ist es erstaunlich, daß Berlyne (1974, S. 101; amerikanische Fassung 1960) schon frühzeitig auf folgendes hinwies:

"Experimente über unabsichtliches Lernen waren hauptsächlich darauf ausgerichtet, den Betrag an unabsichtlich gelerntem Material zu messen oder Eigenschaften aufzudecken, welche unabsichtliches von absichtlichem Lernen unterscheiden. Die Untersuchung der Faktoren, welche das für unabsichtliches Lernen am besten geeignete Material bestimmen, wurde etwas vernachlässigt. ... Die Leichtigkeit, mit der Worte benutzt werden können, um Menschen zum Lernen zu verleiten, hat die Psychologen von den Faktoren abgelenkt, welche im Alltag Erfahrungen "im Gedächtnis haften" lassen, wo Anweisungen, sich an etwas zu erinnern, häufig fehlen und fast jegliches Erinnern im obenerwähnten Sinne auf unabsichtliches Lernen zurückgeht."

Erst in den letzten Jahren ist mit den Involvementtheorien dieser Gedanke zu einem zentralen Forschungsschwerpunkt der Werbewirkungsanalyse geworden.

Ein weiterer Aspekt darf in diesem Zusammenhang nicht unterschlagen werden. Angesprochen ist der Einfluß von Kontextwirkungen auf die Informationsverarbeitung und Erinnerungsleistung. Diese erst in den letzten Jahren in ihrer vollen Wirkungsbreite aufgedeckten Lernfaktoren wurden von Berlyne zwar erahnt, jedoch in der heute bekannten Tragweite nicht antizipiert. Da zwischenzeitlich eine umfangreiche Literaturbasis zu den verschiedenen Kontextwirkungen vorliegt und die Bedeutung über die reine Aufmerksamkeitswirkung hinausreicht, werden diese Kontexteffekte separat betrachtet (vgl. Kapitel 7.4.).

Wenn Berlyne die Aufmerksamkeit beim Handlungsvollzug vor Augen hatte, so ging es ihm vorwiegend um die **innerhalb** einer Person ablaufenden Prozesse. Die Aufmerksamkeitswirkung eines Werbereizes hängt daneben aber auch vom **globalen Umfeld** ab. Gemeint sind hiermit jene Aufmerksamkeitswirkungen, die durch gezielte Beeinflussung bzw. Auswahl von Umfeldbedingungen erzielt werden. Für Printmedien spricht man auch von mechanischen Faktoren, für das Fernsehen wurde der Begriff des "clutter", was soviel heißt wie vollstopfen oder Wirrwarr, bekannt. Alle diese aufmerksamkeitsfördernden bzw. aufmerksamkeitshemmenden Faktoren, die durch das Werbemedium bestimmt werden, fassen wir unter den Plazierungswirkungen zusammen. Hierbei stehen deskriptive Analysen im Vordergrund, theoretische Einflußfaktoren werden erst später aufgezeigt.

4.2. Aktivierung

4.2.1. Grundlagen der Aktivierung

Schon aus der alltäglichen, menschlichen Erfahrung wissen wir, daß sich unser Organismus im Tagesablauf in verschiedenen Zuständen innerer Wachheit befindet: vom Tiefschlaf bis hin zur größten Anspannung mit zahlreichen, dazwischen liegenden Stufen (vgl. Barg 1977; Kroeber-Riel 1984a; Kroeber-Riel und Meyer-Hentschel 1982; Meyer-Hentschel 1988; Steiger 1988).

Diese innere Wachheit hat entscheidenden Einfluß darauf, wie unser Organismus Umweltreize aufnimmt und verarbeitet. In der Psychologie bezeichnet man dieses Phänomen als Aktivierung. Man kann Aktivierung als "innere Erregung" oder "Wachheit" umschreiben. Diese Wachheit bestimmt, welche Reize aufgenommen und wie sie verarbeitet werden.

Die aus der Umwelt aufgenommenen Reize, dazu zählen Bilder, Wörter, Töne, Duftstoffe, wirken auf das "Aktivierungszentrum" im Stammhirn ein. Gelingt es den Reizen, dieses Zentrum zu erregen, so werden von dort aus die übrigen Funktionseinheiten des Gehirns alarmiert. Vom Aktivierungszentrum aus breitet sich dann die innere Erregung auf die anderen Gehirnregionen aus.

Die von den Reizen ausgelöste innere Erregung setzt sozusagen die übrigen Funktionseinheiten des Gehirns "unter Feuer". Zu diesen Funktionseinheiten zählt vor allem das Großhirn, in dem die menschliche Informationsverarbeitung stattfindet. Von der Aktivierung hängt deswegen die Effizienz der Informationsverarbeitung ab.

Man unterscheidet länger anhaltende, tonische Schwankungen des Aktivierungsniveaus von kurzfristigen (phasischen) Veränderungen der Aktivierung. Die kurzfristigen Veränderungen werden durch einzelne Reize (beispielsweise durch eine Werbeanzeige) ausgelöst.

Wirksame Kommunikation setzt deshalb eine wache Aufmerksamkeit beim Empfänger voraus. Dies bedeutet: der Zuschauer muß sich in einem mittleren (optimalen) Aktivierungsbereich befinden. Übersteigt die Aktivierung eine bestimmte Schwelle, so wird die Leistungsfähigkeit des Empfängers wieder gehemmt. Man spricht dann von Überaktivierung. In der Werbung ist allerdings mit einer so hohen Aktivierung nicht zu rechnen. Selbst sehr starke Werbereize liegen immer noch im positiven Wirkungsbereich.

Die von der Werbung ausgehende Aktivierung entfaltet zwei grundlegende Wirkungen:

- Kontaktwirkungen und
- Verstärkerwirkungen.

Das bedeutet: Das Aktivierungspotential eines Werbemittels ist dafür mitverantwortlich: (1.) ob sich der Empfänger diesem Werbemittel zuwendet und (2.) wie effizient die dargebotenen Informationen aufgenommen, verarbeitet und gespeichert werden (vgl. auch Johnston und Dark 1986; Loftus und Mackworth 1978).

Das Aktivierungspotential eines Reizes bestimmt, wie sich der Empfänger dem Reiz zuwendet. Das gilt sowohl für das Werbemittel als ganzes als auch für die einzelnen Elemente eines Werbemittels: Anzeigen in einer illustrierten Zeitschrift mit starkem Aktivierungspotential werden mehr beachtet als Anzeigen mit schwachem Aktivierungspotential. Und: Je stärker die Elemente eines Werbespots (Szenenbilder) aktivieren, umso mehr werden sie beachtet und bei der Informationsaufnahme bevorzugt.

Die ausgelöste innere Erregung und Wachheit stimuliert und verstärkt somit das gesamte Verhalten, vor allem auch die gedanklichen Vorgänge: Je stärker die von einem Reiz (von einer werblichen Information) ausgelöste Aktivierung ist, umso effizienter wird dieser Reiz bzw. die Information aufgenommen, gedanklich verarbeitet und gespeichert. Man kann demzufolge davon ausgehen, daß die durch Werbung ausgelöste Aktivierung die Werbewirkungen von der Informationsaufnahme bis zur Erinnerung fördert.

Es darf nicht in Vergessenheit geraten, daß Aktivierung ein diagnostisches Maß ist, das eine notwendige, aber keine hinreichende Bedingung für den Werbeerfolg darstellt. Es ist deshalb ein theoretischer Denkfehler, wenn man die Aktivierungsstärke eines Werbemittels als unmittelbaren und alleinigen Maßstab für den Werbeerfolg heranzieht.

4.2.2. Auslösung von Aktivierung

Die Aktivierung des menschlichen Organismus kann durch innere oder äußere Reize ausgelöst werden. Zu den inneren Reizen zählen vor allem psychische Vorgänge, wie Gedanken an ein erotisches Erlebnis oder die Vorstellung eines aufregenden Abenteuers.

Äußere Reize sind solche, die wir mit unseren Sinnesorganen aufnehmen, also Bilder, Töne, Düfte usw. Man kann einen Menschen gezielt durch äußere Reize - zum Beispiel durch ein erotisches Bild - aktivieren und dadurch den Beeinflussungserfolg der Werbung steigern.

Eine Aktivierung durch äußere Reize ist nicht erforderlich oder wenig wirksam, wenn der Empfänger bereits von sich aus durch interne Stimulierung aktiviert ist. Das ist beispielsweise der Fall, wenn er an einem Produkt sehr interessiert ist, also high involviert ist.

Die zur Auslösung der Aktivierung geeigneten, äußeren Reize lassen sich in drei Gruppen einteilen (vgl. Berlyne 1974; Kroeber-Riel 1984a):

- emotionale Reize
- überraschende Reize
- physisch intensive Reize.

Durch die Bezeichnung der Reize soll darauf hingewiesen werden, welche Reizwirkung für die Aktivierung primär verantwortlich ist, eine emotionale, physische oder gedanklich-überraschende Wirkung.

Löst ein Werbemittel über diese Reize Aktivierung aus, so wird der Empfänger für diese Werbung sensibilisiert. Dies führt zu bevorzugter Reizaufnahme und -verarbeitung. Gleichzeitig wird die Verarbeitungsbereitschaft für andere, konkurrierende Reize herabgesetzt. Aus dem vorhandenen Reizangebot kann zu einem bestimmten Zeitpunkt immer nur ein Reiz dominant werden. Aktivierung unterstützt die selektive Hinwendung und Verarbeitung eines bestimmten Reizes.

4.2.2.1. Physisch intensive Reize

Eine ziemlich sichere Aktivierung wird durch den Einsatz physisch intensiver Reize ausgelöst. Diese Reize wirken weniger durch ihren Inhalt, als durch ihre formale Qualität, insbesondere durch Größe, Farbigkeit, Lautstärke und Bewegung. Kroeber-Riel (1988) weist darauf hin, daß die Bedeutung dieser Reize für die Werbung schon durch die experimentelle Werbeforschung zu Beginn dieses Jahrhunderts erforscht wurde. Man hat gelegentlich den Eindruck, wenn man sich die aktuelle Werbung betrachtet, daß viele der damaligen Erkenntnisse zwischenzeitlich in Vergessenheit geraten sind.

Da es sich bei der Reaktion auf physisch intensive Reize um eingeschliffene Orientierungsreaktionen des Menschen handelt, können die Aktivierungswirkungen gut im voraus eingeschätzt werden. Sie wirken auch weitgehend zielgruppenunabhängig.

Über die Kontaktwirkung und die Verarbeitung physisch intensiver Reize liegen weitgehend abgesicherte Erkenntnisse vor (vgl. Andresen 1988; Compagnon 1973; Finn 1988; Holbrook und Lehmann 1980; Rossiter 1981; Schweiger und Hruschka 1979; Zinkhan und Gelb 1986). Ohne Rückgriff auf aktivierungstheoretische Erkenntnisse werden diese Reize auch als mechanische Faktoren bezeichnet - wobei in der Regel auf Daten aus dem Starch Recognition Verfahren zurückgegriffen wird. Zweckmäßiger scheint es jedoch, die Aktivierung auslösenden, mechanischen Faktoren an dieser Stelle zu integrieren, und die medienorientierten, plazierungsabhängigen Aufmerksamkeitswirkungen in einem späteren Abschnitt zu behandeln.

Die **Anzeigengröße** stellt eine der wichtigsten Determinanten für die Betrachtungszeit und die Reizverarbeitung dar. Die besten Werte erzielen doppelseitige Anzeigen, die schlechtesten halbseitige Anzeigen, wobei Kleinanzeigen hier nicht berücksichtigt werden.

Wir werden später noch eingehender vertiefen, warum die Informationsaufnahme durch die Verwendung von Bildern gesteigert werden kann. Hier betrachten wir zunächst die mechanischen Wirkungen von Bildern.

Kaum eine Variable erzielt in den verschiedenen Untersuchungen so übereinstimmende Ergebnisse wie der Bildeffekt. Die **Größe des Bildes** wirkt überwiegend positiv und erhöht die Gedächtniswirkung der Anzeigen signifikant. Hierzu wird die Fläche des Bildes berechnet und in Prozent der Gesamtanzeige angegeben. In Publikumszeitschriften ergibt sich ein mittlerer Prozentsatz der Bildfläche von 55%. Hierbei ist es zur Kontakterzielung relativ bedeutungslos, ob das Produkt im Bild gezeigt wird oder nicht. Offensichtlich spielt das Vermeidungsverhalten in diesem Stadium eine geringere Rolle, als man gemeinhin annimmt.

Andere Gestaltungsfaktoren für die Bilddarstellung haben sich allerdings als ebenfalls wichtig herauskristallisiert. So sollte das Bild randlos sein und bis in die Ecken der Seite reichen. Damit läßt sich die visuelle Wirkung sogar noch besser steigern, als durch das Hinzufügen eines weiteren Bildes.

Farbe wirkt ebenfalls aktivierend und zwar unabhängig vom Werbeträger. So wirken auch farbige Spots aktivierender als schwarz-weiße Spots (Steiger 1988). Gelegentlich werden noch Differenzierungen zwischen Vierfabdruck und Zwei-/Dreifarbdruck vorgenommen. Hierzu sind die Ergebnisse aber nicht eindeutig. Zu berücksichtigen ist ferner, daß bei der Interpretation von Farbwirkungen auf die Aktivierung oftmals der mediale Kontext übersehen wird. Eine einzige schwarz-weiße Anzeige in einem sonst nur farbigen Umfeld wirkt natürlich kognitiv überraschend und auf diese Weise aktivierend. Berücksichtigt man jedoch diese Rahmenbedingung bei der Ergebnisinterpretation, so kann man grundsätzlich von einer positiven Farbwirkung sprechen, insbesondere bei Vierfarbdruck.

Bislang theoretisch unklar aber empirisch erhärtet ist die Erkenntnis, daß Farbe die Betrachtungsdauer für eine Anzeige nicht erhöht, aber trotzdem die Gedächtnisleistung steigert. Offensichtlich verfügen farbige Anzeigen über qualitative Gedächtniswirkungen, die über die vorwiegend intensionalen Erklärungen der Aktivierungsstärke hinausgehen - denn sonst müßte sich wie bei den anderen, durch physische Intensität wirkenden Faktoren, eine kongruente Wirkung von der Informationsaufnahme bis hin zur Informationsspeicherung ergeben.

Für die **Größe der Headline** belegen erstaunlicherweise einzelne Untersuchungen einen negativen Zusammenhang zwischen Buchstabengröße und Informationsverarbeitung (vgl. u.a.: Andresen 1988). Daraus müßte man bei rein mechanischer Extrapolation ableiten, daß eine kleinere Headline bessere Werte erzielt. Folgt man jedoch dem dahinterstehenden linearen Modell, so heißt dies im Extremfall, ganz auf die Headline zu verzichten. Dies widerspricht nicht nur der praktischen Vernunft, sondern auch allen bisher vorgetragenen, theoretischen Ausführungen. Auch scheint es wenig hilfreich, hier voreilig einer methodischen Argumentation zu folgen und für nicht-lineare

Regressionsansätze zu plädieren. Sie könnten zwar eine rein empirisch bestimmte, sinnvolle Untergrenze für die Headlinegröße angeben, doch liegt uns eigentlich mehr an einer theoretischen Klärung dieses Widerspruchs. Dazu ist folgende Überlegung von Bedeutung:

Es ist bekannt, daß der Bereich des Scharfsehens, der sog. foveale Bereich, bei 1-2 Grad liegt. Geht man von einem Betrachtungsabstand für Zeitschriften von ca. 40 cm aus, so ergibt sich für diesen Sehwinkel ein Bereich von 7 bis 14 mm. Eine Headline, die aus größeren Buchstaben besteht, kann deshalb nur durch mehrere vertikale Fixationen abgetastet werden, eine wichtige Beeinträchtigung der Informationsaufnahme (vgl. hierzu auch das Grundlagenexperiment von Pollatsek et al. 1984).

Leider sind die deskriptiven Kennzahlen, insbesondere die durchschnittliche Höhe der untersuchten Headlines, nicht immer veröffentlicht worden - ein Versäumnis, dem man im Zeitalter multivariater Analyseverfahren immer häufiger begegnet. Die wenigen Angaben, die man hierzu findet, belegen eine durchschnittliche Größe von 11,3 mm (vgl. Andresen 1988). Da die sonstigen Verteilungsmaße nicht bekannt sind, insbesondere die Standardabweichung und die Schiefe der Verteilung, kann man zumindest aus diesem Durchschnittswert folgern, daß viele der heute geschalteten Anzeigen eine Headline besitzen, die den biologischen Wahrnehmungsbedingungen des Menschen nicht entspricht. Dies kann aber gleichzeitig erklären, warum mit den üblicherweise verwendeten, linearen Berechnungsmodellen ein negativer Einfluß der Headlinegröße ausgewiesen wird. Da für eine Headline schon per Definition der linke Ast dieser Verteilung von untergeordneter Bedeutung ist - da eine Buchstabengröße von deutlich weniger als 7 mm bereits in die Größenordnung von Fließtext kommt - läßt sich dieses Problem zumindest durch eine geeignete lineare Transformationsgleichung in ESWA approximieren. Ein negativer Koeffizient korrigiert deshalb bei dem heute üblichen Hang zu übergroßen Headlines lediglich die negativen Auswirkungen einer über die biologisch vorbestimmte Headlinegröße hinausgehende Buchstabengröße. Diese Negativwirkung endet jedoch bei einer Buchstabengröße von etwa 14 mm für Printmedien.

Beim Fernsehen ist die Situation etwas anders. Erwachsene ziehen es vor, bequem im Sessel oder auf dem Sofa zu sitzen. Deshalb ist ihr Betrachtungsabstand relativ groß, im Durchschnitt 4,40 Meter. Bezogen auf 56 cm Bildschirmbreite ergibt sich deshalb ein Blickwinkel von rund 7 Grad. Nur Kinder sitzen wesentlich näher am Gerät. Ihr Blickwinkel beträgt 12 Grad und entspricht einem Betrachtungsabstand von zwei bis drei Metern. Legen wir diese Werte zugrunde, so folgt für drei Meter Abstand eine dem fovealen Bereich entsprechende Buchstabengröße von über fünf Zentimetern (vgl. auch Anderson D. R. 1985). Diese Buchstabengröße wird in Fernsehspots nur selten überschritten und ist deshalb für TV ohne Bedeutung.

Die Länge der Headline wird häufig nur indirekt kodiert als belegte Fläche in cm^2. Insgesamt hat sich ergeben, daß eine möglichst kurze Headline anzustreben ist. Ebenso wichtig wie die Länge ist der Einfluß der Wortarten auf die gedankliche Verarbeitung. Substantive und Adjektive sollten bevorzugt verwendet werden, dagegen sind Verben zu vermeiden. Vorteilhaft wirkt sich auch die Verwendung von Personalpronomen (ich, du, er, sie, es) aus. Damit greifen wir aber dem Abschnitt zur Textwirkung vor (vgl. Kapitel 6.2.).

4.2.2.2. Emotionale Reize

Emotionale Reize wiederum zählen zum klassischen Instrumentarium der Werbegestaltung. Besonders wirksam sind emotionale Schlüsselreize wie erotische Abbildungen und das Kindchenschema, das insbesondere auf Frauen wirkt. Diese Reize lösen biologisch vorprogrammierte Reaktionen aus und können deshalb auch zur Erregung von Auffälligkeit und Aufmerksamkeit verwendet werden.

Man sollte deshalb zur Aktivierung emotional starke Reize einsetzen. Deshalb kann man in diesem Zusammenhang auch von der Emotionsstärke-wirkung sprechen, denn für die Auslösung von Aktivierung ist nur die Stärke von emotionalen Reizen relevant: Ob eine Emotion angenehm oder unangenehm ist und welche Erlebnisqualität sie hat, spielt dagegen hier keine Rolle. Allerdings wird die Werbung im allgemeinen nur auf angenehme Reize zurückgreifen.

Oft wird gesagt, aktivierende Werbung sei emotionale Werbung. Das stimmt in dieser einfachen Form nicht, denn Aktivierung wird auch durch gedanklich überraschende und durch physisch intensive Reize hervorgerufen.

Ein Vorteil der emotional ausgelösten Aktivierung ist jedoch die breite, von Zielgruppenmerkmalen weitgehend unabhängige Wirkung. Ferner nutzen sich emotionale Reize nur sehr langsam ab. Lediglich eine ungewollte Ablenkungswirkung ist zu vermeiden.

Emotionale Reize erzeugen über ihre Erregungs- bzw. Aktivierungswirkung hinaus noch spezifische (angenehme oder unangenehme) Erlebniswirkungen. Sie übernehmen also zwei Funktionen:

1. Sie aktivieren durch ihre Stärke. Dadurch schaffen sie Kontakt und verstärken die Werbewirkung.

2. Sie sprechen emotionale Erlebnisse und Bedürfnisse an. Dadurch erleichtern sie die Beeinflussung von Einstellungen.

Ein genießerisches Gesicht in einer Käsewerbung aktiviert. Darüber hinaus werden die hinter dem Käsekonsum stehenden Genußmotive angesprochen. Durch diese emotionale Ansprache wird die Einstellung zur Käsemarke beeinflußt. Würde man in einer solchen Anzeige nur einen farbigen, intensiven Hintergrund zur Aktivierung verwenden und im Text bloß über die Besonderheiten der Käsemarke informieren, so würde man auf die emotionale Ansprache verzichten.

4.2.2.3. Überraschende Reize

Die überraschenden Reize erzielen ihre Wirkung dadurch, daß sie gegen vorhandene Erwartungen und Schemata verstoßen und gedankliche Widersprüche und Konflikte verursachen. Die Wahrnehmung wird in diesem Fall vor überraschende Aufgaben gestellt. Dies führt zu einem Erregungsschub, der die gedankliche Leistungsfähigkeit stimuliert. Hierzu zählen auch neuartige, ungewöhnliche Umsetzungen in der Werbegestaltung. Auch durch Erhöhung der Komplexität kann auf diese Weise die Aktivierung gesteigert werden.

Diese Aktivierungstechnik ist in Form von Verfremdungen weit verbreitet. Ein Nachteil dieser kognitiv determinierten Aktivierung ist allerdings nicht zu übersehen: sie verliert relativ schnell ihren Überraschungswert und nutzt sich deshalb bei unveränderter Wiederholung leicht ab.

4.2.3. Abstimmung der Aktivierungstechniken

Normalerweise werden diese drei Aktivierungstechniken gleichzeitig benutzt. Es empfiehlt sich aber, eine Anzeige nach dem Vorhandensein dieser drei Reizgruppen zu überprüfen und eine getrennte Abschätzung der erzielten Aktivierungskraft durchzuführen. Letztlich sind aber die drei Aktivierungstechniken untereinander und auf die Werbebotschaft abzustimmen. Hierbei darf die Konkurrenz der anderen Anzeigen nicht aus den Augen verloren werden, da man sich relativ schnell an ein bestimmtes Reizniveau gewöhnt - man adaptiert.

Bei Anwendung der drei Aktivierungstechniken ist deshalb die wichtige Adaptionsrahmenbedingung zu beachten: Treten im Umfeld Aktivierungswirkungen des gleichen Typs auf, so wird das Aktivierungspotential eines Werbemittels beeinträchtigt oder sogar aufgehoben.

Bereits angesprochen wurde die **Ablenkungswirkung** der Aktivierung. Sie entsteht, wenn die Aufmerksamkeit der Empfänger zu stark auf die aktivierenden Elemente eines Werbemittels gelenkt und dadurch von der eigentlichen Werbebotschaft abgezogen wird. Dieser Sachverhalt wird auch als "Vampir-Effekt" bezeichnet. Diese Ablenkung stellt ein großes Risiko für den Gesamterfolg der Werbung dar. Deshalb sollte man versuchen, die stärker aktivierenden, auffallenden Umfeldreize und die Schlüsselinformation der Werbebotschaft zu **integrieren**. Dazu verwendet man entweder eine formale (räumliche) oder eine inhaltliche Integration. Dadurch erreicht man, daß die von den Umfeldreizen ausgehende Aktivierung auch der Beachtung und gedanklichen Verarbeitung der Werbebotschaft zugute kommt (vgl. von Keitz

1983; Kroeber-Riel 1984a; 1988; Leven 1983; Neibecker 1987c; Richmond und Hartman 1982).

Ferner sind **Irritationen** zu vermeiden. Durch Werbung ausgelöste Irritationen sind gerade in den letzten Jahren ins Blickfeld der Werbeforschung getreten (Aaker und Bruzzone 1985; Brungs 1984; Kroeber-Riel 1988). Irritation ist ein Gefühl der Verunsicherung, das sich in Mißfallen äußert. Vorallem bei wiederholten Kontakten baut sich beim Empfänger eine Abwehrhaltung auf, die leicht zur Irritation führt.

Irritationen treten dann auf, wenn Werbung aufdringlich, ärgerlich und dümmlich wirkt. Sie werden hervorgerufen, wenn die dargestellte Situation unglaubwürdig, unecht und überdramatisch wirkt. Ebenso wenn eine Person gedemütigt wird, etwa wegen ihres Erscheinungsbildes, Wissens oder ihrer Fähigkeiten. Auch dürfen wichtige soziale Beziehungen, etwa zwischen Mutter und Tochter, Mann und Frau oder zu einem guten Freund, nicht als bedroht dargestellt werden. Die Produkte aus dem Intimbereich sind besonders gefährdet, dazu zählen Produkte gegen Mundgeruch, zur Frauenhygiene, Hämorrhoiden usw.

In diesem Zusammenhang ist beachtenswert, daß Allen et al. (1988), ausgehend von der Emotionsskala von Izard (vgl. Kapitel 5), die drei negativen Emotionen Ärger, Ekel, und Geringschätzung als diejenigen Basisemotionen ausmachen, die konsistent und regelmäßig im Zusammenhang mit Werbung erlebt werden.

Es gilt deshalb (1.) vordergründiges, substanzloses und aufdringliches Argumentieren zu unterlassen; (2.) Hinweise auf unliebsame Konsequenzen, die bei Nicht-Konsum eintreten, zu vermeiden und (3.) keine peinlichen, geschmacklosen Aktivierungsreize einzusetzen.

Da Irritation mit Aktivierung einhergeht, löst sie einen gefährlichen Bumerangeffekt aus. Wie jede Aktivierung verstärkt sie die gedankliche und emotionale Verarbeitung der Werbebotschaft, nur daß diesmal negative Assoziationen mit der Marke verstärkt werden. Bedingt durch die gesteigerte

Aktivierung werden irritierende Spots zwar besser verarbeitet und erinnert, diese Wirkungseffekte zielen aber in die falsche Richtung.

4.2.4. Schätzung des Aktivierungspotentials

Es gibt eine umfassende Diskussion darüber, mit welchen Meßmethoden man die Aktivierungskraft eines Werbemittels am besten messen kann (vgl. u.a.: Kroeber-Riel 1979; 1983; Meyer-Hentschel 1983). Trotz der großen Schwierigkeiten und Ungenauigkeiten, die mit einem Expertenurteil zum Aktivierungspotential eines Werbemittels verbunden sind, erscheint eine Abschätzung unter Berücksichtigung der verschiedenen Aktivierungsdeterminanten möglich. Indem man überprüft, inwieweit bei der Gestaltung des Werbemittels die drei Aktivierungstechniken berücksichtigt wurden, kann man die Aktivierungskraft mit diesem theoretisch gestützten Vorgehen einigermaßen treffsicher beurteilen.

Zuerst ist deshalb zu prüfen, inwieweit ein Werbemittel Anfangsaktivierung auslöst - dies ist insbesondere für dynamische Reize (TV-Spots) von Bedeutung. Diese Anfangsaktivierung hängt unmittelbar mit der Orientierungsreaktion zusammen. Das ist eine unmittelbare, reflexartig verlaufende Zuwendung zu einem "neuen" Reiz. "Neu" bedeutet eine Veränderung der bisherigen Reizkonstellation. Diese Orientierungsreaktion äußert sich beispielsweise in einer Drehung des Kopfes zur Reizquelle hin oder in einer Veränderung (Erhöhung) der Aktivierung. Es handelt sich hierbei um eine kurzzeitige Reaktion, die den Organismus auf einen auftauchenden Reiz einstellt und die Wahrnehmung des Zuschauers für einen bestimmten Reiz sensibilisiert. Man kann sie als ersten Teil einer Aufmerksamkeitsreaktion interpretieren (vgl auch Öhman 1979; Stelmack et al. 1983).

So wird es Aufgabe von ESWA sein, ein Werbemittel auf Vorhandensein bestimmter Aktivierungstechniken zu überprüfen, um daraus Rückschlüsse auf das Aktivierungspotential zu ziehen. Beispielsweise können Spots auf das Vorhandensein von schnellen, bewegten Szenen (Intensitätssteigerung) überprüft werden (vgl. von Keitz 1983). Die Darstellung wirkt dadurch komplexer, sie kann sogar das Aktivierungsniveau steigern. Durch Zoomen zwischen den Bildeinstellungen läßt sich die Bewegungskraft einer solchen Szene noch steigern.

Nicht nur schnelle Bildfolgen können die Aktivierungskraft eines Spots steigern, auch das "time-compression" wirkt in diese Richtung. Time compression ist eine Technik, die es erlaubt, einen normalen 30-Sekunden-Spot auf 20 - 25 Sekunden zu verkürzen. Dazu werden überflüssige (redundante) Passagen herausgefiltert. Solche zeitkomprimierten Spots sind kaum von normalen zu unterscheiden. Insbesondere bleibt der "Mikey-Mouse"-Effekt aus, den man von zu schnell laufenden Plattenspielern bzw. Tonbandgeräten kennt.

Zeitkomprimierte Spots bewirken wieder - über die ausgelöste Aktivierung - höhere Erinnerungsleistungen. Zeitkomprimierte Sprache wirkt zudem überzeugender, glaubwürdiger und eleganter (vgl. MacLachlan und Siegel 1980; Moore et al. 1986; Schlinger et al. 1983).

Aktivierung durch gedanklich überraschende Reize ist eine häufig anzutreffende Technik. Die gedankliche Überraschung wird meistens durch surrealistische, bizarre Darstellungen, Verfremdung von natürlichen Reizen und Humor erreicht. Oft vereint eine Inszenierung mehrere Verfahren. Gedanklich überraschende Fernsehspots eignen sich vor allem zur Aktualisierung einer Marke und zur Thematisierung neuer Produkte.

Zur Zeit erleben wir im Ausland, insbesondere in den USA, eine Inflation von surrealistischen Darstellungen. Dadurch kann es zu Adaptionseffekten und zu entsprechenden Wirkungseinbußen kommen.

Bei gedanklich überraschenden Reizen treten leicht Ablenkungswirkungen auf. Um das zu verhindern, sollte die Werbebotschaft (die Marke) und die stark aktivierenden Umfeldreize durch Text und Gesang, durch Szenenüberblendungen und aktive Blicklenkung integriert werden.

Ein starkes Aktivierungspotential bietet die Größe von Reizen: Die Anzeigengröße ist ein besonders wirksames Mittel, um Kontakt herzustellen. Große Bilder und ganzseitige Fotos, große fettgedruckte Buchstaben usw. haben sich dabei bewährt. Das belegen u.a. die wesentlich besseren

Wiedererkennungswerte (Starch Recognition Scores). Beispiele: Ganzseitige, randlose Bilder erhöhen die durchschnittlichen Recognitionwerte um knapp 6 % (Punkte); farbige Anzeigen um 4 % (vgl. Holbrook und Lehmann 1980; Rossiter 1981; Compagnon 1973).

4.2.5. Wissensbasis zur Aktivierung

Da die graphisch gestützte Komponente von ESWA die Struktur des Inferenzbaums und damit auch die Regeln vollständig wiedergibt, wollen wir uns im wesentlichen auf diese Form der Darstellung beschränken. Lediglich die Interkorrelationen in komplexen Regeln können der graphischen Darstellung nicht entnommen werden, so daß hierauf gesondert hingewiesen wird.

Für Aktivierung sieht der Inferenzbaum wie folgt aus (vgl. Abb. 17):

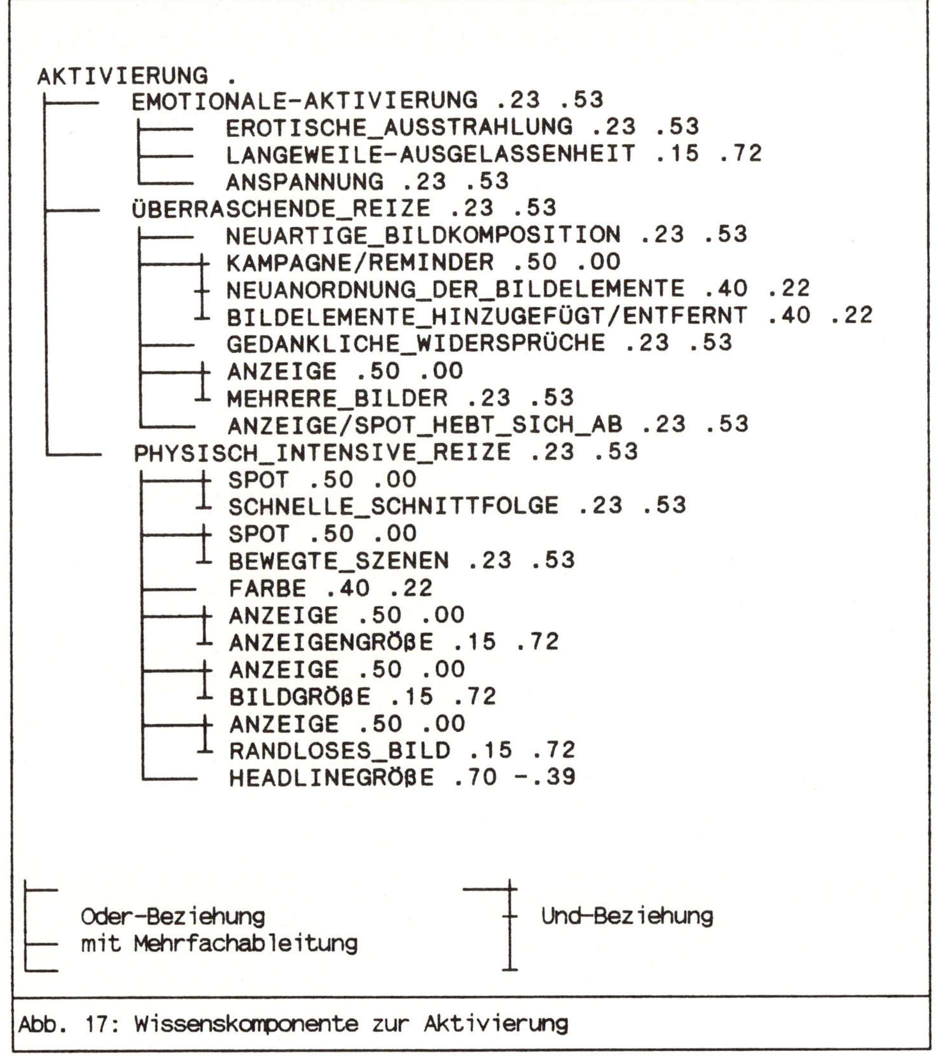

Abb. 17: Wissenskomponente zur Aktivierung

Dazu werden dem Benutzer als Erläuterungen im permanenten Erklärungsfenster angezeigt:

EROTISCHE AUSSTRAHLUNG: 80 = starke erotische Ausstrahlung. Beachte, daß emotionale Schlüsselreize wie erotische Abbildungen und das Kindchenschema besonders wirksam sind. Hier soll aber nur die Emotionsstärke beurteilt werden, wie die Emotion empfunden wird ist hier nicht gefragt.

LANGEWEILE-AUSGELASSENHEIT: 20 = Werbung wirkt gleichgültig, langweilig, lustlos, erschöpft / 80 = ausgelassen, abenteuerlich, wollüstig, man ist begeistert und aufgedreht.

ANSPANNUNG: 80 = Durch die Werbung fühlt man sich angespannt, begierig, verlangend, erwartungsvoll.

NEUARTIGE BILDKOMPOSITION: 80 = Das Zusammenwirken der Bildelemente ergibt einen neuartigen, ungewöhnlichen Gesamteindruck - etwa durch surrealistische, bizarre Darstellungen oder Verfremdungen von natürlichen Reizen.

GEDANKLICHE WIDERSPRÜCHE: 80 = Den vorhandenen Erwartungen und Schemata wird widersprochen.

ANZEIGE: Wenn Sie eine Anzeige beurteilen, dann antworten Sie bitte mit 50 / wenn Sie einen Spot beurteilen löschen Sie diese Frage.

MEHRERE BILDER: Enthält die Anzeige mehrere Bilder? 50 = ein Bild ist vorhanden / 70 = zwei Bilder vorhanden / 20 = kein Bild vorhanden.

ANZEIGE/SPOT HEBT SICH AB: 80 = Anzeige/Spot hebt sich von den unmittelbar benachbarten Werbereizen und dem Medienkontext ab (z.B. eine schwarz-weiße Szene in einem farbigen Spot).

SPOT: Wenn Sie einen Spot beurteilen, dann antworten Sie mit 50 / wenn Sie eine Anzeige beurteilen löschen Sie diese Frage.

SCHNELLE SCHNITTFOLGE: Geben sie die (durchschnittliche) Szenendauer des von Ihnen beurteilten Spots an. Hierbei kann es sich auch um eine bestimmte Spotsequenz handeln, wenn sie nur einen Ausschnitt beurteilen möchten. Liegt die Szenendauer bei 2 Sek. antworten Sie mit 50 / 20 = 4 Sek. / 70 = 1 Sek.

BEWEGTE SZENEN: 80 = keine statischen Darstellungen, sondern mediengerechte TV-Inszenierung mit Zoomen, Kameraschwenks u. schwungvollen, bewegten Bildern.

FARBE: 80 = Vierfarbdruck / 20 = schwarz-weiß.

ANZEIGENGRÖßE: 50 = ganzseitig / 80 = Doppelseite / 20 = halbe Seite.

BILDGRÖßE: 50 = Bild nimmt 55% der Anzeigenfläche ein / 80 = Bild nimmt 90% der Anzeigenfläche ein / 20 = Bild nimmt 20% der Anzeigenfläche ein.

RANDLOSES BILD: 80 = Bild hat keinen Rand und reicht bis in die Ecken der Anzeige / 20 = Bild hat einen Rand bzw. ist umrandet.

HEADLINEGRÖßE: Für Anzeigen: 50 = 11,3 mm / 70 = 15 mm / löschen wenn Buchstabengröße kleiner 5 mm / Für Spots: 50 = 4 cm Buchstabengröße für Slogan usw. / 70 = 5 cm Buchstabengröße / löschen wenn Buchstabengröße kleiner als 2 cm.

Mit der Frage nach "Langeweile-Ausgelassenheit" und "Anspannung" schlagen wir einen Weg ein, den wir im Kapitel 5.3.2. über emotionsbasierte Erlebniswelten noch ansprechen werden. Wir wissen aus den dimensionalen Meßansätzen, daß Hochstimmung, Begeisterung, Verlangen und Leidenschaft mit starker (positiver) Aktivierung einhergeht. Indem wir das Vorhandensein dieser Emotionscluster erfragen, können wir Rückschlüsse auf die dadurch ausgelöste emotionale Aktivierung ziehen. Die verbalen Beschreibungen dieser Emotionsbegriffe leiten wir aber aus den klassifikatorischen Ansätzen ab - z.B. für Langeweile aus dem dritten Cluster von Gehm und Scherer (1987). Obwohl diese beiden Fakten "Anspannung" und "Langeweile-Ausgelassenheit" unterschiedliche Cluster bilden, werden sie sicherlich nicht ganz unabhängig sein, so daß man auch eine Zusammenfassung dieser beiden Aspekte in einer komplexen Regel rechtfertigen könnte. Wir haben uns aber für eine getrennte Aufnahme dieser beiden emotionalen Cluster entschieden, gewichten aber das Faktum "Anspannung" etwas geringer, um auf diese Weise mögliche Abhängigkeiten auszugleichen. "Langeweile-Ausgelassenheit" erhält mit einen Steigungsparameter von 0,72 ein relativ starkes, "Ausgelassenheit" mit einem Steigungsparameter von 0,53 nur ein mittelmäßiges Gewicht.

Die Regeln zur Überraschungswirkung der Werbung sind weitgehend mit den gegebenen Erläuterungen abgehandelt, wobei wir auf die Regel zur spezifischen Beurteilung von "Kampagnen und Remindern" im Rahmen der Bildwirkung näher eingehen. Deshalb bekommt diese Regel hier nur ein geringes Gewicht, da diese Regel über die Bildverarbeitung ebenfalls auf hierarchisch übergeordnete Verarbeitungsprozesse einwirkt.

Zu diskutieren ist ferner die Einbeziehung von "mehreren Bildern" als aktivierendes Element. Dadurch steigt die Komplexität der Anzeige und damit zumindest vorübergehend die Aktivierungskraft. Da zuviele, unter Umständen sogar inhaltlich divergierende Bilder, zu verwirrenden Werbeaussagen führen können, nehmen wir dieses Faktum zwar in die Regelbasis auf, gewichtetn es aber gering. Durch die Kombination mit der Bedingung "Anzeige" verkörpert diese Regel gleichzeitig eine frameartige Darstellung. Da unser Algorithmus zur Evidenzfortschreibung in der vorliegenden ESWA-Version alle Bedingungen berücksichtigt, der Wert für Anzeige aber auf eine Vorabwahrscheinlichkeit von 0,50 fixiert wurde, ergibt der resultierende Wert dieser Regel den Mittelwert aus beiden Transformationsfunktionen. Aus "0,50 + 0 x" für "Anzeige" und "0,23 + 0,53 x" für "Mehrere Bilder" folgt eine Transformationsfunktion "0,37 + 0,27 x" (diese aktuelle Lösung läßt sich in späteren Versionen programmtechnisch sicherlich noch eleganter gestalten, vom Ergebnis her ist mit dem beschriebenen "Trick" beim Knowledge Engineering die gleiche Wirkung zu erzielen).

Auch die physisch intensive Reizkomponente ist mit den Erläuterungen hinreichend abgedeckt, wobei das Phänomen des "randlosen Bildes" für uns theoretisch nicht erklärbar ist. Nochmals wird betont, daß sich bei allen frameähnlichen Regeln die angegebene Regelgewichtung der nicht auf 0,50 fixierten Bedingungen im oben beschriebenen Sinn vermindert. Für die "Headlinegröße" wird, wie bereits oben ausgeführt, nur der negative Ast einer übergroßen Headline durch einen negativen Steigungsparamerter von - 0,39 berücksichtigt.

4.3. Aufmerksamkeit durch Humor

Obwohl der empirisch abgesicherte Kenntnisstand über Werbewirkungen durch Humor vergleichsweise gering ist, spielt humorvolle Werbung, insbesondere in der internationalen Werbung, eine bedeutende Rolle. Gerade in Japan und im angloamerikanischen Raum trifft man auf vorzüglich gestaltete, humorvolle Werbung (vgl. Duncan und Nelson 1985; Gelb und Zinkhan 1985; Madden und Weinberger 1984; McGhee und Goldstein 1983; Murphy et al. 1979; Sheppard 1983; Spieker 1987; Sternthal und Craig 1973).

Grundsätzlich kann man Humor als eine gemischt kognitiv-emotionale Reaktion bezeichnen. Denn zum Verständnis eines Scherzes, oder allgemein eines lustigen Stimulus, sind wesentliche gedankliche Prozesse erforderlich. Andererseits ist es unstrittig, daß Humor durch seine ungewöhnliche Reizkombination aktivierend wirkt.

Da offensichtlich bis heute nicht einmal eine Theorie mittlerer Reichweite zur Erklärung und Analyse von Humor vorliegt, bleiben die Einzelbefunde bruchstückhaft und schwer einzuordnen. So wird in den wenigen, auf Werbung bezogenen Untersuchungen, in der Regel kein Versuch unternommen, die

Ergebnisse im Lichte einer übergeordneten Theorie zu interpretieren. Ein zweites, noch schwerwiegenderes Problem, ist die mangelhafte Manipulationskontrolle in den Experimenten. Da Humor sehr feinfühlig auf die Zielgruppe abgestimmt werden muß, um auch wirklich die gewünschte Wirkung zu erzielen, ist es unumgänglich, eine Analyse auf Individualdatenniveau durchzuführen.

Wir können im Rahmen unserer implementationsbezogenen Wissensaufbereitung für ESWA natürlich keine umfassende, theoretische Integration der diversen Einzelbefunde leisten. Andererseits erscheint eine Minimalintegration erforderlich, um überhaupt Humor als Wirkungskomponente in ESWA aufnehmen zu können. Dabei verschweigen wir nicht, daß mit weiteren Forschungsergebnissen eine spätere Erweiterung notwendig erscheint.

Aus der Aktivierungstheorie wissen wir, daß ungewöhnliche Reize, die vorwiegend kognitiv-überraschend wirken, sich vergleichsweise schnell abnutzen und in ihrem Wirkungspotential stark von den Umfeldreizen des Massenmediums abhängen. Unter dieser Rahmenbedingung scheint es nicht verwunderlich, wenn Murphy et al. (1979) im Umfeld von Abenteuer- und Dokumentarfilmen eine positive Wirkung von humorvollen Spots auf die Erinnerungsleistung erzielen, diese Wirkung aber im Umfeld eines Programms mit Situationskomik ausbleibt.

Desweiteren wird stets auf die Ablenkungsgefahr von Humor hingewiesen. Auch aus der erfolgreichen Umsetzung aktivierungstheoretischer Erkenntnisse weiß man, daß es hierbei auf eine kreative Integration zwischen Schlüsselreiz (der Marke) und aktivierendem Element ankommt. Humorvolle Spots kann man als Spezialfall dieser allgemeinen Regel auffassen. Versäumt man diese Integration, so kann man keine optimale Wirkungsausbeute der Aufmerksamkeitswirkung durch Humor auf die Markenerinnerung erwarten. Dies könnte auch den relativ schlechten Markenrecall bei Murphy et al. (1979) erklären.

Wie wichtig die feinfühlige Abstimmung des Humors auf die Zielgruppe ist, wird durch Duncan und Nelson (1985) belegt. Bei undifferenzierter Aggregation über alle Testpersonen zeigt sich kein signifikanter Effekt durch Humor. Werden die Testpersonen jedoch nach der Stärke des wahrgenommenen Humors in drei Gruppen unterteilt, so zeigt sowohl die mittlere, und vorallem die Gruppe mit starker Humorwahrnehmung, einen deutlichen Effekt auf zentralen Werbewirkungsmaßen. Obwohl die Autoren bereits eine vermeintlich homogene Zielgruppe ausgewählt hatten, beurteilten 20% der Stichprobe die Spots als nicht humorvoll. Diese 20% reichten aus, das Gesamtergebnis soweit zu verzerren, daß keine sinnvoll interpretierbaren Ergebnisse erkennbar wurden.

Aber noch ein anderes Ergebnis ist von Interesse. Ein (subjektiv) als humorvoll empfundener (Radio-) Spot erzielt vor allem eine bessere Aufmerksamkeitswirkung, eine bessere Einstellung zum Werbemittel (Akzeptanz) und löst weniger Irritation aus. Unmittelbare Wirkungen, nach einer im Experiment erfolgten Einmalexposition, auf die Kaufintention und die Markeneinstellung bleiben dagegen erst einmal aus. Aber genau diese Ergebnisse muß man im Lichte der besonderen Wirkungsbedingungen einer Low-Involvement Werbung erwarten. So gesehen, lassen sich folgende Punkte festhalten:

1. Humor ist ein gutes Mittel, die Aufmerksamkeitswirkung eines Spots zu steigern. Diese Aufmerksamkeitswirkung für einen Spot läßt sich jedoch nur auf die Marke und die wichtigsten Schlüsselinformationen übertragen, wenn eine kreative Integration zwischen Humor und Marke gelingt.

2. Durch die offenbar nicht ganz vermeidbare Ablenkungswirkung wird das Verständnis und die Überzeugungswirkung der Werbebotschaft im besten Falle nicht gefördert, im allgemeinen jedoch gehemmt. Komplexe Argumentationsketten sind mit Humor nicht realisierbar. Zur Erzielung von Überzeugungswirkungen sind die besonderen Bedingungen der Low-Involvement Werbung zu beachten. Insbesondere die Glaubwürdigkeit des Senders kann allein mit humorvoller Werbung nicht gesteigert werden.

3. Humor ist besser in dynamischen Medien wie TV und Radio umzusetzen und kann dort seine besonderen Wirkungsqualitäten besser entfalten.

Mit zunehmender TV-Werbung in Deutschland ist deshalb mit einer Steigerung humorvoller Werbung zu rechnen.

4. Güter des täglichen Bedarfs und Dienstleistungen eignen sich insgesamt am besten für humorvolle Werbung.

5. Die sensible Abstimmung humorvoller Werbung auf die Zielgruppe ist sicherzustellen und muß selbstkritisch hinterfragt werden. Gelingt dies jedoch, so sind beachtliche, positive Wirkungen auf die Einstellung zum Werbemittel und damit mittel- bis langfristig auf die Kaufbereitschaft zu erzielen.

6. Humor kann beachtliche Wirkungspotentiale freilegen, birgt aber eine nicht zu übersehende Gefahr in sich, auch negative Wirkungen zu entfachen.

7. Humor nutzt sich ohne Modifikation bei mehrfachem Werbekontakt relativ schnell ab.

Humorvolle Szenen nutzen - richtig umgesetzt - in ganz besonderer Weise die medienspezifischen Vorteile des Fernsehens. Sie fördern die Aufmerksamkeit für den Spot und sie erhöhen seinen Unterhaltungswert.

Andererseits sind die nachteiligen Wirkungen nicht zu übersehen, die durch falsch verstandenen Humor ausgelöst werden. Humoristische Szenen tragen auch wenig zur Überzeugungskraft eines Spots bei - diese aus der Literatur übernommene Aussage gilt jedoch vor allem für High-Involvement-Werbung (vgl. auch Madden und Weinberger 1984; Haley et al. 1984).

4.4. Abgrenzung zwischen Aktivierung und Involvement

Gerade die Ausführungen zum Humor haben die besondere Nützlichkeit der "klassischen" Aktivierungstheorie zur diagnostischen Analyse von Kommunikationseffekten deutlich werden lassen. Mit einem klar abgegrenzten, auf hinreichend erforschten Determinanten basierenden Aktivierungsbegriff haben wir ein prägnantes und zweckmäßiges Konstrukt vorliegen. Demgegenüber findet man neuerdings eine auffallende Begriffsverschmelzung zwischen Aktivierung und Involvement. Solange dies auf die Intensitätskomponente des Involvement oder den besonderen Aspekt des Werbemittelinvolvements beschränkt bleibt, weist diese Begriffsharmonisierung auf wichtige Gemeinsamkeiten in beiden Konstrukten hin. Deshalb betrachten wir die Aktivierung bzw. Aufmerksamkeit und das Involvement als teilweise zusammenhängende Konstrukte, wenn ihre Detailwirkung auf nachgelagerte Wirkungsbereiche gelöst werden muß.

Andererseits halten wir eine begriffliche Trennung für weiterhin zweckmäßig. Wir sehen im Augenblick nicht, wie eine weitergehende Verschmelzung zwischen Aktivierung und Involvement von Nutzen sein sollte. Es hat den Anschein, daß die Erforschung von Involvement - obwohl in den letzten Jahren beachtliche Fortschritte erzielt wurden - noch auffällig divergent verläuft und eine weitergehende begriffliche Schärfe erfordert. In Anlehnung an Assael findet man z.B. bei Mühlbacher (1988) folgende Definition für Kaufinvolvement: "Als "Kaufinvolvement" soll die in einer Person durch das von ihr zum Zeitpunkt eines Werbekontakts mit dem Kaufprozeß und/oder dem Gebrauch (Konsum) der beworbenen Produktart als verbunden wahrgenommene Risiko hervorgerufene Aktivierung bezeichnet werden".

Da wir für unsere Wissensimplementation einer eher konservativen Begriffsverwendung folgen, um einen breiteren Konsens beim späteren Benutzer zu erzielen, werden wir die aufgezeigte begriffliche Trennung beibehalten und die spezifischere Aktivierungstheorie als eigenständige Komponente neben dem Involvement berücksichtigen. Dies erscheint uns auch deshalb geboten, um neuere Tendenzen in der Involvementforschung, die sich mit der emotionalen Hinwendung zum Produkt beschäftigen, wie auch die diffizilen Wechselwirkungen zwischen Ego-Involvment und Situationsinvolvement, nicht voreilig einzugrenzen.

4.5. Plazierungswirkungen

4.5.1. Plazierungswirkungen in Printmedien

Beim Makroaspekt der Plazierung untersucht man den Einfluß einer Plazierung auf der linken versus rechten Seite, als auch den einer Plazierung vorn, hinten oder auf der Umschlagseite. Die Mikrobetrachtung beschäftigt sich dagegen mit der Plazierung der einzelnen Anzeigenelemente.

Insgesamt sind die Ergebnisse für Printmedien in einigen Punkten recht widersprüchlich, so daß für ESWA nur ganz grundlegende Regeln in Betracht kommen (vgl. zusammenfassend Andresen 1988). Die Kodierung zwischen links, mittel und rechts ist nicht immer trennscharf durchgeführt worden, so daß die Ergebnisse schwierig zu interpretieren sind. Da auch keine allgemeine Theorie zur Interpretationserleichterung verfügbar ist, wird die Reduktion des Wissens in anwendbare Regeln erschwert. Greift man nicht nur auf Studien zurück, die die Aufmerksamkeitswirkung indirekt über Erinnerungsmaße messen, sondern auch auf Ergebnisse, die mittels Blickregistrierung durchgeführt wurden, dann ergibt sich eine klareres Bild. Jeck-Schlottmann (1987) arbeitete hierzu mit einem Verfahren, das keine Fixation des Kopfes erfordert, sondern der natürlichen Situation beim Zeitschriftenblättern angenähert ist. Der Kopf kann fast völlig frei bewegt werden und auch die Fixierung der Vorlage kann entfallen. Mit Hilfe einer computergestützten Analyse der Blickdaten konnten damit sehr realitätsnahe und detaillierte Ergebnisse erzielt werden. So hat die Plazierung der Anzeigen für den ersten Kontakt keine Bedeutung, die Intensität der Informationsaufnahme ist gleich. Hierbei bleibt auch das Involvement der Empfänger ohne Wirkung. Erst in der Phase der interessierten Zuwendung zeigt sich ein signifikanter Plazierungseffekt. Bei rechts plazierten Anzeigen wird der Kontakt später abgebrochen als bei links plazierten.

Die Plazierung vorn versus hinten ist insgesamt betrachtet von untergeordneter Bedeutung, so daß wir auf eine Berücksichtigung in ESWA verzichten. Für die ersten Umschlagseiten und die Rückseite geht man jedoch von positiven Plazierungswirkungen aus.

Bezüglich der Mikroplazierung stellte Witt (1977) fest, daß das Bild in aller Regel zuerst fixiert wird. Werden desweiteren Anzeigentexte unterhalb des Bildes plaziert, so werden sie häufiger fixiert und auch besser erinnert (Bernhard 1978). Insgesamt wird der Blickverlauf jedoch wesentlich stärker durch den Inhalt und die Aktivierungsstärke der einzelnen Elemente beeinflußt, als durch mechanische Plazierung (vgl. Neibecker 1987b; 1987c).

4.5.2. Plazierungswirkungen im Fernsehen

4.5.2.1. Programmumfeld und Informationswirrwarr

Im Vergleich zu Printmedien, hat man dem Problem der Umfeldeinflüsse des Fernsehprogramms auf die Wirkung des Einzelspots mehr Beachtung geschenkt. Unter den Stichwörtern Programmkontext und "Clutter" - hier als Informationswirrwarr übersetzt -, liegen eine Reihe von Untersuchungen vor (vgl. Mord und Gilson 1985; Webb und Ray 1979). Man konzentriert sich auf den störenden Einfluß, der von programmfremden Elementen ausgeht - und dazu zählt man auch die Werbeeinblendungen. Andere programmfremde Elemente sind Programmhinweise, (öffentliche) Bekanntmachungen, zunehmende Werbezeit und sich ändernde Werbepraktiken wie Kurzspots und Reminder. Ein Problem besteht darin, daß ein verändertes Werbeverhalten eines einzelnen noch nicht als störend empfunden wird, daß aber ab einer bestimmten Schwelle eine negative Wirkung der überschwappenden Informationslawine, des Inforamtionschaos, auf die Werbung insgesamt ausgeht. Sofern es vom Werbetreibenden beeinflußt werden kann, ist deshalb ein Sender und/oder eine Sendezeit zu bevorzugen, die möglichst wenig Informationswirrwarr auslöst. Ray und Webb (1986) weisen zusammenfassend auf folgende wichtige Faktoren hin:

1. Die Dauer und die Anzahl von programmfremden Elementen pro Stunde.

2. Die Länge und die Häufigkeit von Werbeunterbrechungen (Breaks).

3. Die durchschnittliche Spotlänge.

4. Die Zusammensetzung der Breaks.

Da sich die Zuschauer sehr schnell an ein bestimmtes Unterbrechungsmuster gewöhnen und dies zur Umgehung der Werbeeinblendungen geschickt ausnutzen, sollte man die zeitliche Abfolge der Breaks ständig ändern. Auch natürlich vorgegebene Breaks sind weniger aufmerksamkeitswirksam (vgl. Krugman 1983). Insgesamt ist also ein Sender mit ständig verändertem Unterbrechungsmuster und kurzen Unterbrechungen zu bevorzugen.

Ferner ist zu bedenken, daß eine Schaltung in einem High-Involvement-Programm bzw. nach einer besonders interessanten Szene den Recall mindert. Dies wird damit erklärt, daß solche Rahmenprogramme zuviel Verarbeitungskapazität binden und damit eine effiziente Speicherung der Werbeinhalte verhindern (vgl. Lord und Burnkrant 1988; Soldow und Principe 1981).

4.5.2.2. Verhalten beim Fernsehen

Im Gegensatz zum globalen Medienverhalten, wo nur das aggregierte Gesamtverhalten erkennbar wird, beschäftigen wir uns jetzt mit dem unmittelbaren Verhalten vor dem Fernseher.[18] Von besonderer Bedeutung für die zu erzielende Aufmerksamkeitswirkung ist: (1.) Ob mit zunehmendem Fernsehkonsum öfter eine Zusatzbeschäftigung durchgeführt wird (Stricken, Zeitunglesen, Konversation usw.); (2.) wie oft der Blick vom Bildschirm abgewendet wird; (3.) wie oft und wann bevorzugt das Fernsehzimmer verlassen wird; (4.) wie oft die Zuschauer vor dem Fernsehen einschlafen und (5.) wie oft gezappt wird?

---

18 Zur Messung der TV-Nutzung und des Seherverhaltens sind eine Reihe interessanter Weiterentwicklungen zu beobachten. Dazu zählen die TV-Reichweitendaten der GfK (Nürnberg), das FAT-System der Bundespost und die "Passive People Meters" von Nielsen (vgl. Anders 1988; Lu und Kiewit 1987; o.V.: Mediaforschung 1988).

Will man die Reichweite eines Mediums genauer analysieren, empfiehlt sich eine Trennung zwischen tatsächlicher Reichweite und den erzielten Werbekontakten. Eine Verhaltensweise, die die tatsächlich erzielten Kontakte verringert, ist das "Zapping" oder "channel flicking". Damit wird insbesondere der Reichweitenverlust umschrieben, der durch Kanalwechsel bei Beginn oder während der Werbung entsteht. In Italien schalten etwa 11% beim ersten Spot, knapp 20% bis zum dritten Spot auf einen anderen Kanal um (Capocasa et al. 1985; Sissors 1982). Für Deutschland liegen Schätzungen aus Teleskopiedaten vor, die in etwa diesen Werten entsprechen.

Ferner wird die Reichweite von Spots durch das "time shifting" verringert. Damit meint man den Einsatz des Schnellvorlaufs von Videorekordern zum Überspringen von Werbeblöcken. Rund zwei bis drei Stunden wöchentlich schauen sich US-Haushalte aufgezeichnete Fernsehprogramme an (vgl. Metzger 1986; Yorke und Kitchen 1985). Über 50% der Zuschauer verwenden hierbei den Schnellvorlauf zum Überspringen der Werbung. Von den aufgezeichneten Programmen werden aber ohnehin nur etwa 80% später abgespielt (vgl. Kaplan 1985).

Zwei demographische Variablen scheinen den Zapper in den USA besonders gut zu kennzeichnen: Geschlecht und Alter. Männer zappen mehr als Frauen und zwar 65% zu 37%. Ferner zappen Jüngere öfter als Ältere. Der durchschnittliche Zapper ist um die deißig Jahre alt, der programmtreue Mitte vierzig (vgl. Heeter und Greenberg 1985). Aber nicht nur Werbeblöcke, auch Shows und Filme werden gezappt.

Bezogen auf das Mikroverhalten kann man festhalten, daß die Aufmerksamkeit, die dem Fernsehprogramm entgegengebracht wird, von Alter, Geschlecht, Tageszeit und Wochentag abhängt. Beim Frühstücksfernsehen ist die Familie mit Waschen, Anziehen und Frühstücken beschäftigt. Der Fernsehraum wird zwar betreten und verlassen, aber der Bildschirm nur gelegentlich angeschaut. Tagsüber läuft das Fernsehen als Hintergrundprogramm zur Arbeit im Haushalt. Kinder schalten das Fernsehen als Nebenbeschäftigung beim Spielen an. Selbst in den frühen Hauptsendezeiten finden durch Gespräche und Abendessen noch erhebliche Ablenkungen statt. Erst die späteren Abendstunden, vor allem wenn die Kinder im Bett sind, zeichnen sich durch eine stärkere Aufmerksamkeit gegenüber dem Fernsehprogramm aus. Auch am Wochenende nimmt die Aufmerksamkeit gegenüber dem Programm zu. Tabelle 2 gibt das Verhalten vor und während eines Werbeblocks an.

	vorher	während des Werbeblocks
Programm wird verfolgt	59,4% (57,6)	37,2% (41,5)
Unaufmerksamkeit vor dem Fernseher	6,5% (30,7)	13,7% (39,5)
Konversation vor dem Fernseher	12,0%	23,0%
Andere Aktivitäten	13,1% (11,3)	23,1% (5,3)
Verlassen des Raumes	16,9%	19,6% (12,8)

Quelle: Capocasa et al. 1985 (gewichtete Mittelwerte)
Steiner 1966 (Werte in Klammern)

Anmerkung: Die Addition über 100% ist bereits in der Originalquelle enthalten. Die Werte in Klammern sind der Studie von Steiner entnommen, sie sind jedoch wegen abweichender Meßmethoden nur eingeschränkt vergleichbar.

Tabelle 2: Verhalten vor und während eines Werbeblocks

Ferner ist die Position eines Spots innerhalb eines Werbeblocks wesentlich entscheidender als der Zeitpunkt der Ausstrahlung des Werbeblocks innerhalb des Programms. Zu vermeiden sind lediglich Werbeunterbrechungen, die im Anschluß an eine Sendermitteilung erfolgen. Zu bevorzugen sind Unterbrechungen innerhalb des Programms. Jeweils der erste Spot im Break erzielt die besten Aufmerksamkeitswerte (Ray und Webb 1986; Steiner 1966). Unmittelbar vor einer Werbeunterbrechung (in der Hauptsendezeit) verfolgen rund 80% der Zuschauer das Programm mit voller Aufmerksamkeit. Der erste Spot erzielt dann noch etwa 50% volle Aufmerksamkeit, die beiden folgenden Spots erhalten dann noch gut 40% volle Aufmerksamkeit.

4.6. Wissensbasis zur Aufmerksamkeitswirkung durch Plazierung und Humor

In der folgenden Abb. 18 wird der Inferenzbaum zur Aufmerksamkeit dargestellt. Die Regeln zur Aktivierung wurden bereits erläutert und das Faktum "Clutter/Informationswirrwarr" wird in Abb. 19 näher spezifiziert.

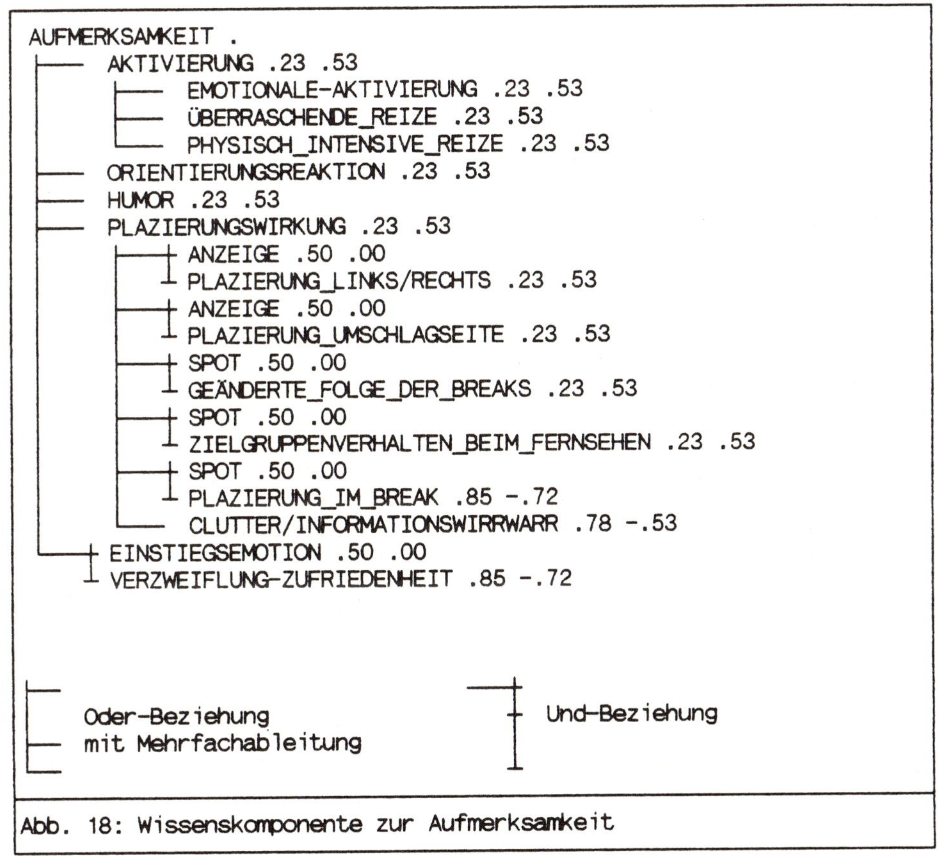

Abb. 18: Wissenskomponente zur Aufmerksamkeit

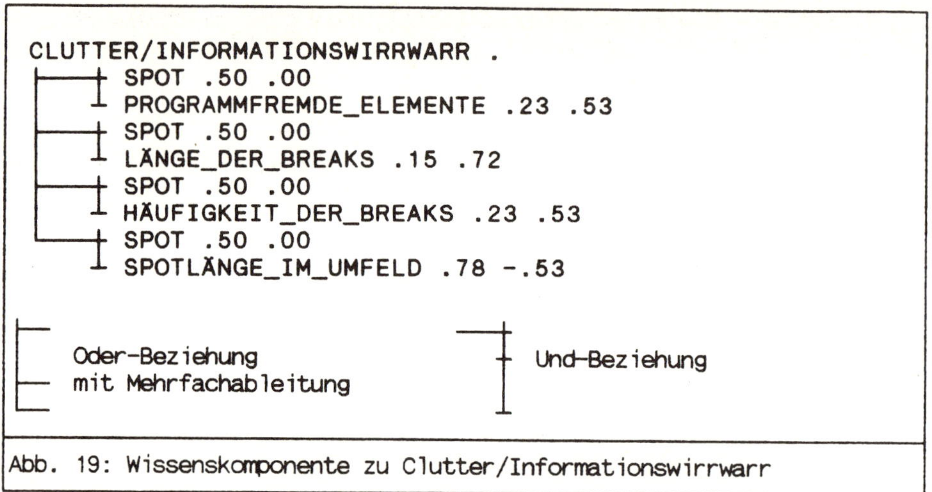

Abb. 19: Wissenskomponente zu Clutter/Informationswirrwarr

Die entsprechenden Erläuterungen sind:

ORIENTIERUNGSREAKTION: 80 = Das Werbemittel löst eine Anfangsaktivierung aus - z.B. ein akustisches Signal am Anfang eines Spots; schnelle, bewegte, prägnante Schnittfolgen zum Spotbeginn; ein aufmerksamkeitsstarkes Bild in der Anzeigenmitte, so daß es mit hoher Wahrscheinlichkeit mit der ersten Fixation erfaßt wird usw.

HUMOR: 80 = Humor ist auf die Zielgruppe abgestimmt. Die Zielgruppe nimmt den Spot auch als humorvoll wahr. Gefährlich, wenn über 30% den Humor nicht oder falsch verstehen.

PLAZIERUNG LINKS/RECHTS: 70 = rechts oder 2-seitig / 30 = links.

PLAZIERUNG UMSCHLAGSEITE: 70 = Plazierung auf Umschlagseite oder Rückseite / 30 = sonstige Plazierung.

GEÄNDERTE FOLGE DER BREAKS: 80 = Die zeitliche Folge der Breaks wird regelmäßig geändert; Breaks nach Sendermitteilungen werden vermieden.

ZIELGRUPPENVERHALTEN BEIM FERNSEHEN: 80 = Die Zielgruppe wendet dem Programm Aufmerksamkeit zu, erledigt keine Zusatzbeschäftigungen und zappt relativ selten.

PLAZIERUNG IM BREAK: 20 = 1. Spot im Break / 50 = 2. - 3. Spot oder letzter Spot im Break / 70 = 4. - vorletzter Spot im Break.

EINSTIEGSEMOTION: 50 = Der Spotbeginn besteht aus einer isolierten, emotionalen Stimmung bzw. bei Anzeigen vermittelt der erste Kontakt eine negative Emotion, die durch andere Anzeigenelemente (Headline oder Bild) unbedingt aufgelöst werden soll / sonst löschen.

VERZWEIFLUNG-ZUFRIEDENHEIT: 20 = Die Stimmung der ersten Szene läßt sich charakterisieren als: bedrückt, entmutigt, enttäuscht, erschreckt, verdrossen, traurig, hoffnungslos, untröstlich / 80 = zufrieden, erleichtert, befriedigt, zuversichtlich. Es genügt wenn 1 - 2 Eigenschaften zutreffen.

PROGRAMMFREMDE ELEMENTE: 50 = 22 programmfremde Elemente wie Spots, Programmhinweise u. sonstige Ansagen pro Stunde / 20 = 5 programmfremde Elemente / 70 = 30 programmfremde Elemente.

LÄNGE DER BREAKS: 20 = 1 Spot pro Break / 50 = 4 Spots pro Break / 80 = 8 Spots pro Break.

HÄUFIGKEIT DER BREAKS: 20 = 1 Break pro Stunde / 50 = 2 Breaks pro Stunde / 80 = 4 Breaks pro Stunde.

SPOTLÄNGE IM UMFELD: 20 = 10 - Sek. Spots im Umfeld / 50 = 30 - Sek. Spots im Durchschnitt / 80 = 60 - Sek. Spots im Umfeld.

5. Emotionale Werbewirkungen

5.1. Grundlagenpsychologische Erkenntnisse

Relativ häufig wird von Seiten der KI-Experten die Meinung vertreten, daß Gefühle zu jenen Wissensbereichen gehören, die einem Computer besonders schwierig - wenn überhaupt - zugänglich sind. Trotzdem kann man auf die Berücksichtigung emotionaler Werbewirkungen in ESWA nicht verzichten. Die Tatsache, daß es auch unter Emotionspsychologen kaum Einigkeit über das Konstrukt Emotionen gibt, wird uns hierbei die Arbeit nicht gerade erleichtern.

Für die Werbung kommt erschwerend hinzu, daß es insbesondere auf die Nutzung der positiven Emotionswirkungen ankommt, die Grundlagenpsychologie sich aber auf die Erforschung negativer Emotionen konzentrierte, vor allem auf Angstzustände. Daneben legt man größeren Wert auf die Konzequenzen von Emotionen und vernachlässigt die Ursachenanalyse für komplexe, gemischte Emotionen.

Weitgehend Einigkeit besteht jedoch darüber, daß man sich den Emotionen auf drei verschiedenen Ebenen nähern kann, wobei ein komplexer Prozeß unterstellt wird, der aus neurophysiologischen Vorgängen, beobachtbaren Verhaltensweisen und dem subjektiven Erleben besteht (vgl. Behrens 1988;

Kroeber-Riel 1984a; Neibecker 1985a; Plutchik 1980; 1983).[19] Die physiologische Komponente wurde schon frühzeitig erforscht und in der James-Lange-Theorie zusammengefaßt. Man ging damals davon aus, daß erst unsere Wahrnehmung über Veränderungen im Körper die Emotionen auslöst. Dieser erste Versuch, auf die Bedeutung körperlicher, viszeraler Prozesse bei der Emotionsentstehung hinzuweisen, wurde heftig attackiert. Heute greift man diesen Gedanken, allerdings in modifizierter Form, im Rahmen der "Facial-Feedback-Hypothese" wieder auf (vgl. u.a.: Izard 1981; Kraut 1982; Tomkins 1981).

Cannon, als exponiertester Kritiker der James-Lange-Theorie, legte Beweise dafür vor, daß verschiedene Emotionen mit den gleichen physiologischen Veränderungen einhergehen. Dadurch wurde eine Suche nach physiologischen Zentren, in denen die Emotionen beheimatet sind, ausgelöst. Gleichzeitig verlor hiermit die James-Lange-Theorie an Bedeutung, da sie die physiologischen Veränderungen als zentrales Element der Emotionsentstehung postulierte.

Heute werden evolutionstheoretische, kognitive und dimensionale Ansätze diskutiert. Zu den evolutionstheoretischen Vertretern zählen u.a. Izard (1981) und Plutchik (1980). Kognitive Ansätze verfolgen vorallem Mandler und Shebo (1983) sowie Lazarus (1982; 1984). Die dimensionalen Theorien wurden von Mehrabian und Russel (1974) in ihren umweltpsychologischen Forschungen konkretisiert.

Die kognitiven Emotionstheoretiker, aber auch einige Evolutionstheoretiker, betonen die Beteiligung kognitiver Prozesse bei der Emotionsentstehung. Man geht davon aus, daß für die erste "Erfassung" eines Reizes durch die Nervenzellen ein Bewertungsprozeß erforderlich ist. Dabei findet eine kognitive Organisation und Interpretation der Reize statt (cognitive appraisal). Über die viel zitierten Experimente von Schachter und Singer (1962) hinaus, die oftmals

---

19 Da Emotionen als komplexes Konstrukt aufzufassen sind, enthalten sie auch eine Ausdruckskomponente (vgl. die Experimente zur motorischen Komponente in Emotionen von Wells und Petty 1980; sowie Leventhal 1982).

überzeugend angegriffen wurden (vgl. Schmidt-Atzert 1981), sind die kognitiven Emotionstheorien in modifizierter Form weiterentwickelt worden.

Zajonc (1980; 1985) greift diese Position in einer Serie von Veröffentlichungen an (vgl. auch Buck 1984; 1988; Derbaix und Abeele 1985; Kroeber-Riel 1983). Es wird zuweilen kritisiert, daß die kognitiven Forscher die Schwelle der Bewertungsprozesse so niedrig ansetzen, daß selbst die primitivsten Formen sensorischer Stimulierung eingeschlossen werden. Dieses Vorgehen halten auch wir nicht für zweckmäßig, da hiermit die Erforschung ursprünglich-emotionaler Prozesse, das eigentliche Anliegen einer Emotionstheorie, zu stark in kognitive Bahnen gelenkt wird.

Wir wollen jedoch entgegen unserer früheren, globaleren Betrachtung dieser Materie (Neibecker 1985a) eine differenziertere Berücksichtigung von affektiven Reaktionen und Emotionen vornehmen.

Es fällt auf, daß in der amerikanischen Literatur der Begriff "emotion" häufig als Ergebnis eines komplexen, inneren Vorgangs definiert wird, der auch rudimentäre kognitve Bewertungen enthält. Diese Sichtweise findet auch in der Konsumentenforschung Beachtung. Holbrook und O'Shaughnessy (1984) unterscheiden neben affektiven Reaktionen (positiv/negativ), der Intensität und Dauer, eine weitergehende, qualitative Komponente. Auch Kroeber-Riel (1984a) weist auf vier Merkmale hin, die sich für die Emotionsanalyse bewährt haben und kognitive Prozesse nicht ausschließen: (1.) Erregung (Aktivierung); (2.) Richtung (angenehm, unangenehm); (3.) Qualität (Erlebnisinhalt) und (4.) Bewußtsein.

Ferner werden neben den als intensiver charakterisierten Emotionen noch gefühlsbetonte Stimmungen (mood) in der Konsumentenforschung diskutiert (vgl. auch Bost 1987). Die einzelnen Definitionen sind aber nicht einheitlich. Wir wollen deshalb dieses Problem hier nicht vertiefen, sondern abschließend auf die Beiträge von Batra und Ray (1986), Gardner (1985b), Isen (1984) sowie Leventhal und Tomarken (1986) hinweisen.

Allerdings sollte die von Fiske (1981) gefundene asymetrische Häufigkeitsverteilung für positive und negative Emotionen noch erwähnt werden. Es zeigt sich, daß mittel-postive Emotionen und Stimmungslagen am häufigsten vorkommen. Extrem positive und negative Emotionen dagegen seltener. Ferner erzielen extrem negative Emotionen den höchsten Aufmerksamkeitswert. Dies wird mit dem hohen Informationsgehalt dieser Reizkonstellationen erklärt. Schwach negative und extrem positive Emotionen erzielen ebenfalls noch einen hohen Aufmerksamkeitswert, während schwach positive Emotionen das Schlußlicht bilden. Dies ist für Werbereize deshalb ungünstig, da die Mehrzahl der verwendeten Reize sich in diesem schwach positiven Bereich bewegt. Es ist deshalb eine Alternativstrategie, durch schwach negative Einstiegsemotionen die Aufmerksamkeit an einen Werbereiz zu binden, und den Spot mit einer positiven Emotion ausklingen zu lassen. Diese Dramaturgie eines Spots vermeidet auch Irritationen, die mit negativen Emotionen normalerweise verbunden sind. Aaker und Bruzzone (1985) belegen mit zwei Beispielen, daß sich Irritationen bei dieser Dramaturgie vermeiden lassen, wenn das Produkt zu einer positiven Stimmungswende beiträgt oder wenn durch die schauspielerische Leistung überzeugend und glaubwürdig eine Problemlösung aufgezeigt wird.

Ein Tempo-Spot, der vor kurzem noch geschaltet wurde, folgt dieser Vorgabe. Ein weinendes Mädchen sitzt auf einer Treppe, ein Mann kommt die Treppe herauf, wischt die Tränen mit einem Tempo-Taschentuch ab, das Mädchen strahlt wieder und ist glücklich. Ausgedrückt in einer gefühlsbetonten Sprache (vgl. auch Kapitel 5.2.1.) heißt dies: Der Spot verwendet Traurigkeit und Verzweiflung als negative Einstiegsemotion mit hoher Aufmerksamkeitswirkung, dann ein positives Markenerlebnis, das durch Entgegenkommen, Geduld und Zuversicht geprägt ist und die Wende bewirkt. Den Abschluß bildet ein hoffnungsvolles, glückliches und liebevolles Mädchen.

Damit erzielt man zwar keine Erlebnispositionierung, aber man unterstützt eine emotional determinierte Aktualisierungswirkung für die Marke.

Eine Sonderstellung nimmt der Begriff "affect" ein, der von Zajonc (1984) als eine Reaktion herausgearbeitet wird, die völlig ohne kognitive Beteiligung auskommen kann. Derbaix und Abeele (1985) sprechen sogar von affektiven Reaktionen als einer spontanen und unabhängigen Dimension (vgl. auch Buck 1984). Dies bestätigt sich auch in der unterschiedlichen Wirkung affektiver Werbung auf die Erinnerungsleistung (vgl. Singh und Rothschild 1983; Zielske 1982).

Es wird somit durch erhebliche Teile der Emotionsliteratur abgedeckt, wenn wir in unserem Validierungsmodell die emotionalen Prozesse als ein komplexes Konstrukt einführen. Eine Teilkomponente stellen jene spontanen, affektiven Reaktionen dar, die im Extremfall sogar ohne kognitive Bewertungsprozesse ablaufen. Als zweite Teilkomponente wird das für die Bewertung emotionaler Werbewirkungen unumgängliche Erlebniskonzept berücksichtigt (vgl. Kroeber-Riel 1988). Diese Erlebniswirkungen unterscheiden sich in ihrer Komplexität erheblich von den affektiven Reaktionen, da sie letztlich nicht ohne qualitative Merkmale auskommen. Beide Komponenten bilden, im Sinne einer hierarchischen Faktorstruktur, die Teildimensionen emotionaler Werbewirkungen in ESWA.

5.2. Messung von Emotionen

In der Emotionsanalyse haben sich zwei weitgehend unterschiedliche Meßansätze etabliert (vgl. Ekman et al. 1982; Neibecker 1985a; Schmidt-Atzert 1981). Man unterscheidet Klassifikationsansätze und dimensionale Ansätze.

Die **Klassifikationsansätze** befassen sich mit der Frage, welche emotionalen Prozesse einander so ähnlich sind, daß sie die Bildung einer eigenen Gruppe rechtfertigen und welche andererseits derart verschieden sind, daß die Bildung einer neuen, weitgehend unabhängigen Gruppe (Klasse) angezeigt ist (vgl. u.a.: Izard 1977; 1981a; Plutchik 1980).

Die **dimensionalen** Theoretiker sind bestrebt, allgemeine Beschreibungsdimensionen zu finden, mit denen sich jede beliebige Emotion charakterisieren und von anderen unterscheiden läßt (vgl. u.a.: Mehrabian und Russel 1974).

Gerade in jüngster Zeit haben sowohl das Modell von Plutchik (1980), als auch der dimensionale Ansatz von Mehrabian und Russel (1974) in der Konsumenten- und Werbeforschung entsprechende Aufmerksamkeit gefunden (Havlena und Holbrook 1986; Zeitlin und Westwood 1986). Die inhaltlichen Unterschiede zu alternativen, klassifikatorischen Forschungsansätzen, etwa von Izard (1981), sind allerdings gering (vgl. Kroeber-Riel 1984a). Das zeigt sich auch daran, daß Westbrook (1987) zur Analyse affektiver Reaktionen in der Nachentscheidungsphase auf den Ansatz von Izard zurückgreift.

5.2.1. Klassifikation von Emotionen

Plutchik (1980) geht von acht primären bzw. Basisemotionen aus, die er vor dem Hintergrund seiner evolutionstheoretisch ausgerichteten Emotionstheorie erarbeitet hat. Aus diesen Basisemotionen leiten sich dann komplexere Emotionen zweiter und dritter Ordnung ab. So ergibt sich aus Freude und Akzeptanz: Liebe; aus Traurigkeit und Ekel folgt Trübsal; und aus Ekel und Erwartung folgt Zynismus (vgl. auch Abb. 20).

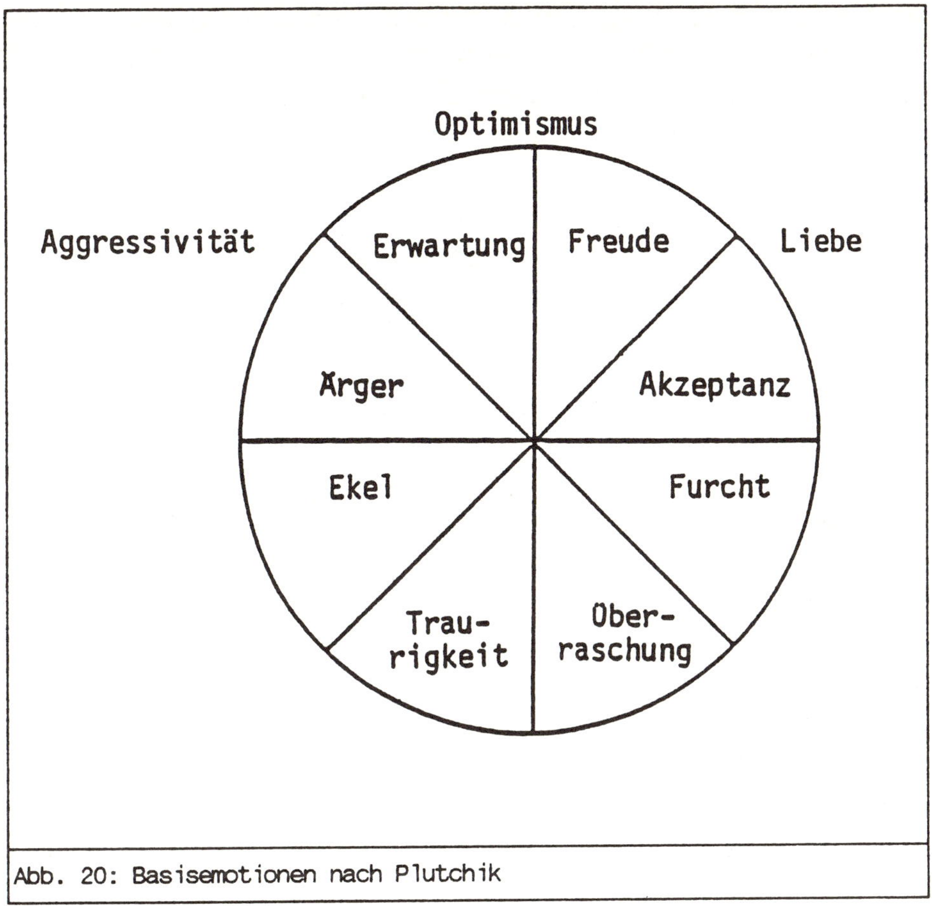

Abb. 20: Basisemotionen nach Plutchik

Zeitlin und Westwood (1986) versuchen mit Hilfe dieser Basisemotionen verschiedene Spots zu charakterisieren. Sie messen dazu die Ausprägung der einzelnen Primäremotionen und stellen sie in einem Flächendiagramm dar (Abb. 21). Allerdings fehlt es noch an konkreten Ergebnissen zur Prognose- und Konstruktvalidität dieses Vorgehens, so daß man der Literatur im Augenblick nur einige phänomenologische Fallbeschreibungen entnehmen kann.

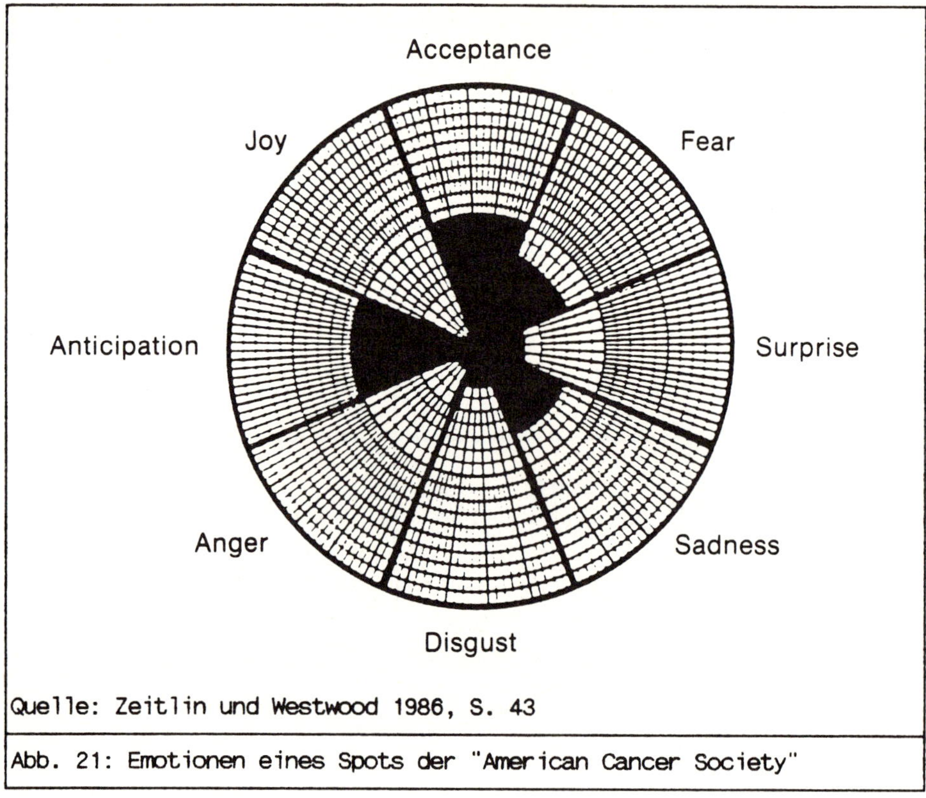

Quelle: Zeitlin und Westwood 1986, S. 43

Abb. 21: Emotionen eines Spots der "American Cancer Society"

Eine zweite, vielversprechende Möglichkeit, klassifikatorische Ansätze zur Bewertung der emotionalen Wirkung von Werbung einzusetzen, läßt sich aus den Arbeiten von Plutchik ableiten. Er hat eine umfassende Liste abgeleiteter Emotionsbegriffe in sein Modell integriert. Ausgehend von dieser Liste, wurden von uns emotionsbeschreibende Adjektive, unter Beibehaltung der Kreisanordnung, abgeleitet. Diese emotionsbeschreibenden Adjektive sind weniger selbstbeschreibend, sondern verstärkt umweltbeschreibend formuliert worden. Dadurch sind sie besser zur Charakterisierung eines Werbereizes einsetzbar (Abb. 22).

```
                    *sympathisch      / geduldig                    *zaghaft
   liebevoll     *  zuversichlich  / freundlich               *ängstlich
   zufrieden        *   nachsichtig  / entgegenkommend  *unterwürfig
   glücklich           *     anerkennend              * schüchtern
   begeistert sein        * * * * * * * * * * * * * *   hilflos
   hoffnungsvoll         *        Akzeptanz         *
                        * Freude              Furcht *
                       *                              *
     * * * * * * * * *                                 * * * * * * * *
abenteuerlich / wiß- *                                 * ehrfürchtig
begierig / neugierig * Erwartung           Überraschung * erstaunt
/aufdringlich        *                                 * enttäuscht
     * * * * * * * * *                                 * * * * * * * *
   herausfordernd      *                              * verlegen
   zänkisch             *  Ärger          Traurigkeit * einsam
   spöttisch             *                          * traurig
   wütend                 *          Ekel          * verzweifelt
   hochmütig               * * * * * * * * * * * *   voll Kummer
   ärgerlich             * intolerant   / widerlich * unglücklich
   gereizt (reizbar)  * voller Groll   / demütigend   *
   empört              * lästig          / entmutigt     *
                     * quälend  / langweilig / melancholisch*
```

Abb. 22: Gefühlsbetonte Ausdrucksformen von Basisemotionen

5.2.2. Dimensionalisierung von Emotionen

Die dimensionalen Theorien liefern in den Augen vieler Emotionspsychologen keinen eigentlichen Beitrag zur Erklärung der Emotionsentstehung, weshalb sie auch in der grundlagenpsychologischen Literatur keine nennenswerte Bedeutung erlangt haben. Dafür wurden sie wegen ihrer Überschaubarkeit in angewandten Wissenschaften wie der Umweltpsychologie und in der Konsumentenforschung umso stärker eingesetzt. Insbesondere eignen sich dimensionale Ansätze zur Beschreibung der subjektiven Komponente des Emotionserlebens, indem die verbalen Emotionsbezeichnungen "dimensionalisiert" werden. Die Tatsache, daß hierdurch nicht-verbale Komponenten vernachlässigt werden, bleibt allerdings ein zentrales Problem.

Ohne Ausnahme werden heute die zwei bipolaren Dimensionen angenehm/unangenehm und aktivierend/beruhigend als die wichtigsten genannt (vgl. Ekman, Friesen und Ellsworth 1982; Neibecker 1985a; Schmidt-Atzert 1981). Emotionen lassen sich demnach am besten dadurch beschreiben, wie angenehm sie erlebt werden (Gefallen) und wie sehr sie mit Erregung einhergehen. Für eine dritte und weitere Dimensionen, die als Ordnungsdemensionen für alle Emotionen bestätigt wurden, finden sich in der Literatur keine Hinweise. Trotzdem kann man mit einer gewissen Berechtigung auf die von Mehrabian und Russel (1974) beschriebene Dimension der Dominanz/Unterwerfung verweisen, zumal sich gewisse Ähnlichkeiten zum Potenzfaktor des Semantischen Differentials zeigen. Dominanz umschreibt eine Situation (ein Gefühl) ohne jegliche Kontrolle von außen oder beeinflussende Ereignisse bis hin zum anderen Extrem, einem Gefühl, beeinflußt und kontrolliert zu werden.

Ausgehend von den beiden wichtigsten Dimensionen Gefallen und Aktivierung findet man eine Reihe von Studien, in denen verschiedene Emotionsbegriffe in diesen zweidimensionalen Raum projiziert werden (u.a.: Breitkopf 1982; Bush 1973; Marx 1982; Schmidt-Atzert 1980). Die Ergebnisse deutschsprachiger Forschungsarbeiten werden hier wegen der besseren Umsetzung in ESWA bevorzugt (vgl. Abb. 23). Die von Schmidt-Atzert vorgenommene Dimensionalisierung von Emotionsbegriffen verdeutlicht dieses Vorgehen. Ergänzend werden Clusteranalysen durchgeführt, die wesentliche Zusammenhänge zwischen den Emotionen aufzeigen sollen. Die in Abb. 23 aufgeführten Emotionen ergeben folgende Cluster: Freude, Lust, Zuneigung-Mitgefühl, Sehnsucht-Unruhe, Abneigung-Aggressionslust, Traurigkeit, Verlegenheit, Neid und Angst.

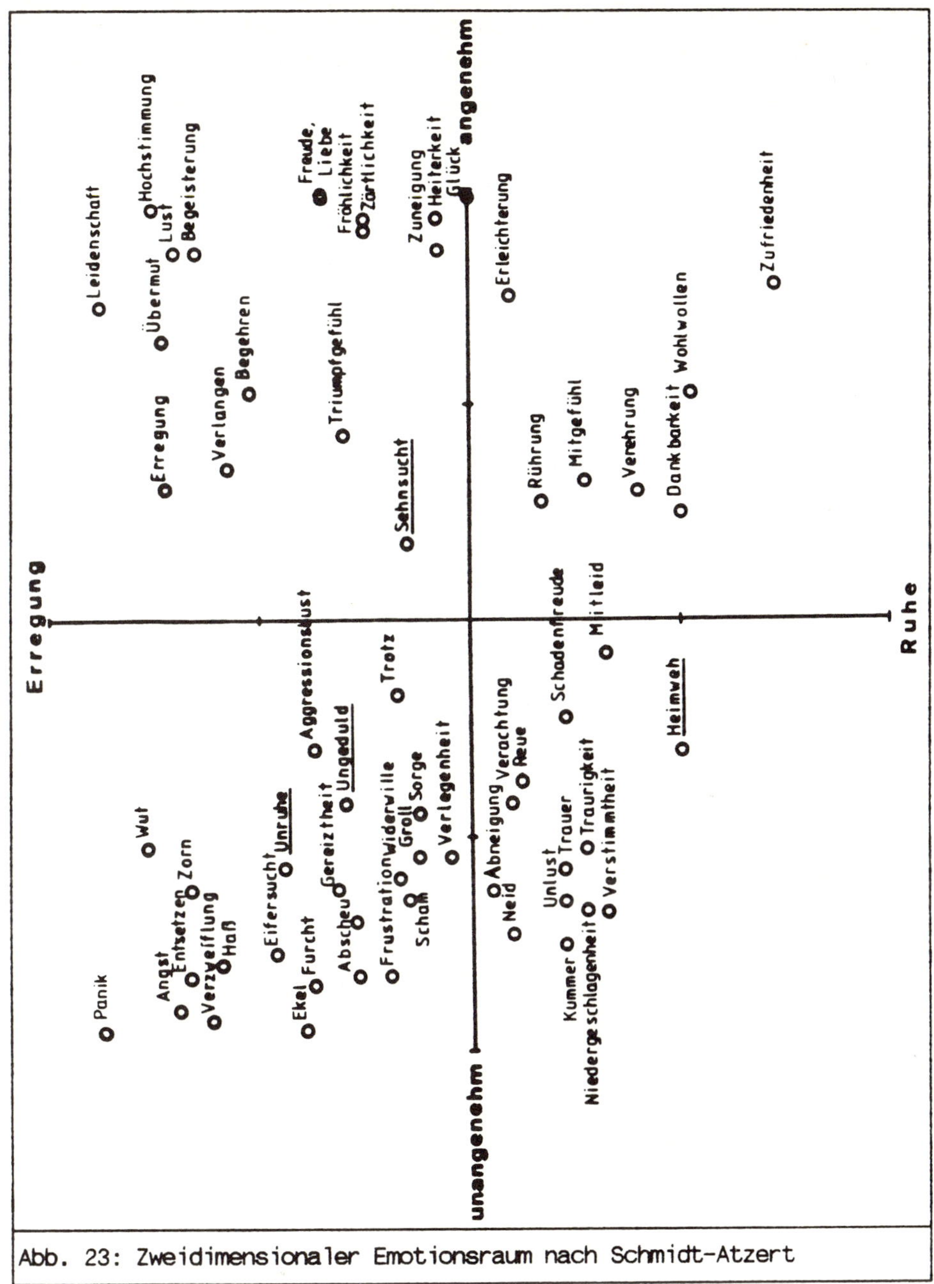

Abb. 23: Zweidimensionaler Emotionsraum nach Schmidt-Atzert

Für eine systematische Aufbereitung dieser Emotionscluster kommt erschwerend hinzu, daß die Ergebnisse der Dimensionalisierung nicht immer mit den Clustern deckungsgleich sind - z. B. bilden die Begriffe "Sehnsucht / Heimweh / Unruhe / Ungeduld" das Cluster Sehnsucht-Unruhe (in Abb. 23 unterstrichen). Aber auch die Ergebnisse zwischen den einzelnen Untersuchungen weichen erheblich voneinander ab. Zu oft beschränkt man sich ferner auf die Basisemotionen, obwohl diese unter pragmatischen Gesichtpunkten nur begrenzt von Nutzen sind. Ein Brückenschlag zu komplexeren Emotionsbegriffen bis hin zu Erlebniswelten fehlt fast vollständig. Wir versuchen jedoch im Kapitel über **emotionsbasierte Erlebniswelten** eine vorläufige Symbiose der verschiedenen Ansätze zu realisieren.

5.3. Vermittlung von Emotionen

5.3.1. Emotionale Konditionierung

Die emotionale Konditionierung ist eine praktische Weiterentwicklung der klassischen Konditionierung. Sie beruht auf folgendem Prinzip: Wenn ein neutraler Reiz wiederholt und gleichzeitig mit einem emotionalen Reiz dargeboten wird, dann erhält auch der neutrale Reiz nach einiger Zeit die Fähigkeit, die emotionale Reaktion selbständig hervorzurufen. Der neutrale Reiz wird dadurch zu einem konditionierten Reiz (vgl. Ghazizadeh 1987; Kroeber-Riel 1984a; McSweeney und Bierley 1984).

Damit bietet sich eine zwar langwierige, aber auch sichere Möglichkeit einer emotionalen Produktdifferenzierung. Diese Gesetzmäßigkeit folgt dem sog. Kontiguitätsprinzip und läßt sich im Marketing wie folgt einsetzen:

Biete in der Werbung wiederholt die Marke (den Markennamen, das Markensymbol oder eine Markenabbildung) zeitlich zusammen mit dem emotionalen Reiz dar, dann erhält die zuvor neutrale Marke nach und nach einen emotionalen Erlebniswert.

Wir können hier nicht auf die ausgedehnte Kritik an der Konditionierung eingehen, die sich vor allem um die Frage dreht, ob bei dem geschilderten Prozeß wirklich ein der klassischen Konditionierung folgender Lernprozß abläuft oder nicht doch kognitive Elemente beteiligt sind (vgl. stellvertretend Allen und Madden 1985). Vielmehr ist es unter pragmatischen Gesichtspunkten von Bedeutung, daß hiermit eine Möglichkeit zur emotionalen Beeinflussung gegeben ist, die weitgehend dem Prinzip der Konditionierung folgt und die aufgrund der vorliegenden experimentellen Ergebnisse auch zu einer Optimierung emotionaler Werbewirkungen beiträgt.

Ferner wird in der anglo-amerikanischen Literatur eine für die praktische Umsetzung wichtige Wirkungsvariable zu leichtfertig gehandhabt. In vielen Studien wird bereits nach einer Einmalexposition von einem Konditionierungserfolg gesprochen (vgl. u.a.: Gorn 1982). Damit ist aber unter werbetypischen Bedingungen nicht zu rechnen, so daß diese Experimente eine alternative Interpretation erfordern, auf die wir noch unter dem Stichwort "Einstellung zum Werbemittel" zurückkommen werden.

Bei der **gestaltungstechnischen Umsetzung der Konditionierung** sind einige grundlegende Wirkungsmechanismen zu beachten. Diese betreffen den Markennamen, den emotionalen Reiz, die Darbietungsreihenfolge, die Zahl der Wiederholungen, den zeitlichen Abstand zwischen den Konditionierungsdurchgängen und die Darbietungszeit der Marke.

Am besten lassen sich Markennamen mit neutraler Bedeutung emotional konditionieren, da mit Ihnen noch keine verfestigten Einstellungen und Prädispositionen verbunden sind. Löst jedoch der Markenname bereits Assoziationen in der gewünschten Weise aus, so kann die Konditionierung diese gezielt verstärken.

Wichtig ist, daß der Markenname aktivierend dargeboten wird, damit er die nötige Aufmerksamkeit erzielt. Auch der emotionale Reiz muß überdurchschnittliche Aktivierungskraft besitzen. Am effizientesten sind Bilder, unterstützt durch Musik. Sprachliche Reize sind weniger geeignet, Erlebniswelten mit der geforderten Stärke auszulösen.

Die richtige Reihenfolge des Auftretens von Markenname und emotionalem Reiz kann die Wirkung zusätzlich steigern. Möglich sind:

1. Darbietung der Marke und anschließende Einblendung des emotionalen Reizes.

2. Kurze, alleinige Darbietung der Marke mit anschließender Einblendung des emotionalen Reizes, so daß Marke und emotionaler Reiz sich kurz überschneiden.

3. Gleichzeitige Darbietung von Marke und emotionalem Reiz.

4. Einblendung des emotionalen Reizes mit anschließender Darbietung der Marke ohne jegliche Überschneidung.

5. Kurze alleinige Einblendung des emotionalen Reizes mit anschließender zusätzlicher Einblendung der Marke, so daß es zu einer kurzen Überschneidung von emotionalem Reiz und Marke kommt.

Am erfolgreichsten ist die Konditionierung in den Fällen, in denen zunächst die Marke und anschließend der emotionale Reiz eingeblendet wird oder die Marke mit später zusätzlich eingeblendetem emotionalen Reiz (gleichzeitig) dargeboten wird. Wird dagegen der emotionale Reiz der Marke vorangestellt, muß ein Erfolg mit einer größeren Zahl von Wiederholungen erkauft werden.

Der optimale Zeitabstand zwischen der vorangehenden Marke und dem darauffolgenden emotionalen Reiz liegt zwischen 0,5 - 1 Sekunde. Diese Anforderungen an einen optimalen Konditionierungsablauf lassen sich deshalb in TV-Spots besser realisieren als in Werbeanzeigen.

Der Konditionierungserfolg hängt entscheidend von der Zahl der Wiederholungen ab. Da die Marke oftmals schon vorbesetzt ist und der emotionale Reiz aufgrund anderer Einschränkungen nicht das wünschenswerte Aktivierungspotential besitzt, zeigen sich (meßbare) Konditionierungseffekte frühestens nach etwa acht Kontakten, d.h. kombinierten Darbietungen von Marke und emotionalem Reiz. Dennoch ist zur Herbeiführung eines stärkeren Konditionierungseffektes eine größere Zahl von Konditionierungsdurchgängen erforderlich. Man geht von etwa 20 Wiederholungen aus (Kroeber-Riel 1984b; Staats und Staats 1959).

In TV-Spots bietet es sich an, mehrere Konditionierungsdurchgänge in einem Spot zu realisieren. Man muß dann zwar auf den zeitlichen Abstand zwischen den Konditionierungsdurchgängen verzichten, wodurch sich die Wirkung etwas abschwächt, ein positiver Effekt bleibt jedoch in jedem Fall bestehen.

Später werden wir noch eingehender auf die Darbietungsbedingungen für visuelle Reize eingehen, die auch für eine erfolgreiche Konditionierung wichtig sind. Es ist zu beachten, daß die Marke mindestens eine Sekunde und möglichst nicht länger als fünf Sekunden dargeboten wird.

Aus diesen Rahmenbedingungen zur Erzielung eines optimalen Konditionierungserfolges läßt sich unschwer ableiten, daß dieser Wirkungsmechanismus vor allem für Low-Involvement-Werbung geeignet ist. Das Konditionierungslernen erfordert keine aktive, kognitive Beteiligung des Zuschauers. Passive, aber wiederholte Reizaufnahme und Reizverarbeitung folgt genau denjenigen Wirkungsbedingungen für Werbung, die wir für Low-Involvement als typisch herausgestellt haben.

5.3.2. Emotionsbasierte Erlebniswelten

Obwohl in jüngster Zeit Anstrengungen unternommen werden, die verschiedenen emotionspsychologischen Ansätze in die Praxis zu übertragen, bleiben viele Fragen offen. Immerhin gelingt es mit diesem systematischen Vorgehen, einen ersten Versuch der Emotionsbeschreibung von Werbung zu realisieren. Diese komplexeren, emotionspsychologischen Ansätze gehen auch über jene Vorschläge hinaus, die man bislang in vielen Werbebüchern findet, wo emotionale Werbung oft nur als "Anhängsel" zur Werbegestaltung, unter Stichworten wie: "developing tone", "appeals and executions" oder "creative strategy and tactics", behandelt wird (vgl. Faison 1980; Ray 1982; Weilbacher 1984). Aber konkrete, sozialtechnische Hinweise, welche Gefühlswelten im Hinblick auf bestimmte Werbeziele kombiniert werden sollen, sucht man in aller Regel vergebens. Dies kann andererseits auch nicht verwundern - da man in der Vergangenheit die emotionale Komponente in der Werbewirkungsforschung sträflich vernachlässigt hat, liegen heute keine abgesicherten, empirischen Befunde vor.

Mit der Dimensionalisierung von Basisemotionen oder ihrer Klassifikation kann man die sehr komplexen Erlebniswelten, wie sie für Werbung typisch sind, bislang nicht hinreichend analysieren. Es fehlt an einem globaleren Ansatz, der auch komplexe, vielschichtige Emotionen umfaßt.

In diesem Zusammenhang ist die Taxonomie affektiver Zustände, wie sie von Scherer (1983) vorgeschlagen wurde, erwähnenswert. Er formuliert dort einen Mißstand, der selbst in einem emotionspsychologischen Laien ein Unbehagen hinterlassen muß: Trotz der Eleganz der Klassifikationsansätze und ihrer Analogie zur Farbenlehre gibt es eine Vielzahl von Bezeichnungen für Emotionen, oder emotionsähnlicher Zustände, die sich nicht ohne weiteres auf die acht bis zehn Basisemotionen zurückführen lassen. Die Werbung bietet hierfür mit Erlebniswelten wie "Abenteuerlust", "wilder Frische von Lemonen", "Geschmack der Tropen" usw. genügend Beispiele.

Da bereits unsere Sprache die Differenzierung von zahlreichen emotionalen Zuständen erlaubt und Sprache sicherlich nicht das gesamte Spektrum emotionalen Verhaltens umfaßt, wird deutlich, wie begrenzt die grundlagenpsychologischen Ansätze für die Werbeforschung sind.

Erschwerend kommt hinzu, daß bislang für die Fülle der Emotionsbegriffe - es liegen Listen mit mehreren Hundert Wörtern vor - noch kein Versuch unternommen wurde, die Mischungsverhältnisse der Basisemotionen zu finden. Gänzlich fehlt eine Taxonomie, die die verschiedenen Komponenten wie physiologische Aktivierung, motorisches Ausdrucksverhalten und kognitive Bewertungen und deren Mischungsanteile erklären könnte.

Gehm und Scherer (1987) versuchen deshalb mit Hilfe einer konsolidierten Liste, die jedoch immer noch 235 emotionsbeschreibende Adjektive und Substantive enthält, eine umfassende Taxonomie zu erstellen. Diese Taxonomie basiert auf dem Komponenten-Prozeß-Modell, in dem die Komponenten affektiver Zustände aus Prozessen bestehen. Das Modell ist folglich sehr komplex und umfaßt: ein motivationales System (Freßtrieb, Schlaftrieb), ein kognitives System, ein motorisches System und den subjektiven Gefühlszustand. Wenn auch dieses Modell, für die praktischen Fragestellungen der Werbung, noch zu allgemein ist, so bietet es doch die Möglichkeit einer umfassenderen Analyse von Emotionsbegriffen, bis hin zu einfachen, emotionsbasierten Erlebniswelten.

Im Endergebnis werden zwanzig Emotionscluster unterschieden, die auch Erlebniswelten wie abenteuerlustig, Festlichkeit und Zärtlichkeit enthalten. Die einzelnen Cluster sind (vgl. Gehm und Scherer 1987, S. 58; ergänzend Aaker et al. 1986):

1. ausgelassen inkl. abenteuerlustig, begeistert, aufgedreht, wollüstig.

2. bedrückt inkl. entmutigt, enttäuscht, erschreckt, verdrossen.

3. desinteressiert inkl. gleichgültig, gelangweilt, lustlos.

4. erwartungsvoll inkl. angespannt, begierig, verlangend.

5. festlich inkl. feierlich.

6. hochmütig inkl. selbstgefällig, voller Genugtuung.

7. höflich.

8. schläfrig inkl. apathisch, erschöpft, geistesabwesend, träge.

9. streitsüchtig.

10. schuldbewußt inkl. beschämt, demütig, gequält, reumütig.

11. selbstsicher inkl. beherzt, entschieden, unerschrocken.

12. schüchtern.

13. unentschlossen.

14. traurig.

15. vergnügt inkl. erfreut, heiter, unbekümmert.

16. verzweifelt inkl. hoffnungslos, untröstlich.

17. voller Abscheu inkl. angewidert, trotzig, voller Ekel.

18. warm inkl. besinnlich, sehnsüchtig, zärtlich.

19. würdevoll inkl. ehrfürchtig, respektvoll, voller Verehrung.

20. zufrieden inkl. befriedigt, erleichtert, zuversichtlich.

Diese Cluster lassen sich sprachlich noch weiter separieren, wobei Cluster wie ausgelassen, erwartungsvoll, selbstsicher, vergnügt, voller Abscheu und warm besonders feingliedrig ergänzt werden können, während andere Cluster wie festlich, hochmütig, verzweifelt, würdevoll und zufrieden bedeutungsärmer sind. Es fällt ferner auf, daß die primären Emotionen offensichtlich nicht in der erwarteten Weise als fundamentale Einheiten mit einzigartigen, motivationalen und phänomenologischen Eigenschaften erlebt werden, denn kaum eine der postulierten Basisemotionen taucht in dieser Liste auf. "Traurig" wird auch nur in der erweiterten Analyse mit zwanzig Clustern ausgewiesen, in der verdichteten Liste mit sechzehn stabileren Clustern ist traurig nicht mehr enthalten.

Diese Cluster können schließlich auch in einem dimensionalen Raum aus Gefallen, Aktivierung und Dominanz dargestellt werden. Beide Betrachtungsweisen werden wir verbinden, um in ESWA aus diesen Erlebnisclustern Hinweise auf ausgelöste Irritationen, die Gefallenswirkung der Werbung, die emotionale Aktivierung usw. abzuleiten. Wir sind uns allerdings der Tatsache bewußt, daß die implementationsorientierte Aufbereitung von Erkenntnissen über erlebnisbetonte Werbung eine gewisse Schwachstelle in ESWA bleiben wird, die durch spätere Forschungsergebnisse, die möglicherweise auf einer konsolidierten Emotionspsychologie aufbauen können, ergänzt werden muß.

Der Grundgedanke unserer Wissensaufbereitung greift auf die dimensionale Charakterisierung von Emotionen zurück. Allerdings glauben wir, daß ein Benutzer des Systems nicht in der Lage ist, die dazu erforderlichen Angaben zum Ausprägungsgrad der einzelnen Dimensionen anzugeben. Denn: die beiden Hauptdimensionen reichen mit Sicherheit nicht aus, um die Komplexität emotionaler Erlebniswelten zu erfassen. Spätestens ab der dritten Dimension, die zudem noch kontrovers diskutiert wird, wäre es dem Benutzer praktisch unmöglich, aussagekräftige Angaben zu machen. Auch läßt sich beim augenblicklichen Kenntnisstand die "Dominanz", die wohl aussichtsreichste dritte Dimension, kaum durch Regeln weiter auffächern.

Auch das nach aktivierungstheoretischen Erkenntnissen abgeleitete Aktivierungspotential kann nicht ohne weiteres als dimensionale Grundlage übernommen werden, da es aus drei weitgehend unabhängigen Determinanten besteht. Zur Dimensionalisierung von Emotionen wäre aber vor allem das emotionale Aktivierungspotential von Bedeutung. Diese emotionale Aktivierungswirkung hilft uns zwar beim theoretischen Verständis des Aktivierungskonstrukts, sie ist aber selbst mit empirischen Methoden nur sehr schwer von den anderen Aktivierungsdeterminanten zu trennen, wenn man einen (komplexen) Werbereiz unterstellt.

Wir schlagen deshalb einen anderen Weg ein, der weniger unter psychologischen, als vielmehr unter implementationsbasierten Überlegungen zweckmäßiger erscheint. Soweit sich die hier vorgegebenen, emotionalen Erlebniswelten aufgrund von Dimensionalisierungsstudien in ihrer Aktivierungswirkung, Gefallenswirkung und auch ihrer Dominanz bestimmen lassen, werden sie in entsprechenden Regeln berücksichtigt. So ist z.B. von Erlebniswelten wie Hochstimmung, Ausgelassenheit und Begeisterung bekannt, daß sie sowohl starke emotionale Aktivierung, als auch überdurchschnittliche Gefallenswirkungen entfachen. Wenn diese bereits relativ komplexen Emotionswelten in einem Werbereiz vorhanden sind, kann man daraus sowohl einen positiven Aktivierungsbeitrag, wie auch eine positive Akzeptanzwirkung ableiten.

Nach diesen Grundgedanken werden zumindest die wichtigsten emotionalen Erlebniswelten in ESWA berücksichtigt.[20] Die wesentlich komplexeren Erlebnisprofile, die wir der Vollständigkeit halber im nächsten Kapitel darstellen wollen, können wir in ESWA nur ansatzweise berücksichtigen. Dazu ist letztlich ein werbestrategisches Expertensystem erforderlich. Bei der Entwicklung von ESWA konzentrieren wir uns jedoch auf eine sozialtechnische Werbewirkungsoptimierung.

5.3.3. Erlebniswerbung

Werden unter bestimmten Marktbedingungen Informationen über ein Angebot, eine Marke oder Dienstleistung zweitrangig, und stehen die Konsumenten wegen des geringen Involvements den Informationen gleichgültig gegenüber, so empfiehlt sich der Übergang zu einer erlebnisbetonten Positionierung. Die Produkte und Dienstleistungen werden dadurch zu Medien des emotionalen Erlebens - man spricht auch von Erlebnis-Marketing.

Solche Produkte werden für den Konsumenten durch ihre besonderen Fähigkeiten attraktiv, Sinnlichkeit, Wärme und Wohlbefinden auszulösen, Beklemmung und Unerträglichkeit zu mildern und Ausgelassenheit und Aktiviertheit zu steigern. Damit stehen weniger die sachlichen und funktionellen Eigenschaften im Vordergrund, als vielmehr die emotionale Erlebnisqualität.

Kroeber-Riel (1988) hat ein umfassendes Konzept zur Entwicklung von Erlebnsiprofilen durch Werbung vorgelegt. Im vorangegangenen Abschnitt wurde zwar der Versuch unternommen, die Bedeutung von Emotionen für die Verankerung von Erlebniswelten aufzuzeigen, ein Erlebnisprofil einer Marke erfordert jedoch einen Komplexitätsgrad, der noch weit über diese Darstellungen hinausgeht. Das Erlebnisprofil hat sich an den Lebensstil und das Wertesystem der Zielgruppe anzupassen (vgl. Meffert und Windhorst 1984; Raffée und Wiedmann 1988; Tietz 1982). Es muß emotionale Erlebnisse und

---

[20] Es ist durch das Knowledge-Engineering sicherzustellen, daß hier nur eine Kausalrichtung implementiert wird, so daß keine Zirkularitäten auftreten.

Erfahrungen vermitteln, die einen attraktiven Beitrag zum Lebensstil der Konsumenten leisten (vgl. zur Messung auch Schweiger 1985).

Die Anforderungen an die Realisierung einer Erlebniswerbung zur emotionalen Positionierung sind deshalb nicht zu unterschätzen. Vor allem darf man die erlebnisbetonte Positionierung nicht isoliert sehen, sondern vielmehr als ein Teil des gesamten Marketing-Mix, das entsprechend auf die anderen Marketingmaßnahmen abzustimmen ist. Auch dürfen die vermittelten Erlebnisse nicht im Widerspruch zum Leistungsangebot stehen. So wäre es wenig zweckmäßig, einen Kleinwagen mit Sparmotor als Fahrzeug für Safariabenteuer und Wagemut zu positionieren.

Damit einher geht die mittel- bis langfristige Vermittlung von strategischen Bildern, da emotionale Erlebnisse eng mit dem Vorhandensein von "inneren Bildern" verbunden sind (vgl. Ruge 1988). Wichtig ist hierbei der Langfristaspekt, d.h. die Beantwortung der Frage: Mit welchen inneren Vorstellungen und konkreten Bildern soll die Marke (das Unternehmen) in fünf Jahren assoziiert werden? Es kommt letztlich auf die kreative, visuelle Umsetzung dieser Bilder an. Eine wichtige Rolle übernehmen hierbei sog. Präsenzsignale und Schlüsselbilder (key visuals).

Für die Entwicklung eines Erlebnisprofils schlägt Kroeber-Riel (1988) vier Phasen vor: (1.) generieren von Erlebnissen, (2.) aussondern ungeeigneter Erlebnisse, (3.) systematische Überprüfung geeigneter Erlebnisse, und (4.) Auswahl einer Erlebnislinie.

Das Generieren von Erlebnissen, die im weitesten Sinne mit dem Angebot zusammenhängen, ist sicherlich eine schwere Aufgabe. Trotzdem lassen sich in der Regel, bei entsprechender Auffächerung, genügend Erlebniswelten generieren. Hierbei kann man auf die oben beschriebenen Cluster von emotionalen Erlebniswelten zurückgreifen, wobei man als Ausgangspunkt eine Auswahl an Grundclustern wählt, die man dann erweitert, verfeinert und modifiziert. Auch die vielfältigen Erlebniswelten, die vom Marketing in anderen Branchen und Ländern bereits genutzt werden, sind eine geeignete Ausgangsbasis.

Man geht zuerst von sehr komplexen Erlebnissen aus (z.B. soziale Potenz) und versucht diese weiter aufzuschlüsseln (vgl. Kroeber-Riel 1988). Soziale Potenz läßt sich weiter aufspalten in Prestige, Kultur usw. Prestige wiederum äußert sich in Ansehen, Anerkennung, Reichtum, Gold, Einfluß usw.

Ein vergleichbares Vorgehen findet man in der Werteforschung (vgl. Raffée und Wiedmann 1988). So läßt sich der Basiswert Freiheit in weitere Bereichswerte wie freie Meinungsäußerung, unternehmerische Entscheidungsfreiheit, Konsumfreiheit, freie Partnerwahl usw. zerlegen.

In der Phase der Aussonderung werden gleichartige Erlebnisse eleminiert, emotionspsychologisch ungeeignete Erlebnisse und der Unternehmensphilosophie widersprechende Vorschläge gestrichen.

In der dritten Phase werden die Erlebnisse aufgrund von Literaturrecherchen und empirischen Kontrollen durch die Marktforschung so eingeengt, daß nur noch die vielversprechendsten Alternativen übrig bleiben. Diese sind daraufhin zu überprüfen, ob sie die Zielgruppe langfristig ansprechen, eine starke Positionierung gegenüber der Konkurrenz ermöglichen und nicht zu hohe Ansprüche an die Umsetzung stellen. Denn auch für die emotionale Positionierung kommt es darauf an, solche Erlebnisse zu vermitteln, die sich von der Konkurrenz abheben und die Austauschbarkeit auch hier verringern.

Der Entwicklungsprozeß findet mit der Auswahl einer Erlebnislinie seinen vorläufigen Abschluß. Ein latentes Problem beim Test der neuen Linie muß mit wohlverstandener Distanz durch Expertenkorrektur überwunden werden: Neue, ungewohnte und kreativ-originelle Entwürfe fallen in der Routinemarktforschung oftmals durch, deshalb ist zumindest zu fordern, daß der Lernprozeß des Konsumenten durch "multiple exposure" Testverfahren simuliert wird.

Es muß jedoch nochmals darauf hingwiesen werden, daß die Entwicklung von Erlebnisprofilen keine bloße Gestaltungsaufgabe ist, sondern eine strategische Maßnahme darstellt. Insofern geht die Fragestellung der Auswahl von

Erlebnislinien über den für ESWA angestrebten Wissensbereich hinaus. Die Unterstützung bei der Entwicklung einer geeigneten erlebnisbetonten Werbung bleibt einem werbestrategischen Expertensystem vorbehalten. Das Expertensystem ESWA ist vielmehr auf die Überprüfung der Werbegestaltung spezialisiert und kann insofern vor allem Hilfestellungen zur "Positionierung durch Aktualität" liefern und Überzeugungswirkungen sowie Einstellungsveränderungen prognostizieren.

Trotzdem kann dieser Bereich nicht ganz vernachlässigt werden. Um dem Benutzer eine Vorstellung von dem Reichtum an emotionalen Erlebniswerten zu vermitteln, haben wir eine Liste von Erlebnisclustern mittlerer Komplexität zusammengestellt. Der Benutzer kann anhand dieser Liste versuchen, die Erlebnislinie einer konkreten Werbelinie zu analysieren. Dadurch wird es ihm möglich, die in ESWA gestellten und vorerst noch recht komplexen Fragen zur Erlebniswirkung zu beantworten.

Basisliste mit emotionalen Erlebniswerten:

*Abenteuer
Abwechslung
Aktiv sein
Ausgeglichenheit
Attraktivität
Ausgewogenheit
*Begeisterung
Behaglichkeit
Dankbarkeit
Dynamik
Eifersucht
*Eigenwilligkeit und Hochmut
Entspannung
Erholung
*Erleichterung
Erotik
*Erschöpfung
Exklusivität
Exotik
Extravaganz
Familienglück
Fortschritt
Freiheit
Frische
Fürsorge
Geborgenheit
Gemütlichkeit
Genuß
Geselligkeit

Gesundheit
Heimweh
Humor
Kummer
Lebensfreude
Lebenskraft
Leidenschaft
Mitgefühl
Mut
Natürlichkeit
Niedergeschlagenheit
Nostalgie
Phantasien
Prestige
*Reue
Romantik
Ruhe
Schadenfreude
*Sehnsucht
Selbstverwirklichung
Sicherheit
Spannung
Spaß
Stärke
Tradition
Traumwelt
*Traurigkeit
Trautes Heim
Tropen
Überlegenheit
Übermut
Unabhängigkeit
Urlaub
Urwüchsigkeit
Verachtung
*Verehrung
*Verlangen
Vertrautheit
*Verzweiflung
*Wärme
*Zufriedenheit

Die mit "*" gekennzeichneten Erlebniswerte finden sich auch in den Clustern von Gehm und Scherer (1987). Diese Liste kann nun als Ausgangpunkt einer systematischen Erschließung von Erlebnislinien genommen werden. Eine sukzessive Erweiterung ist ebenso wünschenswert wie eine methodisch abgesicherte Klassifikation und mehrdimensionale Skalierung, um näheres über die Beziehung zwischen Erlebniswerten, Wertorientierung und Basisemotionen zu ergründen. Andererseits bieten wir mit dieser Auflistung dem Benutzer einen Leitfaden zur erlebnisorientierten Erschließung der mit ESWA zu beurteilenden Werbung an.

5.4. Wissensbasis zur Erlebnis- und Emotionsanalyse

Die Wissensstruktur zu den emotionalen Wirkungen zerfällt in die drei Bereiche: Konditionierung, emotionale Basiserlebnisse und erlebnisbetonte Werbewirkung. In Abb. 24 werden diese drei Bereiche gemeinsam dargestellt.

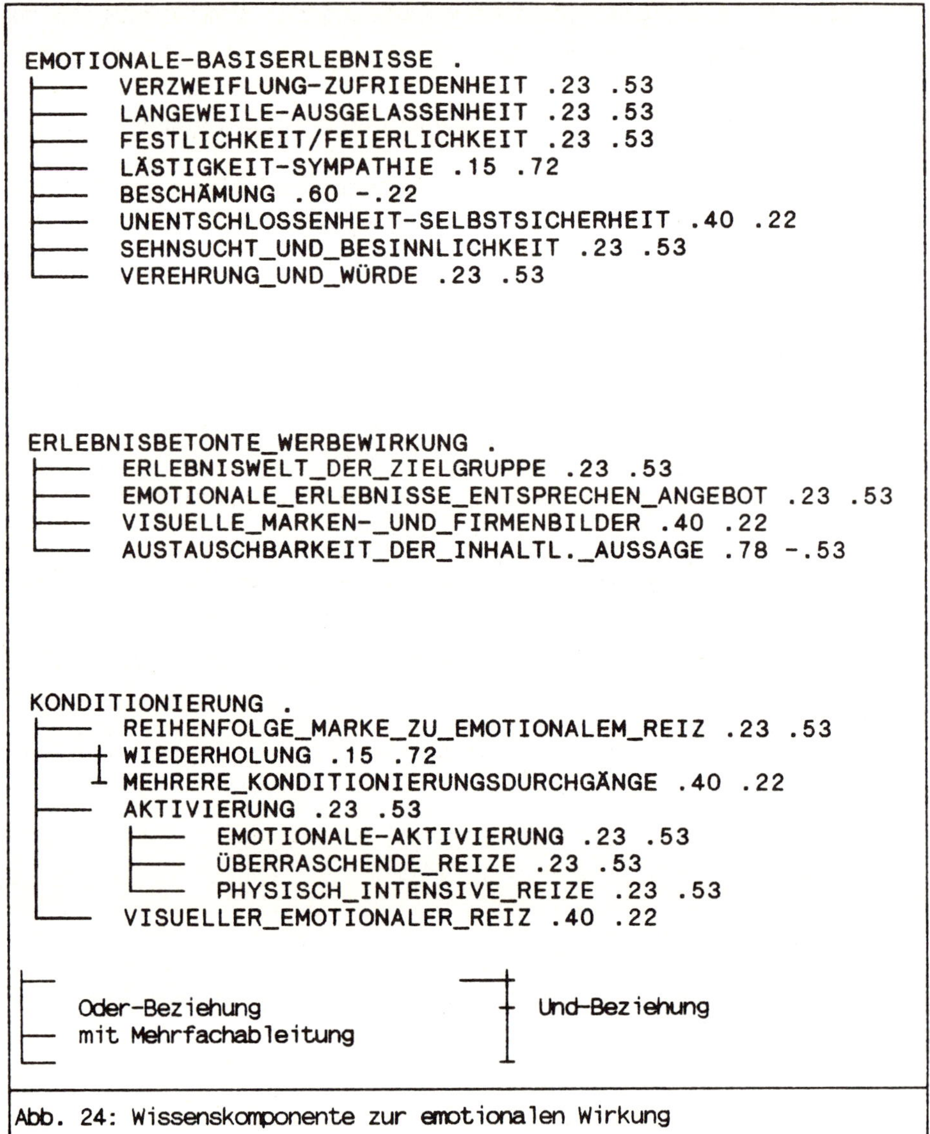

Abb. 24: Wissenskomponente zur emotionalen Wirkung

Wir werden später noch darstellen, daß diese emotionalen Teilbereiche in den übergeordneten Baumknoten der "Einstellung zum Werbemittel / Akzeptanz" münden. Da wir noch begründen werden, warum wir die Akzeptanz als vorwiegend emotional determiniertes Konstrukt verstehen, können wir auf diese Weise eine kompensatorische Bündelung der relativ komplexen, emotionalen Teilwirkungen erzielen.

Im Grundsatz folgt unser Knowledge Engineering hier dem bereits oben beschriebenen Weg. Wir liefern dem Benutzer verbale Beschreibungen spezifischer Emotionscluster und leiten dann aus dem Vorhandensein dieser komplexen Emotionen die Gefallenswirkung ab. Unter Aktivierung wurde in Anlehnung an die dimensionalen Meßansätze die Aktivierungswirkung dieser Emotionen abgeleitet. Hier leiten wir nun in Anlehnung an die dimensionalen Emotionstheorien die Gefallenswirkung ab, die sich dann unmittelbar auf die Werbeakzeptanz auswirkt.

Wir wissen, daß Zufriedenheit mit hoher Gefallenswirkung und schwach positiver Aktivierung einhergeht. Dagegen wird Ausgelassenheit mit hoher Aktivierung und starken Lustgefühlen verbunden. Deshalb wird das Emotionscluster "Langeweile-Ausgelassenheit" sowohl unter Aktivierung, als auch unter den emotionalen Basiserlebnissen berücksichtigt. Das Cluster "Verzweiflung- Zufriedenheit" berücksichtigen wir aber nur zur Ableitung der damit verbundenen Gefallenswirkung. In gleicher Weise verfahren wir mit den restlichen Emotionsclustern. Die dazugehörenden Erläuterungen sind:

VERZWEIFLUNG-ZUFRIEDENHEIT: (vgl. Kommentar unter Aufmerksamkeit. Das Faktum wird vom Benutzer nur einmal erfragt und dann automatisch auch hier berücksichtigt).

LANGEWEILE-AUSGELASSENHEIT: (vgl. Kommentar unter Aktivierung).

LÄSTIGKEIT-SYMPATHIE: 20 = Werbung wirkt lästig, quälend, widerlich, trotzig, ärgerlich, herausfordernd, streitsüchtig / 80 = höflich, nachsichtig, sympathisch, anerkennend.

BESCHÄMUNG: 80 = Durch die Werbeaussage fühlt man sich schuldbewußt, beschämt, reumütig / im Zweifelsfall löschen.

UNENTSCHLOSSENHEIT-SELBSTSICHERHEIT: 20 = Werbung wirkt schüchtern, unentschlossen, zaghaft, hilflos, verlegen / 80 = selbstsicher, beherzt, entschieden, unerschrocken.

SEHNSUCHT UND BESINNLICHKEIT: 80 = Werbung wirkt besinnlich, warm, zärtlich, weckt Sehnsucht / im Zweifelsfall löschen.

VEREHRUNG UND WÜRDE: 80 = Werbung wirkt respektvoll, ehrfürchtig, würdevoll / im Zweifelsfall löschen.

Bezüglich der Berücksichtigung der Erlebniswelten wäre es möglich, die hier angegebene Auflistung in ESWA aufzunehmen und abzufragen. Dann muß man aber einen extrem monotonen Dialog in Kauf nehmen. Ferner wird damit die gesamte Wissensbasis leicht um hundert Regeln aufgebläht, ohne daß wir eine wirklich hierarchisch strukturierten Erkenntnisgewinn zur Erlebnispositionierung gewinnen. Deshalb soll der Benutzer, sofern er nicht aufgrund seiner Vorkenntnisse mit dem Erlebnisansatz vertraut ist, sich anhand unserer Liste einen Überblick über mögliche emotionale Erlebniscluster verschaffen. Die nachfolgenden Fragen zu den vermittelten Erlebniswelten verstehen wir deshalb nur als grobe Checkliste zur Vermeidung grundlegender Fehler mit einer angestrebten Erlebnispositionierung. Eine "intelligente" Lösung dieser Gesamtproblematik kann u.E. nur ein auf diesem Gebiet spezialisiertes Expertensystem leisten. Die entsprechenden Erläuterungen zum Bereich "erlebnisbetonte Werbewirkung" lauten:

ERLEBNISWELT DER ZIELGRUPPE: 80 = Die Werbung ist auf die Erlebniswelt und Wertorientierung der Zielgruppe abgestimmt, so daß sie einen attraktiven Beitrag zum Lebensstil der Zielgruppe leistet.

EMOTIONALE ERLEBNISSE ENTSPRECHEN ANGEBOT: 80 = Die von der Werbung vermittelten, emotionalen Erlebnisse dürfen nicht im Widerspruch zu dem tatsächlichen Angebot stehen, z.B. Kleinwagen mit Sparmotor nicht als Pkw für extravagante Abenteuer positionieren.

VISUELLE MARKEN- UND FIRMENBILDER: 80 = Die in der Werbung verwendeten Erlebnisbilder und ihre visuelle Umsetzung sind dazu geeignet, diese Werbelinie als mittel- bis langfristigen Beitrag zu einem strategischen Erlebnisprofil zu betrachten.

AUSTAUSCHBARKEIT DER INHALTL. AUSSAGE: 20 = Die vermittelte Erlebniswelt ist nicht austauschbar und unverwechselbar mit der Marke verbunden. / 80 = Die Bildelemente entsprechen den weit verbreiteten Klischees der Werbebranche (stereotype Gestaltung), die Konkurrenz wirbt mit ähnlichen (austauschbaren) emotionalen Werbebotschaften.

Die Regeln zur Optimierung des Konditionierungserfolges behandeln im wesentlichen gestaltungstechnische Hinweise:

REIHENFOLGE MARKE ZU EMOTIONALEM REIZ: 70 = der emotionale Reiz, die Erlebniswelt, wird nach dem neutralen Reiz (Marke, Markenname usw.) bzw. später, aber überlappend, eingeblendet / 50 = gleichzeitige Darbietung / 30 = Marke wird anschließend eingeblendet.

WIEDERHOLUNG: 50 = in der Zielgruppe werden durchschnittlich 8 Kontakte erzielt / 80 = es werden 20 Kontakte erzielt / 20 = es werden 2 Kontakte erzielt.

MEHRERE KONDITIONIERUNGSDURCHGÄNGE: 50 = pro Spot erfolgen zwei Konditionierungsdurchgänge / 30 = ein Konditionierungsdurchgang / 70 = mehrere Konditionierungsdurchgänge.

VISUELLER EMOTIONALER REIZ: 80 = Die Werbung verwendet zur Erzielung von Konditionierung ein stark emotionales Bild / 50 = es wird ein emotional wirkender Text bzw. Wörter verwendet / sonst löschen.

6. Kognitive Werbewirkungen

6.1. Bildwirkung

6.1.1. Theoretische Grundlagen

Ein Meilenstein in der Erforschung des Bildgedächtnisses wurde von Shepard (1967) gelegt. Er zeigte seinen Testpersonen 612 Bilder und interessierte sich dafür, wie gut eine solch vermeintlich große Zahl von visuellen Reizen im menschlichen Gehirn verarbeitet wird. Im Anschluß an das Experiment wurde die Wiedererkennungsleistung (Recognition) nach einem erschwerten Verfahren mit Ablenkungsreizen gemessen (vgl. auch Kapitel 8.3.3.).

Unmittelbar anschließend wurden 97% der gezeigten Bilder richtig wiedererkannt, ein beeindruckendes Ergebnis. Doch selbst nach vier Monaten konnten sich die Testpersonen noch an 58% der Bilder erinnern.

Obwohl 612 Bilder schon eine Vorahnung auf die unermeßliche Speicherkapazität des menschlichen Bildgedächtnisses sind, wurden in der Folge Experimente mit 10000 Bildern durchgeführt, wobei eine Recognitionleistung von 66 % erzielt wurde (vgl. Standing 1973). Generell kann man davon ausgehen, daß das menschliche Bildgedächtnis praktisch unbegrenzt ist, und kurzfristig bis zu 90 %, langfristig noch rund 60 % von "normalen" Bildern wiedererkannt werden.

Warum ist aber nun gerade das Bildgedächtnis des Menschen derart extrem dimensioniert und welche Erklärungen hat man hierfür?

In der visuellen Kommunikationsforschung wurden eine Reihe von richtungsweisenden Gesetzmäßigkeiten erarbeitet, mit denen die Vorteile bildbetonter Werbung erklärt und analysiert werden können. Den wichtigsten

Effekten wenden wir uns nun zu (vgl. Behrens und Hinrichs 1986; Childers und Houston 1984; Kroeber-Riel 1985; 1986; Neibecker 1987b).

6.1.2. Wirkungsdeterminanten von Bildern

6.1.2.1. Gedächtniseffekt

Da Bilder konkreter und lebendiger sind als Sprache, werden sie intenisver im menschlichen Gehirn verarbeitet. Man geht sogar davon aus, daß sie in einer besonderen, reizspezifischen Weise gespeichert werden. Hierzu trägt auch die gesteigerte Verarbeitungsgeschwindigkeit für visuelle Reize bei. Bereits zwei Sekunden Betrachtungszeit genügen, um ein "normales" Bild zu verarbeiten, d.h. inhaltliche Vorstellungen vom Bild zu gewinnen.

6.1.2.2. Reihenfolgeeffekt

Tendenziell fällt der Blick zuerst auf Elemente mit hohem Informationsgehalt. Bei Werbeanzeigen sind dies neben gut lesbar gestalteten Headlines vor allem die Bildteile. Diese Reihenfolge ist für die Erinnerung wichtig, da zuerst betrachtete (fixierte) Elemente besser verarbeitet und deshalb auch überduchschnittlich erinnert werden.

6.1.2.3. Aktivierungs- und Aufmerksamkeitseffekt

Bilder lösen meistens eine überdurchschnittliche innere Erregung (Aktivierung) aus. Dadurch wird die Aufmerksamkeitswirkung von Bildern gesteigert und die darin enthaltenen Informationen werden später besser erinnert.

6.1.2.4. Argumentationseffekt

Bilder werden im Gegensatz zu verbalen Informationen mit weniger gedanklichem Aufwand verarbeitet. Deshalb lösen Bilder weniger Denkvorgänge aus, wodurch die analytisch-kritische Kontrolle der Konsumenten teilweise unterlaufen wird. Dies führt auch zu einer Verminderung der durch Werbung ausgelösten Irritationen.

6.1.2.5. Akzeptanzwirkung

Bilder, insbesondere emotionale und erlebnisbezogene Bilder, werden im allgemeinen als angenehm empfunden und steigern dadurch die Gefallenswirkung der Werbung. Dies verbessert die "Einstellung zum Werbemittel" und in der Folge hiervon die Kaufbereitschaft.

Diese globalen Wirkungsfaktoren geben dem Werbetreibenden grundlegende Hinweise, warum Bilder in der Werbekommunikation wichtig sind und unter welchen globalen Rahmenbedingungen sie die Werbeeffizienz bevorzugt verbessern können. Betrachten wir deshalb die theoretischen Grundlagen etwas ausführlicher.

6.1.3. Gehirnforschung

Die Verarbeitung von Bildinformationen ist zu einem neuen Gebiet der Grundlagenforschung geworden. Zwei unterschiedliche Forschungsrichtungen beschäftigen sich mit diesem Phänomen:

- Die psychologisch ausgerichtete Imageryforschung, die sich auf das Zustandekommen und die Wirkung von bildhaften Reizen konzentriert.

- Die biologisch ausgerichtete Gehirnforschung, welche die Spezialisierung des menschlichen Gehirns in ein "Sprachgehirn" und ein "Bildgehirn" erforscht und die wir nachfolgend zuerst diskutieren werden.

In der Gehirnforschung hat man in den 60er Jahren festgestellt, daß die beiden Gehirnhälften (Hemisphären) funktional spezialisiert sind, jedoch durch ein starkes Bündel von Nervenfasern, den Corpus Callosum, miteinander verbunden sind (vgl.: Hansen 1981; zusammenfassend Neibecker 1985a, S. 24 ff.). Durch diese Vermaschung entsteht beim "normalen" Menschen ein integriertes Gesamtsystem, das sich wechselseitig beeinflußt. Trotzdem konnte man für beide Gehirnhälften unterschiedliche Spezialisierungen nachweisen. Was die beiden Gehirnhälften weiterhin unterscheidet ist nicht nur die Feststellung womit sie arbeiten, sondern vor allem auch die Tatsache, wie sie arbeiten. Gemeint ist die Feststellung, daß jede Hemisphäre ihren eigenen Verarbeitungsregeln folgt (vgl. auch Appel et al. 1979).

So wird gegenwärtig allgemein anerkannt, daß bei normalen, rechtshändigen Personen (etwa 90% der Gesamtbevölkerung) die linke Gehirnhälfte für sprachliche (verbale) Prozesse, die rechte dagegen vor allem für die

Bildverarbeitung und nonverbale Prozesse zuständig ist. Abb. 25 verdeutlicht diese Trennung. Auf die Funktionsweise übertragen heißt dies: die linke Gehirnhälfte arbeitet sequentiell, logisch und analytisch, während die rechte in ihrer Funktionsweise mit ganzheitlich-analog umschrieben wird und sogenannten Gestaltgesetzen folgt.

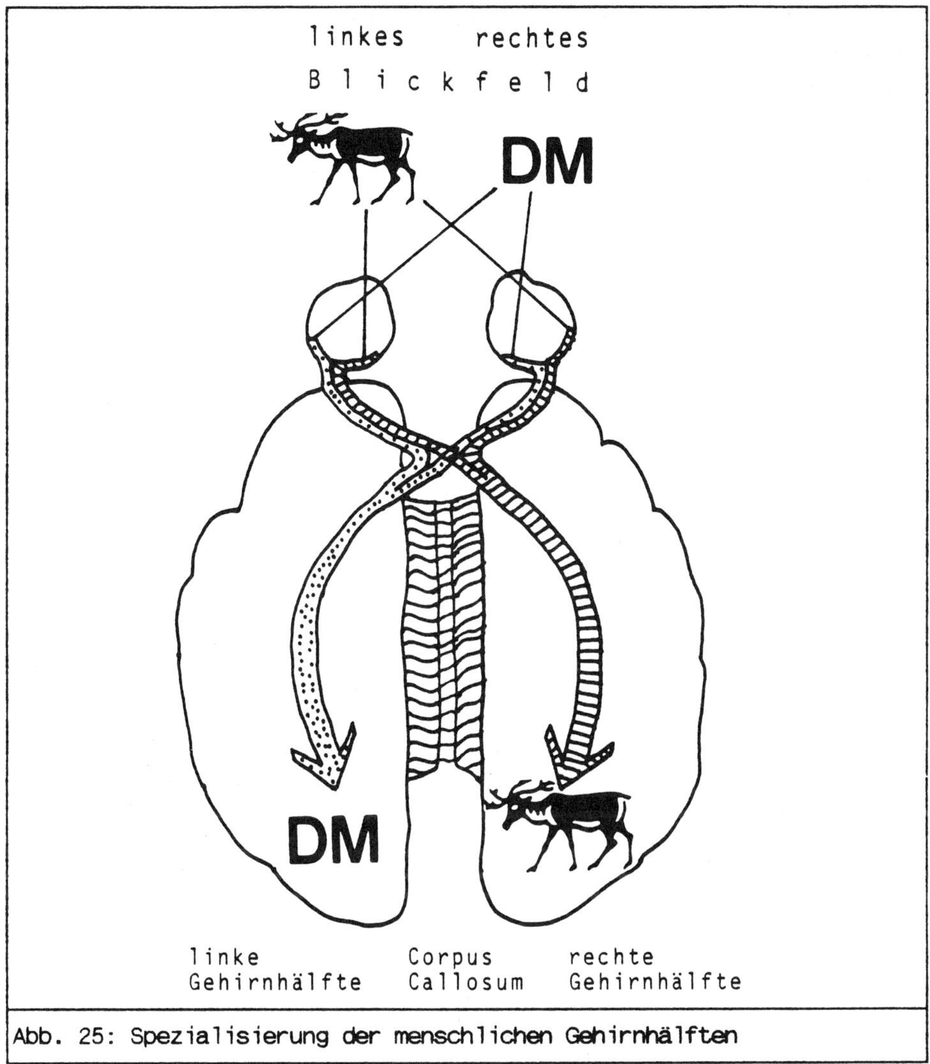

Abb. 25: Spezialisierung der menschlichen Gehirnhälften

Für die Trennung der bildlichen und sprachlichen Informationsverarbeitung spricht gerade auch die Tatsache, daß diese Systeme auf deutlich abgrenzbare Teile des Großhirns bezogen werden können. Die Spezialisierung der rechten Gehirnhälfte auf Bildverarbeitungsprozesse steht im Einklang mit einem der richtungsweisendsten Modelle der Imagerytheorie, dem "dual-code" Modell von Paivio (1986).

6.1.4. Imageryforschung

Auf einen sehr einfachen Nenner gebracht ist Imagery das Vorhandensein von Bildern im (menschlichen) Gehirn. Hiermit wird eine Theorie umschrieben, die sich mit einer bestimmten, spezialisierten Informationskodierung im Gehirn beschäftigt. Diese Kodierung unterstützt räumliche und parallele Verarbeitungsprozesse, die verhaltenswirksam werden können, ohne notwendigerweise auch als solche bewußt zu werden (vgl. Farah 1985; Finke 1985; MacInnis und Price 1987; Paivio 1976; 1986; Richardson 1983; als typisches Imageryexperiment vgl. Bergfeld et al. 1982).

Wenn man aufgefordert wird, sich die Fleischtheke in seinem Supermarkt vorzustellen und zu beantworten, wieviel Sorten Steaks angeboten werden, so verfügt man gemeinhin nicht über das Wissen "Anzahl Steaksorten in meinem Supermarkt" sondern es entsteht ein Bild vor dem inneren Auge. Dieses innere Bild, man spricht auch von mental imagery, wird nun, der Abtastung eines Wahrnehmungsbildes vergleichbar, Punkt für Punkt abgetastet (fixiert). So kommt man schließlich zu einer Antwort.

Es drängt sich sofort die Frage auf, ob diese Fähigkeit zur Erzeugung innerer Bilder gleichermaßen für alle Reize gilt, oder ob z.B. bestimmte Bilder oder Supermärkte ein lebendigeres, klareres Bild erzeugen als andere (vgl. Sommer und Aitkens 1982).[21] Konzentrieren wir uns zunächst auf die Grundlagen der Imagerytheorie, die zum späteren Verständis der abgeleiteten Regeln wichtig sind.

6.1.4.1. Duale Kodierungstheorie

Es konnte wiederholt nachgewiesen werden, daß Bilder im menschlichen Gehirn intensiver verarbeitet und gespeichert werden als Wörter. Paivio (1986) leitete daraus seine duale Kodierungstheorie ab. Sie lautet:

---

[21] Außer acht bleiben hier individuell unterschiedliche Fähigkeiten, visuelle Reize bzw. verbale Reize zu verarbeiten. Etwa zwei Drittel, so schätzt man, zählen zu den Mischtypen, die restlichen verteilen sich etwa gleich auf visuelle und verbale Typen (vgl. Marks 1983; Richardson 1977).

Das menschliche Gehirn verfügt über zwei unterschiedliche Kodierungssysteme. Das eine ist auf verbale Inhalte, das andere auf bildliche Informationen spezialisiert. Die bildliche Informationsverarbeitung, die mit dem Begriff "imagery" umschrieben wird, verarbeitet somit die nonverbalen Elemente unseres Wahrnehmungsprozesses, wobei aufgrund der Parallelverarbeitung eine dynamische, schnellere Verarbeitung erzielt wird. Im Gegensatz hierzu kann verbales Denken nur sequentiell ablaufen.

Der Idee zur Unterscheidung separater Subsysteme liegt zugrunde, daß diese sowohl in ihrer Funktion, als auch in ihrem Aufbau (strukturell) unterschiedlich sind. Strukturell unterscheiden sie sich in der Art und Weise, wie die Informationseinheiten gespeichert werden und zu Strukturen höherer Ordnung zusammengefügt werden. Funktional sind beide Systeme in dem Sinne unabhängig, als beide sowohl gemeinsam, als auch getrennt aktiv sein können. Gleichzeitig besteht aber auch funktionale Abhängigkeit, so daß durch Aktivitäten in einem Subsystem auch Prozesse in anderen Subsystemen ausgelöst werden - dies trifft vor allem für konkrete Reize zu (vgl. auch Gutman 1988).

Die Hauptunterschiede liegen in der unterstellten, unterschiedlichen Speicherform der Subsysteme. Drei psychologische Annahmen liegen diesen Modellannahmen zugrunde (vgl. Yuille und Marschark 1983):

Erstens muß das innere Bild Eigenschaften besitzen, die denen eines unmittelbar wahrgenommenen Bildes weitgehend entsprechen. Innere Bilder sind Aufzeichnungen von Wahrnehmungsbildern, die ein wertvolles Hilfsmittel bei der Bewältigung von Problemlösungen und Entscheidungsprozessen darstellen - beispielsweise indem diese inneren Bilder wie natürliche Bilder Punkt für Punkt abgetastet und analysiert werden können.

Zweitens wird eine besondere Fähigkeit zu einer stichwortgebundenen Bilderinnerung angenommen. Bilder werden weitgehend als Ganzes gespeichert oder abgelegt und können deshalb sofort wiedererinnert werden. Dieser Vorgang läuft besonders effizient ab, wenn die Erinnerung durch ein Stichwort (retrieval cue) gestützt wird. Paivio selbst hat aber die Speicherstruktur, die für diese ganzheitliche Konservierung von Bildern notwendig ist, in seinem ursprünglichen Modell nicht näher beschrieben. Dies führt bis heute zu heftigen Debatten darüber, wie Bilder im Gehirn physiologisch gespeichert sind und warum gerade Bilder besonders gut zur stichwortgebundenen Erinnerung geeignet sind (vgl. stellvertretend Kosslyn 1980; 1983; Pylyshyn 1981).

Drittens werden Assoziationen als integraler Bestandteil des Lernens betrachtet.

Betrachten wir die Einzelbelege für die duale Kodierungstheorie etwas systematischer:

1. Benennungszeitspanne: Man hat wiederholt festgestellt, daß man eine längere Zeitspanne benötigt, um den Namen eines gezeichneten oder fotografierten Objekts anzugeben, als das betreffende Wort zu nennen (laut zu lesen). Dies wird entsprechend der dualen Kodierungstheorie erwartet, da zwischen der unmittelbaren Bildwahrnehmung und dem Benennen ein zusätzlicher, verbaler Verarbeitungsschritt liegt.

2. Verarbeitung und Recall/Recognition: Bilder werden besser erinnert oder wiedererkannt, ungeachtet ob es sich um die Verarbeitung im Kurzzeit- oder Langzeitspeicher handelt. Diese Tatsache folgt wohl am schlüssigsten aus der dualen Kodierungshypothese.

3. Schnelle Präsentationsfolge: Wenn unterschiedliche Wörter oder Bilder (Zeichnungen) in sehr schneller Folge dargeboten werden, dann werden Bilder kaum besser erinnert als Wörter. Wieso folgt dies aus der dualen Kodierungstheorie? Ein Bild benötigt eine gewisse Zeitspanne bis es auch verbal verarbeitet wird, so daß eine hinreichend schnelle Präsentationsfolge nur die Generierung eines einzigen, des visuellen Kodes zuläßt. Soll unmittelbar nach einer solchen Lernsequenz die genaue Reihenfolge wiedergegeben werden, so ist dies dem Betrachter nur eingeschränkt möglich. Zur Wiedergabe von zeitlich aufeinander-

folgenden Ereignissen ist das logisch-verbale System zuständig. Die Generierung eines Verbalkodes wurde aber durch die schnelle Darbietungsfolge erschwert. Für schnelle Schnittfolgen in der TV-Werbung ist zu beachten, daß man sich hierbei im Bereich unter 200 msek Expositionszeit bewegt (vgl. Paivio und Csapo 1973).

4. Spezialisierung der Hemisphären: Die wiederholten Belege für eine Spezialisierung der beiden menschlichen Gehirnhälften bekräftigen aus physiologischer Sicht die duale Kodierungstheorie (zusammenfassend: Neibecker 1985a).

6.1.4.2. Modalitätsunabhängige Kodierungstheorien

Von den Gegnern einer dualen Kodierung wird behauptet, daß das gesamte Wissen in einem einzigen "symbolischen" bzw. abstrakten Kode gespeichert ist (z. B.: Pylyshyn 1981). Aber auch eine dritte Speicherebene mit einem konzeptionellen Kode höherer Ordnung, in der das Wissen modalitätsunabhängig gespeichert ist, wird nicht ausgeschlossen (vgl. Potter 1979).

Die Befürworter einer alternativen theoretischen Position favorisieren also ein Modell, daß nur einen Speicher auf Konzeptebene zuläßt (vgl. u. a.: Anderson J. R. 1985; Grunert 1982; Lindsay und Norman 1981; Nelson 1979; Snodgrass 1984). Vergleichbar der dualen Kodierungstheorie werden in erweiterten Modellen zwei strukturell verschiedene Wahrnehmungssysteme für visuelle und verbale Reize unterschieden, die allerdings in nur einem semantisch-assoziativen Speichersystem enden.

In ihrer Argumentation stützt sich diese Meinung auf folgende zentralen Punkte:

1. Unterstellt man, daß bereits einfache Bilder sowohl physich, als auch semantisch vielfältigere Reize darstellen, so kann die überlegene Bildwirkung auch durch den levels-of-processing Ansatz erklärt werden (vgl. Nelson et al. 1976; 1977). Bilder werden danach einfach intensiver verarbeitet als Wörter.

2. Jeder Reiz hat eine physiche Erscheinungsform und einen semantischen (inhaltlichen) Gehalt (vgl. Nelson et al. 1976; Tulving 1981). Aufbauend auf dieser Unterscheidung wurde eine Differenzierungsmöglichkeit für visuelle Reize erarbeitet (vgl. Abb. 26):

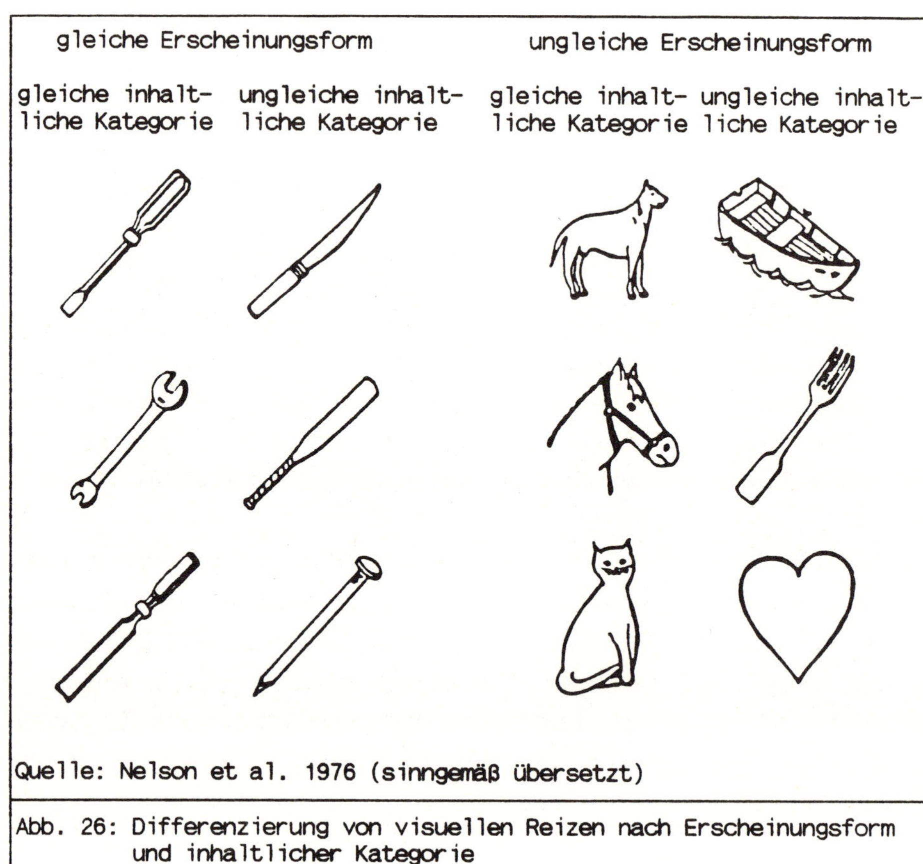

Quelle: Nelson et al. 1976 (sinngemäß übersetzt)

Abb. 26: Differenzierung von visuellen Reizen nach Erscheinungsform und inhaltlicher Kategorie

In den Grundlagenexperimenten werden für die Kombination "gleiche inhaltliche Kategorie und ähnliche Erscheinungsform" Zeichnungen eines Schraubenziehers, eines Schraubenschlüssels, eines Stecheisens usw. verwendet. Alle Objekte besitzen eine ähnliche, längliche Form und gehören zu dem Konzept "Werkzeuge". Zum Vergleich werden für die Kombination "verschiedene inhaltliche Kategorie und ähnliche Erscheinungsform" Zeichnungen eines Messers, eines Baseballschlägers, eines Nagels usw. verwendet. Diese Objekte zeichnen sich ebenfalls durch eine längliche Form aus, gehören aber zu unterschiedlichen Konzepten wie "Schneidgeräte, Sportartikel und Werkzeugzubehör".

Überträgt man diesen Gedanken auf marketingrelevante Reize, so ergibt sich eine Analogie, die in Abb. 27 und Abb. 28 exemplarisch mit konkreten Produkten/Marken verdeutlicht wird.

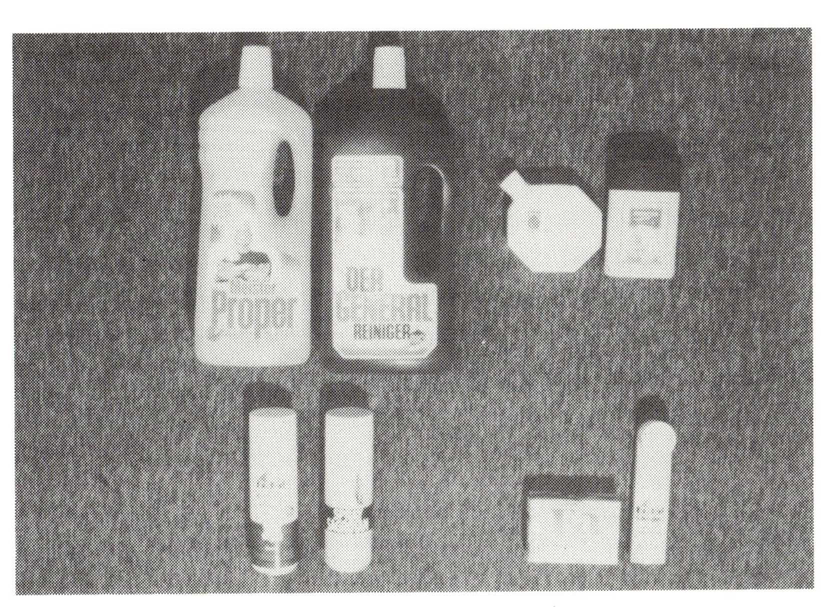

Abb. 27: Visuelle und inhaltliche Ähnlichkeit von Produkten/Marken

	ähnliche visuelle Erscheinungsform	unterschiedliche visuelle Erscheinungsform
gleiche Produktgruppe (gleiche Kategorie)	Haushaltsreiniger Haushaltsreiniger	Duschbad Duschbad
unterschiedliche Produktgruppen (verschiedene Kategorien)	Wildlederspray Desinfektionsspray	Seife Schuhpflegemittel

Abb. 28: Ähnlichkeitsbedingungen zu Abb. 27

Dies ist eine sehr weitreichende Unterscheidung. Während in den vorangegangenen Experimenten in der Regel eine Bild- und Wortauswahl nach Konkretheit und Auftretenswahrscheinlichkeit erfolgte, wird jetzt eine differenzierte Unterteilung nach "Gestalt bzw. Erscheinungsform" sowie der "Bedeutung bzw. der inhaltlichen Kategorie" der verwendeten Begriffe (Konzepte) vorgenommen.

Aus Abb. 27 geht hervor, daß man im Marketing auf ähnliche Probleme stößt. Nicht nur für die Produktgestaltung, ein Problemfeld, das nicht Gegenstand dieser Arbeit ist, sondern auch für die Werbung spielt diese Unterscheidung eine große Rolle (vgl. zur Produktpolitik: Brockhoff 1981; Dichtl 1988; Koppelmann 1987). Kenntnisse darüber, welchen Einfluß Konkurrenzprodukte mit unterschiedlichen oder ähnlichen Verpackungen und Designs auf den Kommunikationserfolg der eigenen Marke ausüben, sind von eminenter Wichtigkeit. Oder, kann die deutliche visuelle Verankerung einer Marke daran scheitern, daß die Verpackung mit zuvielen ähnlichen Verpackungsformen anderer Produktgruppen konkurriert und deshalb verschwommen bleibt bzw. einen überdurchschnittlichen Einsatz an Werbeaufwendungen erfordert.

Noch wichtiger als diese eher strategischen Überlegungen sind die kurzfristigen Wirkungseinbußen, die sich aus der Spotfolge innerhalb einer Werbeunterbrechung ergeben. Innerhalb eines sog. "breaks" trifft man auf Lernbedingungen, die weitgehend mit den Lernbedingungen der Grundlagenexperimente übereinstimmen - sieht man vom Involvement ab. Das bedeutet: Treffen in einem Werbeblock Spots aufeinander, deren Marken (Produkte) sowohl eine ähnliche Erscheinungsform haben, als auch semantisch verbunden sind, dann muß mit erheblichen Wirkungseinbußen gerechnet werden.

Differenziert man genau nach diesen Vorgaben, so erzielt man die eingangs beschriebene Bildüberlegenheitswirkung vor allem bei unterschiedlichen Produkten mit verschiedenen visuellen Erscheinungsformen. Hierbei sind Darbietungszeiten von mindestens einer Sekunde anzustreben - bzw. bei kürzeren Darbietungszeiten ist zumindest eine neutrale Zwischenblende oder ein redundantes, neutrales Bild erforderlich, sonst kann das Bild im Gehirn nicht dauerhaft gespeichert werden (vgl. Inui und Miyamoto 1981; Intraub 1984).

Obwohl es Extremfälle gibt, in denen Bilder nicht unbedingt bessere Ergebnisse erzielen als verbale Informationen, darf nicht übersehen werden, daß im **Normalfall die Bildinformationen** stets den verbalen Aussagen **überlegen** sind. Inwieweit eine ausreichende Diskrimination zwischen ähnlichen Erscheinungsformen lediglich durch eine andere Farbe erzielt werden kann, wie im Beispiel General versus Meister Proper, kann heute noch nicht beantwortet werden. Park und Mason (1982) zeigen zwar, daß Farbe die Reichhaltigkeit der Speicherung im Gehirn erhöhen kann, belegen aber gleichzeitig, daß Farbe nicht absichtslos - also beiläufig - mitgelernt wird (vgl. auch Kiphart et al. 1984).

Die systematische Differenzierung nach obigem Schema hat jedenfalls eine Reihe komplizierter Wechselwirkungen aufgezeigt. Es wird nicht einfach sein, diese sehr subtilen Wechselbeziehungen in der Wissensbasis des Expertensystems zu berücksichtigen. Gleichzeitig zeigt sich an diesem Beispiel, daß man hierfür nicht ohne weiteres ein geeignetes Werkzeugsystem finden wird.

3. Es konnte ein Phänomen herauskristallisiert werden, das man mit "Lernen von abstrakten Bedeutungen auf höherem Gedächtnisniveau" umschreiben und das als Indiz für ein drittes Speichersystem auf Konzeptebene gelten kann (vgl. Bugelski 1983; Kroll und Potter 1984; Pezdek 1977; Potter 1979; Snodgrass 1984).

Zeigt man zum Beispiel das Bild eines Autos (ohne Skiträger) neben einem Baum und gibt danach die verbale Information "Das Auto neben dem Baum hatte einen Skiträger auf dem Dach" so passiert folgendes. Die Testpersonen integrieren diese einzelnen Informationseinheiten und bilden einen modalitäts-unabhängigen Informationschunk. Sie sind später zu einem erheblichen Teil davon überzeugt, das Bild "Auto mit Skiträger neben einem Baum" gesehen zu haben.

Allerdings ist dieser Effekt nicht ganz so dramatisch, wie er von den Gegnern der dualen Kodierungstheorie beschrieben wird. Immerhin erinnert sich die

Mehrzahl der Testpersonen an das ursprünglich gezeigte Bild. Trotzdem sind die Ergebnisse signifikant, so daß dieser Effekt einer abstrakten, modalitätsunabhängigen Speicherform berücksichtigt werden sollte.

Die zeitversetzte Schaltung unterschiedlicher Werbeaussagen in TV und Rundfunk, oder die Präsentation von verschiedenen Produktvorteilen in einem Spot, teils visuell und teils verbal, führen hiernach zumindest teilweise zu einer Gesamtintegration im Gehirn. Diese mögliche Technik dürfte aber die Verarbeitungskapazität eines low-involvierten Zuschauers überfordern. Es muß deshalb eine wohldosierte Abwägung gefunden werden.

Ein abschließendes Wort: Diese Grundsatzdiskussion wird in den nächsten Jahren wohl kaum durch eindeutige empirische Belege beendet werden. Trotzdem kann man schon heute der visuellen Kommunikationsforschung eine Vielzahl von Anregungen entnehmen (vgl. Kroeber-Riel 1983; Madigan 1983; Mitchell 1983; Nelson 1979; Paivio 1986).

Ungeachtet eines heute nicht vorhandenen Detailwissens, wie nun physiologisch verbale und nonverbale Inhalte gespeichert werden, steht die funktionale Wirksamkeit von Imagery außer Frage. Denn die gesamten Forschungsergebnisse können auch jetzt schon zur Optimierung von gedanklichen Verarbeitungsprozessen genutzt und angewendet werden, auch wenn noch unklar ist, ob es nun ein, zwei oder gar drei spezialisierte Speichersysteme gibt. Die positive Wirkung von Imagery, und dies wird durch eine Vielzahl empirischer Studien belegt, steht außer Frage.

Die Modifikation der ursprünglichen Extrempositionen in der Modellformulierung zeigt, daß es das allgemeingültige Gedächtnismodell noch nicht gibt. Die Befürworter semantischer Netzwerke erweitern ihre eindimensionale Sichtweise und diskutieren mehrmodale Modellerweiterungen.

Gleichzeitig hat Paivio (1986) eine vollständig überarbeitete Version seiner Theorie vorgestellt, die in wichtigen Detailfragen nun auch assoziative Strukturen integriert.

Als arbeitsdefinitorische Grundlage wird dieses erweiterte Modell einer dualen Kodierung mit assoziativen Strukturen übernommen, da hiermit die Bildinformationsverarbeitung fast erschöpfend erklärt werden kann (vgl. Abb. 29). Die nicht durch gerichtete Verknüpfungen verbundenen Speichereinheiten repräsentieren abstrakte Wörter und als **wichtige Weiterentwicklung: abstrakte, nicht-verbalisierbare Bilder**. Paivio (1986) spricht von "abstract logogens" und "unnamed imagens" (vgl. auch Krauß 1982).

Wie wichtig die Implementierung einer dualen Verarbeitungstheorie in ESWA ist, zeigt die Studie von Bryce und Olney (1988). Mit professionell manipulierten TV-Spots konnten sie zeigen, daß die visuelle Komponente auch für den Recall von Werbeaussagen von Bedeutung ist. Umgekehrt können Radiospots im Extremfall ebenso hohe Recognitionwerte erzielen wie die vergleichbaren TV-Spots.

6.1.5. Bildbezogene Gestaltungstechniken mit Gedächtniswirkungen

Kein Themenkomplex zeigt wohl die Verzahnung von verbalen und nonverbalen Reizeigenschaften deutlicher, als die Analyse von Bildwirkungen. Anschauliche, konkrete Wörter und Sätze werden zum Teil bildlich gespeichert, wie umgekehrt (konkrete) Bilder auch sprachlich verarbeitet werden.

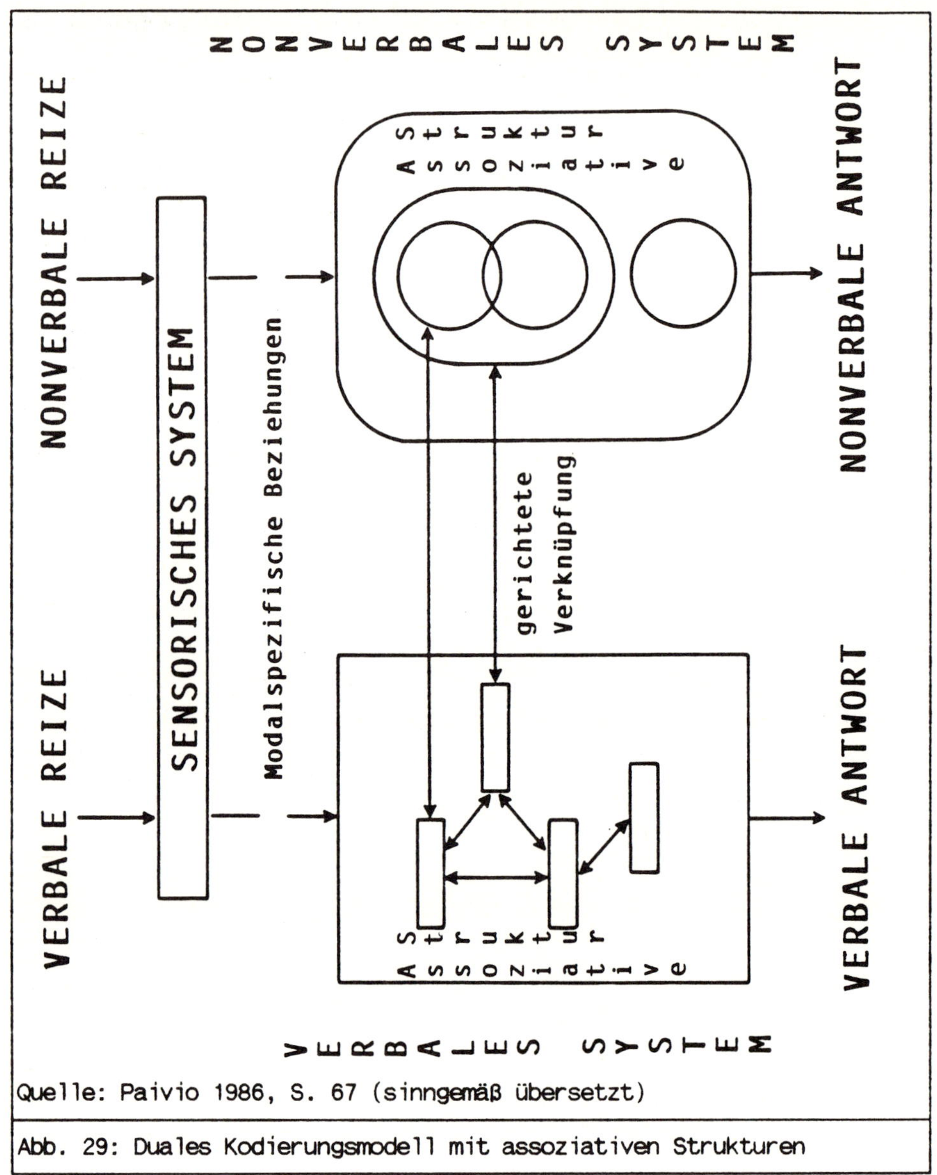

Quelle: Paivio 1986, S. 67 (sinngemäß übersetzt)

Abb. 29: Duales Kodierungsmodell mit assoziativen Strukturen

6.1.5.1. Konkretheit (Bildhaftigkeit)

Die Konkretheit eines Reizes, also auch des Bildes, ist eine entscheidende Variable dafür, wie gut der Reiz im Gedächtnis verarbeitet wird. Folgt man der dualen Kodierungstheorie, so ergibt sich folgende klassische Gedächtnishierarchie, die allerdings noch keine Aussage über abstrakte Bilder enthält (vgl. Kapitel 6.1.4.2.):

	Speicherung im Gehirn visuell	verbal	Effizienzfaktor
B i l d e r	+ + +	+ +	hoch
Konkrete Wörter	+	+ + +	mittel
Abstrakte Wörter	-	+ + +	niedrig

Zusammenfassend wurde festgestellt: Reale Objekte werden besser erinnert als Bilder, Bilder werden besser erinnert als konkrete Wörter, und diese wiederum besser als abstrakte Wörter. Die Konkretheit einer Information erweist sich als Schlüsselgröße dafür, wie gut die Information behalten wird. In dem Maße, in dem es gelingt, Informationen über ein Produkt oder allgemein ein Angebot bildlich bzw. in einer bildhaften und konkreten Sprache zu präsentieren, wächst die Chance für die Erinnerung an diese Information.

Ein Beispiel: Soll die Anzeige einer Fluggesellschaft als zentrale Argumentation das große internationale Liniennetz dieser Gesellschaft übermitteln, so kann dies entweder durch einen längeren Text geschehen, in dem die angeflogenen Flughäfen namentlich aufgeführt sind, oder durch eine Weltkarte, auf der die einzelnen Orte eingezeichnet sind. Die bildliche Darstellung mittels einer Landkarte wird nicht nur eine schnellere Informationsaufnahme begünstigen, auch die spätere Erinnerung an das Liniennetz wird einer verbalen Vermittlung überlegen sein.

6.1.5.2. Bildkomposition

Hier wird der Frage nachgegangen, wie durch systematische Bildkomposition die Werbewirkung gesteigert werden kann. Es gibt bereits eine Reihe von abgesicherten Gestaltungsregeln, die oft genug verletzt werden und deshalb für die Aufnahme in die Wissensbasis eines Expertensystems besonders vielversprechend sind (vgl. u.a.: Alesandrini und Sheikh 1983; Spoehr und Lehmkuhle 1982).

Bildorganisation

Sobald mehrere Elemente in einem Bild vereint sind - wie es für Werbung mit Bildern mittlerer Komplexität zutrifft - wird das räumliche Zusammenwirken der

Einzelelemente zur Schlüsselgröße. Es kommt jetzt darauf an, wie das Bild organisiert ist. Stimmt die relative Größe der Gegenstände überein und besitzt das Bild durch realistische Gestaltung eine ausreichende Wirklichkeitsnähe, so spricht man von einem "organisierten Bild" (Hock et al. 1978; Mandler und Johnson 1976; insbes. Mandler und Ritchey 1977). Abb. 30 zeigt eine typische Anzeige dieser Art, wobei gleichzeitig eine relativ neuartige, ungewöhnliche Bildkomposition erreicht wurde.[22]

Abb. 30: Weitgehend wirklichkeitsnahe Bildorganisation mit hoher Neuartigkeit

Wird die Wirklichkeitsnähe der Bilder verletzt, indem menschliche Wahrnehmungsschemata mißachtet werden, so spricht man von "unorganisierten Bildern". Abb. 31 zeigt eine typische Anzeige dieser Art.

22 Dies bestätigt auch Paivio (1975) mit seiner Unterscheidung nach kongruenter Bildgestaltung mit wirklichkeitsgerechten Größenverhältnissen zwischen den Elementen, im Gegensatz zu Zeichnungen, in denen sich die physikalischen Relationen widersprechen.

Abb. 31: Unorganisierte Anzeige

Man geht davon aus, daß der Mensch durch Erfahrungen mit der Umwelt bestimmte Erwartungshaltungen entwickelt. Aus diesen Erwartungshaltungen leiten wir bestimmte Muster ab, wie Bildelemente in unserer visuellen Welt zueinander in Beziehung stehen. Wenn die Komposition der Einzelelemente einer Szene den "normalen" Erwartungen, die aus der natürlichen Umwelt abgeleitet werden, entsprechen, spricht man auch von einem "real-world" Schema. Umgekehrt führen Verletzungen dieser Wahrnehmungsmuster zu mehr oder weniger "unorganisierten Bildern" (vgl. Hock et al. 1978; Mandler und Ritchey 1977).

Es lassen sich fünf Bedingungen ableiten, die zu einer Verminderung der Bildorganisation beitragen (vgl. Biederman 1977; 1981; Biederman et al. 1983):

1. Position, z. B. ein Briefkasten steht auf einem Auto. Es ist zwar relativ wahrscheinlich, daß das Objekt in der Szene vorkommt, aber es ist unwahrscheinlich, daß es in dieser Position angetroffen wird.

2. Größe, z. B. ein Briefkasten erscheint höher als ein Hochhaus (unnatürliche Größenverhältnisse).

3. Fehlende Stützung, z. B. ein fliegendes Telefon. Das Bildelement hat keinen Kontakt zu einem stützenden Gegenstand.

4. Wahrscheinlichkeit, z. B. ein Briefkasten in einer Küche. Es ist ziemlich unwahrscheinlich, daß das Objekt in dieser Umgebung auftaucht.

5. Konturverwischung, z. B. wenn der Hintergrund durch den Briefkasten hindurch zu sehen ist. Eine Darstellung dieser Art läßt das Objekt durchsichtig erscheinen, oder man hat die Vorstellung, als durchquere das Objekt ein anderes Bildelement.

Mit diesen fünf Bedingungen wurde eine erste Grundlage geschaffen, Bildkompositionen nach objektiven Kriterien zu kategorisieren und die Wirkungen experimentell zu überprüfen. Dabei stellte sich heraus, daß die Konturverwischung die geringsten Effizienzeinbußen verursacht. Je mehr dieser Einzelbedingungen jedoch gleichzeitig in einer Szene verletzt werden, desto ungünstiger wirkt sich dies auf die Bildverarbeitung aus.

Dem negativen Effekt einer geringeren Bildorganisation steht auf der anderen Seite eine positive Wirkung durch eine stärkere Aktivierung gegenüber. Bei geringer Wahrscheinlichkeit, fehlender Objektstützung und auch bei ungewöhnlicher Größe wird sicherlich die dadurch ausgelöste Aktivierung über den Werten einer "Normalszene" liegen. Dieser Aspekt wurde jedoch in der

Bildverarbeitungsforschung bislang vernachlässigt. Zur Integration beider theoretischen Positionen fehlen deshalb bisher empirische Ergebnisse, so daß diese Wechselwirkung der Effekte in einem Expertensystem durch sog. "vages" Expertenwissen abzufangen ist. Gerade für diese Fragestellung zeigt sich aber auch die spezifische Stärke künstlich intelligenter Systeme, die über die eingangs beschriebenen Techniken auch für solche Fälle Problemlösungen anbieten.

Neuartige Bildgestaltung

Verändert man das Zusammenwirken der Bildelemente derart, daß sich ein neuartiger, ungewöhnlicher Gesamteindruck ergibt, spricht man von einer neuartigen Bildgestaltung. Neuartigkeit ist ein relativer Faktor, der stets aus dem Kontext der relevanten Verleichswerbung abgeleitet werden muß. Da Neuartigkeit sowohl aktivierende Wirkungen entfaltet (vgl. hierzu Kapitel 4.2.) als auch häufig nicht unabhängig von den beiden anderen, grundlegenden bildlichen Gestaltungstechniken betrachtet werden kann, ist eine isolierte Analyse der Neuartigkeit nicht sinnvoll (vgl. zur Integration neuartiger Informationen auch Wilton und Myers 1986).

Interaktion

Hier handelt es sich um die Beziehung der Bildelemente untereinander. Die einzelnen Gegenstände und Personen können entweder beziehungslos nebeneinander stehen oder aber in Interaktion treten. Interaktionswirkung erzielt man, indem die Objekte räumlich eng zusammenstehen und/oder eine inhaltliche Beziehung hergestellt wird. Überlappen sich die zusammenwirkenden Bildelemente nicht, so muß zumindest eine starke inhaltliche Beziehung aufgebaut werden (vgl. u.a.: Lutz und Lutz 1977; McKoon 1981; sowie zum räumlichen Zusammenwirken von Bildelementen Kosslyn et al. 1983; Kroeber-Riel 1984c).

Bislang wurden diese drei grundlegenen Gestaltungsfaktoren - Organisation, Neuartigkeit und Interaktion - weder in der Grundlagenforschung, noch im angewandten, werbewissenschaftlichen Bereich experimentell vollständig manipuliert und untersucht. Dies ist auch nahezu unmöglich, da die einzelnen

Faktoren nicht ganz unabhängig voneinander sind. Da bislang auch in der Literatur diese drei Gestaltungsfaktoren nicht simultan betrachtet wurden, ist jetzt eine Möglichkeit gegeben, nach diesem Schema die vorhandenen empirischen Belege einzuordnen und für die Wissensrepräsentation aufzubereiten. Jedoch konnte der multiplikative Effekt einer **neuartigen und organisierten Bildgestaltung** auch für Anzeigen belegt werden (vgl. Neibecker 1987b).

6.1.6. Einzeltechniken bildlicher Gestaltung

6.1.6.1. Buchstabenbetonung

Der Einsatz von Bildern zur Ergänzung und Verstärkung von Wörtern ist eine bewährte Technik, die auch für die Werbung erfolgreich getestet wurde. Insbesondere wurde diese Sozialtechnik zur bildhaften Verstärkung von Markennamen eingesetzt. Abb. 32 zeigt hierzu zwei Beispiele. Bei Cooper erfolgt die Betonung des ersten Bustabens des Markennamens. Cooper Donuts verkauft Konditoreiwaren, so daß es naheliegt, einen angebissenen Krapfen zur Visualisierung des C zu verwenden. Bei Magic Mushroom wird die gleiche Technik, jedoch innerhalb des Namens selbst verwendet (vgl. auch Lippman und Shanahan 1973).

Markenname: Cooper Donuts   Markenname: Magic Mushroom Cyclery

Quelle: Alesandrini und Sheikh 1983; Alesandrini 1983

Abb. 32: Beispiele für (interaktive) Buchstabenbetonungen

Diese Art bildhaft verstärkter Markennamen fördert die gedankliche Verarbeitung. Besonders erfolgversprechend ist die Buchstabenbetonung, wenn es gelingt, einen inhaltlichen Bezug zum Markennamen selbst herzustellen. Dann sind die Recallwerte nachweislich höher (vgl. Alesandrini 1983; Lutz und Lutz 1977).

6.1.6.2. Bildliche Analogien

Nicht immer ist es möglich, einen Marken- oder Firmennamen durch Buchstabenbetonung visuell zu verstärken. Dies liegt oftmals daran, daß der einmal gewählte Name zu abstrakt ist, als daß man eine unmittelbare bildliche Umsetzung damit verbinden könnte. UHU, BASF, BMW, DEUTSCHE BANK usw. sind hierfür einige Belege. Für abstrakte Marken- bzw. Firmennamen besteht grundsätzlich die Möglichkeit, durch Analogien bestimmte bildgestützte Assoziationen zu erzeugen, etwa die Verwendung blau-weißer Farben für BMW. Das Beispiel zeigt jedoch, daß es bei abstrakten Namen besonders schwierig ist, diese Technik umzusetzen. Hier bietet es sich deshalb an, andere Techniken der Werbewirkungssteigerung einzusetzen.

Anders sieht es dagegen mit konkreten Markennamen aus. So läßt sich "Meister Proper" wesentlich effektiver und einfacher durch eine Bildanalogie verwirklichen. Die Verknüpfung von Bild und Markenname leitet unmittelbar zu der vielversprechenden Technik der visuellen Präsenzsignale über.

6.1.6.3. Visuelle Präsenzsignale

Die hervorragende Gedächtniswirkung von Bildern kann an dieser Stelle kaum noch bezweifelt werden. Die überduchschnittliche Speicherleistung für Bilder und die damit zusammenhängenden Mnemotechniken sollte sich das Marketing deshalb zunutze machen, um die gedankliche Präsenz eines Angebots zu verbessern. Es kommt deshalb darauf an, innere Bilder, sog. Gedächtnisbilder, zu erzeugen, die für eine Marke, ein Angebot, als visuelle Präsenzsignale wirken. Dies kann dadurch erreicht werden, daß man:

- das Angebot selbst in visueller Form darbietet, zum Beispiel durch ein konkret-bildliches Markenzeichen wie das Michelin-Männchen.
- das Angebot mit einem einprägsamen Bild verknüpft, obwohl zwischen Angebot und Bild keine erkennbaren Beziehungen bestehen. In diesem Zusammenhang sei an das Sonderpreisangebot der Bundesbahn und an den Bernhardiner "Bruno" von Ajax erinnert.
- das Angebot mit einem assoziativ verknüpften Bild in Beziehung bringt, z.B. die lila Kuh von Milka.

Über die gesteigerte und dominierende Bilderinnerung wird eine bessere gedankliche Präsenz des Angebots erreicht. Ferner ruft die Erinnerung an das Bild automatisch weitere Vorstellungen über die Marke ins Gedächtnis.

Die durch Gedächtnisbilder gestützte gedankliche Präsenz einer Marke wird im Hinblick auf die zunehmende Informationsüberlastung der Konsumenten immer wichtiger (vgl. Brünne et al. 1987; Kroeber-Riel 1987). Bei Inforamtions-überlastung wird es zunehmend schwieriger, zu den aktuellen, wahrgenommenen Alternativen zu gehören und über Jahre hinweg auch in dieser Alternativenmenge zu bleiben.

Visuelle Präsenzsignale tragen dazu bei, dieses Ziel zu erreichen. Oder ökonomisch ausgedrückt: Ohne diese visuellen Präsenzsignale sind mehr Aufwendungen erforderlich, um gedanklich beim Konsumenten präsent zu bleiben.

Ist die gedankliche Brücke zwischen dem Angebot (der Marke) und dem Präsenzsignal erst einmal hergestellt und im Gehirn verankert, so kann man über lange Zeit davon profitieren. Zur gedanklichen Auffrischung genügen dann kurze visuelle Auftritte.

6.1.6.4. Aktivitätseffekt

Die verarbeitungsfördernde Wirkung von aktiv ausgeführten Handlungen und Tätigkeiten kann gewinnbringend in der Werbung verwendet werden. Es konnte gezeigt werden, daß aktive, eine Tätigkeit bzw. Bewegung ausführende Objekte stets vor den leitenden Objekten - dem "Opfer" - identifiziert werden. Durch die erhöhte Wahrnehmungsgeschwindigkeit und gezielte Ausrichtung der Aufmerksamkeit auf aktive Bildelemente können die Schlüsselinformationen effizienter in Szene gesetzt werden (vgl. Segalowitz 1982). In Abb. 33 wird diese Technik dargestellt. So wird zuerst der beißende Fisch, wie auch die beißende Ganz dechiffriert und wahrgenommen. Übertragen auf die Werbung bedeutet das: eine fallende Flasche als aktives Element (z.B. die Lenorflasche), die in einen Korb fällt, fördert die Produktwahrnehmung. Umgekehrt wird die (visuelle) Verarbeitung des Schlüsselreizes Produkt vermindert, wenn eine auf dem Tisch stehende (passive) Flasche von einem Präsenter zur Seite geschoben wird, um noch einige Produktvorteile vorzustellen.

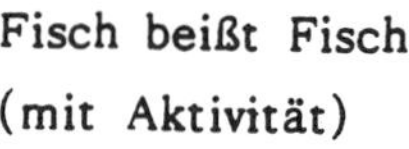

Fisch beißt Fisch
(mit Aktivität)

Gans beißt Lamm
(mit Aktivität)

Fische hintereinander
(ohne Aktivität)

Quelle: Segalowitz 1982 (mit Änderungen)

Abb. 33: Beispiele für aktive Bilddarstellungen

6.1.6.5. Paarassoziatives Lernen

Ursprünglich wurde die Technik des paarassoziativen Lernens für (verbale) Laborexperimente entwickelt.[23] Die Testpersonen sollen eine Liste mit Wortpaaren, bzw. eine Liste mit Zeichnungen und Worten lernen. Später wird nur ein Wort einer Paarung vorgegeben - die Aufgabe der Testpersonen besteht darin, sich an das zweite, fehlende Wort zu erinnern. Viele empirische Ergebnisse der Imageryforschung beruhen auf dieser Methode (vgl. u.a.: Spoehr und Lehmkuhle 1982).

---

23 Da es für die Themenstellung der Arbeit wenig zweckmäßig erscheint, einer lerntheoretisch determinierten Gliederung zu folgen, wird das paarassoziative Lernen im Rahmen der Bildverarbeitung dargestellt.

In der Werbung stößt man auf ganz ähnliche Bedingungen. Hier wird die Marke zum Zielobjekt, das simultan mit anderen, gleichzeitig dargebotenen Reizen gelernt werden soll. Diese zusätzlichen Lernelemente ermöglichen in der Kaufsituation eine stichwortgebundene Erinnerung ("retrieval cue") an die Marke.

Will man die stichwortgebundene Erinnerung ausnutzen, so ist folgende Effizienzrangfolge zu beachten (vgl. Madigan 1983):

- Bild für Wort.
- Wort für Wort; in etwa so gut wie: Bild für Bild.
- Wort für Bild.

In Abb. 34 wird die Lerneffizienz für unterschiedliche Kombinationen von verbalen und visuellen Reizen noch einmal verdeutlicht. Hierbei ist zu beachten, daß solche Laborexperimente unter erhöhtem Situationsinvolvement stattfinden. Es ist deshalb nochmals daran zu erinnern, daß für Low-Involvement Situationen eine stärkere assoziative Verknüpfung erforderlich ist, da die paarassoziative Lernleistung sonst nicht ausreicht. Es sind dann verstärkende Sozialtechniken, wie die inhaltliche Integration, die Ausnutzung von Interaktionswirkungen oder der Einsatz von Aktivitätseffekten, einzusetzen (vgl. auch die davon abweichenden Ergebnisse von Houston et al. 1987 bei längeren Darbietungszeiten).

Weniger eindeutig sind auch die Auswirkungen paarassoziativer Lernbedingungen auf die Überzeugung. Werden verbale Informationen einmal mit und ohne identisches Zeichen dargeboten, können verbale Statements ohne verstärkendes Bild bessere Beurteilungen bewirken (vgl. Kisielius und Sternthal 1984).

	Visueller Reiz	Verbaler Reiz
Bild und Wort identisch	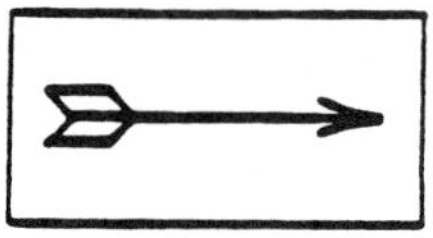	Pfeil
Bild und Wort unterschiedlich	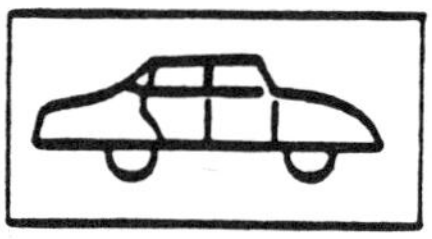	Baum
Wort ohne Bild		Stuhl

Als relative Lernleistung erhält man: Pfeil
Auto
Baum
Stuhl

Quelle: Madigan 1983, S. 68 (sinngemäß übersetzt)

Abb. 34: Lerneffizienz für unterschiedliche Kombinationen von verbalen und visuellen Reizen

6.1.7. Argumentationswirkung

6.1.7.1. Automatische Verarbeitung von Bildern

Die besonders schnelle und effiziente Weise, in der Bilder durch den Menschen wahrgenommen werden, läßt darauf schließen, daß hierbei besondere Verarbeitungsprozesse eingeschaltet sein müssen. Man kann sogar davon ausgehen, daß der größte Teil visueller Reize automatisch verarbeitet wird (vgl. Kroeber-Riel 1983; Merikle und Cheesman 1987; Rossiter und Percy 1983). Das bedeutet, daß der erste Verarbeitungsschritt, der unmittelbar auf die Reizaufnahme folgt, eine automatische Dekodierung auslöst.

Durch die automatische Reizverarbeitung ist sichergestellt, daß für bildliche Reize in jedem Fall eine Vorverarbeitung stattfindet. Diese Feststellung steht im Gegensatz zu den klassischen Informations-verarbeitungsmodellen, die eine gezielte Aufmerksamkeitslenkung und ausgedehnte, gedankliche Auseinandersetzung mit dem aufgenommenen Reiz postulieren.

So kann man das automatische Verhalten als den entgegengesetzten Pol zum willentlich kontrollierten Verhalten auffassen. Man kann davon ausgehen, daß der automatischen Verarbeitung eine direkte Reiz-Reaktionssequenz zugrunde liegt, die sich weitgehend der willentlichen Steuerung durch den Menschen entzieht (vgl. Natsoulas 1981; Underwood 1979). In diesem Zusammenhang ist darauf hinzuweisen, daß für diesen unmittelbar auf die visuelle Reizaufnahme folgenden Verarbeitungsschritt vor allem biologische Verhaltensweisen in Frage kommen.

Wie diese Prozesse im einzelnen ablaufen, ist noch weitgehend ungeklärt. Bekannt sind jedoch eine ganze Reihe verwertbarer Auswirkungen dieser bildtypischen Reizverarbeitung.

6.1.7.2. Argumentation mit Bildern

Verbale Informationen regen unser analytisches Denken an und werden nach logischen Regeln verarbeitet. Bilder werden dagegen zuerst ganzheitlich aufgenommen und führen mehr zu intuitiven Einsichten und Haltungen. Deshalb kann man mit Bildern Informationen vermitteln, die bei sprachlicher Darbietung weitgehen unwirksam bleiben.

So bewährt sich bildbetonte Werbung auch in jenen Bereichen, die bislang als Domäne verbal-kognitiver Informationsvermittlung angesehen wurden. Durch die geringere gedankliche Kontrolle beim Bildverarbeitungsvorgang löst bildbetonte Werbung weniger kognitive Reaktionen aus.

Edell (1981) hat diesen Sachverhalt näher untersucht. Es wurden verschiedene Anzeigenversionen für ein Auto, eine Kamera und einen Taschenrechner erstellt (vgl. auch Edell und Staelin 1983). Die verbalen Anzeigen enthielten eine sachliche Schilderung der Produktvorteile im Text und eine kleine Produktabbildung. Die bildbetonten Anzeigen vermittelten dagegen die Produktvorteile im Bild, es blieb nur ein allgemeiner Textblock übrig. In der Autoanzeige wurde zum Beispiel die umklappbare Rückenlehne visuell dargestellt. Eine dritte Variante kombinierte verbale und visuelle Darstellung der Produktvorteile.

Die Ergebnisse sind bemerkenswert: Die visuell-dominanten Anzeigen lösten weniger kognitive Reaktionen aus. Der logisch-verbale Kontrollmechanismus wurde von diesen Anzeigen weniger angesprochen, weshalb die gesamte Reizverarbeitung nach einem anderen Muster abläuft. Es wird weniger über die Produkteigenschaften nachgedacht, die für den Konsumenten persönlich wichtig sind. Dieser läßt sich vielmehr stärker von den visuellen Argumenten der Werbung fesseln. Deshalb führen bildlich-assoziativ vermittelte Produkteigenschaften auch eher zu Einstellungsänderungen als verbale Eigenschaftsbeschreibungen.

Die bildliche Argumentationswirkung ist aber nicht allein auf die Vermittlung objektiver, sachlicher Informationen beschränkt. So konnte gezeigt werden, daß die **Weichheit** eines Kosmetiktuches durch die gleichzeitige Darstellung eines Kätzchens in der Anzeige wesentlich stärker beeinfluß werden kann, als mit Textaussagen (vgl. Mitchell und Olson 1981). Die Bildinformation transportiert also die Erlebniskomponente Weichheit und Saugfähigkeit effizienter, als verbale Statements, wodurch auch die Einstellung zum Werbemittel (Akzeptanz) und die Einstellung zur Marke positiv beeinflußt wird. Allerdings wird auf eine mögliche "Inflation" des Fehlers 1. Art in dem verwendeten Meßwiederholungsdesign hingewiesen. Eine Wiederholung des Experiments mit geändertem Design zeigt, daß auch verbale Statements wie "besonders weich" vergleichbare Wirkung entfalten können, so daß der überlegene Effekt der Bildaussage - zumindest für mittleres Involvement - relativiert wird (vgl. Heimbach und Yalch 1988).

6.1.8. Aktive Aufmerksamkeitslenkung in der TV-Werbung

Während der Aufnahme- und Verarbeitungsprozeß bei Printwerbung in erheblichem Umfang vom Betrachter gesteuert werden kann, besteht bei dynamischen Medien die Möglichkeit, diese Kontrolle dem Zuschauer teilweise zu entziehen (vgl. Wright 1981). Sobald die aufmerksame Hinwendung zum Spot erzielt wurde, bestimmt der Werbetreibende durch Gestaltung, insbesondere durch Schnittfolge, Inszenierung und Thematik des Spots, wieviel Zeit dem Betrachter bleibt, sich mit den einzelnen Botschaften auseinanderzusetzen. Deshalb ist die Werbestrategie ganz besonders sorgfältig auf dieses Medium abzustimmen, sonst kann es leicht vorkommen, daß der Werbeerfolg alleine wegen technischer Umsetzungsmängel ausbleibt (vgl. Intraub 1984; Rossiter und Percy 1983).

So sind die bereits aufgezeigten Erkenntnisse bezüglich der Darbietungsdauer von Schlüsselreizen, der Einsatz aufmerksamkeitsfördernder Einstiegsemotionen, die Verwendung paarassoziativer Lernstrukturen, die optimale Konditionierungsreihenfolge usw. in TV-Spots wesentlich besser umzusetzen als in Anzeigen. Jedoch darf die Verarbeitungskapazität des eher low-involvierten Zuschauers nicht überschätzt werden. Deshalb bietet es sich an, **zuerst visuelle Informationen** darzubieten und **danach in** einer dem vorausgegangenen Bildmaterial **redundanten Szene** die gewünschten **verbalen Informationen** zu **liefern.** Werden dagegen neue und komplexe Bilder mit sachlichen Textaussagen gleichzeitig dargeboten, so wird häufig die Verarbeitungskapazität überfordert. Es findet dann eine Aufmerksamkeitshinwendung zu den stärker aktivierenden Elementen statt, in der Regel zum Bild, und die Textinformation geht verloren.

6.1.9. Wissensbasis zur Bildverarbeitung

Aufgabe einer bildbetonten Werbung muß es sein, insbes. wenn sie auf Aktualisierungswirkung abzielt, sich mit ihren Bildkomponenten im Gehirn des Konsumenten zu verankern und sich so weit wie möglich von der Konkurrenz abzuheben. Diese Unterscheidbarkeit von der Konkurrenz erzielt man, indem man Unverwechselbarkeit oder anders formuliert keine austauschbare Werbung kreiert. In Abb. 35 ist zu erkennen, daß wir die Austauschbarkeit als erste Teilkomponente zur Erzielung einer guten Bildverarbeitungsleistung berücksichtigen (durch den negativen Steigungsparameter wird die Wirkungsrichtung umgedreht). Je weniger sich die Bildgestaltung von der

Konkurrenzwerbung unterscheidet (Diskrimination durch Bild), je austauschbarer die inhaltliche Aussage ist und je vertrauter die Zielgruppe mit der vorliegenden Werbung ist, desto größer ist die Austauschbarkeit. Das Faktum "Diskrimination durch Bild" leitet sich aus folgenden Fakten ab, die wir hier aus Gründen der Übersichtlichkeit nicht graphisch darstellen:

AUSTAUSCHBARKEIT DER ERSCHEINUNGSFORM
und, sofern eine ganze Kampagne bzw. eine Kombination mit Reminder beurteilt wird, aus:
NEUANORDNUNG DER BILDELEMENTE und
BILDELEMENTE HINZUGEFÜGT/ENTFERNT.

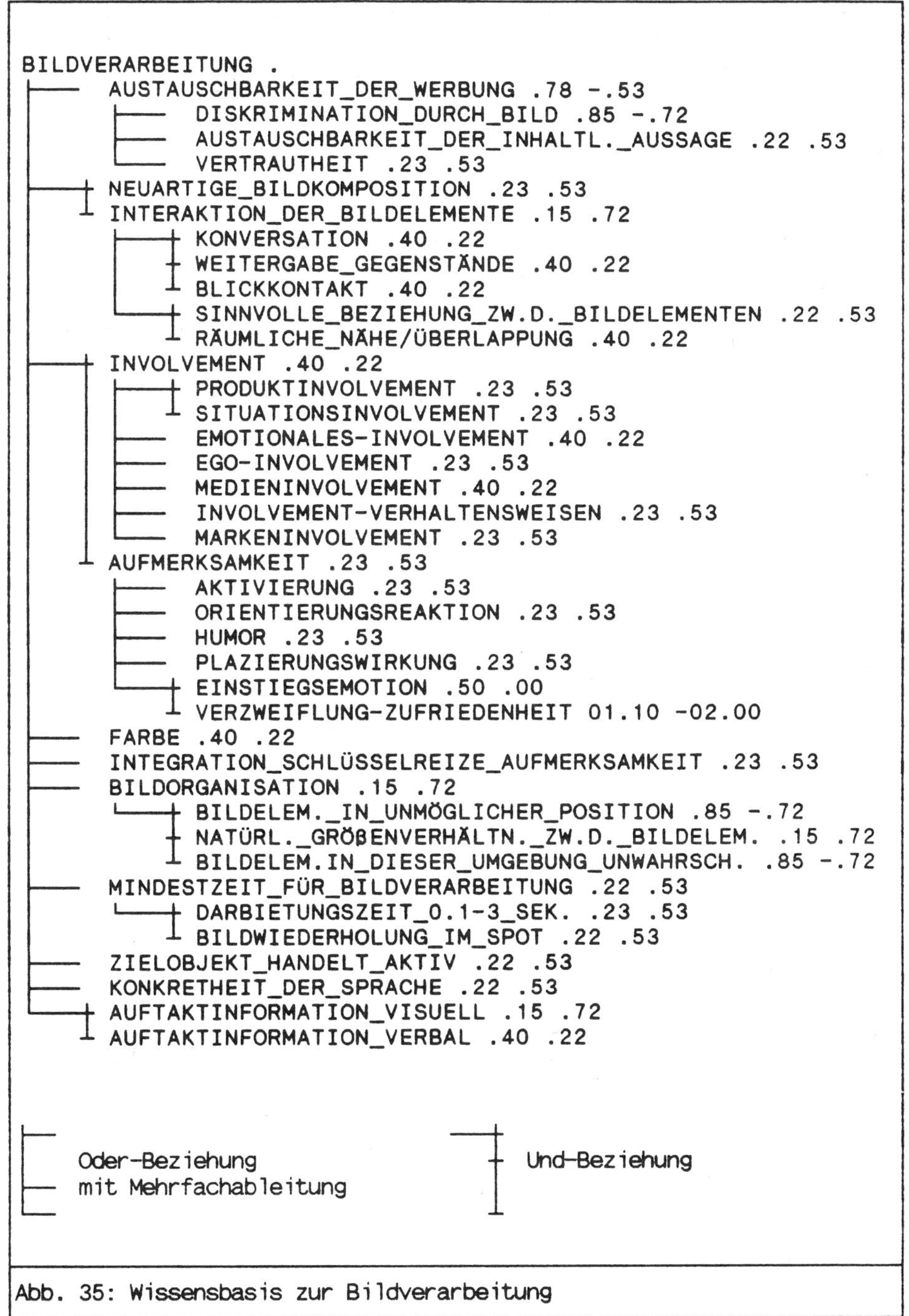

Abb. 35: Wissensbasis zur Bildverarbeitung

Dies geht auf den Gedanken zurück, daß zur Erzielung einer visuellen Diskrimination gegenüber der Konkurrenz ein Bildmotiv möglichst vielschichtig mit der Marke assoziiert werden soll. Aus der Bildverarbeitungsforschung sind uns eine Reihe gestalterischer Modifikationen bekannt, die einerseits als Veränderung wahrgenommen werden, andererseits aber die Gesamtaussage kaum berühren. Dies sorgt für eine reichhaltigere Speicherung der Werbung im Gehirn und beugt auch Abnutzungseffekten vor. Die hierzu am besten geeigneten Modifikationen sind eine Neuanordnung der Bildelemente und/oder das Hinzufügen oder Entfernen einzelner Bildelemente, so daß die Hauptaussage des Bildes erhalten bleibt (vgl. auch Pezdek 1978).

Die Neuartigkeit der Bildkomposition wurde bereits im Kapitel zur Aktivierung besprochen. Sie wird hier deshalb zusätzlich berücksichtigt, da man eine starke Interaktionswirkung erzielt, wenn neuartig **und** interaktiv gestaltete Bilder verwendet werden. Die Interaktionswirkung selbst wird aus einer Regel mit eher spezifischen Teilaspekten, wie z.B. die Weitergabe eines Gegenstandes, und aus einer Regel mit generellen Techniken, wie der sinnvollen Beziehung zwischen den Bildelementen, abgeleitet.

Involvement und Aufmerksamkeit behandeln wir, wie bereits ausgeführt, als interaktive, aber selbständige Konstrukte mit katalytischer Wirkung auf die Bildverarbeitungsleistung. Wir geben der Aufmerksamkeit ein mittleres Gewicht, berücksichtigen aber die Tatsache, daß visuelle Kommunikation auch unter Low-Involvement-Bedingungen sehr effizient abläuft, dadurch, daß wir Involvement hier nur schwach gewichten. Für verbale Verarbeitungsprozesse ist die Situation ganz anders, hier werden wir dann die Involvementkomponente wesentlich stärker gewichten.

Mit dem Faktum "INTEGRATION_SCHLÜSSELREIZE_AUFMERKSAMKEIT" kommt nun erstmals die Abstimmungshypothese zum Tragen, wonach eine von der Werbeaussage losgelöste Aktivierung keinen Beitrag zum Werbeziel leistet, sondern im Gegenteil sogar die erwünschte Werbewirkung herabsetzt. Dies ist gleichzeitig ein gutes Beispiel dafür, daß man mit konventionellen Checklisten, die verschiedene Einzelkomponenten lediglich additiv zusammensetzen, solche diffizilen Wechselwirkungen kaum berücksichtigen kann. Wir berücksichtigen diesen Aspekt, indem das Vorhandensein einer Integration zwischen Schlüsselreiz und aufmerksamkeitsfördernden Elementen geprüft wird. Sofern dies verneint werden muß, liefert diese Regel einen abschwächenden Beitrag zur Bildverarbeitung.

Die Bildorganisation betrachten wir als eine wichtige Wirkungsvariable, insbes. da wir die grundlagenpsychologischen Erkenntnisse u.W. erstmals auch in einem Werbeexperiment bestätigen konnten, während wir in vielen anderen Bereichen lediglich auf die Grundlagenexperimente zurückgreifen können. Dies trifft etwa auf den Aspekt der Aktivität des Zielobjektes zu, wohinter sich eine vielversprechende Technik verbirgt, die aber in Werbeexperimenten noch nicht auf Übertragbarkeit getestet wurde (vgl. auch Freyd 1983).

Die Kontextwirkungen, die hier in ihrem speziellen Aspekt der Auftaktinformation in die Wirkungskette Eingang finden, folgen der dualen Kodierungshypothese im weitesten Sinne. Wir gehen davon aus, daß visuelle Auftaktinformationen für die Bildverarbeitung von besonderer Bedeutung sind, deshalb auch der hohe Gewichtungsfaktor von 0,72. Andererseits können auch verbale Auftakthinweise zu einer verbesserten visuellen Reizverarbeitung beitragen, allerdings mit verminderter Effizienz, deshalb auch der niedrige Gewichtungsfaktor von 0,22.

Die Gestaltungstechniken mit unmittelbarer Gedächtniswirkung werden erst später berücksichtigt. Nachfolgend noch die Erläuterungen für den Benutzer:

AUSTAUSCHBARKEIT DER ERSCHEINUNGSFORM: 80 = Die Konkurrenzwerbung besitzt eine vergleichbare formale Gestalt bzw. Erscheinungsform. Es fällt deshalb schwer, die vorliegende Werbung unmittelbar und eindeutig der eigenen Marke oder Firma zuzuordnen.

NEUANORDNUNG DER BILDELEMENTE: Sie beurteilen jetzt die Wirkung einer ganzen Kampagne oder eine Kombination mit Reminder. 80 = Es gibt mindestens zwei Versionen des Spots (der Anzeige), wobei im wesentlichen die gleichen Bildelemente vorhanden sind, die räumliche Anordnung einiger Elemente jedoch geändert wurde.

BILDELEMENTE HINZUGEFÜGT/ENTFERNT: Sie beurteilen immer noch die Wirkung einer ganzen Kampagne oder eine Kombination mit Reminder. 80 = Es gibt mindestens zwei Versionen, wobei ein neues Bildelement hinzugefügt wurde, oder ein altes Bildelement durch einen Gegenstand der gleichen Kategorie ersetzt wurde (z.B. Flugzeug durch Hubschrauber), oder ein Bildelement entfernt wurde.

KONVERSATION: 80 = Es findet eine Konversation mit eindeutigem Bezug zur Marke (Firma) statt (betrifft insbes. Spots) / im Zweifelsfall nicht löschen, sondern mit 50 antworten.

WEITERGABE GEGENSTÄNDE: Für die Werbeaussage wichtige Gegenstände werden weitergereicht, so daß Interaktionswirkung entsteht / im Zweifelsfall nicht löschen, sondern mit 50 antworten.

BLICKKONTAKT: Es findet ein Blickkontakt zwischen den abgebildeten Personen und/oder den Schlüsselelementen statt, so daß Interaktionswirkung entsteht / im Zweifelsfall nicht löschen, sondern mit 50 antworten.

SINNVOLLE BEZIEHUNG ZW.D. BILDELEMENTEN: 80 = Zwischen den Bildelementen besteht eine sinnvolle Beziehung; z.B. ein brennendes Streichholz, das eine Zigarette anzündet; oder eine Person, die gerade in ein Auto einsteigt; oder eine Hand, die eine Kassette in den Rekorder einlegt usw.

RÄUMLICHE NÄHE/ÜBERLAPPUNG: 80 = Die zentralen Bildelemente erzielen Interaktionswirkung, indem sie sich überlappen oder in der räumlichen Anordnung dicht nebeneinander stehen.

FARBE: 80 = Vierfarbdruck / 20 = schwarz-weiß.

INTEGRATION SCHLÜSSELREIZE AUFMERKSAMKEIT: 80 = Die Schlüsselreize (beworbene Marke, Dienstleistung usw.) sind in die aufmerksamkeitsfördernden Elemente integriert, so daß diese nicht ablenken. Integration erzielt man durch Szenenüberblendung, aktive Blicklenkung usw. / wichtig bei Humor + emotionaler Aktivierung.

BILDELEM. IN UNMÖGLICHER POSITION: 90 = Es ist zwar relativ wahrscheinlich, daß die Bildelemente in dieser Szene vorkommen, aber es ist unwahrscheinlich, daß sie in dieser Position angetroffen werden. Dies trifft auch auf "bodenständige" Bildelemente zu, denen ein Kontakt zu einem stützenden Gegenstand fehlt.

NATÜRL. GRÖßENVERHÄLTN. ZW.D. BILDELEM.: 90 = Die Größenverhältnisse zwischen den einzelnen Bildelementen entsprechen weitgehend den natürlichen Verhältnissen (=real world schema).

BILDELEM.IN DIESER UMGEBUNG UNWAHRSCH.: 90 = Es ist ziemlich unwahrscheinlich, daß ein Bildelement in dieser Umgebung bzw. Szene auftaucht.

DARBIETUNGSZEIT 0.1-3 SEK.: Für Anzeigen durchschnittliche Betrachtungszeit d. Zielgruppe angeben, für Spots die Darbietungszeit der Schlüsselszenen. 50 = Die relevanten Werbeaussagen (z.B. Produktdarbietung, Markenname) werden 1,5 Sek. betrachtet / 80 = 3 Sek. / 30 = 1 Sek.

BILDWIEDERHOLUNG IM SPOT: Wenn Sie eine Anzeige beurteilen, anworten sie mit 50. Für Spots gilt: 80 = Die zentralen Bildelemente werden im Spot wiederholt eingeblendet. Bei Darbietungszeiten unter einer Sekunde sind zwischen diesen Wiederholungen neutrale, redundante Bilder zu sehen. / Im Zweifelsfall mit 50 antworten.

ZIELOBJEKT HANDELT AKTIV: 80 = Die wichtigen Bildelemente, insbes. das beworbene Produkt, übernimmt eine aktive Rolle. Es fällt in einen Korb, es schwingt ins Bild und schubst andere zur Seite usw. / für Anzeigen ist zu beurteilen, ob durch die Aufnahmetechnik für das Produkt ein aktiver Bewegungseindruck entsteht, sonst löschen.

KONKRETHEIT DER SPRACHE: 80 = Es werden überwiegend konkrete, bedeutungsreiche, bildhafte Wörter verwendet, die Sprache löst innere Vorstellungen (Bilder) aus (Vividness der Sprache) / Apfel, Auto, Elefant usw. sind konkrete Wörter; Ahnung, Anmaßung Ehrfurcht sind abstrakte Wörter.

AUFTAKTINFORMATION VISUELL: 80 = Die erste Szene gibt einen eindeutigen, visuellen Hinweis auf die nachfolgende Werbeaussage, so daß die Verarbeitungsprozesse kanalisiert, d.h. zur Werbeaussage hingelenkt werden / für Anzeigen ist die Aussage auf das zuerst betrachtete Element zu beziehen / nach Möglichkeit nicht löschen.

AUFTAKTINFORMATION VERBAL: Zu Beginn des Spots ist ein verbales Statement vorhanden, das auf die nachfolgende Werbeaussage eindeutig hinweist und die Verarbeitung in die gewünschte Richtung lenkt (kanalisiert) / für Anzeigen ist die Aussage auf das zuerst betrachtete Element zu beziehen / nach Möglichkeit nicht löschen.

6.2. Textverständnis

Wenn ein Konsument einen Werbetext liest, dann finden in seinem Gehirn komplexe Verarbeitungsschritte statt. Der Leser erkennt und entschlüsselt die Buchstabenkombinationen der Wörter. Bei akustischen Reizen müssen entsprechend die Phoneme entschlüsselt werden. Sodann wird den wahrgenommenen Reizen eine Bedeutung zugewiesen.

In einem weiteren Schritt werden die Haupt- und Gliedsätze zu einem Satzgefüge verschmolzen. Verbindungen zwischen den Sätzen sind zu erkennen und müssen zu dem übergeordneten Thema des Textes in Beziehung gesetzt werden. Zur Analyse der logischen Beziehungen zwischen den Sätzen und zur Interpretation des Textes ist sowohl Allgemeinwissen, als auch das Wissen aus dem episodischen Gedächtnis erforderlich. Kontextinformationen spielen auch für die Textverständlichkeit eine wichtige Rolle (vgl. van Dijk und Kintsch 1983, S.333 ff.; Harris et al. 1983; sowie zum Gedächtnis: Tulving 1985).

Die Speicherung dieser verbalen Reize - so nimmt man heute an - erfolgt in abstrakten Wissenseinheiten, die von der persönlichen Interpretation des einzelnen Lesers, von seinem Wissen und seiner Lebenserfahrung geleitet werden.

In den letzten Jahrzehnten hat sich die kognitive Psychologie - soweit es sich um Textverständnisforschung handelt - vor allem mit den Wahrnehmungs- und Verarbeitungsprozessen auf der Wortebene beschäftigt (vgl. u.a.: Spoehr und Lehmkuhle 1982). Das Lernen von sinnlosen Silben, Paarassoziationen und serielles Lernen von Einheiten standen im Vordergrund. Erst in jüngster Zeit wurde diese Forschung auf komplexeres Textverständins ausgedehnt. Man fragt sich heute, wie ganze Sätze und Episoden aufgenommen und verstanden werden. Man beginnt sogar damit, grammatische Ansätze zur Analyse von Episoden und Kurzgeschichten zu entwickeln.

Grundlage dieser Untersuchungen ist in aller Regel das Leseverhalten, das in unterschiedliche Phasen zerlegt wird. Hierbei gewinnt eine Strömung an Bedeutung, die das Textverstehen nicht als einen statischen Prozeß betrachtet, sondern ein "Online-Modell" unterstellt. D.h.: das **Textverstehen** findet noch **während des Lesens** statt (vgl. auch Neville et al. 1986). Es wird also nicht zuerst der gesamte Satz zwischengespeichert und dann nachträglich auf seine Aussage hin untersucht. Vielmehr betrachtet man den Prozeß des Textverstehens als Ergebnis eines aktiven, konstruktiven Verarbeitungsprozesses.

Man unterscheidet deshalb mehr und mehr zwischen der Wort-, Satz- und Textebene bzw. der Mikro- und Makrostruktur eines Textes. Die Mikrostruktur umfaßt die Verarbeitungsschritte, die innerhalb eines Satzes zum Tragen kommen, während mit der Makrostruktur jene Prozesse angesprochen werden, die zur Integration der Sätze untereinander erforderlich sind (vgl. Graesser et al. 1980; Haberlandt und Graesser 1985). Makrostruktur bedeutet, daß die Sätze nicht wahllos aneinandergereiht sind, sondern durch ihre sinnvolle Kombination eine gehaltvolle Geschichte ergeben.

Für eine vollständige, auf eine bestimmte Zielgruppe ausgerichtete Textanalyse sind zusätzlich vorhandene Präferenzen, die aus einer allgemeinen Lebenserfahrung abgeleitet werden, sowie die Neigung, bei unvollständigen Aussagen pragmatische Rückschlüsse zu ziehen, einzubeziehen. So begünstigt ein unvollständiger Vergleich wie: "Der Ford Scorpio hat mehr Beinfreiheit als ein Mazda und mehr Kopffreiheit als ein Opel" einen pragmatischen Rückschluß. Im Ergebnis speichert der Konsument die Aussage: "Der Ford Scorpio hat das größte Raumangebot in seiner Klasse" obwohl dies in der Werbeaussage nicht behauptet wurde (vgl. hierzu Monaco und Kaiser 1983; Shimp 1983).

6.2.1. Mikrostruktur

6.2.1.1. Wörter

Die wichtigste Mikrokomponente stellt das Wort dar. Man unterscheidet zwischen Schrifttype, Wortlänge, Auftretenshäufigkeit, Vertrautheit des Wortes, den Silben und der Aussprache. Die Untersuchungen beschäftigen sich mit der Bedeutung dieser Textmerkmale für die Textverständlichkeit. Durch experimentelle Manipulation von z.B. Wort und Satzlänge wird die Wirkung auf das Verständnis des Textinhalts gemessen. Ziel ist die Entdeckung sog. Verständlichkeitsformeln, um die relative Verständlichkeit von Texten zu bestimmen (vgl. Groeben 1982, S. 176; Kroeber-Riel 1975, S. 370 ff.).

1. Als genaueste Formel gilt die Dale-Chall Formel, sie lautet: $X_{c50} = 0{,}1579\, X_1 + 0{,}0496\, X_2 + 3{,}6365$. X_{c50} ist der sog. "Reading Grade" und bedeutet, daß die Hälfte einer Serie von Testfragen über den Text richtig beantwortet wurde; X_1 ist die relative Anzahl von Wörtern, die nicht in der Liste der 3000 häufigsten Wörter enthalten sind; X_2 ist die durchschnittliche Satzlänge in Worten. Die Auftretenshäufigkeit der Wörter kann in Rangwörterbüchern nachgeschlagen werden, z. B. in MEIERS Sprachstatistik (vgl. Meier 1964).

2. Die bekannteste und wohl am häufigsten angewandte Formel ist die "Reading Ease"-Formel von Flesch:
RE (Reading Ease) = 206,835 - 0,846 wl - 1,015 sl. Dabei bedeutet wl: Anzahl der Silben pro 100 Wörter; sl: durchschnittliche Anzahl Wörter pro Satz. Der RE-Wert streut im Englischen zwischen 0 (unlesbar) und 100 (maximale Lesbarkeit). Für deutsche Texte überschätzt die Formel die Lesbarkeit, da die Wortzusammensetzungen nicht berücksichtigt werden.

3. Die Formel, die am einfachsten zu benutzen ist, stellt eine Vereinfachung der "Reading Ease"-Formel dar und ist auch als Farr-Jenkins-Peterson-Formel bekannt:
New Reading Ease = 1,599 nosw - 1,015 sl - 31,517. Es bedeutet hier nosw: die Anzahl einsilbiger Wörter pro 100 Wörter.

Eine rein mechanische Anwendung dieser linear-kausalen Formeln trivialisiert das Problem und führt zu Schlußfolgerungen wie: Je kürzer die Wörter und je kürzer die Sätze, desto verständlicher der Text. Damit wird man jedoch der Komplexität der Verarbeitungsprozesse im menschlichen Gehirn nicht gerecht.

Trotzdem sind die Wörter eines Textes ein wichtiger Einzelbaustein in der psychologischen Textanalyse. Neben der inhaltlichen Bedeutung, die mit dem Wort transportiert wird, ist es vor allem auch ein Zeichenträger, der nach formalen Kategorien unterteilt werden kann. Zu diesen formalen Kriterien zählen: Schriftgröße, Schrifttyp, Farbe, Häufigkeitsverteilung der einzelnen Buchstaben des Alphabets, Zeilen- und Wortabstand, Satzzeichen und Hervorhebungen.

In einem weiteren Schritt wird die Zeit analysiert, die zur Verarbeitung eines Wortes benötigt wird. Die Lesegeschwindigkeit beträgt, je nach Schwierigkeit des Textes, zwischen 75 und 250 Wörter pro Minute. Für mittelschwere, deutsche Texte kann man von einer Lesegeschwindigkeit von rund 200 Wörtern pro Minute ausgehen (vgl. die Zusammenfassung von Groeben 1982, S. 103). Dies entspricht 300 Millisekunden pro Wort. Jedoch werden nur die ersten 50 Millisekunden zur Entschlüsselung des Wortes benötigt. Die restliche Zeit steht für die unmittelbar ablaufenden, gedanklichen Verarbeitungsprozesse zur Verfügung (vgl. Rayner 1983).

Diese genauere Analyse der kognitiven Abläufe wurde durch die Aufsplittung des Leseprozesses in eine Vielzahl von Teilvorgängen möglich. Die beiden differenziertesten Methoden, die heute zur Analyse des Leseverhaltens verwendet werden, sind die Blickaufzeichnung (vgl. Carpenter und Daneman 1981) und die "Moving-Window" Methode (vgl. Haberlandt und Graesser 1985).

6.2.1.2. Aussageeinheiten (Propositionen)

In der Regel besteht ein komplexerer Satz aus einem Haupt- und mehreren Nebensätzen. Zerlegt man dieses Satzgefüge bzw. diese Satzverbindungen in ihre kleinsten Aussagekerne, so erhält man speicherfähige Informationseinheiten, die Propositionen. Diese Propositionen werden von Anderson J. R. (1985) als die kleinste Wissenseinheit bezeichnet, für die eine sinnvolle Aussage über ihren Wahrheitsgehalt möglich ist. Ähnlich abstrakt sind auch die Definitionen anderer Psychologen und Linguistiker. Van Dijk und Kintsch (1983) geben hierzu einen umfassenden Überblick. Pragmatischer und für die Analyse von Werbetexten ausreichend ist der Vorschlag von Thorndyke (1977), Propositionen als kleinste Aussageeinheiten in Form von Haupt- und Nebensätzen zu definieren, sofern diese ein Ereignis beinhalten oder aus einem Vorgangsverb bestehen, also ein Geschehen oder eine Veränderung anzeigen. Damit steht man am Übergang zur Makrostruktur eines Textes, die vorläufig zur Analyse von Werbetexten wichtiger erscheint.

6.2.2. Makrostruktur

6.2.2.1. Hierarchieeffekt der Argumentation

Sobald ein neues Argument - in der Regel aus einer oder mehreren Propositionen bestehend - in einem Satz erkannt wird, muß dieses verarbeitet und mit den Aussagen der vorangegangenen Sätze in Einklang gebracht werden. Es ist bekannt, daß diese gedankliche Integration zusätzliche Verarbeitungskapazität benötigt, wodurch sich die Lesedauer verlängert. Je eher deshalb eine Aussage, das konzeptionell Neue, im Text vorkommt, desto mehr gedankliche Kapazität steht zur Verfügung und desto mehr kontextöffnende

Wirkung wird entfaltet. Dadurch wird die verbale Verarbeitung verbessert (vgl. auch: Goldman und Varnhagen 1986; Haberlandt et al. 1980; Lorch et al. 1985; Mandler und Johnson 1977; Thorndyke 1977).

Man erklärt diese Tatsache mit folgenden theoretischen Überlegungen: Erstens, steht am Anfang eines Textabschnitts das **inhaltlich einführende Ereignis**, die initiierende Idee. Da dieses einführende Ereignis für den Text wichtig ist, wird ihm besondere Beachtung geschenkt. Es wird besonders intensiv im Gehirn verarbeitet (enkodiert). Zweitens, betrachtet der Leser die **anfänglich erscheinenden Personen** als die **Hauptfiguren** eines Textes. Man geht davon aus, daß dieser Hauptfigur eine eigene "Speichereinheit" zugewiesen wird. Je weniger kontextuelle Auftaktinformationen zur Verfügung stehen, desto länger wird zur Bearbeitung der Hauptfigur benötigt. Drittens, auch wenn die Hauptfigur zu Beginn eines **neuen Textabschnitts** gleich bleibt, wird trotzdem ein **Wechsel in den Rahmenbedingungen** erwartet. Der zeitliche Horizont, der Schauplatz oder die Zielsetzung kann sich ändern und erfordert deshalb besondere Aktivitäten. Viertens, **ändert** der Leser zu Beginn eines neuen Textabschnitts die **Erwartungen**, die er hinsichtlich des Fortgangs eines Textes gebildet hat. Der Beginn eines Textes ist, was die Prognosefähigkeit über den weiteren Verlauf betrifft, eine isolierte Aussageeinheit. Dies trifft besonders dann zu, wenn der Leser mehrdeutige Erwartungen über den Fortgang eines Textes gebildet hat.

Wenn auch die Hierarchiewirkung vom Bild zum Text für die Werbung von erheblicherer Bedeutung ist, sollte man doch auch innerhalb der Textaussage den Hierarchieeffekt beachten. Deshalb soll die verbale Botschaft so dargestellt werden, daß die wichtigsten Teile zuerst gelesen und wahrgenommen werden. Damit werden die besten Wirkungschancen sichergestellt.

Oftmals enthält Werbung mehr Aussagen bzw. Argumente, als vom Empfänger in der Kürze der Zeit verarbeitet werden können - es kommt zur Informationsüberlastung (vgl. Brünne et al. 1987; Kroeber-Riel 1987). Die Folge dieser Überforderung ist ein Abbruch der Informationsaufnahme, noch bevor alle dargebotenen Informationen aufgenommen wurden. Deshalb sollen die Schlüsselinformationen, die man auf jeden Fall kommunizieren will, an oberster hierarchischer Position vermittelt werden. Der Werbetext muß von den Empfängern in der Reihenfolge seiner kommunikativen Bedeutung aufgenommen werden.

Dies ist ein weiterer Grund, warum der Markenname als Schlüsselinformation stets relativ früh und möglichst wiederholt gezeigt werden soll. Man verhindert damit, daß er bei flüchtiger Betrachtung bzw. bei vorzeitigem Kontaktabbruch nicht mehr aufgenommen wird.

6.2.2.2. Vertrautheit mit dem Text

Wenn der Leser mit dem Generalthema eines Textes vertraut ist, beispielsweise die Zielgruppe der Mütter mit Kleinkindern mit den Problemen der Babyhygiene, so begünstigt dies das allgemeine Textverständnis. Man darf dann beim Leser einen umfassenderen Erfahrungsschatz unterstellen, so daß die Satzintegration und die Bedeutungssynthese erleichtert wird. Je geläufiger also der verwendete Wortschatz für die Zielgruppe ist, desto besser wird der Text verstanden. Ein hoher Anteil seltener Fach- und Fremdwörter erhöht die Komplexitätsschwelle über das optimale Maß (vgl. Früh 1980; S. 187 ff.). Allerdings bleibt die Textverständlichkeit bis zu einem mittleren Maß an selten gebrauchten Wörtern (nach der Sprachstatistik) weitgehend konstant, fällt dann aber bei erreichen eines Schwellenwertes deutlich ab. Leider sind die Meßverfahren bislang sehr aufwendig, so daß diese Komponente als relativ "vages" Expertenurteil im System zu berücksichtigen ist.

Die zu erwartenden Wechselwirkungen zwischen Vertrautheit mit einem Produkt und der dazu dargebotenen Werbeinformation bis hin zu den unterschiedlichen Auswirkungen auf die Informationsspeicherung und die Abrufbarkeit in verschiedenen Situationen, die ihren Ausdruck in verschiedenen Recall- und Recognitionleistungen findet, werden gegenwärtig auch in der Konsumentenforschung auf eine breitere Basis gestellt (vgl. Alba und Hutchinson 1987).

Zu erwähnen bleibt eine zweite, negative Wirkung zu komplexer, schwer verständlicher Texte. Relativ früh werden komplexe Texte als unangenehm empfunden. Sie stören dann die Gefallenswirkung und Akzeptanz der Werbung (bzw. Einstellung zum Werbemittel).

6.2.2.3. Erzählcharakter

Ein erstes, grundlegendes Kennzeichen eines Erzähltextes zeigt sich in der Handlung. Personen stehen in der Regel im Vordergrund, ihnen nachgelagert sind die Zustände, Objekte und anderen Geschehnisse. Damit ein Umstand überhaupt erzählt wird, muß er ein bestimmtes Maß an Interesse erregen, etwa indem bestimmte Komplikationen ausgedrückt werden. Der Komplikation folgt dann die Auflösung.

Komplikation und Auflösung bilden zusammen das Ereignis, das in einer bestimmten Situation, an einem bestimmten Platz, zu einer bestimmten Zeit und unter bestimmten Umständen stattfindet.

Es zeigt sich, daß erzählerische Texte in Form kleiner Geschichten und Volksweisheiten einfacher zu lesen und zu verarbeiten sind als nüchterne, deskriptive Texte. Erzählende Abfassungen werden insbesondere dann besser gelernt und erinnert, wenn sie Personen schildern, die aktiv Taten vollbringen. Statische Erklärungen und technische Beschreibungen sind solchen Darstellungen weit unterlegen. Eng mit dem Erzählcharakter des Textes verbunden ist die Konkretheit der Sprache. (Beispiele für kontextorientierte Werbetexte mit Erzählcharakter findet man bei Hunold 1988).

6.2.3. Konkretheit der Sprache

Die Konkretheit bzw. Vividness eines Reizes ist insgesamt eine so wichtige Variable, daß sie im Rahmen dieser Arbeit an ganz unterschiedlichen Stellen Platz greift. Wie schon im Kapitel über Bildwirkungen angedeutet, steigern konkrete Reize die Verarbeitungsleistung - und dies gilt grundsätzlich auch für Werbetexte (vgl. Percy 1988). Dies hängt mit der intensiveren, doppelten Kodierung dieser Reize zusammen. Denn die Konkretheit eines Wortes ist entscheidend dafür, wie gut innere Bilder, sog. Gedächtnisbilder, ausgelöst werden (vgl. auch Eddy und Glass 1981).[24] Je klarer, lebendiger dieses Gedächtnisbild ist, desto positiver die Gedächtniswirkung. Man spricht in

---

[24] Über die Konkretheit von Wörtern liegen umfangreiche Listen vor (vgl. u.a.: Baschek et al. 1977).

diesem Zusammenhang auch von der "Vividness" des inneren Bildes. Untersuchungen haben gezeigt, daß man bereits mit relativ einfachen Messungen die Vividness eines Reizes messen kann (vgl. Haberlandt und Graesser 1985). Ruge (1988) hat die Meßmethoden durch Anwendung nonverbaler Verankerungen in der Skalierung weiter präzisieren können.

Aber es gibt Anzeichen dafür, daß die Imageryprozesse bei Text erst nach dem Lesen eines Satzes einsetzen (vgl. Glass et al. 1985). Ein weiterer Hinweis darauf, daß Imagerywirkungen mit Bildern besser ausgenutzt werden können. Und: die Imagerywirkung läßt nach, bzw. verliert an Bedeutung, wenn zusammenhängende Textpassagen gelesen werden (vgl. Marschark 1985).

Mit der Konkretheit eines Textes steigt auch seine sprachliche Einfachheit. Dazu zählen ferner: kurze, einfache Sätze; geläufige Wörter und erklärte Fachbegriffe. Insgesamt handelt es sich hierbei um einen Aspekt der globalen Textverständlichkeit.

Es bleibt festzuhalten, daß die Konkretheit eines Textes - seine Imagery- bzw. Vividnesswirkung - auch für die Textbewertung und Textanalyse eine wichtige Variable darstellt.

Allerdings ist die **Beeinflussungswirkung** von lebendigem Text (Vividness der verbalen Aussage) weniger eindeutig geklärt. Collins et al. (1988) weisen Konkretheitseffekte der Sprache generell zurück, verwenden aber ein problematisches Meßwiederholungsdesign und versäumen es, die Einstellungswirkung unmittelbar zu messen. Trotzdem ist festzuhalten, daß demnach konkrete Sprache für die Erzielung von Aktualität eine wichtige Rolle spielt und zur Erzielung von Einstellungsänderungen von geringerer Bedeutung ist (vgl. auch Kisielius und Sternthal 1986; MacKenzie 1986).

6.2.4. Satzposition und Lesegeschwindigkeit

Insgesamt nimmt die Lesegeschwindigkeit zu, je weiter sich ein Satz am Ende eines Textes befindet. Dies hängt aber nicht in erster Linie mit der Satzposition zusammen, wie man ursprünglich annahm, sondern wird weitgehend durch einen überlagernden Umstand erklärbar. Wie schon dargestellt, erfordert die

Verarbeitung einer neuen Aussage (Proposition) eine gewisse Verarbeitungszeit. Da nun erfahrungsgemäß neue Aussagen zu Beginn eines Textes vorgebracht werden und später lediglich weiter konkretisiert werden, überlagert der Hierarchieeffekt die Satzposition.

Interessanterweise lassen sich individuelle Unterschiede in der Lesegeschwindigkeit vor allem auf Leistungsunterschiede bei den Verarbeitungsprozessen der Mikroebene zurückführen. Die Prozesse der Makroebene, also insbesondere die Textintegration, wird dagegen von den Langsamlesern ebenso schnell bewältigt wie von den schnellen Lesern.

6.2.5. Werbetextgrammatik

Es gibt bereits eine Vielzahl verschiedener Geschichtengrammatiken (vgl. u.a.: van Dijk 1980, S. 140 ff.; Hoppe-Graff 1984; Mandler und Johnson 1977; Thorndyke 1977). Thorndyke (1977) hat jedoch eine relativ einfache Version entwickelt, die für Werbetexte vollkommen ausreichend ist. Diese Grammatik zerlegt den Text durch ein System von Ersetzungsregeln in seine sequentiellen und hierarchischen Komponenten. Diese Geschichtengrammatik wird hier zu einer Grammatik für Werbetexte weiterentwickelt (vgl. Abb. 36).

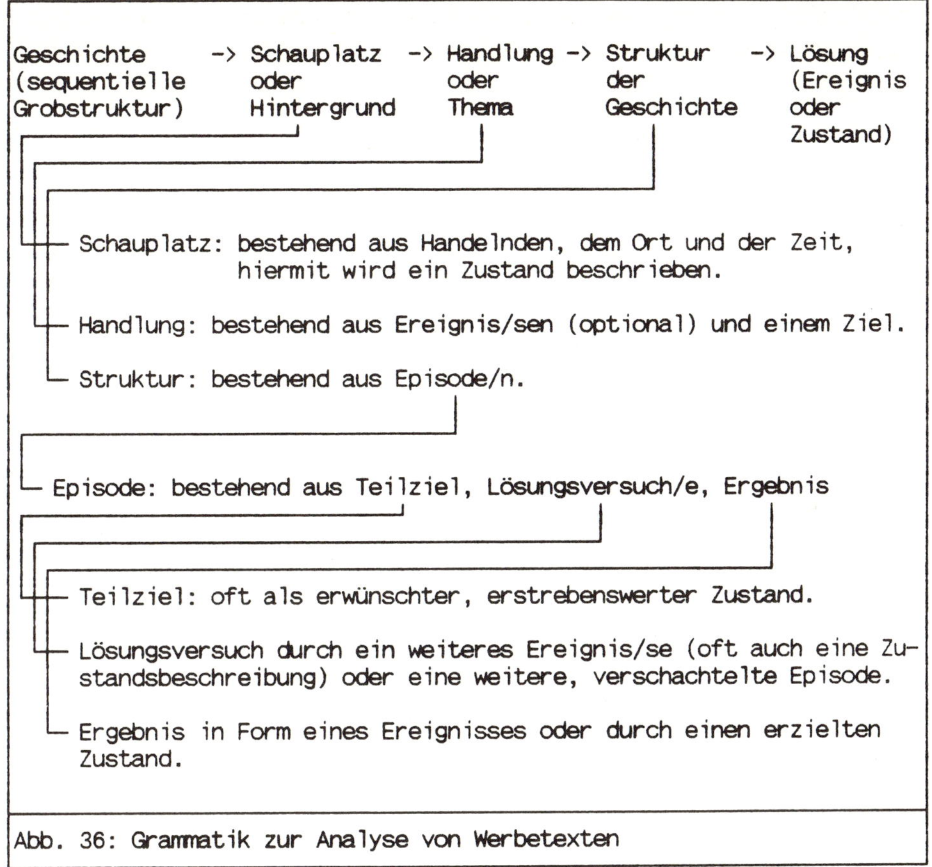

Abb. 36: Grammatik zur Analyse von Werbetexten

Auf der obersten Ebene wird die sequentielle Grobstruktur eines erzählerischen Textes beschrieben. Die Bestandteile sind der Schauplatz des Geschehens, gefolgt von der Handlung, der internen Struktur der Geschichte und einer Lösung. Diese Grobstruktur wird dann auf den nachfolgenden hierarchischen Ebenen weiter differenziert.

Die beiden wichtigsten Punkte sind das Thema (die Handlung) und die Struktur der Geschichte. Im Rahmen dieser allgemeinen Handlung wird das Ziel vorgegeben. Dieses Ziel findet man in der Werbung oft in der Headline oder zu Beginn des Textes.

Die Struktur eines Textes besteht dagegen aus einer Vielzahl von kleinen, oftmals verschachtelten Episoden. Ein Teilziel konzentriert das Geschehen auf eine begrenzte Aktion, um das Hauptziel zu erreichen. Durch die Verschachtelung von Episoden kommt es zu einer rekursiven Struktur sich wechselseitig bedingender Teilziele.

In Werbetexten findet man allerdings diese Struktur nicht immer vollständig vor. Gelegentlich werden Teilziele und auch das Hauptziel nur implizite angesprochen. Teilziele manifestieren sich auch manchmal darin, daß ein ungünstiger, negativer Zustand vermieden und eine Lösung des bedrohlichen Zustands angestrebt wird.

Aufgrund des oftmals dominierenden, technischen Beschreibungsstils findet man die Ereignisse häufig in Form nüchterner Zustandsbeschreibungen ausgeführt. Diese Zustandsbeschreibungen beschäftigen sich in der Regel mit den besonderen Produkteigenschaften.

Die hier vorgestellte Werbetextgrammatik nimmt also auf die besonderen Gegebenheiten von Werbetexten Rücksicht. Damit steht nun ein brauchbares Instrument zur Analyse von Werbetexten zur Verfügung, um insbesondere auch die interne Struktur und die Hauptziele eines Textes objektiver analysieren zu können. Am Beispiel eines relativ sachlichen Textes einer Esso-Anzeige (vgl. Abb. 37) wird die Anwendung der Werbetextgrammatik demonstriert. Der Werbetext lautet:

Das neue Esso weckt die Kraft (1), die im Motor steckt (2). Jeder Motor verliert im Laufe der Zeit wertvolle Kraft (3). Schuld sind schädliche Ablagerungen im Einlaßsystem (4), vom Vergaser bzw. den Einspritzdüsen bis zu den Ventilen (5). Sie verhindern die richtige Aufbereitung des Benzin-Luft-Gemisches (6). Die Folge: eine kraftlose Verbrennung (7). Das muß nicht sein (8). Das neue Esso hält die Einlaßwege zuverlässig sauber (9) und baut bereits vorhandene Ventil-Ablagerungen wieder ab (10). Ergebnis: Aus der kraftlosen Verbrennung wird wieder eine kraftvolle (11).

Abb. 37: Anzeige zur Demonstration der Werbetextgrammatik

Hintergrund (Verbrennung im Motor - hier visuell dargestellt)

Handlung (1 + 2) + Ziel (hier in der Headline: Mit dem neuen Esso ist Ihr Motor vom Start weg hellwach)

Struktur:

```
  Episode  -Teilziel (kraftvolle Verbrennung - hier visuell
                      mit Untertitel dargestellt)
           -Lösungsversuch -> Episode -Teilziel (4 + 5)
                                      -Lösungsversuch (6)
                                      -Ergebnis (7)
           -Lösungsversuch -> Episode -Teilziel (8)
                                      -Lösungsversuch (9)
                                      -Ergebnis (10)
           -Ergebnis (11)
```

An dieser Anzeige wird deutlich, daß in der Werbung zwischen Text- und Bildelementen eine rege Wechselbeziehung besteht. Dies trifft auch wie im vorliegenden Fall auf Anzeigen zu, die in der Bildkommunikation nicht alle Optimierungsregeln ausschöpfen.

Die Textstruktur dieser Anzeige ist flach, ohne hierarchische Verschachtelungen, aufgebaut. Zwei kleine Episoden sind der Kern der Textstruktur.[25] Das Hauptziel der Anzeige, in der Headline aufgestellt, wird im Text allerdings nicht mehr aufgegriffen - ein erhebliches Versäumnis, das wir in Kapitel 7.3. noch eingehender beleuchten werden. Hier fehlt der prägnante Slogan vergangener Zeiten "Pack den Tiger in den Tank". Auf jeden Fall sollte man mit einer expliziten Lösung abschließen.

Die Forschungsergebnisse zeigen, daß die Struktur der Geschichte, **unabhängig** von anderen Faktoren, einen selbständigen Beitrag zur Verbesserung der Lernleistung liefert. Insbesondere verschachtelte und dadurch redundante Teilziele und Episoden erhöhen die verbale Verarbeitung eines Textes. Das folgende Beispiel eines Werbetextes soll dies verdeutlichen (vgl. Abb. 38):

Stilfser Joch im August (1). Eine schier unendliche Paßfahrt bergab (2) bei tropischen Temperaturen von 35°C im Schatten (3). Beschleunigen, abrupt bremsen, wieder Gas geben (4), schalten und dann 100 m stotterbremsen (5). Ein gnadenloser Test der Realität (6). Die Bremsscheiben werden hier glühend rot vor Anstrengung (7). Aber es ist beruhigend zu wissen (8), daß man mit Original BMW Bremsscheiben und -belägen fährt (9). Denn diese werden in den BMW Prüflabors (10) - wahren Qualitäts-Folterkammern (11) - bis weit über +650°C hinaus (12) getestet.

---

[25] Es soll hier auch dann von Episoden gesprochen werden, wenn der Text nur einen geringen Erzählcharakter aufweist, da sonst die meisten Werbetexte bereits vorab "durchfallen" müßten.

Abb. 38: BMW-Anzeige mit Anwendung der Werbetextgrammatik (vgl. Text)

Schauplatz (1)

Handlung (2 + 3) (Ziel nur implizite vorhanden)

Struktur:

Episode -Teilziel (fehlt)
-Lösungsversuch (4 + 5)
-Ergebnis (6)

Episode -Teilziel (7)
-Lösungsversuch (8 + 9)
-Ergebnis (10 + 11 + 12)

Lösung (fehlt)

Wie bei technisch-nüchternen Beschreibungen dieser Art üblich, sind einige Subkomponenten der Werbetextgrammatik nur implizite enthalten, obwohl dieser Anzeigentext wenigstens ansatzweise erzählerisch gestaltet wurde.

Obwohl Werbetextgrammatik und Erzählcharakter eng miteinander verbunden sind, empfiehlt sich eine getrennte Berücksichtigung dieser beiden Faktoren, da die Textstruktur einen eigenständigen Beitrag zur Textoptimierung leistet.

Versucht man den Erzählcharakter und insbesondere die Verschachtelungstiefe des Textes zu verbessern, wäre folgender Text denkbar (vgl. Abb. 39):

Gegen Mittag erreichen wir (1) das Stilfser Joch im August (2). Eine schier unendliche Paßfahrt bergab (3) bei tropischen Temperaturen von 35°C im Schatten steht bevor (4). Meine Frau erblickt den Abgrund (5) und flüstert: "Bring mich da bloß heil herunter" (6). Wie verhindere ich ein verglühen der Bremsbeläge (7)? Nicht abrupt bremsen, wenig beschleunigen und stotterbremsen (8). Trotzdem werden die Bremsscheiben glühend rot vor Anstrengung (9). Aber es ist beruhigend zu wissen (10), daß man mit Original BMW Bremsscheiben und -belägen fährt (11). Denn diese werden in den BMW Prüflabors (12) - wahren Qualitäts-Folterkammern (13) - bis weit über 650°C hinaus (14) getestet. Mit dieser Sicherheitsreserve kann nichts mehr verglühen (15). Rechtzeitig zum Mittagessen erreichen wir das Etschtal (16).

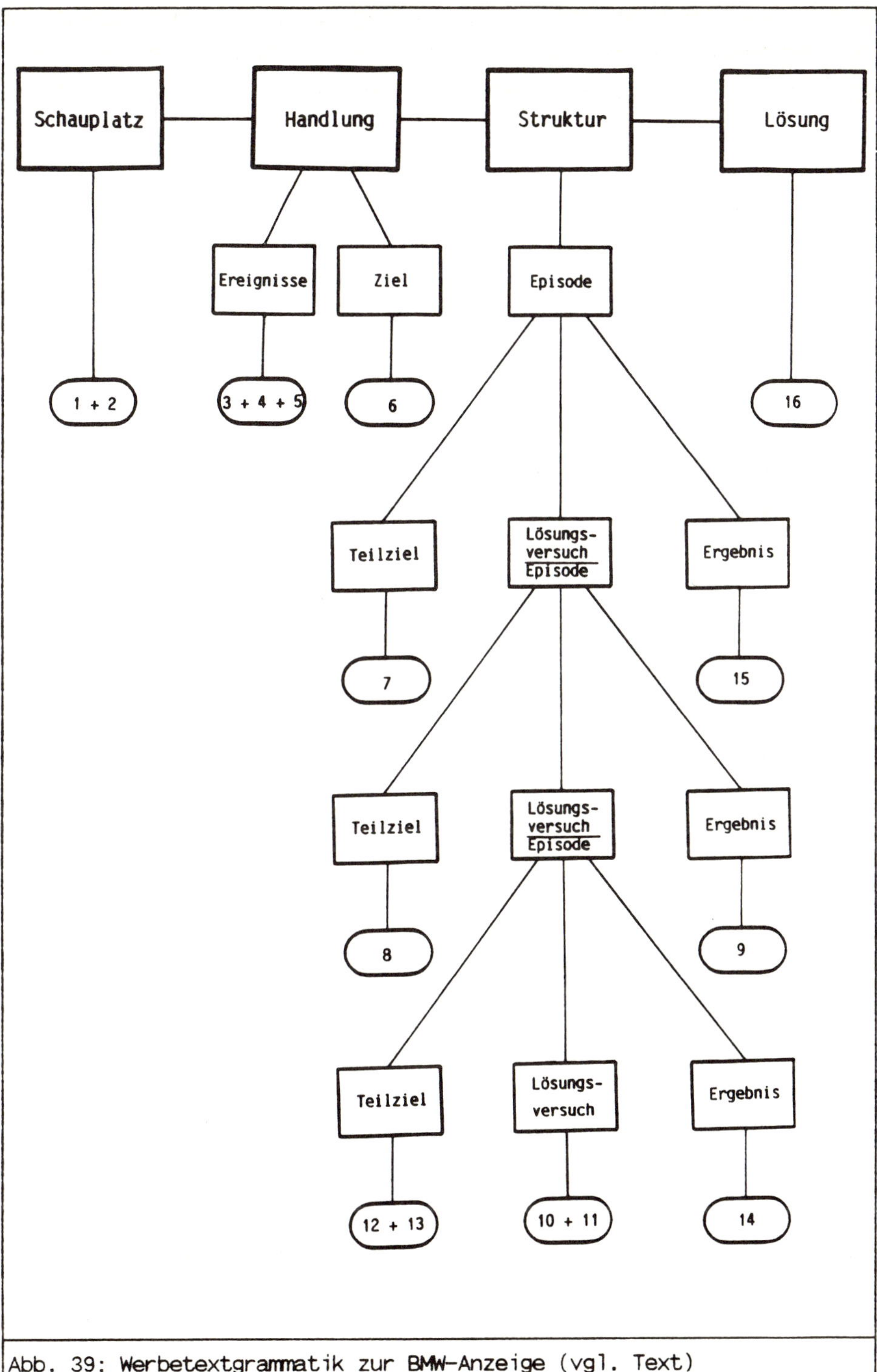

Abb. 39: Werbetextgrammatik zur BMW-Anzeige (vgl. Text)

Durch das Ineinandergreifen mehrerer Episoden auf tiefer gelegenen, hierarchischen Ebenen, wird die Merkfähigkeit des Textes gesteigert. Dies erreicht man mit verschachtelten Teilzielen. Der positive Einfluß des Erzählcharakters wurde bereits an anderer Stelle ausführlich dargestellt. Ferner enthält der verbesserte Text ein **klares Ziel mit** einer **Lösung**. Die emotionale Qualität, die durch diese Adaption an die Werbetextgrammatik ebenfalls gesteigert wurde, ist weiterhin zu erwähnen.

Da es unser Bestreben ist, den Originaltext möglichst wenig zu verändern, konnte die Reihenfolge der letzten Teilepisode nicht ganz eingehalten werden. Inwieweit solche kleineren Inkonsistenzen, auf einer sehr niedrigen Verschachtelungsebene, zu Beeinträchtigungen im Textverständnis führen, kann heute empirisch noch nicht beantwortet werden.

6.2.6. Übersichtlichkeit und Prägnanz

Um dem flüchtigen Informationsaufnahmeverhalten des Konsumenten entgegenzukommen, sollte der Text ferner einen gegliederten, übersichtlichen Eindruck hinterlassen. Dazu kann man folgende, formal-technischen Gestaltungspunkte einsetzen, womit man eine bessere graphische Strukturierung erzielt:

- Zwischenüberschriften
- Abschnitte
- verschiedene Schrifttypen (kursiv, fett usw.)
- Unterstreichungen
- Schrift- und Hintergrundfarbe
- Zeilenabstand
- Randmarkierungen und Randbalken.

Eine nicht übertriebene, sondern in Maßen dosierte, graphische Strukturierung unterstützt nicht nur die Verarbeitung und damit das Verständnis des Textes, sie fördert darüber hinaus auch die Gefallenswirkung (vgl. Früh 1980). Setzt man jedoch zu viele graphische Strukturierungselemente ein, z.B. viele, kleine Absätze, Randbalken für zentrale Aussagen, Randmarkierungen für

Aufzählungen und dazu noch ständig Unterstreichungen usw., dann wirkt der Text zu komplex und sowohl die Gefallenswirkung, als auch die Merkfähigkeit gehen zurück.

Daneben muß auf Prägnanz und weitgehende Kürze geachtet werden, um den Eindruck von Ungegliedertheit und Zusammenhanglosigkeit zu vermeiden. Wichtig ist, das Wesentliche vom Unwesentlichen zu unterscheiden. Sonst verliert der Leser den "roten Faden", der sich durch den Text zieht. Alles erscheint wirr und wild durcheinander. Dieser Aspekt betrifft die Textsemantik und -pragmatik, bzw. die inhaltliche Wirkung des Textes.

6.2.7. Wissensbasis zur Textwirkung

Die Textwirkung fassen wir in dem komplexen Konstrukt **verbale Verarbeitung** zusammen. In Abb. 40 sind zuerst die obersten Hierarchieebenen dargestellt. Die Textverständlichkeit wird dann noch einmal im Detail aufgeschlüsselt.

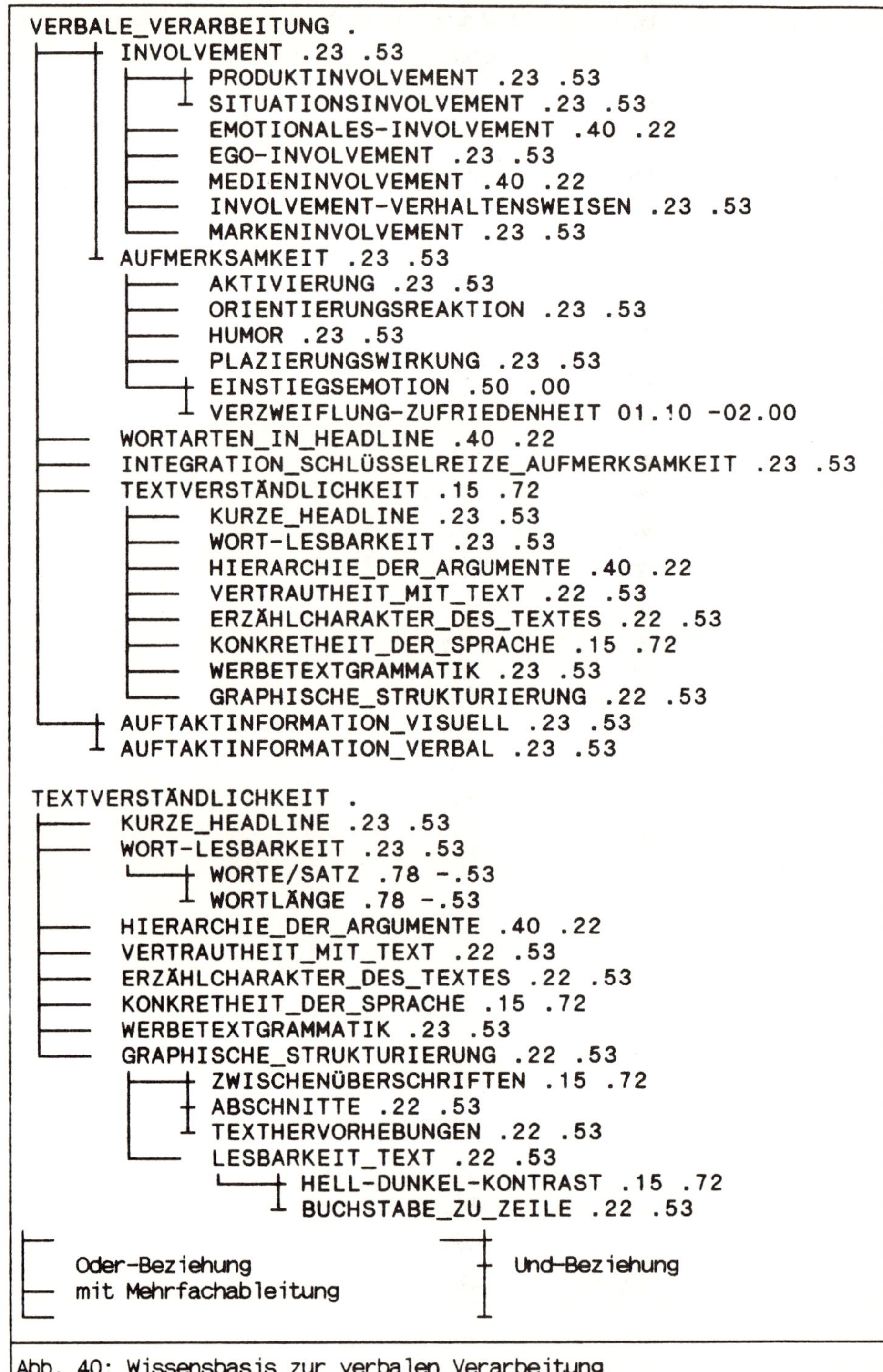

Abb. 40: Wissensbasis zur verbalen Verarbeitung

Die ersten Regeln zur Textverständlichkeit beschäftigen sich mit der Mikrostruktur des Textes. Dazu zählen kurze Sätze (die Satzlänge sollte fünfzehn Wörter pro Satz nicht überschreiten), eine kurze Headline und nicht zu lange, komplizierte Wörter. Auch die Hierarchie der Argumente wird mit geringem Gewicht zur Beurteilung der Textwirkung berücksichtigt. Denn auch im Fließtext sollten die wichtigen Argumente möglichst frühzeitig kommuniziert werden, um der Gefahr des Kontaktabbruchs zuvorzukommen.

Die Konkretheit der verwendeten Sprache halten wir für eine herausragende Komponente zur Erzielung einer überdurchschnittlichen Textverständlichkeit, weshalb wir hier einen Gewichtungsfaktor von 0,72 vorsehen. Allerdings sind die erwähnten empirischen Einzelbefunde, wonach die Lebendigkeit (Vividness) der Sprache für zusammenhängende Textpassagen an Bedeutung verliert, im Auge zu behalten. Sollte diese Hypothese nachhaltig bestätigt werden, dann muß an dieser Stelle dem Konstrukt "Konkretheit der Sprache" ein geringeres Gewicht und den Komplexen "Erzählcharakter", "Werbetextgrammatik" und "Vertrautheit mit dem Text" eine größere Bedeutung beigemessen werden.

Zur Werbetextgrammatik ist zu sagen, daß wir unsere diesbezüglichen Ausführungen auch als Anstoß für weitere Forschungsarbeiten sehen. In der Werbeforschung gibt es überraschenderweise relativ wenig systematische, empirische Forschung zur Optimierung von Werbetext. Auch wenn die Bedeutung von Fließtextinformationen in den nächsten Jahren zurückgehen wird, so lassen sich diesbezügliche Forschungsergebnisse auch auf die Textformulierung in Prospekten wie auch in TV-Spots übertragen. Eigentlich sind wir aufgrund der grundlagenpsychologischen Erkenntnisse davon überzeugt, daß zumindest die Einhaltung der Grobstruktur und eine zweistufige Verschachtelung eine wesentlich bessere Textverständlichkeit zur Folge hätte. Mangels empirischer Belege aus der Werbewirkungsforschung wagen wir aber vorerst nur, die Einhaltung der Komponenten der Werbetextgrammatik mit einem mittleren Gewichtungsfaktor zu berücksichtigen. Auch wollen wir im Augenblick die Werbetextgrammatik nicht in weitere Einzelregeln auflösen.

Vorerst genügt eine globale Berücksichtigung dieses Teilbereichs der Kommunikatioswirkung.

Betrachten wir nun die oberste Hierarchieebene der verbalen Verarbeitung. Hier wird unser simultaner, multikausaler Ansatz beim Knowledge Engineering erneut deutlich. Die Aufmerksamkeit wird zusammen mit dem Involvement zu einem interkorrelierten Wirkungsverbund verschmolzen. Daneben ist auf eine gute Integration der wichtigen Werbeelemente in die aufmerksamkeitsstarken Reize der Werbung zu achten, da andernfalls viel Wirkungspotential verschenkt wird. Diese Komplexe haben wir mittelstark gewichtet. Demgegenüber wird der ganze Komplex zur Textverständlichkeit mit einem hohen Gewicht versehen. Die Regel zur Auftaktinformation betrifft die Kontextwirkung und wird erst im Kapitel 7.4. erörtert. (Zur Bedeutung des Hell-Dunkel-Kontrasts vgl. Neibecker et al. 1980; sowie Loftus 1985).

Als Erläuterungstexte sind in ESWA enthalten:

KURZE HEADLINE: Wieviele Wörter enthält die Headline? Löschen sofern keine Headline vorhanden. / 20 = 12 Wörter / 50 = 7 Wörter / 80 = 3 Wörter.

WORTE/SATZ: 10 = unter 8 Worte/Satz; 50 = 15 Worte/Satz; 90 = über 21 Worte/Satz / nach Möglichkeit nicht löschen.

WORTLÄNGE: 10 = unter 1,4 Silben; 50 = 1,6 Silben; 90 = über 1,8 Silben / nach Möglichkeit nicht löschen.

HIERARCHIE DER ARGUMENTE: 90 = wichtige, zentrale Aussagen werden zuerst dargeboten, so daß sie auch bei vorzeitigem Abbruch des Werbekontaktes noch wahrgenommen werden. Sofern Fließtext vorhanden ist, müssen wichtige Argumente am Anfang des Textes stehen.

VERTRAUTHEIT MIT TEXT: 80 = Zielgruppe ist mit dem Generalthema des Textes vertraut; verwendetes Vokabular ist gebräuchlich; keine seltenen Fach- und Fremdwörter. (Achtung: zu trivial wirkt auch negativ).

ERZÄHLCHARAKTER DES TEXTES: 10 = nüchterner, deskriptiver Text mit statischen Erklärungen bzw. technischen Beschreibungen; 90 = Erzähltext mit Handlung und evtl. mit Personen.

KONKRETHEIT DER SPRACHE: 80 = Es werden überwiegend konkrete, bedeutungsreiche, bildhafte Wörter verwendet, die Sprache löst innere Vorstellungen [Bilder] aus [Vividness der Sprache] / Apfel, Auto, Elefant usw. sind konkrete Wörter; Ahnung, Anmaßung Ehrfurcht sind abstrakte Wörter.

WERBETEXTGRAMMATIK: 80 = Text erfüllt Grobstruktur der Werbetextgrammatik [Schauplatz + Handlung-Thema + Struktur + Lösung] und [interne] Struktur des Textes besteht aus verschachtelten Episoden mit Teilzielen und -lösungen.

ZWISCHENÜBERSCHRIFTEN: 80 = Der Fließtext wird durch Zwischenüberschriften in seiner Übersichtlichkeit verbessert.

ABSCHNITTE: Der Text wird durch Abschnitte in eine übersichtliche Struktur gebracht. / im Zweifelsfall nicht löschen sondern mit 50 antworten.

TEXTHERVORHEBUNGEN: 80 = Im Fließtext werden durch Fettdruck, kursive Schrift, Unterstreichung, Schriftfarbe und Randmarkierungen wichtige Textstellen hervorgehoben.

HELL-DUNKEL-KONTRAST: 50 = bezogen auf die Kontrastwerte von Neibecker werden 80 Candela/m erreicht / 80 = es werden 110 cd/m erreicht / 20 = es werden 50 cd/m erreicht.

BUCHSTABE ZU ZEILE: 20 = vermeide Buchstabe >2,7mm mit Zeilenbreite 8,5cm; vermeide B. 1,5mm mit Z.breite 14cm; B. 2,4mm mit Z.breite 10,5cm; B.<2mm mit Z.abstand <1,5mm.

WORTARTEN IN HEADLINE: 80 = Headline enthält bevorzugt Substantive, Adjektive und Personalpronomen (ich, du, er ...), keine Verben.

INTEGRATION SCHLÜSSELREIZE AUFMERKSAMKEIT: 80 = Die Schlüsselreize (beworbene Marke, Dienstleistung usw.) sind in die aufmerksamkeitsfördernden Elemente integriert, so daß diese nicht ablenken. Integration erzielt man durch Szenenüberblendung, aktive Blicklenkung usw. / wichtig bei Humor + emotionaler Aktivierung.

AUFTAKTINFORMATION VISUELL: 80 = Die erste Szene gibt einen eindeutigen, visuellen Hinweis auf die nachfolgende Werbeaussage, so daß die Verarbeitungsprozesse kanalisiert, d.h. zur Werbeaussage hingelenkt werden / für Anzeigen ist die Aussage auf das zuerst betrachtete Element zu beziehen / nach Möglichkeit nicht löschen.

AUFTAKTINFORMATION VERBAL: Zu Beginn des Spots ist ein verbales Statement vorhanden, das auf die nachfolgende Werbeaussage eindeutig hinweist und die Verarbeitung in die gewünschte Richtung lenkt (kanalisiert) / für Anzeigen ist die Aussage auf das zuerst betrachtete Element zu beziehen / nach Möglichkeit nicht löschen.

7. Verbundwirkungen der Werbung

7.1. Einstellung zum Werbemittel

7.1.1. Theoretische Konstruktbestimmung

In der deutschsprachigen Werbewirkungsliteratur wurde schon frühzeitig auf die Bedeutung der Akzeptanz für den Werbeerfolg hingewiesen (vgl. Kroeber-Riel et al. 1977). Kroeber-Riel (1988) gibt hierzu folgende Definition: "Unter Akzeptanz versteht man die Zustimmung der Umworbenen zur Werbemittelgestaltung, das Gefallen an der Art und Weise, **wie** die Werbebotschaft präsentiert wird. Akzeptanz wird etwa ausgedrückt durch die Feststellung "diese Anzeige gefällt mir gut"." Damit ist die Akzeptanz nahezu identisch mit dem Konstrukt "Einstellung zum Werbemittel", weshalb wir beide Begriffe synonym verwenden werden. Der Begriff "Einstellung zum Werbemittel" ("attitude toward the ad") wurde durch die beiden Veröffentlichungen von Shimp (1981) sowie Mitchell und Olson (1981) nachhaltig in der Werbewirkungsliteratur verankert. Die Einstellung zum Werbemittel wird gemeinhin als ein emotionsbasiertes Konstrukt beschrieben, welches das Gefallen bzw. die Ablehnung **gegenüber der Anzeige / dem Spot selbst** widerspiegelt und als intervenierende Größe die Einstellung zur Marke beeinflußt.

Inwieweit es glücklich war, für diese emotionsbasierte, intervenierende Variable gerade den etwas diffusen Einstellungsbegriff zu verwenden, kann hier nicht weiter untersucht werden. Jedenfalls sind die Einstellungen zum Werbemittel seither ins Zentrum der Werbewirkungsforschung vorgedrungen. Man diskutiert heute dieses Konstrukt als eine relativ komplexe Variable (vgl. Batra und Ray 1985; Gardner 1985a; 1985b; Gardner, Mitchell und Russo 1985; Gresham und Shimp 1985; Lutz 1985; MacKenzie, Lutz und Belch 1986; Madden et al. 1988; Mitchell 1986; Moore und Hutchinson 1985; Neibecker 1987a; Park und Young 1986).

So werden neben der oben erwähnten Definition, die auf der Affekt-Transfer-Hypothese beruht, auch eine Reihe weiterer Hypothesen diskutiert. Man unterscheidet ferner die "dual mediation" Hypothese, die "reciprocal mediation" Hypothese, die "independent influence" Hypothese, sowie das umfassendere "dual component" Modell.

Im einzelnen: die "dual mediation" Hypothese liefert eine weitgehend kognitive Erklärung, indem sie einen direkten Einfluß von der Akzeptanz auf die Einstellung zur Marke annimmt, gleichzeitig aber einen indirekten Einfluß über die kognitive Gegenstandsbeurteilung (operationalisiert über kognitive Reaktionen) postuliert. Demgegenüber wird bei der "reciprocal mediation" Hypothese eine Interaktionswirkung zwischen beiden Einstellungsvariablen angenommen. Schließlich geht die "independent influence" Hypothese von zwei weitgehend selbständigen, unmittelbar wirkenden Einflußfaktoren auf die Kaufintention aus. Dieser Gedankengang, der eine unabhängige Wirkung der Einstellungen zur Marke, wie auch der Akzeptanz, auf die Kaufbereitschaft unterstellt, wurde erst in jüngsten Untersuchungen ernsthaft weiterverfolgt.

Während MacKenzie et al. (1986) die "independent influence" Hypothese ablehnen und mit ihren Daten vor allem die "dual mediation" Hypothese bestätigen, gibt es auch ermutigende Ergebnisse, die eine wesentlich flexiblere Theoriebildung zulassen. Vor allem Mitchell (1986), aber teilweise auch Dröge und Darmon (1987), sowie Gresham und Shimp (1985) bestätigen die unabhängige Wirkung der Akzeptanz auf die Einstellung zur Marke. Das bedeutet, daß mit gefälliger Aufmachung der Werbung ein sog. emotionaler "Zusatznutzen" verankert werden kann, der nicht über die kognitive Gegenstandsbeurteilung wirkt. Diese Wirkungen sind umso wahrscheinlicher, je neuer die Marke und je geringer die Produkterfahrungen sind. Ferner spielt das Involvement eine Rolle: je geringer das Involvement der Konsumenten ausgeprägt ist, desto eher erzielt man Werbewirkungen über die Akzeptanzschiene. Hierbei wirken Bildreize stärker als verbale Äußerungen. Allerdings zeichnet sich klar ab, daß es sich um relative Effekte handelt, d.h. visuelle Reize, insbes. informative Bilder, wirken auch direkt auf die Einstellung zur Marke, umgekehrt können verbale Informationen, vor allem wenn sie sehr emotional gefaßt sind und evtl. mit Musik unterlegt werden, auch die Einstellung zum Werbemittel positiv beeinflussen.

Überraschend und deshalb erwähnenswert ist der relativ starke Einfluß der **kognitiven Reaktionen bezüglich** der **Spotgestaltung** auf die Entstehung der Einstellung zum Werbemittel. Hierzu zählen positive und negative Äußerungen zur Spotgestaltung und zur Wiederholung. Allerdings gibt es bislang nur wenige Studien, die auch die emotionale Komponente der Akzeptanz durch sprachlich nicht gebundene, adäquatere Methoden erfaßt haben. Eine Möglichkeit, die spontanen, emotionalen Reaktionen während der Reizdarbietung mit dem Progammanalysator zu messen, wurde von uns mit der Erfassung der Gefallens-/Mißfallensäußerungen zu Schlagermusik durchgeführt (vgl. Neibecker 1987a). Diese dynamische, emotionale Komponente der Einstellung zum dargebotenen Reiz liefert einen zusätzlichen, signifikanten Erklärungsbeitrag zur Prognose der Kaufbereitschaft.

Die relative Wirkung der einzelnen Wirkungsdeterminanten wird auch durch die experimentellen Ergebnisse von Park und Young (1986) bestätigt. Neben einer Involvementmanipulation wurde durch die Verwendung von Musik als Kontextreiz die Gefallenswirkung der experimentellen Spots gesteigert. Auch hier bestätigt sich, daß bei stark involvierten Konsumenten die Markenbeurteilung über die gedankliche Auseinandersetzung mit den Werbeaussagen stattfindet, nachweisbar sowohl über kognitive Reaktionen als auch über die sich dabei bildenden kognitiven Assoziationen. Mit Musik im Hintergrund, wird dieser Wirkungspfad geschwächt. Zu beachten ist, daß die Akzeptanzwirkungen heute soweit nachgewiesen sind, daß selbst bei high involvierten Konsumenten eine selbständige, wenn auch schwächere Gefallenswirkung auf die Einstellung zur Marke durchschlägt.

Noch viel wichtiger ist aber, daß low-involvierte Konsumenten vor allem über die Akzeptanzwirkungen, als intervenierende Größe, beeinflußt werden. Akzeptanz erklärt dann bis zu 40% der globalen Einstellung zur Marke. Kognitive Wirkungsmodelle erklären dann nur noch etwa 10% der Varianz, im Vergleich zu knapp 60% unter extremen high-involvement Bedingungen (vgl. Park und Young 1986; eigene Berechnungen ohne Minderungsfaktor).

Zur theoretischen Erklärung der Akzeptanzwirkung greift man einerseits auf die Konditionierung, andererseits auf emotionale Kontextwirkungen zurück, die wir später noch behandeln werden. Bezüglich der herangezogenen Konditionierungswirkungen ist auch hier der etwas unpräzise Umgang mit dieser Theorie in der angloamerikanischen Literatur anzumerken, der auch auf die Literatur zur Einstellung zum Werbemittel übergegriffen hat. Dies wird zwischenzeitlich aber auch von Edell und Burke (1984) kritisiert. Insofern neigen wir insgesamt eher zu den Kontexterklärungen. Allerdings hat dies keinen erheblichen Einfluß für die Wissensaufbereitung in ESWA, da wir vor allem die **Wirkung der Akzeptanz** in der Wissensbasis festhalten wollen.

Es wurde schon darauf hingewiesen, daß durch die umfangreiche Untersuchung von Mitchell (1986), der in einem gut ausbalancierten Experiment gleichzeitig mit verschiedenen, visuellen und verbalen Reizen arbeitet, das Akzeptanzkonstrukt wesentlich präzisiert wurde. Dies gilt vor allem für die Belege, daß unabhängig von einer Änderung in den kognitiven Strukturen einer Marke, eine Veränderung der Markeneinstellung über die Akzeptanz erfolgen kann.

Faßt man diese Forschungsergebnisse zusammen, so kann die ursprüngliche Definition, die im wesentlichen auf der Affekt-Transfer-Hypothese beruht, als nachhaltig bestätigt gelten. Schließlich ist diese Transferhypothese in der umfassenderen "dual mediation" Hypothese enthalten. Dies gilt umso mehr, als es MacKenzie et al. (1986) aus nicht erklärbaren Gründen mißlingt, einen signifikanten Wirkungspfad zwischen kognitiver Gegenstandsbeurteilung (kognitiven Reaktionen) und Markeneinstellung zu belegen. Folglich wird der wichtigste Teil der Varianzaufklärung über den Wirkungspfad "Akzeptanz - Markeneinstellung" erzielt, was letztlich der Affekt-Transfer-Hypothese entspricht. Insofern neigen wir auch zu einer weniger kognitiv orientierten Interpretation der MacKenzie et al. (1986) Ergebnisse.

Geht man einen Schritt weiter in Richtung Kaufverhalten und zieht die Kaufabsicht mit in die Überlegungen ein, so bleiben viele Forschungsfragen offen. Die "independent influence" Hypothese, die eine unabhängige Wirkung von Akzeptanz und Markeneinstellung auf die Kaufabsicht postuliert, konnte nicht bestätigt werden. Allerdings negiert diese Hypothese die Affekt-Transfer-Hypothese, indem sie keinerlei kausale Beziehung zwischen Akzeptanz und Markeneinstellung zuläßt. Dies ist aber angesichts der vorliegenden Forschungsergebnisse nicht länger haltbar.

Andererseits gibt es aus benachbarten Forschungsgebieten eine Reihe von Hinweisen, die zumindest einen teilweisen unabhängigen Wirkungsverbund zwischen Akzeptanz und Kaufabsicht (Kauf) rechtfertigen, ohne die Affekt-Transfer-Hypothese zu negieren. In erster Linie sind hier die Ergebnisse zu impulsiven Kaufprozessen angesprochen (vgl. Gardner und Rook 1988; Rook 1987; Weinberg 1986). Impulskäufe werden als eher emotionale, spontane Kaufentscheidungen umschrieben, die mit abnehmendem Preis und geringerem Involvement wahrscheinlicher werden. Man versteht deshalb unter Impulsverhalten ein reaktives Verhalten, bei dem das affektive Engagement dominiert und die kognitive Beteiligung gering ist. Impulskäufe gehen oft mit einem Gefühl der Ausgelassenheit einher und lösen starke Aktivierungsprozesse aus. In der Regel findet eine Operationalisierung durch die Zahl der ungeplanten Käufe statt.

Die auslösenden Bedingungen für einen Impulskauf werden sowohl über externe, wie auch interne Reize geschaffen. Externe Auslöser sind in der Regel visuelle Reize (das Produkt selbst oder Point-of-Sale Werbung mittels Displays), aber auch innere Bilder kommen als Auslöser in Frage.

Als Displays kommen Kassenständer, Deckendisplays, Verkaufsständer, Regaleinsätze, Türkleber, Fensterkleber oder ähnliche Instrumente, die wirkungsvolle Informationen über Produkte oder Dienstleistungen vermitteln können, in Frage.

Diese Feststellungen sprechen dafür, daß emotionale Werbung in der Lage ist, unmittelbar Kaufprozesse auszulösen. In diesem Sinne wurde das Wirkungsmodell der Akzeptanz von uns erweitert (vgl. Neibecker 1987a). Hierzu ist allerdings anzumerken, daß wir die direkte Wirkung der Akzeptanz auf die Kaufabsicht zwar signifikant nachweisen konnten, diese Ergebnisse sich aber auf Schlagermusik und ihre Interpreten beziehen. Um das tatsächliche Kaufverhalten besser erfassen zu können, wurde wie folgt operationalisiert: Die Testpersonen sollten mit dem Konstantsummenverfahren ihre Bereitschaft, die Platte zu kaufen, angeben. Hierbei lagen die Schallplatten unmittelbar vor den Probanden auf dem Tisch.

Es ist zu vermuten, daß eine solche, direkte Wirkungsbeziehung auch für Werbereize existiert. Dies läßt sich damit begründen, daß über die Akzeptanz positive Emotionen mit einer Marke assoziiert werden, die in der Kaufsituation aufgrund emotionaler Kontextwirkungen bzw. durch emotionale Schlüsselreize "aktiviert" werden und zu Impulskäufen führen. Bost (1987) konnte zeigen, daß mit positiver emotionaler Stimmung mehr ungeplante Einkäufe getätigt werden, die zum größten Teil auf Impulskäufe zurückzuführen sind.

Im Zeitablauf gesehen, zeigt sich für die Akzeptanz ein unerwarteter Wirkungsverlauf. Für emotionale Wirkungen geht man gemeinhin davon aus, daß sie im Zeitablauf wesentlich langsamer an Wirkung einbüßen als kognitive Reize. Diese Wiederholungswirkungen, auch als "wearout" bekannt, zeigen folgenden Verlauf: Mit zunehmender Wiederholung nimmt die Akzeptanz kaum meßbar ab. Erst bei sehr intensiven Kontakthäufigkeiten geht die Spotakzeptanz merklich zurück. Allerdings, und dies ist bemerkenswert, um sich nach kurzer Zeit ohne Werbekontakt wieder bis hin zum ursprünglichen Ausgangsniveau zu erholen (vgl. Burke und Edell 1986; aber auch Cox und Cox 1988).

7.1.2. Messung der Akzeptanz

Obwohl man erst in den letzten Jahren intensiv damit begonnen hat, die "Einstellung zum Werbemittel" einer umfassenden, theoretischen Analyse zu unterziehen und ihre Stellung im Gesamtkomplex der Werbewirkung präziser zu fassen, gab es in der angewandten Werbewirkungsforschung kaum Zweifel an der Bedeutung und Wichtigkeit der Akzeptanzmessung. Dies schlägt sich in einer Reihe von Akzeptanzprofilen nieder, die ohne Einbindung in eine weiterreichende Theorie, zur Quantifizierung von subjektiven Spot- bzw. Anzeigenbewertungen entwickelt wurden. Erste Validierungsversuche gingen dann auch zunächst in Richtung einer Prognosevalidität für Recall und später auch für die Kaufabsicht (vgl. Aaker und Bruzzone 1981; Kroeber-Riel et al.:

1977; Moldovan 1984/85; Schlinger 1979; Wells et al. 1971; Zinkhan und Fornell 1985).

Um die Vielfalt der verschiedenen Profile zu erhalten, geben wir nachfolgend einen Überblick (mit sinngemäßer Übersetzung) der einzelnen Faktoren bzw. Dimensionen, die zur Werbemittelbeurteilung herangezogen wurden.[26]

Wells et al. 1971 finden sechs stabile Faktoren:

- Humor: mit hohen Ladungen für humorvoll, amüsant, lustig.
- Vitalität: mit hohen Ladungen für vital, ausgelassen, begeisternd.
- Sinnlichkeit: mit hohen Ladungen für liebenswert, freundlich, heiter.
- Einzigartigkeit (nicht austauschbar): mit hohen Ladungen für neuartig, einzigartig, phantasiereich.
- Persönliche Wichtigkeit: mit hohen Ladungen für "wichtig für mich", erinnernswert, "bedeutet mir etwas".
- Irritation: mit hohen Ladungen für schrecklich, dumm, unecht.

Kroeber-Riel et al. (1977) finden vier Faktoren:

- Allgemeine Anmutung: mit dem typischen Statement "bei dieser Anzeige macht das Anschauen Spaß".
- Glaubwürdigkeit: mit dem typischen Statement "die Anzeige verspricht zuviel".
- Informationsgehalt: mit dem typischen Statement "die Anzeige ist informativ".
- Aufmerksamkeit und Neuigkeit: mit dem typischen Statement "Anzeigen dieser Art sieht man öfter".

---

[26] Diese mehrdimensionalen Messungen der Akzeptanz werden in den theoretischen Untersuchungen nur unzulänglich berücksichtigt. Dort begnügt man sich häufig mit einer globalen, eindimensionalen Messung der "Einstellung zum Werbemittel" mit zwei bis vier Items.

Schlinger (1979) kommt zu den Faktoren:

- Unterhaltung: mit dem typischen Statement "bei diesem Spot macht das Zuschauen und Zuhören Spaß".
- Verworrenheit: mit dem typischen Statement "der Spot ist sehr verwirrend, ich konnte der Handlung kaum folgen".
- Wichtige Neuigkeiten: mit dem typischen Statement "ich habe durch den Spot etwas gelernt, was ich vorher nicht wußte".
- Verstärkung der Marke: mit dem typischen Statement "das ist eine gute Marke, die ich ohne zu zögern empfehlen kann".
- Einfühlungsvermögen: mit dem typischen Statement "der Spot ist wie aus dem Leben gegriffen und sehr realistisch".
- Vertrautheit: mit dem typischen Statement "solche Spots sieht man viel zu oft, es ist immer das gleiche".
- Entfremdung: mit dem typischen Statement "dieser Spot ist lästig, er wirkt unecht".

Aaker und Bruzzone (1981) finden wiederum vier Faktoren:

- Unterhaltung: mit hohen Ladungen für phantasiereich, amüsant, lebendig.
- Persönliche Wichtigkeit: mit hohen Ladungen für erinnernswert, überzeugend.
- Mißfallen: mit hohen Ladungen für unecht, albern, lästig.
- Warmherzig: mit hohen Ladungen für freundlich, ansprechend, "gut gemacht".

Zinkhan und Fornell (1985) bestätigen diese Ergebnisse weitgehend und benennen ihre Faktoren: Attraktivität, Bedeutungsreichtum und Vitalität. Ferner belegen sie einen signifikanten Wirkungspfad von der Akzeptanz zur (Marken-) Einstellung.

Betrachtet man die verschiedenen Ergebnisse von einem übergeordneten, theoretischen Standpunkt, so ergeben sich eine Reihe von Integrationsmöglichkeiten für die implementationsbezogene Wissensaufbereitung: Warmherzigkeit, Sinnlichkeit und allgemeine Anmutung werden in ESWA unter dem Konstrukt "emotionale Werbewirkung" erfaßt. Die Irritationswirkung wird im

Rahmen der Abstimmung von Aktivierungstechniken (Kapitel 4.2.3.) berücksichtigt. Es wird aber deutlich, welcher Stellenwert der Irritationswirkung zukommt, da sie in allen dargestellten Profilen direkt oder indirekt berücksichtigt wird.

Der Faktor "Persönliche Wichtigkeit" gehört, theoretisch gesehen, zum Involvement der Kosumenten. Ebenso läßt sich die "Einzigartigkeit", die "Vitalität", die "Neuigkeit" und der "Humor" zu den Aktivierungswirkungen zählen. Den Glaubwürdigkeitsaspekt und den Informationsgehalt berücksichtigen wir in den Kapiteln zur kognitiven Werbewirkung und zur Überzeugungswirkung (vgl. Kapitel 7.3.).

Mit den Faktoren: "Unterhaltung", "Verworrenheit" und "Vertrautheit" sind globalere Verbundwirkungen angesprochen, die wir in dieser allgemeinen Form als unmittelbare Wirkungsdeterminanten zur Akzeptanzerzielung berücksichtigen wollen.

Neben diesen, auf verbalen Messungen beruhenden Ergebnissen, gibt es auch nonverbale Meßverfahren, um die **spontane Gefallenswirkung** eines Spots zu messen. Hierzu eignet sich der Programmanalysator, der durch seine dynamischen Meßmöglichkeiten für jede Sekunde das Gefallen und Mißfallen aufzeichnen kann und für weiterführende, statistische Analysen bereitstellt. Durch die sekundengenaue Zuordnung der Gefallenswerte können sehr präzise Angaben über die Wirkung von Einzelelementen eines Spots gemacht werden (vgl. Neibecker 1985a; 1985b). Zwischenzeitlich hat dieses Verfahren auch in der deutschen Marktforschungspraxis Beachtung gefunden: so in dem System Prolog von der GfK-Marktforschung (Nürnberg) und der "Wahrnehmungssimultanen TV Spot-Wirkungsanalyse" von Compagnon (Stuttgart).[27]

7.1.3. Wissensbasis zur Akzeptanz

Die Einstellung zum Werbemittel, man kann auch von der Akzeptanz der Werbung sprechen, verkörpert in ESWA bereits ein komplexes Konstrukt, das an der Schwelle zwischen diagnostischen und evaluativen Variablen der

---

27 Das letztgenannte System wurde vom Autor zusammen mit dem Compagnon-Marktforschungsinstitut entwickelt und eingeführt.

Werbewirkungsanalyse steht. Dementsprechend weitgehend kann die Akzeptanzwirkung aus anderen, stärker diagnostischen Variablen abgeleitet werden. Somit sind uns viele der Konstrukte, die nun als Bedingungsteile zu den Akzeptanzregeln auftauchen, bereits bekannt. Abb. 41 zeigt wiederum den graphischen Ausschnitt des Inferenzbaums. Humor, Konditionierung, erlebnisbetonte Werbung und die emotionalen Basiserlebnisse sind hier als "Prädiktoren" für Akzeptanz zu erkennen. Da Humor als relativ unscharfes Phänomen auf viele andere Variablen Einfluß nimmt, wird er in ESWA an verschiedenen Stellen berücksichtigt und jeweils relativ gering gewichtet. Die drei anderen Teilaspekte sind von uns bereits an anderer Stelle vorgestellt worden.

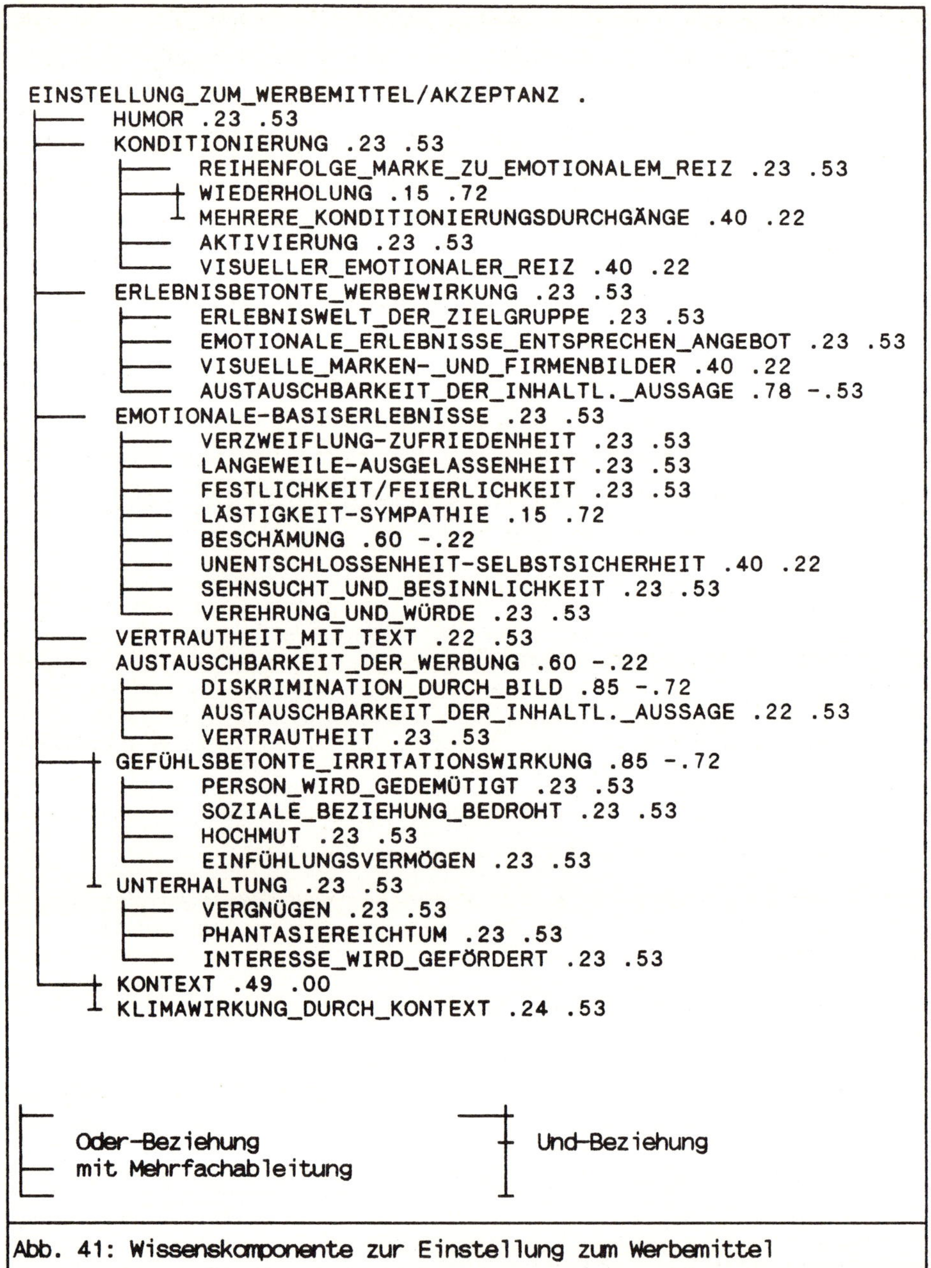

Abb. 41: Wissenskomponente zur Einstellung zum Werbemittel

Mit den gefühlsbetonten Irritationswirkungen und dem Unterhaltungswert der Werbung wird nun erstmals eine neue Komponente angesprochen. Wir greifen hier jene Irritationsursachen auf, die nicht schon in vorgelagerte Konstrukte eingegangen sind. Ferner teilen wir die Irritationswirkung in eine gefühlsbetonte

Komponente und - wie wir später noch sehen werden - in eine überzeugungsorientierte Komponente auf. Dazu greifen wir auf Teilaspekte zurück, die wir aus den dargestellten Akzeptanzprofilen sowie aus eigenen Forschungserfahrungen herleiten. Als Gegenpol zu den negativ wirkenden Irritationen berücksichtigen wir den Unterhaltungswert der Werbung, der aus dem ausgelösten Vergnügen, dem Phantasiereichtum und dem erzielten Interesse abgeleitet wird. Die dazu gegebenen permanenten Erläuterungen für den Benutzer konkretisieren die Implementierung.

Als abschließender Aspekt zur Akzeptanzwirkung wird das Wahrnehmungsklima der Kontextelemente einbezogen, das durch eine angenehme Hintergrundstimmung für eine positivere Haltung zum Werbemittel sorgt und als stiller Partner die Gefallenswirkung der Werbung steigert. Die noch nicht dargestellten Kommentare lauten:

PERSON WIRD GEDEMÜTIGT: 80 = In der Werbung wird eine Person wegen ihres Erscheinungsbildes, Wissens oder ihrer Fähigkeiten herabgesetzt oder gedemütigt / löschen wenn unpassend.

SOZIALE BEZIEHUNG BEDROHT: 80 = In der Werbung wird die soziale Beziehung von z.B. Mutter-Tochter, Mann-Frau oder zu einem guten Freund als bedroht dargestellt / löschen wenn unpassend.

HOCHMUT: 80 = Die Werbung wirkt hochmütig, selbstgefällig, voller Genugtuung / im Zweifelsfall löschen.

EINFÜHLUNGSVERMÖGEN: 80 = Spot ist wie aus dem Leben gegriffen; wirkt realistisch; man könnte sich vorstellen, in dem Spot mitzuspielen und die gleiche Situation zu erleben.

VERGNÜGEN: 80 = Die Werbung wirkt heiter, unbekümmert, vergnüglich, erfreulich / im Zweifelsfall löschen.

PHANTASIEREICHTUM: 80 = Die Werbung wirkt phantasiereich, geistreich und amüsant.

INTERESSE WIRD GEFÖRDERT: 80 = Der Spot fesselt den Zuschauer an den Bildschirm und weckt sein Interesse bzw. die Anzeige stimuliert aktives Betrachtungsverhalten.

KLIMAWIRKUNG DURCH KONTEXT: 80 = Die Hintergrundelemente (der Kontext) wirkt angenehm und erzeugt positives Wahrnehmungsklima.

7.2. Einstellung (zur Marke)

7.2.1. Begriffsabgrenzung

Man definiert Einstellungen als eine gelernte, relativ stabile Bereitschaft eines Konsumenten, sich gegenüber dem Einstellungsobjekt konsistent (mehr oder weniger) positiv/negativ zu verhalten (vgl. Hammann und Erichson 1978; Kroeber-Riel 1984a; Müller-Hagedorn 1986; Trommsdorff 1984; Trommsdorff und Schuster 1981). Sie gelten geradezu als Paradigma einer intervenierenden Variablen zur Erklärung des Verhaltens.

Aus heutiger Sicht muß man das Einstellungsobjekt sehr weit fassen, es kann Marken, Dienstleistungen, Organisationen, Sachverhalte und Situationen, aber auch bestimmte Gegenstände wie Häuser, Maschinen und natürlich Personen umfassen.

Die grundlegende Hypothese der Einstellungstheorie lautet: Die Einstellungen von heute sind Teil der verhaltensbestimmenden Wirkungsfaktoren von morgen. Diese sehr allgemeine Hypothese ist an eine Reihe von Bedingungen gebunden. Ajzen und Fishbein (1977) schlagen deshalb vor, vier verschiedene Elemente zu berücksichtigen: die Handlung bzw. die Tätigkeit (das Einstellungsobjekt), das Ziel, den Kontext und den Zeitpunkt. Wird dies versäumt, so kann man mit den gemessenen Einstellungswerten keine validen Verhaltenserklärungen erzielen.

Eines der bekanntesten Beispiele für die Mißachtung dieser Vorgaben ist die Untersuchung von LaPiere (1934) über Rassenvorurteile. Er begleitete z.T. ein junges chinesisches Ehepaar durch die USA. Von 251 Restaurants und Hotels verweigerte nur eines seine Dienste. Sechs Monate später schrieb LaPiere alle Unternehmen nochmals an, um anzufragen, ob sie Chinesen als Gäste akzeptieren würden. Von den 128 antwortenden Unternehmen lehnten es 90% ab, Chinesen aufzunehmen.

In dieser Untersuchung stimmen vor allem Ziel und Kontext nicht überein. Das beobachtete Verhalten war auf eine spezifische Reaktion gegenüber dem anwesenden Ehepaar gerichtet. Die schriftliche Befragung bezog sich dagegen auf eine allgemeine Haltung gegenüber Chinesen.

Ohne auf weitere Beispiele dieser Art einzugehen, kann man in Anlehnung an Kroeber-Riel (1984a) folgende Punkte zusammenfassen, die zur Bewertung der Einstellungs-Verhaltens-Hypothese (E-V-H) zu unterscheiden sind:

- spezifische vs. unspezifische Einstellungen,
- durch Erfahrung gelernte (konkrete) Einstellungen vs. durch Kommunikation gebildete Einstellungen,
- stabile vs. instabile Einstellungen.

Es ist demnach, wie in dem dargestellten Beispiel deutlich wurde, darauf zu achten, daß der Spezifikationsgrad zwischen gemessenen Einstellungen und dem zu prognostizierenden Verhalten übereinstimmt. Ferner sind Einstellungen, die durch direkte Erfahrung mit dem Einstellungsobjekt erworben wurden, etwa durch Produktgebrauch, verhaltensbestimmender als Einstellungen, die durch Kommunikation (z. B. Werbung) erworben wurden. Und abschließend ist zu beachten, daß nur Einstellungen, die zeitlich einigermaßen stabil bleiben, auch das langfristige Verhalten vorhersagen können. Es empfiehlt sich jedoch, die Prognosekraft von Einstellungen auf einen bestimmten Zeitraum zu begrenzen. Die zeitliche Stabilität von Einstellungen ist umso größer, je stärker die Bedeutung des Einstellungsobjektes für den Konsumenten ist. Sie sind deshalb auch weniger leicht zu ändern als Einstellungen von peripherer Bedeutung. Es ist unmittelbar erkennbar, daß hier das Involvement, insbesondere das Ego-Involvement, zu einer Schlüsselgröße wird, weshalb sich auch gewohnheitsmäßiges und impulsives Verhalten durch Einstellungen weniger genau prognostizieren läßt.

Wir wollen nun das Konstrukt weiter auffächern und eine verbreitete Arbeitsdefinition für Einstellungen übernehmen. Wir bezeichnen (vgl. u.a. Assael 1984; Kroeber-Riel 1984a):

Einstellungen als Motivation mit kognitiver Gegenstandsbeurteilung.

Allerdings wird der Begriff der Motivation in der Literatur unscharf und inkonsistent verwendet. Anstelle des Motivationsbegriffs werden auch Begriffe wie: Trieb, Wunsch, Bedürfnis, Beweggrund genannt (vgl. Wiswede 1980). Zweckmäßig erscheint für unsere Überlegungen, die Motivation als Emotion und Trieb mit Zielorientierung für das Verhalten aufzufassen.

Durch diese Verschachtelung von Emotion, Motivation und Einstellung wird deutlich, daß die Begriffe eine zunehmende, kognitive Anreicherung der Verhaltensprozesse anzeigen. Da die Übergänge zwischen den Begriffen letztlich fließend sind, kann im konkreten Fall nur durch Offenlegung der Operationalisierung und Messung eine Unterscheidung bzw. Abgrenzung zwischen den Begriffen begründet werden.

Unter Rückgriff auf die sog. Ziel-Mittel-Analyse (means-end-analysis) lassen sich Einstellungen dann auch als wahrgenommene Eignung eines Gegenstandes zur Befriedigung einer Motivation umschreiben. Beachtenswert ist dabei, daß die Gegenstandsbeurteilungen auf verfestigte Ansichten zurückgehen.[28]

7.2.2. Mehrdimensionale Einstellungsmessung

Angelpunkt jeder empirischen Untersuchung zu Einstellungen ist die Messung der globalen, "eindimensionalen" Einstellung. Dies ist in der Regel die wertende Dimension, die in einer zustimmenden oder ablehnenden Haltung zum befragten Objekt zum Ausdruck kommt. Man verwendet hierfür den Begriff "affektive Haltung". Wir haben jedoch schon ausdrücklich darauf hingewiesen, daß man heute davon ausgeht, daß diese affektiven Messungen der Einstellung, die erklärtermaßen eine kognitive Theorie darstellt (zumindest in der Forschungstradition von Fishbein et al. 1975), von den affektiven Reaktionen, die wir im Kapitel über Emotionen beschrieben haben, zu unterscheiden sind. Da für diese differenzierte Sichtweise in der internationalen Literatur die gleichen Begriffe verwendet werden, ein Umstand der sich

---

28 Wir schließen uns hier dem Vorschlag von Kroeber-Riel (1984a) an und ersetzen den Image-Begriff durch den schärfer und expliziter gefaßten Einstellungsbegriff.

dadurch erklären läßt, daß sich die Akzeptanzforschung erst nach und nach aus der kognitiven Einstellungsforschung gelöst hat, sollte man darauf achten, keine voreiligen und vereinfachten Schlußfolgerungen zu ziehen. Die Beherrschung emotionaler Werbewirkung bedeutet wesentlich mehr, als die elementare Erfassung wertender Haltungen im Rahmen der Einstellungsforschung (vgl. zur Beziehung zwischen kognitiven Vorgängen und Einstellungen auch Bettman 1986; Chattopadhyay und Alba 1988).

Wenn wir die Einstellungsmessung als kognitive Theorie bezeichnen, so wurde diese Sichtweise entscheidend durch das Fishbein-Modell geprägt (vgl. Ajzen und Fishbein 1980; Burnkrant und Page 1982; Fishbein und Ajzen 1975; Liska 1984; Ryan und Bonfield 1980; Silberer 1983). Das erweiterte Fishbein-Modell hat folgende Form:

$$B \sim BI = \underbrace{\sum_{i=1}^{n} B_i * a_i}_{\substack{\text{kognitive Struktur} \\ \text{(cognitive structure)}}} + \underbrace{\sum_{j=1}^{k} NB_j * MC_j}_{\substack{\text{subjektive Normkomponente} \\ \text{(subjective norm)}}}$$

B = Verhalten (behavior), z.B. Kauf einer Marke.

BI = Verhaltensabsicht (behavioral intention).

B_i = Überzeugung (belief) bzw. die Wahrscheinlichkeit, mit der die Eigenschaft i dem Objekt B zugeschrieben wird.

a_i = (positive oder negative) Bewertung der Eigenschaft i.

NB_j = subjektive Überzeugung, daß persönlich wichtige Personen (oder Gruppen) der Meinung sind, man sollte sich in dieser Weise verhalten - z.B. die Marke kaufen (normative beliefs).

MC_j = die subjektive Motivation, diese Meinung zu übernehmen (motivation to comply).

i = Zahl der verhaltensrelevanten Eigenschaften

j = Zahl der relevanten Personen und Gruppen

Obwohl das Fishbein-Modell die Einstellungsforschung der letzten Jahre dominiert hat, fehlt es nicht an Kritik. Die multiplikative Verknüpfung der einzelnen Parameter mit anschließender Summenbildung ist methodisch gesehen nicht ganz korrekt, da bei Ratingskalen bestenfalls Intervallniveau angenommen werden kann. Dies führte zur Entwicklung sog. Idealpunktmodelle, deren exponierteste Weiterentwicklung als Trommsdorff-Modell bekannt wurde (vgl. Trommsdorff 1975). Wie im Fishbein-Modell summieren sich die einzelnen Eindruckswerte über alle Merkmale zur Gesamteinstellung. Allerdings wird das subjektive Wissen über die vorhandenen Produktmerkmale nicht über subjektive Wahrscheinlichkeiten des Vorhandenseins eines Merkmals, sondern unmittelbar durch die Frage nach der wahrgenommenen Ausprägung des Merkmals erfaßt. Durch Differenzbildung mit der als ideal empfundenen Ausprägung eines Merkmals an dem Produkt und anschließender Summation ergibt sich der Einstellungswert.

Ebenfalls kritisiert wird die extrem kognitive Ausrichtung des Fishbein-Modells, das sich auf willentlich kontrolliertes Verhalten beschränkt. So werden im Modell von Triandis (1980) auch Gewohnheiten und emotionale Verhaltensmuster (habits) als unabhängige Variablen berücksichtigt.

In neueren Untersuchungen mit Modifikationen des Fishbein-Modells, die auf verbesserte statistische Verfahren zurückgreifen, werden sowohl die kognitive Struktur (auch als expectancy-value bezeichnet), als auch die subjektive Normkomponente, als mehrdimensionale Konstrukte behandelt (vgl. Bagozzi 1982; 1985; Burnkrant und Page 1988). Berücksichtigt man auch diese neueren Modellierungen zur Einstellungstheorie, so ergibt sich folgendes, typisches Wirkungsschema der Abb. 42 - wobei nur die zentralen Wirkungspfade dargestellt sind (vgl. zu den Kausalmodellen: Hildebrandt und Trommsdorff 1983; Neibecker 1985a):

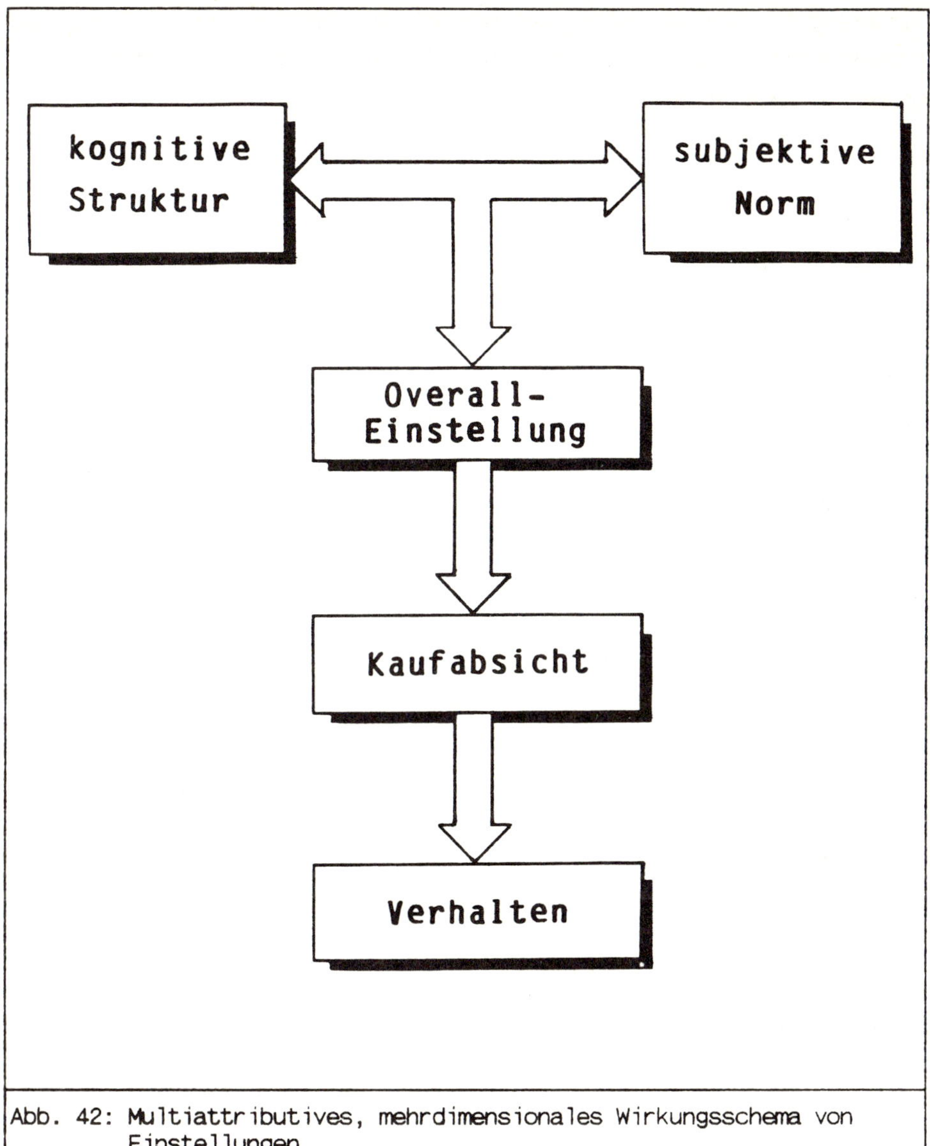

Abb. 42: Multiattributives, mehrdimensionales Wirkungsschema von Einstellungen

7.2.3. Gewichtung der Wirkungspfade

Leider stößt man nur selten auf Untersuchungen, die das gesamte Spektrum der Einstellungstheorie überprüfen. Entweder ist man an einem expliziten Test eines bestimmten Modells interessiert, dann fehlen häufig Operationalisierungen der Overall-Einstellung und von Verhaltensgrößen, oder man berücksichtigt nur die Wirkung bestimmter Faktoren auf die globale Einstellung (Overall-), dann fehlen Operationalisierungen zur kognitiven Struktur und insbesondere zur Wirkung der sozialen Komponente.

Unter den bereits aufgezeigten Einschränkungen, die vor allem auf einen vergleichbaren Grad an Spezifikation abzielen, lassen sich im Idealfall 30% des Verhaltens durch Einstellungswerte erklären. Besser wird die Varianzaufklärung, wenn man die Verhaltensabsicht und die Overall-Einstellung als abhängige Größen nimmt. Dann erklärt das Fishbein-Modell bis zu 50% der Overall-Einstellung; jedoch nur, wenn der Meßfehlereinfluß durch statistische Verfahren kontrolliert wird (vgl. Bagozzi 1982). Üblicherweise liegen die Werte aber darunter, wodurch der Ruf nach alternativen, diagnostischen Konstrukten geweckt wurde (vgl. Kroeber-Riel 1984a; Mitchell 1983; Neibecker 1985b; 1987c). Wir haben hierzu die Einstellung zum Werbemittel, als ein weiteres Konstrukt dieser Art, bereits analysiert.

Auch die Kaufabsicht (Verhaltensabsicht) wird recht gut durch Einstellungswerte prognostiziert. Dies gilt sowohl für Untersuchungen, die nur die kognitive Struktur als unabhängige Variable berücksichtigen, als auch für Modelle mit expliziter Messung der Overall-Einstellung. Insgesamt erklärt die B_ia_i-Komponente mehr Varianz als die soziale Normkomponente. Es zeigt sich aber, daß die soziale Normkomponente für bestimmte Einstellungsobjekte von größerer Bedeutung ist. Bentler und Speckart (1981) befragten Studenten und konnten einen signifikanten Einfluß der sozialen Normkomponente für die Einstellung zum Studium und zu Lockerungsübungen und Sport feststellen, nicht jedoch für das Treffen von Verabredungen. Als verursachende Größen kristallisieren sich vor allem Primärgruppen heraus, insbesondere der Ehepartner, Freunde und Eltern.

Insgesamt kann die subjektive Normkomponente als Stiefkind der Einstellungsforschung bezeichnet werden. Dies liegt wohl auch darin begründet, daß die wenigen Studien kaum konsistente Ergebnisse hervorbrachten. Möglicherweise muß man die Wirkungsbedingungen erst für bestimmte Produktgruppen bzw. Einstellungsobjekte genau spezifizieren, bevor man ähnlich hohe Erklärungsquoten findet, wie sie für die kognitive Struktur vorliegen. So können auch Burnkrant und Page (1988) nur die Mehrdimensionalität belegen, die unmittelbare Wirkung auf die Verhaltensabsicht jedoch nur tendenziell, d.h. nicht signifikant, "nachweisen". Ferner wurde auch in dieser Untersuchung, wie bereits in zahlreichen Vorgängerstudien, das Blutspendeverhalten untersucht. Die Ergebnisse sind also nur bedingt auf das Marketing und die Einstellung zur Marke übertragbar.

7.2.4. Wissensbasis zur Einstellung

Die Einstellung (zur Marke) stellt das Knowledge-Engineering vor ein besonders schwieriges Problem (vgl. Abb. 43). Hier ist die Wechselwirkung zwischen der relativ starken Bedeutung der Akzeptanz für die Veränderung von Einstellungen bei Low-Involvement ebenso zu berücksichtigen wie eine relativ schwache Wirkung bei High-Involvement. Diese Fragestellung wird gelöst, indem beide Fakten mit einer Interkorrelation von 0.2 in einer Regel zusammengefaßt werden. Die Gewichtung wird mit mittleren Gewichten vorgegeben. Aus dieser Regel folgt somit für die Einstellung:

Wenn eine hohe Akzeptanz und ein niedriges Involvement zusammentreffen, leitet sich aus den beiden Bedingungen dieser Regel eine mittelstarke Ausgangswahrscheinlichkeit ab. Dies entspricht aber nicht ganz ihrer tatsächlichen Wirkung, da die Akzeptanz unter diesen Kommunikationsbedingungen eine relativ zentrale Komponente darstellt. Durch den Interkorrelationseffekt wird aber die aus beiden Fakten abgeleitete Ausgangswahrscheinlichkeit um ein weiteres verstärkt, so daß die resultierende Wirkung dieser komplexen Regel der tatsächlichen Bedeutung der Konstrukte gerecht wird.

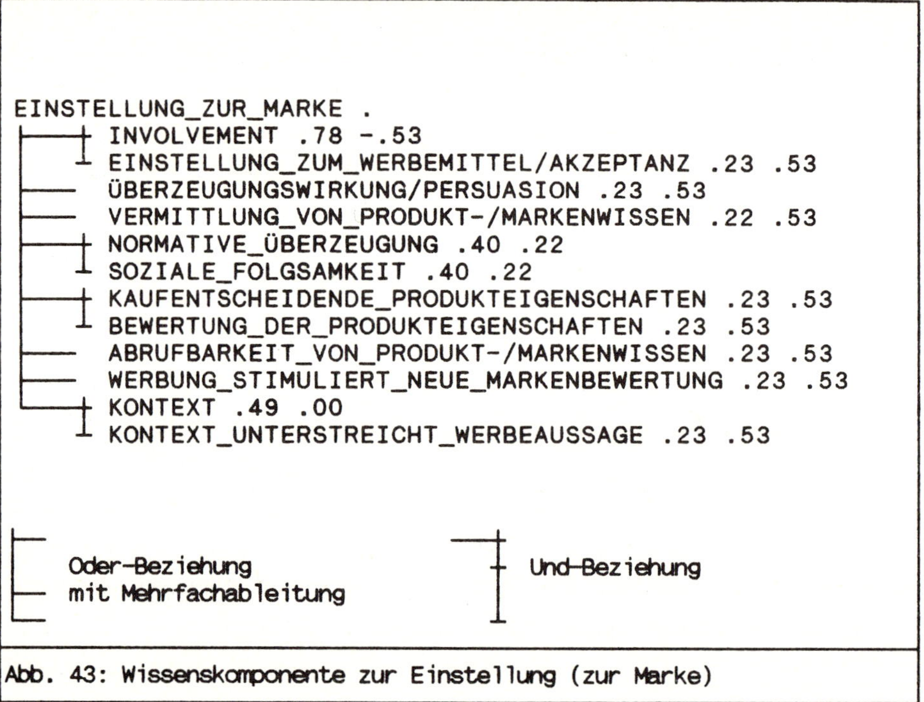

Abb. 43: Wissenskomponente zur Einstellung (zur Marke)

Umgekehrt verliert diese Regel an Bedeutung, wenn eine Teilkomponente nur schwach ausgeprägt ist. Dies führt dazu, daß für starkes Involvement und geringe bis mittlere Akzeptanz die relative Erklärungskraft dieser Regel zurückgeht. Diese Konstellation führt insgesamt zu einem Bestätigungsgrad der unter die Vorabwahrscheinlichkeit von 0,5 absinkt, so daß die Regel keinen positiven Beitrag mehr zur Evidenzverstärkung für die Einstellung leistet.

Die Überzeugungswirkung (Persuasion) werden wir im nächsten Kapitel besprechen, so daß wir nun etwas ausführlicher auf das Faktum "Vermittlung von Produkt-/Markenwissen" eingehen. Von der unmittelbaren Bedeutung des Begriffs Markenwissen vermutet man hier sicherlich mehr, als wir damit beabsichtigen. Wir wollen unter diesem Faktum zwei spezifische Aspekte beherzigen, die generell für die Einstellungsbildung von Interesse sind. Das Faktum leiten wir aus den beiden folgenden Regeln ab:

```
(0 N150
 (W (WICHTIGE_PROD.EIGENSCHAFT_VISUELL 0.15 0.72 ) )
 (D (VERMITTLUNG_VON_PRODUKT-/MARKENWISSEN 0 ) ) )

(0 N220
 (W (KAMPAGNE/REMINDER 0.5 0)
     (VERSCHIEDENE_BILDLICHE+VERBALE_INFORMATIONEN 0.22 0.53) )
 (D (VERMITTLUNG_VON_PRODUKT-/MARKENWISSEN 0) ))
```

Ferner leitet sich die "Abrufbarkeit von Produkt-/Markenwissen" aus folgenden Regeln ab:

```
(0 VW300
 (W (SPEZIFISCHE_MARKENEIGENSCHAFTEN_ERINNERT 0.23 0.53) )
 (D (ABRUFBARKEIT_VON_PRODUKT-/MARKENWISSEN 0) ) )

(0 VW310
 (W (KOMPLEXE_MARKENEIGENSCHAFTEN_VERFÜGBAR 0.23 0.53) )
 (D (ABRUFBARKEIT_VON_PRODUKT-/MARKENWISSEN 0) ) )
```

Mit der Regel N150 soll der visuellen Kommunikation wichtiger Produkteigenschaften und der daraus resultierenden besonderen Durchschlagskraft auf die Einstellungsbildung Rechnung getragen werden. Denn das sehr komplexe Faktum "Bildverarbeitung" wird in seiner Gesamtheit nur zur Bestimmung der Aktualisierungswirkung der Werbung berücksichtigt.

Die Vermittlung verschiedener Informationen baut sowohl auf dem nachfolgend diskutierten Aspekt der Abstraktion von Einzelattributen als auch der Hypothese zum "Lernen von abstrakten Bedeutungen auf höherem Gedächtnisniveau" auf. Es ist danach zu erwarten, daß verschiedene Aussagen zu einer Marke (oder Firma) zu einem verbundenen, reichhaltigen Gesamtkomplex im Gehirn verschmelzen (vgl. auch Smith 1987).

Ein weiterer, allerdings wesentlich komplexerer Aspekt wird mit der Verfügbarkeit von Produkteigenschaften angesprochen (vgl. stellvertretend Chattopadhyay und Alba 1988). Zum einen ist hier zu berücksichtigen, inwieweit in der Beurteilungssituation eine zeitpunktbezogene Informationsverarbeitung und Bewertung stattfindet und unter welchen Bedingungen lediglich vorhandene Beurteilungen und Einstellungen aus dem Gedächtnis abgerufen werden. Das bedeutet, daß der Konsument lediglich ein bereits früher getätigtes Urteil (eine bestehende Einstellung) abruft, ohne ständig neue Beurteilungen mit den aktuell verfügbaren Informationen durchzuführen. Auch wenn Chattopadhyay und Alba (1988) diesen speziellen Effekt nicht replizieren konnten, bleibt zu bedenken, daß in dem Experiment für eine neue Automarke geworben wurde, so daß eine Abrufbarkeit bereits vorhandener Einstellungen ausscheidet. Diese differenzierte Sichtweise zur Analyse der Entstehung von Einstellungen erscheint uns dennoch wichtig, da sie auch eine Erklärung dafür abgibt, warum sich vorhandene Einstellungen erst mittelfristig ändern. Ferner läßt sich daraus indirekt ableiten, daß die Werbung - sofern sie die Einstellungen auf direktem Wege beeinflussen will - eine erneute Auseinandersetzung mit der Marke erreichen muß, so daß eine unmittelbare, aktive Markenbewertung stattfindet (vgl. auch Wood et al. 1985).

Ergänzend hat sich gezeigt, daß Einstellungen nicht nur auf spezifischen Produkteigenschaften beruhen, sondern der Konsument auch abstrakte, aus mehreren Eigenschaften bestehende Produktvorstellungen bildet und diese global zur Bewertung einer Marke heranzieht. Diese Abstraktionen sind sogar im Zeitablauf resistenter, aber auch ungenauer, als die konkreten Einzelattribute.

In sehr allgemeiner Form wollen wir ferner das klassische Fishbein-Modell in ESWA aufnehmen. Hier ist aber später eine produktspezifische Ergänzung erstrebenswert, indem für verschiedene Produkte die wichtigsten Eigenschaften unmittelbar in die Regelbasis aufgenommen und von ESWA gewichtet und beurteilt werden (vgl. zur Darbietung von Produkteigenschaften und deren Wirkung auf die Einstellungen auch Gardner 1983; zur Bedürfnisorientierung Hansen und Stauss 1983). Für den Prototyp, der die generellen Möglichkeiten der Iplementierung von Werbewirkungswissen in einem Expertensystem darstellen soll, ist eine solche Spezialisierung nicht angebracht.

Die Erläuterungen zu den noch ausstehenden Primärfakten der Wissensbasis sind:

WICHTIGE PROD.EIGENSCHAFT VISUELL: 80 = In der Werbung wird mindestens eine wichtige Produkteigenschaft visuell dargestellt. Es ist kritisch zu prüfen, ob das Bild auch wirklich die angesprochene Eigenschaft visualisiert.

VERSCHIEDENE BILDLICHE+VERBALE INFORMATIONEN: 80 = In der Kampagne oder Reminderkombination werden verschiedene Produktinformationen vermittelt.

NORMATIVE ÜBERZEUGUNG: 80 = Die meisten, für den Konsumenten wichtigen Personen (Ehepartner, Freunde, Eltern) sind der Meinung, er sollte die Marke kaufen (bzw. eine bestimmte Handlung ausführen) / löschen, wenn kein sozialer Einfluß bejaht werden kann.

SOZIALE FOLGSAMKEIT: 80 = Die Zielgruppe ist der Ansicht, daß sie den Wünschen der für sie wichtigen Personen folgen soll.

KAUFENTSCHEIDENDE PRODUKTEIGENSCHAFTEN: 80 = Die wichtigsten (zuerst assoziierten) Produkteigenschaften werden durch die Werbung kommuniziert und der Marke zugeschrieben.

BEWERTUNG DER PRODUKTEIGENSCHAFTEN: Die kaufrelevanten Produkteigenschaften werden negativ bewertet (= 20) bis hin zu einer positiven Bewertung (= 80).

SPEZIFISCHE MARKENEIGENSCHAFTEN ERINNERT: 80 = In der Kauf- und Entscheidungssituation kann sich der Konsument an spezifische (einzelne) Markeneigenschaften erinnern. Hierzu zählen auch persönlich interpretierte Eigenschaften, z.B. wenn die Werbeaussage für einen Pkw "Beschleunigung von 0 auf 100 km in 7 Sek. beim Konsument als "spurtstarkes Auto" verfügbar ist - (aber: es muß sich um eine für den Konsumenten relevante Eigenschaft handeln).

KOMPLEXE MARKENEIGENSCHAFTEN VERFÜGBAR: 80 = Der Konsument verfügt bezüglich der Marke (Firma) über komplexe, zusammenfassende Eigenschaftsurteile. Z.B. wenn die Pkw-Attribute Verbrauch/100 km, niedriger Luftwiderstand, fährt mit Normalbenzin unter dem abstrakten Begriff "Sparsamkeit" zusammengefaßt werden.

WERBUNG STIMULIERT NEUE MARKENBEWERTUNG: 80 = Die Werbung ist geeignet, eine Auseinandersetzung mit der Marke (Firma) - auch im Vergleich zur Konkurrenz - auszulösen, um eine erneute und unmittelbare Markenbewertung in Gang zu setzen. Es findet eine echte, zeitpunktbezogene Beurteilung statt und der Konsument greift nicht auf gespeicherte, verfügbare Markenbewertungen aus früheren Zeiten zurück.

KONTEXT UNTERSTREICHT WERBEAUSSAGE: 80 = Die Hintergrundelemente verstärken die zentrale Werbeaussage (z.B. Kind schmiegt weichen Pulli an seine Wange; produktadäquates, attraktives (Foto-) Modell unterstützt zentrale Eigenschaft der Marke - z.B. glänzendes weiches Haar für Shampoo) und führt zu einer gedanklich-interpretativen Ergänzung / beachte Bumerangeffekt, wenn Kontextelement zu stark ablenkt.

7.3. Überzeugungswirkung (Persuasion)

7.3.1. Kommunikationsforschung als Ausgangspunkt

In der Kommunikationsforschung hat man sich schon sehr früh mit der Meinungsbeeinflussung beschäftigt. Hierfür haben sich auch die Begriffe: Einstellungsänderung oder Überzeugungswirkung einer Botschaft (persuasion) eingebürgert (vgl. u.a.: Hovland et al. 1953). Bedenkt man, daß nach Erhebungen von McGuire (1985) von den rund 25000 Veröffentlichungen, die in den "Psychological Abstracts" jährlich erfaßt werden, 5% Einstellungsänderungen zum Gegenstand haben, so erkennt man die Vielfalt der Literaturbasis. Alleine McGuire (1985) wertet für seinen Handbuchartikel über Einstellungsänderungen mehr als 1600 Quellen aus. Dadurch wird es uns ermöglicht, die für die Werbewirkung zentralen Einflußfaktoren in kondensierter Form darzustellen. Wir stützen uns deshalb, bis auf einige, wichtige Ausnahmen, auf die interpretierende Ausarbeitung von McGuire (vgl. auch Cialdini et al. 1981; Petty, Ostrom und Brock 1981; Edinger und Patterson 1983; Percy 1983).

In Anlehnung an Lasswell (1948) werden als Inputfaktoren der Kommunikation unterschieden (vgl. auch Kroeber-Riel 1984a; Schweiger und Schwarz 1980):

Wer (Quelle, Kommunikator) sagt
Was (Botschaft) zu
Wem (Adressat, Kommunikant, Rezipient) über welchen
Kanal (Medium) mit welcher
Wirkung unter welcher
Kommunikationssituation.

Auf der anderen Seite werden verschiedene Wirkungsfaktoren herausgestellt. Beispiele dieser Wirkungsfaktoren sind: Kontaktwirkung; Gefallenswirkung; Verständlichkeit; botschaftsbezogene, kognitive Prozesse; aus der Übereinstimmung resultierende Einstellungsänderungen; Speicherung und gedankliche Abrufbarkeit; Entscheidungsverhalten aufgrund der gespeicherten Informationen sowie Nachentscheidungsprozesse. Alle aufgeführten

Kommunikationswirkungen werden, wenn auch in anderer Reihenfolge und geändertem Wirkungsverbund, in unserer analytischen Darstellung unter Einbeziehung des 3-D-Modells der Werbewirkungskomponenten berücksichtigt.

Natürlich greift die Kommunikationsforschung auch auf die bereits diskutierten Einstellungstheorien zurück. Daneben werden aber eine Vielzahl anderer Theorien kurzer bis mittlerer Reichweite diskutiert, die von McGuire (1985) in ein Ordnungsschema mit sechzehn Kategorien eingeordnet werden. Es führt zu weit, hier alle Theorien, angefangen von der Dissonanz- und Reaktanztheorie, bis hin zu neueren Erklärungen der kognitiven Reaktionsanaylse, zu erörtern. Wir konzentrieren uns vielmehr auf die pragmatischen Auswirkungen dieser Forschungslinien.

7.3.2. Wirkungsfaktoren der Kommunikation

7.3.2.1. Merkmale der Kommunikationsquelle

Glaubwürdigkeit

Die wahrgenommene Glaubwürdigkeit der Quelle ist eine der zentralen Variablen, die wir beachten müssen. Diese Glaubwürdigkeitswirkung zerfällt in die Glaubwürdigkeit des Senders (Marke bzw. Hersteller), des verwendeten Mediums sowie der Werbebotschaft. Die Glaubwürdigkeit von Sender und Medium ist in der Regel langfristig vorgegeben, wobei das Fernsehen eine relativ hohe Glaubwürdigkeit besitzt. Wichtiger ist deshalb die Glaubwürdigkeit der Werbebotschaft, da sie vom Werbetreibenden unmittelbar beeinflußt werden kann.

Die Glaubwürdigkeit (einer Person), und damit auch die Überzeugungswirkung, steigt mit zunehmendem Bildungsgrad, Intelligenz, sozialem Status, mit professionellen Fertigkeiten und Vertrautheit mit der Fragestellung. Hierbei ist ausdrücklich die Wechselwirkung mit dem Involvement des Kommunikanten, also insbesondere der Konsumenten, zu beachten. Diese erschwerenden Wirkungsbeziehungen werden wir weiter unten berücksichtigen.

Das vermeintliche **Wissen** eines Absenders, in der Werbung dürfte es sich häufig um einen Präsenter handeln, reicht alleine nicht aus, um einen erheblichen Einfluß zu erzielen. Es sollte durch andere Gestaltungselemente wie Vertrauenswürdigkeit unterstützt werden. Dabei darf die Distanz zwischen dem "allwissenden" Präsenter und den Empfängern der Bostschaft nicht zu groß sein, sonst kann sich auch ein Bumerangeffekt einstellen. Am effektivsten wirkt ein Präsenter, der den Rezipienten nur etwas überlegen ist. Hierbei sollte er nicht so dargestellt werden, als habe er ein persönliches Interesse an der Fragestellung, wodurch seine Objektivität in Zweifel gezogen wird. Auch Kontextwirkungen können die Glaubwürdigkeit des Kommunikators fördern.

Neben der Kompetenz der Quelle spielt demnach ihre Vertrauenswürdigkeit eine Rolle. Diese Vertrauenswürdigkeit hängt von ihrer Aufrichtigkeit, Echtheit, Unparteilichkeit und der Fähigkeit ab, die Beeinflussungsabsicht zu kaschieren. Deshalb erscheinen Kommunikatoren auch dann besonders vertrauenswürdig, wenn sie gegen ihre eigenen Interessen argumentieren oder Standpunkte vertreten, die von den offensichtlichen Präferenzen der Zuhörer abweichen.

Auch nonverbale Elemente sollten zur Glaubwürdigkeitsförderung eingesetzt werden. Es ist darauf zu achten, daß ein Augenkontakt mit dem Publikum entsteht. Dieser darf aber nicht zu lange sein, daß er in ein "Starren" ausartet und dadurch drohend wirkt. Ferner wirkt es positiv, wenn der Präsenter während des Sprechens einen Augenkontakt herstellt, beim Zuhören jedoch öfters den Augenkontakt unterbricht, um nicht zu dominant zu erscheinen. Augenblinzeln und Lippenbeißen oder ein Spitzen des Mundes sind zu unterlassen. Vorübergehendes Lächeln und Kopfnicken wirken dagegen vorteilhaft. Auch Großaufnahmen des Gesichts und der Augenpartie, verbunden mit positiven Kontextinformationen, wirken positiv.[29] Es sollten

---

[29] Die nonverbalen Einflußfaktoren sollen an dieser Stelle nicht weiter vertieft werden. Dies bedeutet nicht etwa, daß sie einen vernachlässigbar geringen Einfluß hätten (vgl. u.a.: Bonoma und Felder 1977; Mehrabian 1972; Neibecker 1985a; Weinberg 1983). Ein Problem besteht aber darin, daß bestimmte nonverbale Verhaltensweisen erst nach monatelangem Training hinreichend genau kodiert werden können (z.B. der Gesichtsausdruck), oder die Wechselwirkungen noch unzureichend erforscht sind, wie bestimmte Körperhaltungen, Berührungen, Tonlage usw. Wir werden deshalb nur werberelevante Faktoren berücksichtigen, die auch für einen durchschnittlichen Benutzer erkennbar sind.

auch zu lange Pausen beim Sprechen und Antworten vermieden werden und keine zu formalen, grammatikalischen Konstruktionen verfaßt werden. Anhängsel wie "ich schätze" oder "nicht wahr" sind schädlich. Dagegen wirken bestätigende Anmerkungen wie "ja" oder "gut" förderlich.

Insgesamt wirken Wissenschaftler vertrauenswürdig, Militär, Polizei, Juristen und Geschäftsleute eher weniger - wobei diese allgemeinen Aussagen der Kommunikationsforschung mit Vorsicht zu behandeln sind.

Die Vorwarnung der Konsumenten ist sicherlich eine von Seiten der Werbetreibenden ernstzunehmende Einschränkung in unserer Werbelandschaft. Durch die Trennung von Programm und Werbung tritt praktisch dieser Vorwarneffekt ein, da die Kommunikanten nachhaltig darauf hingewiesen werden, daß nun Werbung folgt. Allerdings schwächt sich der Effekt ab, wenn die Konsumenten am Thema wenig interessiert sind und auch keine unmittelbaren Konsequenzen, wie z.B. eine anschließende Befragung, zu erwarten haben. Wichtiger sind dann schon die Variablen, die eine Quelle in den Augen der Konsumenten attraktiv erscheinen lassen.

Attraktivität wird in starkem Maße durch das Aussehen erzielt, wobei Schönheit alleine nicht immer attraktiv wirkt. Leider fehlen allgemeine Richtlinien, an denen sich die Attraktivität eines bestimmten Kommunikators festmachen läßt. Denn auch die Ähnlichkeit zwischen Sender und Empfänger fördert die Attraktivität einer Quelle. Hierbei erweist sich die ideologische Ähnlichkeit für abstrakte Themen als wichtiger, während für konkretere, alltägliche Fragestellungen die demographische Ähnlichkeit wichtiger ist. Allerdings darf die demographische Ähnlichkeit nicht als ein plumper Versuch inszeniert werden, sich beim Empfänger einzuschmeicheln (vgl. Kahle und Homer 1985; Lee et al. 1984; sowie Bone et al. 1986).

Daneben spielen Persönlichkeitsvariablen eine Rolle, wie etwa die Denkbereitschaft (vgl. Haugtvedt et al. 1988). Personen mit der Bereitschaft zu verstärkten kognitiven Prozessen werden durch die Qualität der Argumente stärker beeinflußt als durch attraktive Präsenter.

Demographische Faktoren erweisen sich allerdings für generelle, monokausale Wirkungsprognosen als unzweckmäßig (vgl. auch Reidenbach und Pitts 1986). Globale Aussagen wie "männliche Kommunikatoren erzielen stärkere Aufmerksamkeit", oder "weibliche Kommunikatoren machen von ihrer physischen Attraktivität weniger Gebrauch" sind in dieser generellen Form praktisch unbrauchbar und werden deshalb auch nicht in ESWA aufgenommen. Es erscheint sinnvoller, die hinter der Präsenterwirkung stehenden Konstrukte mit ihren Interaktionswirkungen näher zu spezifizieren (vgl. Swartz 1986).

In diese Kategorie fällt auch ein rein deskriptiv-empirisches Vorgehen, daß zwar "vorschnell" zu sehr einfachen, jedoch dem Problem nicht angemessenen Empfehlungen führt. Ergebnisse solcher Analysen, die nicht selten zahlreiche Werbespots aggregiert betrachten, sehen dann typischerweise so aus: 70% der erfolgreichen Präsenterspots arbeiten mit nur einem Präsenter, in der Regel sogar mit einen bekannten Präsenter (celebrity). Man darf sich dann allerdings nicht wundern, wenn im gleichen Kontext ein besonders erfolgreicher Spot erwähnt wird, der "natürlich" zwei Präsenter enthält, dazu noch unbekannte (normale) Produktverwender. Dies mag verdeutlichen, daß man ohne sozialtechnisch fundierte Regeln keine besonders aussagekräftige Wissensbasis aufbauen kann. Schließlich ergeben sich für obige, rein deskriptiven Erkenntnisse, eine Reihe von externen Gründen, warum Präsenterspots mit einem Sprecher oft erfolgreich sind: bekannte Schauspieler und Persönlichkeiten, die auch hohe Aufmerksamkeit erzielen und eine überzeugende, schauspielerische Leistung bei der Produktpräsentation vollbringen können, sind teuer und schwer "einzukaufen". Ferner wird gerade diese Personengruppe wenig Bereitschaft zeigen, zusammen mit anderen Präsentern aufzutreten.

Identifikation der Quelle

Wir haben bereits an anderer Stelle Argumente dafür abgeleitet, warum Schlüsselelemente wie der Markenname relativ frühzeitig einzublenden sind. In der Kommunikationsforschung hat man unabhängig hiervon festgestellt, daß die Quelleneffekte größer werden, wenn die Senderidentifikation vor den Argumenten erfolgt. Da der Markenname häufig als Sender fungiert, zeigt sich hier eine bestätigende Parallele.

7.3.2.2. Merkmale der Botschaft: Strukturelemente überzeugender Kommunikation

Als Strukturelemente lassen sich unterscheiden: Argumentationsrichtung, Argumentationsstil, Argumentationsreihenfolge, Länge bzw. Dauer der Argumentation und das Extrem der Standpunkte.

Die Argumentationsrichtung umfaßt die Möglichkeit einer positiven versus negativen Folgerung. Negative Schlußfolgerungen sind für Werbereize mit höchster Vorsicht zu behandeln. Selbst wenn hiermit noch spontane Meinungsänderungen herbeigeführt werden können, so sind die erzielbaren Langfristeffekte gering (vgl. auch Brown 1986).

Unter den Argumentationsstil werden oft auch Gestaltungsfaktoren wie Verständlichkeit (inkl. Konkretheit) und Humor subsumiert, die wir im Rahmen unseres umfassenderen, theoretischen Modells bereits als diagnostische Variablen berücksichtigt haben. Im Rahmen der Überzeugungswirkung sind aber Begriffe wie: zweiseitige Kommunikation, Reihenfolge der Argumente sowie implizite versus explizite Schlußfolgerungen zusätzlich zu erwähnen.

Werden nur die Argumente zugunsten eines Standpunktes angeführt, spricht man von einseitiger Kommunikation. Werden auch Gegenargumente geliefert, spricht man von zweiseitiger Argumentation (vgl. auch Kroeber-Riel und Meyer-Hentschel 1982). Zweiseitige Kommunikation wirkt besonders glaubwürdig und läßt dem Konsumenten das Gefühl der Verhaltensfreiheit. Sie wirkt besonders bei einer Zielgruppe mit mittlerer und hoher Intelligenz, indem sie gegen den Einfluß der Gegenwerbung immunisiert (vgl. auch Etgar 1982; Kamins und Assael 1987).

Man sollte jedoch darauf bedacht sein, den Umworbenen nicht zu verunsichern. Deshalb sollten wesentliche Nachteile, die den Konsumenten unbekannt sind, nicht zur zentralen Werbeaussage gemacht werden. Die Vor- und

Nachteile müssen so dargestellt werden, daß die Entscheidung zweifelsfrei zugunsten der Marke ausfällt. Das erfordert gleichzeitig, daß beide Teile die gleiche Kontaktwahrscheinlichkeit erzielen und nicht etwa die Nachteile in der Headline und die Vorteile im Fließtext stehen.

Sofern die Konsumenten die Nachteile eines Produkts bereits kennen, oder in irgend einer Weise damit konfrontiert werden bzw. wenn man ein Thema mit hohem Involvement vor einem eher intelligenten Publikum behandelt, dann sollte folgende Reihenfolge der zweiseitig vorgetragenen Argumente eingehalten werden: Zuerst die Gegenargumente und danach die Proargumentation.

Für die Werbung ist hier allerdings Vorsicht angesagt. Aufgrund der besonderen Kommunikationsituation, die in der Regel durch frühzeitigen Kontaktabbruch gekennzeichnet ist, können wir diese Ergebnisse der Kommunikationsforschung nur für bestimmte Ausnahmesituationen werblicher Kommunikation gelten lassen. Im Normalfall ist die Hierarchieempfehlung in Verbindung mit den Erkenntnissen zur Kontaktwahrscheinlichkeit zu beachten.

Aus dem gleichen Grund kann auch die Diskussion über die Reihenfolge der Argumente nicht auf die Werbung übertragen werden. Also die Frage, ob zuerst die schlechteren und am Ende das beste Argument gebracht wird oder umgekehrt. Auch hier kann im Augenblick, solange spezifische Interaktionswirkungen nicht erforscht sind, nur auf die Hierachieempfehlung zurückgegriffen werden. Deshalb sollte zuerst das beste Argument gebracht werden, zumal eine damit erzielte positive Haltung auch auf die nachfolgenden, schlechteren Argumente ausstrahlen kann.

Zu diesem Themenkreis gehört auch die Frage, ob Schlußfolgerungen explizite oder implizite gezogen werden. In der (psychiatrischen) Therapie haben sich implizite Schlußfolgerungen bewährt, während man für die kognitiv bequemeren Konsumenten explizite Schlußfolgerungen wählen sollte (vgl. auch Faison 1980).

7.3.2.3. Sleeper-Effekt

Mit dem Sleeper-Effekt wird das Phänomen bezeichnet, daß die Meinungsänderung, die durch eine unglaubwürdige Quelle erzielt wurde, im Zeitablauf an Verhaltensrelevanz gewinnt. Dies führt man auf die nachlassende Assoziation zwischen Quelle und Nachricht zurück, gemeinhin als "dissociative cue"-Hypothese bezeichnet (Hovland et al. 1953). Entsprechend dieser Hypothese wird der kurzfristige Überzeugungswert einer Argumentation durch die enge gedankliche Verknüpfung mit der unglaubwürdigen Quelle unterdrückt. Mit verstreichender Zeit nimmt diese enge Verknüpfung ab, wodurch die Beeinflussungswirkung der ursprünglichen Nachricht zunimmt.

Neuere Interpretationen gehen davon aus, daß die Einstellungsbildung von der individuellen Verfügbarkeit **und** der Bewertung des relevanten Objektwissens zum Zeitpunkt der Beurteilung abhängt (vgl. zu dieser "availability-valence"-Hypothese: Hannah und Sternthal 1984).

Für nachträglich in ihrer Glaubwürdigkeit geminderte Quellen und in Kommunikationssituationen mit Vorwarnung konnten Sleeper-Effekte belegt werden (zusammenfassend: Hannah und Sternthal 1984; Hass 1981). Andererseits gibt es auch viele Fehlversuche, einen Sleeper-Effekt nachzuweisen. Im Lichte der erweiterten Theoriebildung glaubt man heute jedoch, konsistentere Forschungsergebnisse zu erzielen.

Bei der Gegensätzlichkeit der Diskussion fällt es schwer, ein endgültiges Urteil zu fällen. Sleeper-Effekte sind jedenfalls wiederholt gezeigt worden. Allerdings ist es notwendig, daß die von der unglaubwürdigen Quelle vorgebrachten Argumente zumindest durchschnittlich sind. Insgesamt sollte man diese Wirkung jedoch mehr als Rettungsanker, denn als professionelle Sozialtechnik zur Werbeoptimierung betrachten (vgl. auch Mazursky und Schul 1988; Pratkanis und Greenwald 1985).

7.3.2.4. Sonstige Merkmale der Kommunikation

Zusätzlich zu den bereits aufgeführten Variablen werden in der Kommunikationsforschung noch die verschiedenen Kommunikationskanäle und die besonderen Eigenschaften der Empfänger erwähnt. Einen Teil dieser Wirkungen werden wir im Kapitel über Kontextwirkungen aufgreifen. Allerdings kann der Themenkomplex der Persönlichkeitsvariablen nur soweit berücksichtigt werden, als er mit bestimmtem Involvementverhalten zusammenhängt.

Auch die Steigerung der Meinungsbeeinflussung durch ablenkende Reize kann nicht generell empfohlen werden (vgl. Baron et al. 1973; Nelson et al. 1985; Petty et al. 1976). Die Gefahr ist groß, daß zu starke Ablenkung ins Gegenteil umschlägt und die Wirkung auf die Einstellungsänderung zunichte macht. Deshalb sind ablenkende Reize, wie leise Hintergrundmusik oder Akzent des Sprechers, nur schwach dosiert einzusetzen.

Die Ablenkungswirkung als solche wird darauf zurückgeführt, daß die beabsichtigte Beeinflussung weniger bemerkt wird, da die innere Gegenargumentation gebremst wird. Deshalb wirkt die Ablenkung hauptsächlich bei Personen, die zu Gegenargumenten neigen, weil sie von vornherein eine andere Meinung vertreten - etwa Verwender einer Konkurrenzmarke.

7.3.3. Wechselwirkungen zwischen den Kommunikationsvariablen

7.3.3.1. Qualität der Argumente

In der Kommunikationsforschung unterstellt man in der Regel einen interessierten Konsumenten, der die Nachricht mit mittlerem bis starkem Involvement aufnimmt. Neben der schon beschriebenen Glaubwürdigkeit ist deshalb eine zweite Variable von ausschlaggebender Bedeutung: die Qualität der Argumente. Die Güte einer Argumentation läßt sich bislang jedoch nur durch Globalurteil abschätzen, differenzierte, elementaristische Bausteine sind kaum erforscht, so daß diese Frage im Zweifelsfall empirisch abgesichert werden sollte (vgl. auch Yalch und Elmore-Yalch 1984).

Weiterführende Überlegungen zu einer detaillierteren Betrachtung der Qualität von Argumenten führen zu einer Unterteilung in den "Gehalt der Aussage" (werden stichhaltige Formulierungen verwendet?) und die "Bewertung der

Aussage" (werden die relevanten Punkte angesprochen?). Es zeichnet sich ab, daß die bisherigen Manipulationen vorallem die Bewertung der Argumente veränderten (vgl. Areni und Lutz 1988). Für einen Werbetreibenden sind aber die an einem Produkt am meisten gewünschten Eigenschaften oftmals bekannt - dies sind jene Eigenschaften, die die beste Bewertung erhalten. Dann kommt es für ihn aber darauf an, diese Eigenschaften gehaltvoller (stichhaltiger) zu formulieren als seine Konkurrenten. Nur dann erzielt er eine bessere Argumentationsqualität. Durch diese differenzierte Betrachtung der Argumentation wird die Forschung der nächsten Jahre sicherlich zu realitätsnäheren Operationalisierungen finden, die man dann auch in ein Expertensystem übernehmen kann.

7.3.3.2. Zahl der Präsenter

Aus der Grundlagenforschung ist die positive Wirkung mehrerer Sprecher schon länger bekannt (vgl. Harkins und Petty 1981). In wissenschaftlichen Untersuchungen, mit kontrollierter Manipulation der Zahl der Präsenter, konnte die positive Wirkung mehrerer Sprecher auch für Werbereize bestätigt werden, wodurch sich diese Argumentationstechnik als relativ stabile Sozialtechnik erweist (vgl. Moore und Reardon 1987). Diese wissenschaftlichen Ergebnisse stehen allerdings im Widerspruch zu dem Vorgehen der Werbepraxis, die **einen** Präsenter bevorzugt.

7.3.3.3. Simultane Wirkungsanalyse

Der Werbetreibende ist gut beraten, wenn er sich die **simultane Wirkung** dieser drei Wirkungsdeterminanten auf die Überzeugungswirkung vor Augen führt und die verschachtelten Interaktionswirkungen berücksichtigt, die in der folgenden Abb. 44 zusammengefaßt sind (vgl. auch Burnkrant und Sawyer 1983):

	high Involvement	low Involvement
starke Argumente	Besonders große Überzeugungswirkung. Hohe Glaubwürdigkeit steigert die Überzeugungswirkung nur noch geringfügig.	Hohe Glaubwürdigkeit führt zu mittleren Überzeugungswirkungen. Mit geringer Glaubwürdigkeit können kaum Überzeugungswirkungen erzielt werden.
schwache Argumente	Führt zu negativer Bewertung. Keine Überzeugungswirkung möglich.	Nur mit hoher Glaubwürdigkeit sind noch Überzeugungswirkungen möglich. Ohne Glaubwürdigkeit erfolgt negative Bewertung der Aussagen.

Abb. 44: Simultane Analyse der Überzeugungswirkung durch Qualität der Argumente, Involvement und Glaubwürdigkeit

Es gilt in jedem Fall, interessierte Konsumenten nicht mit schwachen Argumenten überzeugen zu wollen. Umgekehrt reagieren interessierte Konsumenten auf gute, starke Argumente besonders intensiv. Ist im voraus bekannt, daß die Kraft der Argumente relativ schwach ist, so bleibt wenigstens der Ausweg, wenig involvierte Konsumenten durch glaubwürdige Präsentation zu überzeugen. Das Interesse der Empfänger wird so stärker auf den glaubwürdigen Präsenter und weg von den schlechten Argumenten gelenkt. Hierzu betrachten wir noch einige Einzeleffekte:

Kanalisierung durch Kontext

Man kann die Umfeldwirkung gezielt zur Steigerung der Kommunikationswirkung einsetzen. Beispielsweise wirkt ein Fernsehsprecher mit themenbezogenem Hintergrund ehrlicher, tiefgründiger, zuverlässiger und unparteiischer als ohne Kontext (vgl. Baggaley 1980).

Rhetorische und suggestive Fragen

Um die Überzeugungswirkung von Texten zu steigern, hat man den Einsatz von rhetorischen Fragen untersucht. Auf solche Fragen erwartet man keine Antwort, man verwendet sie vielmehr, um den Angesprochenen stärker, als es mit einer normalen Aussage möglich wäre, in die Gedankengänge einzubeziehen und Zustimmung zu erlangen. Eine rhetorische Frage könnte etwa lauten: Ist es notwendig, hier noch auf die Ergiebigkeit von Marke x hinzuweisen? Ohne scharfe Abgrenzung werden in den durchgeführten Untersuchungen auch suggestive Fragen verwendet, wie: Haben Sie nicht auch festgestellt, wie ergiebig Marke x sein kann?

Wenn wir beide Fragentypen als synonym betrachten, so läßt sich festhalten, daß rhetorische Fragen insbesondere bei wenig involvierten Personen, die mit starken Argumenten konfrontiert werden, zusätzliche Beeinflussungswirkung entfalten. Allerdings muß man bei Personen mit hohem Involvement mit Einbußen rechnen. Deshalb ist es ganz besonders wichtig, die Werbeaussage sehr feinfühlig auf die Zielgruppe und die zu erwartende Kommunikationssituation abzustimmen. Die dabei auftauchenden Interaktionswirkungen, bis hin zu 3-fach Interaktionen, werden in Abb. 45 ersichtlich (vgl. Munch und Swasy 1988; Petty, Cacioppo und Heesacker 1981).

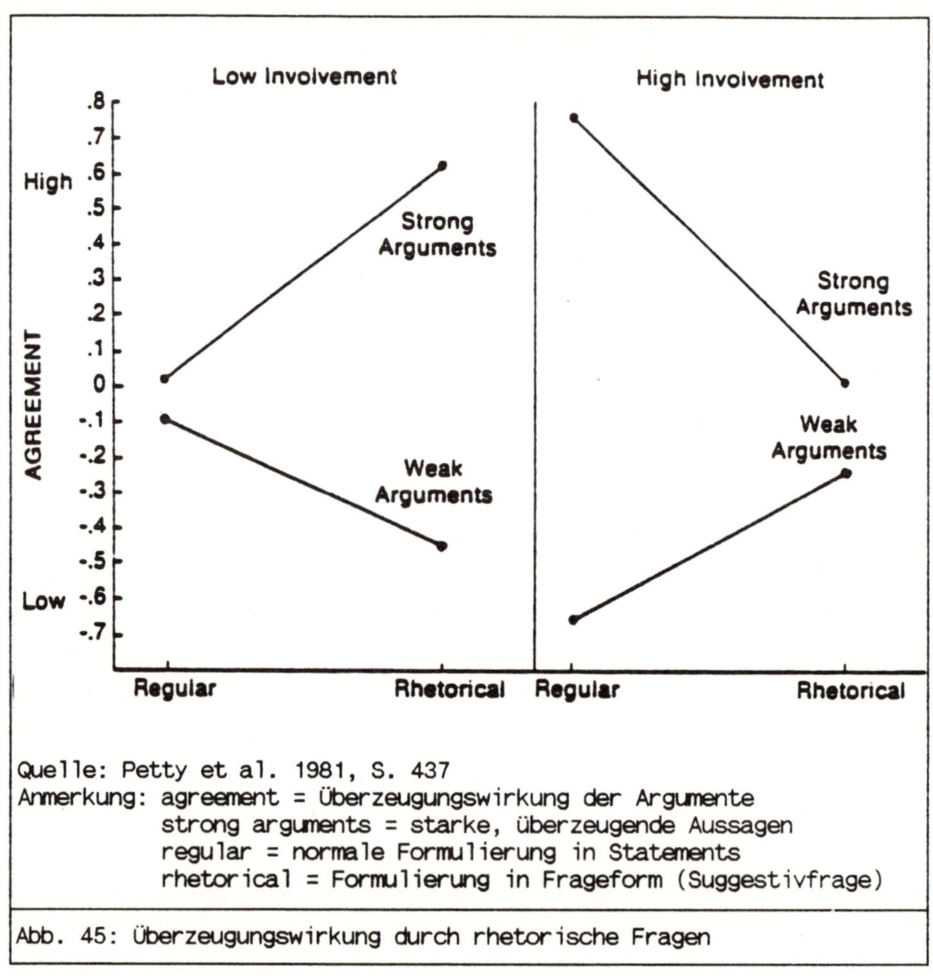

Quelle: Petty et al. 1981, S. 437
Anmerkung: agreement = Überzeugungswirkung der Argumente
strong arguments = starke, überzeugende Aussagen
regular = normale Formulierung in Statements
rhetorical = Formulierung in Frageform (Suggestivfrage)

Abb. 45: Überzeugungswirkung durch rhetorische Fragen

In der Folgeuntersuchung von Swasy und Munch (1985), konnten diese Ergebnisse im wesentlichen bestätigt werden. Faßt man beide Experimente zusammen, so kristallisiert sich ferner heraus, daß mit rhetorischen Fragen bei low-involvierten Konsumenten und schlechten Argumenten besonders geringe Meinungsbeeinflussungen erzielt werden. Aufgrund der etwas anders gelagerten Ergebnisse in dieser Folgestudie kann man schlußfolgern, daß high-involvierte Konsumenten mit schlechten Arguenten nicht zu überzeugen sind, ungeachtet der Argumentationsform. Ob die Aussagen unter diesen Bedingungen normal oder rhetorisch formuliert werden, ist dann nebensächlich.

Zahl der Argumente

Generell gilt auch hier, daß gute Argumente besser wirken als schlechte. Petty und Cacioppo (1984) weisen aber auf wichtige Wechselwirkungen hin. Bei hohem Involvement reichen drei Argumente aus, auch mit neun Argumenten erzielt man dann keine bessere Wirkung. Bei geringem Involvement wirkt alleine die Zahl der Argumente über den peripheren Wirkungspfad überzeugend. Dies wird damit erklärt, daß die Argumente nicht umfassend analysiert bzw. kognitiv-analytisch verarbeitet werden. Auch hier wurde erneut bestätigt, daß man sich bei high-involvierten Konsumenten davor hüten sollte, zuviele schlechte Argumente vorzutragen. Dies führt zu einer negativ-multiplikativen Wirkung mit verheerenden Auswirkungen auf die Einstellungsbildung.

Die Ergebnisse von Chaiken (1980) belegen ergänzend hierzu, daß unter Low-Involvement-Bedingungen eine attraktive Quelle mit wenig Argumenten mehr bewirkt. Dagegen kann auch eine weniger attraktive Quelle mit mehreren (fünf) Argumenten bei high-involvierten Konsumenten beachtliche Meinungsänderungen erzielen.

Übertragen auf werbetypische Lernbedingungen sind neun Argumente (als Schallgrenze der Kommunikationsforschung) bei weitem zu viel. Dadurch wird die Werbeaussage zu komplex. Eine positive Wirkung kann man wohl bis zu drei Argumenten erwarten. Über fünf Argumente sind sicherlich nicht ratsam und beeinträchtigen bereits den Werbeerfolg (vgl. ergänzend Alba und Marmorstein 1987).

7.3.4. Wissensbasis zur Überzeugungswirkung

In Abb. 46 wird zuerst die oberste Ableitungsebene zur Überzeugungswirkung (persuasion) angegeben. Die Darstellungen darunter lösen jene Teilbereiche weiter auf, die bislang noch nicht erläutert wurden. Auf der ersten Ableitungsebene sind somit folgende Kommentare vakant:

ABLENKUNG: 10 = schwache Ablenkung (z.B. leichter Akzent des Sprechers, leise Hintergrundmusik) / 90 = starke Ablenkung / keine Ablenkung = löschen.

RHETORISCHE FRAGEN: löschen, sofern keine rhetorischen Fragen vorhanden oder wenn Qualität der Argumente schlecht / 50 = eine rhetorische Frage / 90 = über 3 rhetorische Fragen.

QUALITÄT DER ARGUMENTE: 80 = Es werden stichhaltige, auf die Zielgruppe abgestimmte Argumente vorgebracht / 20 = Es dominiert vordergründige, aufdringliche Argumentation.

ZAHL DER PRÄSENTER: 10 = 1 Präsenter / 50 = 2 Präsenter / 90 = 3 Präsenter / löschen, wenn mehr als 3 Präsenter vorhanden.

ZAHL DER ARGUMENTE: 10 = ein Argument / 50 = drei Argumente / 80 = fünf Argumente / löschen, wenn mehr als 7 Argumente vorhanden.

```
ÜBERZEUGUNGSWIRKUNG/PERSUASION .
├──── TEXTVERSTÄNDLICHKEIT .23 .53
├──── ARGUMENTATIONSWIRKUNG .23 .53
├──── ABLENKUNG .60 -.22
├───┬ INVOLVEMENT .78 -.53
│   ┴ RHETORISCHE_FRAGEN .40 .22
├──── QUALITÄT_DER_ARGUMENTE .15 .72
├───┬ INVOLVEMENT .78 -.53
│   ┴ GLAUBWÜRDIGKEIT .23 .53
├──── ZAHL_DER_PRÄSENTER .40 .22
├──── ZAHL_DER_ARGUMENTE .40 .22
├──── ÜBERZEUGUNGSBEZOGENE_IRRITATIONSWIRKUNG .85 -.72
└──── EINSTELLUNGSÄNDERUNG .23 .53

ARGUMENTATIONSWIRKUNG .
├──── UNENTSCHLOSSENHEIT-SELBSTSICHERHEIT .23 .53
├──── ARGUMENTATIONSRICHTUNG .40 .22
└──── ARGUMENTATIONSSTIL .23 .53
      ├──── ZWEISEITIGE_ARGUMENTATION .40 .22
      ├──── ARGUMENTATIONSREIHENFOLGE .23 .53
      ├──── SCHLUßFOLGERUNGEN .23 .53
      └──── SLEEPER-EFFEKT .40 .22

GLAUBWÜRDIGKEIT .
├──── HUMOR .60 -.22
├──── GLAUBWÜRDIGKEIT_DES_SENDERS .23 .53
├──── GLAUBWÜRDIGKEIT_DES_MEDIUMS .40 .22
└──── GLAUBWÜRDIGKEIT_DER_WERBEBOTSCHAFT .15 .72
      ├──── GLAUBWÜRDIGKEIT_PRÄSENTER .23 .53
      ├──── VERTRAUENSWÜRDIGKEIT_PRÄSENTER .23 .53
      ├──── NONVERBALE_GLAUBWÜRDIGKEIT .23 .53
      └──── WERBESTORY_UNGLAUBWÜRDIG_+_UNECHT .78 -.53

ÜBERZEUGUNGSBEZOGENE_IRRITATIONSWIRKUNG .
├──── WERBUNG_IST_AUFDRINGLICH_+_DÜMMLICH .23 .53
├──── WERBESTORY_ÜBERDRAMATISCH .23 .53
├──── PROBLEMPRODUKT_FÜR_IRRITATION .40 .22
├──── HUMOR .60 -.22
├──── VERWORRENHEIT .23 .53
└──── HARMONISCHE_ROLLENBESETZUNG .78 -.53

EINSTELLUNGSÄNDERUNG .
├──── STABILITÄT_DER_EINSTELLUNG .78 -.53
├──── PHASE_IM_PRODUKTLEBENSZYKLUS .78 -.53
└──── GELERNTE_UND_KONKRETE_EINSTELLUNG .78 -.53
```

Oder-Beziehung mit Mehrfachableitung — Und-Beziehung

Abb. 46: Wissenskomponente zur Überzeugungswirkung (persuasion)

Die Argumentationswirkung wird auf die emotionale Komponente eines sicheren Auftretens und insbesondere auf den Argumentationsstil zurückgeführt. Dies sind letztlich klassische Elemente der Kommunikationsforschung, die wir lediglich mit einem kurzen Kommentar in ESWA versehen, da sie voraussichtlich dem Benutzer hinlänglich bekannt sind und ihre Abfrage lediglich einer Art "intelligenten Checkliste" gleichkommt. Eine Ausnahme bildet die nonverbale Glaubwürdigkeit, die wir in drei wichtige Teilbereiche zerlegen und aus dem Augenkontakt mit dem Zuschauer, einer überzeugungsadäquaten Mimik und der Attraktivität des Präsenters ableiten:

```
(0 PER100
  (W (AUGENKONTAKT_MIT_ZUSCHAUER 0.23 0.53) )
  (D (NONVERBALE_GLAUBWÜRDIGKEIT 0) ) )

(0 PER110
  (W (POSITIVE_MIMIK_UND_GESTIK 0.4 0.22))
  (D (NONVERBALE_GLAUBWÜRDIGKEIT 0) ) )

(0 PER150
  (W (ATTRAKTIVITÄT_DES_PRÄSENTERS 0.15 0.73) )
  (D (NONVERBALE_GLAUBWÜRDIGKEIT 0) ) )
```

Als Erläuterungen werden weiterhin angegeben:

UNENTSCHLOSSENHEIT-SELBSTSICHERHEIT: 20 = Werbung wirkt schüchtern, unentschlossen, zaghaft, hilflos, verlegen / 80 = selbstsicher, beherzt, entschieden, unerschrocken.

ARGUMENTATIONSRICHTUNG: 10 = negative Schlußfolgerungen / 90 = positive Schlußfolgerungen.

ZWEISEITIGE ARGUMENTATION: 80 = Insbes. bei intelligenter Zielgruppe werden auch Gegenargumente geliefert; jedoch ohne den Umworbenen zu verunsichern / Tenor der Aussage fällt zweifelsfrei zugunsten der Marke aus.

ARGUMENTATIONSREIHENFOLGE: 80 = zuerst werden die besten Argumente gebracht.

SCHLUßFOLGERUNGEN: 10 = implizite Schlußfolgerungen / 90 = explizite Schlußfolgerungen.

SLEEPER-EFFEKT: 80 = Kommunikator wurde (nachträglich) in seiner Glaubwürdigkeit gemindert; seine Argumente waren relativ gut; Wirkung soll erst mittelfristig einsetzen / im Zweifelsfall löschen.

GLAUBWÜRDIGKEIT DES SENDERS: 80 = Die (wahrgenommene) Glaubwürdigkeit der Quelle, des Kommunikators (Marke, Hersteller), ist als hoch einzustufen.

GLAUBWÜRDIGKEIT DES MEDIUMS: 80 = Das Werbemedium besitzt eine hohe Glaubwürdigkeit - z.B. genießen TV und Fachzeitschriften relativ hohe Glaubwürdigkeit.

GLAUBWÜRDIGKEIT PRÄSENTER: 80 = Der Hauptdarsteller besitzt hohe Glaubwürdigkeit - z.B. steigt die Glaubwürdigkeit eines Präsenters mit seinem Bildungsgrad, seiner Intelligenz, dem sozialem Status und mit seinen professionellen Fertigkeiten, als auch wenn er mit der Fragestellung vertraut ist / löschen wenn kein Präsenter vorhanden.

VERTRAUENSWÜRDIGKEIT PRÄSENTER: 80 = Der Präsenter wirkt objektiv und erweckt nicht den Anschein eines persönlichen Interesses an der Meinungsbeeinflussung / wirkt nicht allwissend, so daß die Distanz zwischen Präsenter und Konsument nicht zu groß wird.

AUGENKONTAKT MIT ZUSCHAUER: 80 = Der Präsenter oder die zentralen Darsteller stellen während des Sprechens Augenkontakt her (ohne zu starren); schauen beim Zuhören jedoch öfters weg, um nicht zu dominant zu erscheinen / Augenpartie bzw. Kopf erscheint gelegentlich in Großaufnahme / löschen wenn kein Präsenter vorhanden.

POSITIVE MIMIK UND GESTIK: 80 = Der Präsenter vermeidet Augenblinseln; Lippenbeißen; Spitzen des Mundes usw. / er lächelt vorübergehend; nickt mit dem Kopf usw. / löschen wenn kein Präsenter vorhanden.

ATTRAKTIVITÄT DES PRÄSENTERS: 80 = Der Präsenter besitzt gutes Aussehen; wirkt nicht einschmeichelnd / auch demographische Ähnlichkeit zwischen Präsenter und Konsument fördert die Attraktivität (für alltägliche Fragestellungen) - ideologische Ähnlichkeit für abstrakte Themen / löschen wenn kein Präsenter vorhanden.

WERBESTORY UNGLAUBWÜRDIG + UNECHT: 80 = Die Werbeaussage wirkt übertrieben, gefälscht und unecht. Oder: es werden Blickfänge benutzt, die zu Erwartungen führen, daß die Werbung wichtige Informationen anbietet, obwohl nur triviale Informationen dargeboten werden.

WERBUNG IST AUFDRINGLICH + DÜMMLICH: 80 = Es wird mit aufdringlichen, bis hin zu geschmacklosen Werbereizen gearbeitet, so daß man die Werbung mit "hard selling" charakterisieren kann.

WERBESTORY ÜBERDRAMATISCH: 80 = Die Werbeaussage wirkt zu dramatisch, theatralisch und anmaßend.

PROBLEMPRODUKT FÜR IRRITATION: 80 = Es handelt sich um ein Produkt, das für Irritationen besonders anfällig ist, insbes. Produkte für Intimbereich, gegen Mundgeruch usw. / evtl. löschen wenn unpassend.

VERWORRENHEIT: 80 = Werbeaussage ist verwirrend; man kann der Handlung kaum folgen.

HARMONISCHE ROLLENBESETZUNG: 80 = Die Darsteller (Schauspieler) passen zu dem beworbenen Produkt.

STABILITÄT DER EINSTELLUNG: 10 = Einstellung ist von peripherer Bedeutung / 90 = Es handelt sich um eine im zentralen Wertesystem der Konsumenten verankerte Einstellung.

PHASE IM PRODUKTLEBENSZYKLUS: 10 = Einführung / 30 = Wachstum / 50 = Reife / 70 = Sättigung / 90 = Degeneration / im Zweifelsfall nicht löschen, sondern mit 50 antworten.

GELERNTE UND KONKRETE EINSTELLUNG: 80 = Die bestehende Einstellung wurde durch direkte Erfahrung mit dem Einstellungsobjekt erworben, z.B. durch Produktgebrauch.

7.4. Kontextwirkungen

Jede Reizwahrnehmung wird vom Umfeld des Reizes, dem Kontext, mitbestimmt. Dazu gehören nicht nur unmittelbar benachbarte Reize gleicher Art - etwa das visuelle Umfeld -, sondern alle "gleichzeitig" aufgenommenen Reize, auch unterschiedlicher Kommunikationskanäle (etwa taktiler oder akustischer Art). In Erweiterung dieses Gedankengangs konnte auch die Kontextwirkung von inneren Prozessen des Empfängers nachgewiesen werden. Hierzu rechnet man den Gefühlszustand wie auch spezifische Erregungszustände.

Die Experimente erfolgten jedoch eher unter High-Involvement-Bedingungen, was man bei der Interpretation der Ergebnisse bezüglich des verbalen Lernens beachten sollte.

7.4.1. Auftaktinformation als Lernhilfe

Unter Auftaktinformationen verstehen wir Hinweise, die zu Beginn eines Lernabschnittes gegeben werden, um die Informationsverarbeitung zu steuern und zu vertiefen. Man könnte auch von einer Kanalisierung der menschlichen Verarbeitungsprozesse sprechen. Am eindrucksvollsten läßt sich die Wirkung einer Auftaktinformationen an einem Beispiel erläutern:

Man stelle sich vor, daß eine Zeichnung, wie sie in Abb. 47 exemplarisch dargestellt wird, gelernt werden soll. Es hat sich mit fortschreitender Bildverarbeitungsforschung gezeigt, daß die Lernfähigkeit des Bildgedächtnisses, bei einer Vielzahl sehr ähnlicher Bilder, auch relativ schnell auf eine Grenze stößt, insbesondere wenn die Bilder abstrakt sind und die Merkfähigkeit von Details angestrebt wird. Schließlich hat man der Wirkung abstrakter Bilder in den Bildverarbeitungstheorien lange Zeit nicht die erforderliche Aufmerksamkeit geschenkt.

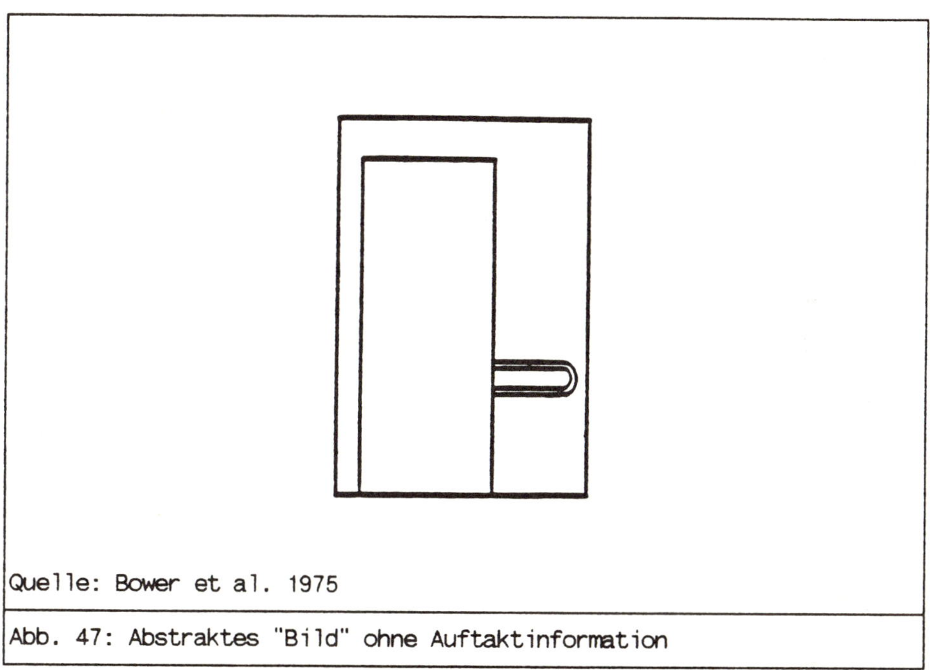

Quelle: Bower et al. 1975

Abb. 47: Abstraktes "Bild" ohne Auftaktinformation

Werden Zeichnungen dieser Art zusammen mit einer Auftaktinformation dargeboten, so erleichtert diese Zusatzinformation die Lernfähigkeit erheblich. Für unser Beispiel lautet eine geeignete Auftaktinformation: "ein Zwerg spielt in einer Telefonzelle Posaune". In Experimenten konnte mit solchen Zusatzinformationen die Rekonstruktionsfähigkeit der Zeichnungen von 51% auf 70% gesteigert werden (vgl. auch Anderson J. R. 1985, S.107 ff.). In dem Experiment von Bower et al. (1975) wurde diese Zusatzinformation im Sinne einer Erklärung gegeben, die den Zeichnungen eine Bedeutung verlieh. Dies deutet darauf hin, daß durch gezielte Zusatzinformationen der Bedeutungsreichtum von abstrakten Bildern gesteigert wird, wodurch ein verbundenes "Reizgemisch" entsteht, das konkreter ist als die verschiedenen Einzelreize.

Die Wirkung von Auftaktinformationen als Orientierungshilfen zur gezielten Verarbeitung des nachfolgenden Textes hat sich als universelles Phänomen unter verschiedensten Bedingungen herauskristallisiert (vgl. auch Alesandrini 1983; Burroughs und Feinberg 1987; Cairns et al. 1981; siehe auch MacLachlan und Jalan 1985). Dies gilt sowohl für verbale, als auch für visuelle Auftaktinformationen. So wird auch der Bedeutungsgehalt eines Textes durch eine geeignete Auftaktinformation, man sollte hier besser von Überschrift sprechen, gesteigert. Betrachten wir dazu folgenden Text, der ohne Kontextinformation kaum verständlich ist:

Der Strand ist besser geeignet als eine Straße. Ferner ist es besser, zuerst zu laufen und dann zu gehen. Häufig muß man es mehrfach hintereinander versuchen. Ist es erst einmal gelungen, gibt es kaum noch Schwierigkeiten...

Wird der gleiche Text zusammen mit einer Auftaktinformation präsentiert, wird die Verständlichkeit entscheidend verbessert. Diese relativ einfache Regel, dem Text eine passende Überschrift zu geben, wird jedoch oft genug in der Werbung verletzt. Hier könnte die Überschrift lauten: "Wie läßt man einen Drachen steigen?" (vgl. Britton et al. 1979; Bransford und Johnson 1972).

In der gleichen Weise, aber mit verbesserter Wirkung, kann ein Bild als Auftaktinformation für einen nachfolgenden Text dienen. Hierzu folgender Textauszug:

Wenn die Luftballons platzen, könnte der Schall nicht mehr ankommen, da alles zu weit vom richtigen Stockwerk entfert wäre. Ein geschlossenes Fenster würde den Schall ebenfalls davon abhalten, anzukommen, da die meisten Gebäude heute Doppelfenster besitzen. Natürlich könnte unser Gefährte schreien, aber die menschliche Stimme ist nicht laut genug, den Schall so weit zu befördern...

Auch hier ist das Verständnis erst einmal gering, woran auch ein mehrmaliges Lesen nichts ändert. Die Erinnerung an einen solchen Text ist deshalb auch besonders schlecht. Aber mit einer zuvor präsentierten, visuellen Auftaktinformation, läßt sich die erzielbare Behaltensleistung entscheidend steigern. Eine geeignete Auftaktinformation ist in Abb. 48 zu sehen.

Diese Grundlagenexperimente haben allerdings auch eindeutig gezeigt, daß weder ein unpassendes Kontextbild, in dem nur die Einzelelemente aus Abb. 48 unsystematisch abgebildet werden, noch eine nachträgliche Kontextinformation die Lernleistung nennenswert verbessern kann. Ferner ist darauf zu achten, daß gerade eine unpassende, visuelle Kontextinformation auch Bumerangeffekte durch fehlgeleitete Kanalisierungswirkungen auslösen kann. Dies gilt umso mehr, je ähnlicher sich die zu lernenden, visuellen Reize sind. Übertragen auf das Marketing bedeutet dies: wenn sich Produkte vom visuellen Erscheinungsbild ähneln, dann führt eine falsche, visuelle Auftaktinformation häufig zu einer fehlgeleiteten Dechiffrierung des Lernelementes (der Marke bzw. des Produkts). In den Grundlagenexperimenten wurde z.B. statt einem Brotkasten ein vom Erscheinungsbild ähnlicher Gegenstand (ein Briefkasten), nach einer Küchenszene als Auftaktinformation, gezeigt. Dadurch wurde ein erheblicher Bumerangeffekt ausgelöst und die gedankliche Verarbeitung des Briefkastens vermindert. Grundsätzlich positiv wirkt dagegen eine adäquate Kontextszene, z.B. eine Küchenszene mit nachfolgendem Brotkasten (vgl. Palmer 1975).

Wie oft treffen wir in der Werbung auf vergleichbare Bedingungen: schöne, unterhaltsame, dramaturgisch perfekte Spotinszenierungen, aber ohne Zweckdienlichkeit im Sinne des Werbeziels. Kurz gesagt: eine Küchenszene wirbt für einen Briefkasten. Es müssen dann schon überragende, andere Qualitäten in einer solchen Werbung enthalten sein, um einen Verzicht auf Kontextwirkungen begründen zu können.

Eine Kontextinformation zum Auftakt kann mithin die Verarbeitung einer Werbebotschaft kanalisieren und damit entscheidend verbessern (vgl. auch Alba und Chattopadhyay 1985). Wenn aber eine Auftaktinformation verwendet wird, dann muß sie klar und unmißverständlich auf die nachfolgende Botschaft hinweisen, sonst verpufft ihre Wirkung nutzlos, schlimmstenfalls sind auch negative Wirkungen nicht auszuschließen.

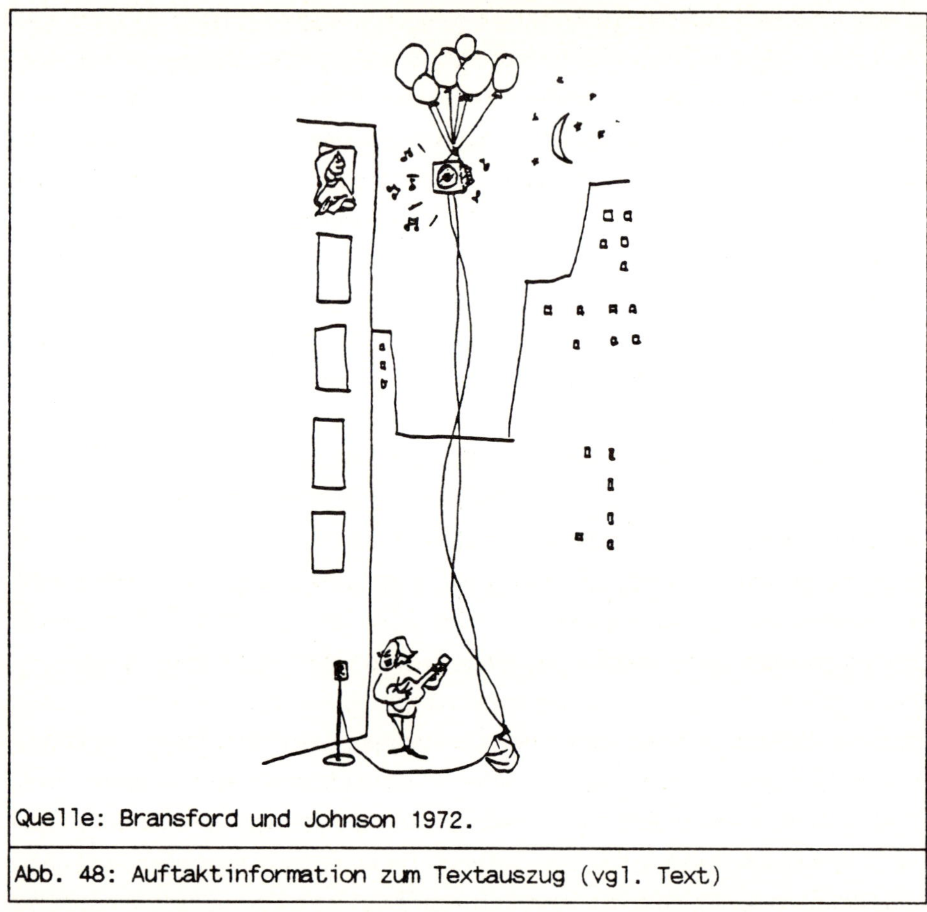

Quelle: Bransford und Johnson 1972.

Abb. 48: Auftaktinformation zum Textauszug (vgl. Text)

7.4.2. Abhängigkeit der Erinnerung von der Lernsituation

7.4.2.1. Externe Kontextfaktoren

Während Auftaktinformationen noch am Übergang zwischen einem hierarchischen Gliederungseffekt und der Kanalisierung der nachfolgenden Informationen stehen, beschäftigt sich dieses Kapitel mit den Konsequenzen, die mit dem gesamten Kontext der Lernsituation zusammenhängen. Hier stehen Fragen im Vordergrund: in welcher räumlichen Umgebung wurde gelernt, welche Emotionen wurden hierbei erlebt usw.

Entscheidenden Auftrieb gewann diese Forschungsrichtung durch die von Tulving und Thomson (1973) formulierte "encoding-specifity"-Hypothese, die besagt, daß das Lernen und spätere Erinnern von Wörtern davon abhängt, wie stark sich die Kontextelemente in beiden Situationen ähneln. Zum Nachweis dieser Hypothese wurde eine Art paarassoziatives Lernen verwendet. In einer ersten experimentellen Phase wurden bestimmte Wörter zusammen mit einem Kontext dargeboten. Wird das Wortpaar "Zug schwarz" gelernt, so sollte schwarz als Zielwort gelernt werden, während Zug als Kontextbegriff diente. Danach bekamen die Testpersonen einen Begriff genannt, zu dem sie Worte frei assoziieren sollten, z.B. weiß. In der Mehrzahl der Fälle enthielten diese Assoziationen das zuvor gelernte Zielwort, hier also schwarz. Danach sollten die Testpersonen angeben, welche ihrer Assoziationen sie in der ersten Phase als Zielworte gelernt hatten. Die zweite Phase diente also nur dem Zweck, die gleichen Zielworte, unter anderem Kontext, quasi beiläufig zu produzieren. Die Ergebnisse waren überraschend. Unter diesen Bedingungen erzielte man relativ geringe Recognitionwerte für die Zielworte. Ohne das Kontextwort erkannten viele Testpersonen das Wort schwarz nicht als gelerntes Zielwort. Selbst ohne Korrektur für Zufallstreffer betrug der Recognitionwert nur 54%. Danach zeigte man den Testpersonen das anfangs dargebotene Kontextwort - in unserem Beispiel das Wort "Zug". Gestützt durch dieses Kontextwort waren die Recallwerte für die Zielworte mit 61% sogar höher als die Recognitionwerte (vgl. auch Anderson J. R. 1985).

Die hierbei verwendeten Methoden, paarassoziatives Lernen, Recognition und eine Art gestützter Recall, sind prinzipiell nicht neu. Stimulierend auf die Forschung wirkte jedoch die generelle Erklärung der Ergebnisse im Sinne einer Kontextwirkung. Dies führte dazu, daß man in einem ersten Schritt daranging, die allgemeine Kontextwirkung, die weitgehend ohne direkten Bezug zum Lernmaterial, so nebenbei, mitverarbeitet wird, zu untersuchen. Gleichzeitig erweiterte man die Fragestellung um visuelle Reize. So lernten Taucher Wortlisten einmal über, eine Vergleichsgruppe unter Wasser. Wurde das gelernte Material in der gleichen Umgebung, d.h. mit dem beim Lernen anwesenden Kontext, abgefragt, so erzielten die Testpersonen wesentlich höhere Recallwerte.

Während sich dieses Kontextphänomen für verbale Reize als relativ stabil herausstellte, mußte man erkennen, daß Bildmaterial offensichtlich nicht der gleichen Gesetzmäßigkeit unterliegt. Die **Recognitionleistung** scheint **von** dem **allgemeinen Kontext** weitgehend **unabhängig** zu sein. (vgl. Baddeley 1982; Baddeley und Woodhead 1982). Aufgrund dieses doch bemerkenswerten Unterschieds zwischen verbalem und visuellem Lernen, leitet man eine differenzierte Sichtweise ab und unterscheidet zwischen dem allgemeinen, peripheren Kontext und einem mit dem zu lernenden Material interaktiv gestalteten Kontext. Von diesem interaktiven Kontext erwartet man dann auch eine positive Wirkung auf die Recognitionleistung. Für uns stellt sich allerdings die Frage, ob diese Erweiterung der Kontextwirkung um Interaktionsbeziehungen zwischen Lernelementen nicht besser den unmittelbaren visuellen und verbalen Lerntheorien zugeordnet werden soll.[30]

7.4.2.2. Interne Kontextfaktoren

Mit der Wirkung innerer "Umfeldbedingungen", also dem Wechselspiel zwischen Gefühlsstimmung beim Lernen und der Stimmung beim Erinnern, hat man sich in der Forschung erst später beschäftigt. Aufschwung bekam diese Fragestellung mit dem richtungsweisenden Aufsatz von Bower (1981) über Gefühlsstimmung und Gedächtniswirkung. Dort gelang es unter Hypnose, bestimmte Stimmungen (Freude versus Trauer) zu induzieren. Unter Freude gelernte Wortlisten wurden dann am besten erinnert, wenn die Testpersonen während der Recallsituation ebenfalls in froher, positiver Stimmung waren. Umgekehrt wurden unter Trauer gelernte Wortlisten am besten in trauriger Stimmung erinnert (vgl. auch Isen et al. 1982).

Dies wird mit der selektiven Wirkung der Stimmungslage erklärt. Man geht davon aus, daß in einer positiven Stimmungslage vor allem positive Ereignisse

---

30 Allerdings muß sich die Kontextsituation erkennbar ändern, um spezifische Wirkungen zu entfalten. Eine Variation im gleichen Raum, einmal beleuchtet, dann künstlich durch Aufsetzen einer Brille verdunkelt, genügt nicht, um allgemeine Kontexteffekte zu erzielen (vgl. Dolinsky und Zabrucky 1983). Andererseits konnten sich auch nonverbale Verhaltensweisen als brauchbare Kontextelemente qualifizieren (vgl. insbes. Woodall und Folger 1981; Serafine et al. 1986).

wahrgenommen werden. Dadurch wird die Speicherung von **stimmungskongruenten** Reizen gefördert (vgl. Gardner 1985b). Die Wirkung stimmungskongruenter Informationsverarbeitung konnte von Bost (1987) sogar in einem Feldexperiment für die Wirkung der Ladenatmosphäre belegt werden.

Aber auch hier ergibt sich eine Parallele zur Umfeldwirkung von externen Reizen: die Kontextwirkung von Gefühlen hat auf die Recognitionleistung kaum Einfluß. Bower (1981) gibt hierfür eine an der Theorie semantischer Netzwerke ausgerichtete Erklärung, die für verbale Reize hohe Aussagekraft besitzt. Inwieweit stimmungskongruente Lernprozesse auch für visuelle Reize von Bedeutung sind, bleibt den empirischen Belegen der weiteren Forschung vorbehalten. Für unsere pragmatische Sichtweise in bezug auf die implementationsbezogene Aufbereitung des Werbewirkungswissens bedeutet diese Parallele, daß es offensichtlich im Detail zwischen den beiden Erinnerungsmaßen Recall und Recognition qualitative Unterschiede zu beachten gibt.

Eine weitere Differenzierung interner Kontextwirkungen ist angeraten. Unter eher natürlichen Bedingungen einer Stimmungsinduktion, d.h. ohne Hypnose der Testpersonen, ergeben sich Unterschiede zwischen positiven und negativen Kontextemotionen (vgl. Hasher et al. 1985a; 1985b; Isen 1984; 1985). Zwar genügt bereits eine leicht positive Stimmung (Freude), um die Erinnerung an positive Reize zu fördern, eine leicht traurige Stimmung ist jedoch überraschenderweise nicht in der Lage, eine verbesserte Erinnerungsfähigkeit für negative Reize zu bewirken. Andere negative Emotionen wie Ärger sind aber wiederum in der Lage, stimmungskongruentes Lernen und Erinnern zu unterstützen. Lediglich für Traurigkeit scheint diese Beziehung nicht zu gelten, was auf die besondere Funktion dieser Emotion zurückgeführt wird. Das Hauptargument besagt, daß der menschliche Organismus bestrebt ist, Traurigkeit möglichst schnell wieder abzubauen, um in einen Zustand der Ausgeglichenheit zurückzukehren. Für diese Reduktion der Traurigkeit setzen sofort spezifische Verarbeitungsprozesse ein, die ein kongruentes Lernen stören, zumindest aber im Gehirn für eine diffusere Verknüpfung zwischen Reiz und Kontext sorgen.

Allerdings bewirkt bereits eine positive Stimmung beim Erinnern, daß auch bevorzugt positive Reize erinnert werden (vgl. auch Laird et al. 1982). Diese Kanalisierung der Erinnerung in der Abrufsituation, d.h. beim Kauf, kann jedoch durch Werbung nicht beeinflußt werden, so daß diese Sozialtechnik der Ladengestaltung vorbehalten bleibt.

7.4.3. Kontext als Interpretationshilfe

7.4.3.1. Externer Kontext als Interpretationshilfe

Kontextelemente beeinflussen aber nicht nur die unmittelbare Verarbeitung eines Reizes im Sinne einer Erinnerung. Sie wirken sich auch auf die **Beurteilung** eines Reizes aus. Diese Zusatzwirkung ist fast noch wichtiger als der reine Gedächtniseffekt.

So ändert sich die Wahrnehmung eines Ereignisses, wenn sich das Umfeld des Ereignisses ändert. In einem Film wurde z.B. ein Unfall gezeigt, bei dem zwei Autos zusammenstießen. Die Testpersonen konnten die Geschwindigkeit der Fahrzeuge beobachten. Anschließend wurden sie mittels verschiedener Formulierungen befragt, wie schnell wohl die Autos gefahren sind - als sie "sich berührten", "aufeinanderstießen", "zusammenprallten", "aufeinander zurasten" und "zerschmettert wurden". In Abhängigkeit von der Frageformulierung schwankten die Geschwindigkeitsschätzungen zwischen 40,8 Meilen bei "zerschmettert" und 31,8 Meilen bei "berührt" (vgl. Loftus und Palmer 1974). Hiermit wird die Spannweite der Kontextwirkung deutlich. Zusammen mit dem zentralen Ereignis als verbale Interpretationshilfe dargebotene Kontextinformationen können den Meinungsbildungsprozeß nachhaltig beeinflussen.

Auch in der Werbung ist es üblich, gleichzeitig mit der Produktinformation durch Umfeldreize Interpretationshilfen anzubieten, um dadurch die Wahrnehmung der Produktinformation in eine bestimmte Richtung zu lenken. Allerdings ist es empfehlenswert, hierfür visuelle Reize und Musik zu verwenden. Typisch dafür ist die Mimik einer Frau, deren Wange langsam und zart über einen weichgespülten Pulli streicht.

Die Abhängigkeit der Produktwahrnehmung und Beurteilung von einem visuellen Umfeld wurde in zahlreichen Experimenten belegt. Eine der ersten Untersuchungen wurde von Smith und Engel (1968) veröffentlicht. Hierbei ging es um die Änderung der Produktwahrnehmung durch ein emotionales Umfeld. Zwei Gruppen von Konsumenten (n=120), zur Hälfte zwischen 35-44 Jahren, wurde eine Anzeige für einen Mittelklassewagen in zwei Versionen gezeigt: (1.) sachliche Abbildung des Autos, (2.) Abbildung des Autos mit erotischem Fotomodell. Das Fotomodell hatte dabei keine erkennbare Funktion, die es in einen sinnvollen Zusammenhang mit dem Auto brachte - es wirkte nur dekorativ.

Die Gruppe mit erotischem Kontext beurteilte das Auto als ansprechender, lebendiger und jugendlicher, selbst das Styling wurde besser eingestuft. Andererseits wurden objektive Eigenschaften auch negativ beeinflußt - das Auto wurde für teurer und weniger sicher gehalten.

Diese grundlegende Wirkung des Kontextes, bestimmte Wahrnehmungen und Beurteilungen positiv zu beeinflussen, konnte mehrfach gezeigt werden (vgl. Kanungo und Pang 1973; Kroeber-Riel 1984c; Reid und Soley 1983). Allerdings ergeben sich erhebliche Unterschiede in Abhängigkeit von demographischen Merkmalen, insbesondere bezüglich des Geschlechts. Dies gilt sowohl für die Modelle, die als Kontext abgebildet werden, als auch für die Konsumenten. Aber auch "Kontextpärchen", deren positive Wirkung auf die Wahrnehmung produktbezogener Eigenschaften einer Hi-Fi-Stereoanlage bekannt sind, können angezeigt sein. Aufgrund der erforderlichen, feinfühligen Abstimmung der Interpretationshilfe auf das Produkt, wird man auf eine empirische Überprüfung der Wirkung kaum verzichten können. Erst mit wachsender Erfahrung über geeignete Modell-Produkt-Zielgruppen-Kombinationen wird man verstärkt auf ein Expertenurteil zurückgreifen können. So wirkt ein männliches Modell für Sofas generell negativ, eine Frau dagegen positiv, ein Pärchen weitgehend neutral. Ein Mann als Interpretationshilfe in einer Autoanzeige steigert dagegen vor allem bei männlichen Konsumenten die Wahrnehmung in Bezug auf Nützlichkeit, Aussehen und Vitalität.

Petty und Cacioppo (1981) untersuchen diese Kontextwirkungen durch systematische Manipulation eines Hintergrundpaares. Sie manipulieren

Anzeigen für die fiktive Shampoo-Marke "Vilance". Die Anzeigen enthielten einen Textteil und ein junges Paar. Einmal wurde jedoch ein besonders attraktives Paar gewählt, das andere mal ein neutrales Paar. Das Shampoo wurde in Verbindung mit dem attraktiven Paar entscheidend besser beurteilt. Die Unterschiede waren 5,3 zu 2,7 auf einer neunstufigen Ratingskala. Dies belegt auch die Bedeutung eines attraktiven, produktadäquaten Kontextelementes für die Überzeugungswirkung der Werbung.

Daß visuelle Umfeldelemente einer verbalen Information sogar überlegen sein können, zeigen Mitchell und Olson (1981). Sie testeten Werbung für Kosmetiktücher. Neben einer verbalen, sachlich-informativen Anzeigenversion wurde eine bildhafte Version überprüft. Sie enthielt ein halbseitiges Foto und eine Headline. Von den verwendeten Bildern "romantischer Sonnenuntergang" und "ein Kätzchen" erzielte das Kätzchen ein Verbesserung der Produktwahrnehmung und -beurteilung in puncto Weichheit und Saugfähigkeit.

Ferner erzielen weibliche Modelle bei männlichen Lesern besonders hohe Aufmerksamkeit. Reid und Soley (1983) überprüfen diese Hypothese mit Starch Recognition Werten. Interessanterweise wird durch weibliche Modelle zwar die Aufmerksamkeit besonders gesteigert, die weitere Beschäftigung mit der Anzeige bleibt davon aber unbeeinflußt. Es scheint sich auch abzuzeichnen, daß Modelle mit entgegengesetztem Geschlecht zur Zielgruppe, für Produkte mit erotischer Ausstrahlung (z.B. Rasierwasser), besonders wirksam sind (vgl. Baker und Churchill 1977).

Visuelle Kontextelemente sind ein gezielt anwendbares Instrument in der Hand des Werbegestalters. Sie sind nicht nur bloßes Beiwerk, sondern sind ein nicht zu vernachlässigender Wirkungsfaktor. Geeignete Hintergrundbilder wirken nicht nur emotional, sie wirken auch mittelbar auf die (kognitive) Produktbeurteilung. Die Auswahl des konkreten Motivs muß jedoch der schwierigen Produkt- und Zielgruppenabhängigkeit Rechnung tragen. Hier gibt es im Augenblick noch keine Patentrezepte, die Eignung eines Motivs ist deshalb sicherheitshalber vorher zu testen. Mit zunehmender Erfahrung kann man sich aber auch auf Expertenurteile stützen.

7.4.3.2. Interner Kontext als Interpretationshilfe

In Analogie zu den externen Umfeldeinflüssen wirken auch positive Stimmungen auf die Beurteilung von Ereignissen bzw. Reizen. Schon kleine positive Erfolgserlebnisse, wie das Auffinden von Wechselgeld, das vom Vorgänger in einem Münztelefon vergessen wurde, haben nachhaltigen Einfluß auf die Beurteilung. Man sieht danach die Dinge positiver und beurteilt sie auch dementsprechend vorteilhaft. Umgekehrt wirken kleinere Mißerfolge oder Ärgernisse, wie schlechtes Wetter, auch negativ auf die Beurteilung von nachfolgenden Ereignissen. Dazu zählt der Ärger über eine nicht vorhandene, bevorzugte Marke im "Supermarkt" genauso, wie der Vorwurf, während einer gefälligerweise durchgeführten Aufnahme die Kamera beschädigt zu haben.

Die bessere Beurteilung von Marken, die aus der kurzfristig induzierten, positiven Stimmung durch die Werbung resultiert, kann sich der Werbetreibende durch den gezielten Einsatz von Kontextelementen zunutze machen. Auch motorische Reaktionen wie Kopfnicken lösen solche positiven Beurteilungsprozesse aus (vgl. Wells und Petty 1980; Zajonc und Markus 1982).

7.4.4. Wissensbasis zu den Kontextwirkungen

Die Kontextwirkung könnte man auch als "stillen Partner" der Werbewirkung bezeichnen. Kontextelemente sind schon per Definition jene peripheren Reize, die in der Werbung als Zugabe eingesetzt werden können. Insofern diskutieren wir die Kontextwirkungen zwar als einheitliches, komplexes Gebilde, die Freisetzung der Werbekraft erfolgt jedoch stets in Kombiniation mit einer der anderen Hauptwirkungen. Die einzelnen Regeln zu den diversen Kontexteffekten lauten:

```
(0 KON10
 (W (AUFTAKTINFORMATION VISUELL 0.15 0.72)
    (AUFTAKTINFORMATION VERBAL 0.4 0.22) )
 (D (BILDVERARBEITUNG 0) ) )

(0 KON30
 (W (AUFTAKTINFORMATION VISUELL 0.23 0.53)
    (AUFTAKTINFORMATION VERBAL 0.23 0.53) )
 (D (VERBALE VERARBEITUNG 0) ) )
```

```
(0 KON70
 (W (KONTEXT 0.50 .0)
     (KLIMAWIRKUNG DURCH KONTEXT 0.24 0.53) )
 (D (EINSTELLUNG ZUM WERBEMITTEL/AKZEPTANZ 0) ) )

(0 KON80
 (W (KONTEXT 0.50 .0)
     (KONTEXT ANTIZIPIERT KAUFSITUATION 0.15 0.72) )
 (D (RECALL SONSTIGE FAKTOREN 0) ) )

(0 KON90
 (W (KONTEXT 0.50 .0)
     (KONTEXT IST INTERAKTIV 0.23 0.53) )
 (D (RECOGNITION 0) ) )

(0 KON100
 (W (KONTEXT 0.50 .0)
     (KONTEXT UNTERSTREICHT WERBEAUSSAGE 0.23 0.53) )
 (D (EINSTELLUNG ZUR MARKE 0) ) )

(0 KON110
 (W (KONTEXT 0.50 .0)
     (KONTEXT STIMMUNGSKONGRUENT ZU KAUFSITUATION 0.15 0.72) )
 (D (RECALL SONSTIGE FAKTOREN 0) ) )
```

Bezüglich der Auftaktinformation ist anzumerken, daß wir einer visuellen Hinweisinformation zur Erzielung einer verbesserten bildlichen Verarbeitung der Werbereize eine besonders starke Bedeutung beimessen andererseits entsprechend der doppelten Kodierungstheorie auch verbale Hinweise die Bildverarbeitung steigern, jedoch mit wesentlich geringerer Effizienz, woraus sich der hohe Gewichtungsfaktor von 0,72 für eine visuelle Auftaktinformation und ein geringeres Gewicht von 0,22 für verbale Auftaktinformationen erklärt. Analog ist die Regel "KON30" zu interpretieren.

Desweiteren verbessern emotionale Kontextelemente das Wahrnehmungsklima für einen Werbereiz. Diese allgemeine Wirkung positiver emotionaler Hintergrundelemente im Sinne einer Interpretationshilfe kann durch eine Vorwegnahme der Kaufstimmung ergänzt werden. Wenn es in der Werbung gelingt, die Stimmung der Kaufsituation zu vermitteln, dann wird die Werbeaussage zusammen mit dieser Stimmung gelernt. In der späteren Kaufsituation dient dann die aktuell empfundene Stimmung als "retrieval cue", so daß die Marke eher präsent ist.

In vergleichbarer Weise dient eine Vorwegnahme der Kaufsitutation später als "retrieval cue" und kann die stichwortgebundene Erinnerung an die Werbung und die Marke verbessern. Zur Erzielung einer besseren Wiedererkennung der Marke ist andererseits ein interaktiver Kontext zu fordern, bloße Beiläufigkeit, die so nebenbei mitgelernt wird, genügt hier nicht. Diese Unterscheidung ist insbesondere in solchen Konsumsituationen von Bedeutung, in denen vorwiegend Recognitionprozesse (z.B. Einkauf im Supermarkt, wenn die Marken im Regal stehen) oder Recallprozesse (z.B. Bestellung einer Biermarke in einer Diskothek) ablaufen. Die Werbung kann dann durch entsprechenden Einsatz der Kontextelemente solche spezifischen Prozesse antizipieren. Hierzu werden folgende permanenten Erläuterungen für den Benutzer angeboten:

AUFTAKTINFORMATION VISUELL: 80 = Die erste Szene gibt einen eindeutigen, visuellen Hinweis auf die nachfolgende Werbeaussage, so daß die Verarbeitungsprozesse kanalisiert, d.h. zur Werbeaussage hingelenkt werden / für Anzeigen ist die Aussage auf das zuerst betrachtete Element zu beziehen / nach Möglichkeit nicht löschen.

AUFTAKTINFORMATION VERBAL: 80 = Zu Beginn des Spots ist ein verbales Statement vorhanden, das auf die nachfolgende Werbeaussage eindeutig hinweist und die Verarbeitung in die gewünschte Richtung lenkt (kanalisiert) / für Anzeigen ist die Aussage auf das zuerst betrachtete Element zu beziehen / nach Möglichkeit nicht löschen.

KLIMAWIRKUNG DURCH KONTEXT: 80 = Die Hintergrundelemente (der Kontext) wirken angenehm und erzeugen positives Wahrnehmungsklima.

KONTEXT ANTIZIPIERT KAUFSITUATION: 80 = Der Hintergrund (Kontext) stimmt mit der Kaufsituation überein, so daß er in der Entscheidungssituation als Gedächtnisstütze zur Verfügung steht / löschen, sofern kein Kontext vorhanden.

KONTEXT IST INTERAKTIV: 80 = Hintergrund ist nicht nur peripheres Beiwerk, sondern steht in Beziehung zu den zentralen Elementen der Werbung / löschen, wenn kein Kontext vorhanden.

KONTEXT UNTERSTREICHT WERBEAUSSAGE: 80 = Die Hintergrundelemente verstärken die zentrale Werbeaussage (z.B. Kind schmiegt weichen Pulli an seine Wange; produktadäquates, attraktives (Foto-) Modell unterstützt zentrale Eigenschaft der Marke - z.B. glänzendes weiches Haar für Shampoo) und führt zu einer gedanklich-interpretativen Ergänzung / beachte Bumerangeffekt, wenn Kontextelement zu stark ablenkt.

KONTEXT STIMMUNGSKONGRUENT ZU KAUFSITUATION: 80 = Der Kontext in der Werbung antizipiert die Stimmung der Kaufsituation. Dabei sind positive Stimmungen (Freude) besonders wirksam. Auch Ärger als negative Stimmung ist möglich, birgt aber eine Irritationsgefahr / löschen, wenn der Kontext Traurigkeit auslöst.

7.5. Wiederholung

Die Zahl der zur Erlangung einer optimalen Werbewirkung erforderlichen Kontaktwiederholungen hängt entscheidend von der Art der Werbung und den allgemeinen Kommunikationsbedingungen ab. Bei high-involvierten Konsumenten können sieben Wiederholungen bereits zuviel sein, bei low-involvierten Konsumenten und emotional-konditionierender Werbung reichen mitunter zehn Wiederholungen nicht aus (vgl.auch Kroeber-Riel 1988; Rethans et al. 1986). So wirken sich fast alle bislang aufgeführten Gestaltungskomponenten auch auf die erforderliche Zahl von Wiederholungen aus. Einprägsame, erzählende Texte, lebendige Formulierungen, konkrete, prägnante Bilddarstellungen fördern allesamt die kognitive Verarbeitungsfähigkeit der Werbung, so daß weniger Kontakte notwendig sind, um die Werbeaussage im Gedächtnis der Konsumenten zu verankern. Da Wiederholungen zudem beachtliche Schaltungskosten verursachen, sei auch unter diesem Aspekt daran erinnert, daß eine optimierte, sozialtechnisch gestaltete Werbung Kosten senken kann.

Angelpunkt für die Bestimmung der optimalen Kontaktzahl bleibt jedoch das Involvement der Empfänger. Die Zahl der Wiederholungen muß umso größer sein, je weniger die Empfänger involviert sind. Dies wird heute in zentralen Zusammenhang mit den beim Werbekontakt ablaufenden, gedanklichen Reaktionen gebracht. Hierbei werden alle von der Werbung ausgelösten, gedanklichen Vorgänge registriert und analysiert. Ein erweitertes Kategorienschema zur Auswertung dieser "Protokolle Lauten Denkens" wurde von Batra und Ray (1985) vorgeschlagen (vgl. auch Batra und Ray 1986b; Ericsson und Simon 1984). In Anlehung an dieses erweiterte Klassifikationsschema hat sich in Studien des Autors das folgende Schema bewährt:

- Gedanken, die sich auf das Produkt beziehen:
  - zustimmende Argumente (positive Gedanken),
  - Gegenargumente (negative Gedanken).

- Gedanken, die sich auf die Spotgestaltung beziehen:
  - positive Äußerungen zur Spotgestaltung,
  - negative Äußerungen zur Spotgestaltung.

- Emotionale Gedanken zum Spot:
    - positive emotionale Äußerungen,
    - negative emotionale Äußerungen.

- Durch ablenkende Spotwirkung ausgelöste Gedanken.

- Sonstige Gedanken, z.B. Wiederholung von Spotinhalten.

Mit zunehmender Zahl von Wiederholungen nehmen auch die negativen, gedanklichen Reaktionen zu Produkt- und Spotgestaltung zu. Diese können als innere Gegenargumente interpretiert werden, die sich durch die gedankliche Auseinandersetzung mit der Werbebotschaft entwickeln.

Durch zu viele Kontakte in zu kurzer Zeit kann es sogar zu einer rückläufigen Wirkung kommen. Dieses Abnutzungsphänomen (wear-out) ist offensichtlich vorhanden, darf aber unter den für Werbung typischen Schaltfrequenzen nicht überbewertet werden (vgl. Calder und Sternthal 1980; Craig et al. 1976; Grass und Wallace 1969; Heflin und Haygood 1985; Simon 1982; Wimmer 1980). Absolute Abnutzungswirkungen treten vor allem unter sehr extremen Wiederholungsbedingungen auf. So wurde eine im Labor vorgeführte 60-Minuten-Show fünfmal unterbrochen. Jeweils zu Beginn, in den "Breaks" und am Ende wurde neben anderen Spots ein Bierspot gezeigt. Bis zur fünften Wiederholung nahm die Erinnerungsleistung noch zu. Erst die siebte Wiederholung - wohlgemerkt innerhalb einer Stunde - führte zu einem absoluten Rückgang der Erinnerung an den Spot (vgl. Corlett 1984, nach: Cacioppo und Petty 1985; vgl. auch Burke und Srull 1988).

Hieran schließt sich die Problematik an, ob die Kontakte "massiert" oder "zeitlich verteilt" erfolgen sollen (vgl. Simon 1979; Trommsdorff 1981; Zielske 1959). Dauerhafte Lernerfolge erzielt man aber vor allem durch zeitlich verteilte Kontakte. Das Gelernte wird dann unter verschiedenen Kontextbedingungen immer wieder stabilisiert und vertieft - es wird solide gelernt. Diese Wirkung zeitlich verteilten Lernens wird auch durch die Kontextforschung gestützt, wo dieses Phänomen als "Spacing-Effekt" bekannt ist.

Etwas andere Auswirkungen haben Wiederholungen auf die Akzeptanz und die Einstellung zur Marke. Bis zu etwa zehn Kontakten, bei relativ massiertem Werbeeinsatz, führen zu einer besseren Beurteilung. Danach geht die Einstellung zur Marke wieder leicht zurück. Das Gleiche gilt für die Akzeptanz, jedoch weniger eindeutig. Tendenziell nimmt die Akzeptanz jedoch nach mehr als zehn Wiederholungen langsam ab (vgl. Calder und Sternthal 1980).

Allerdings kann diese negative Wirkung des Abnutzungseffektes auf informative Werbung durch folgende Faktoren verringert werden:

- Die Werbeaussage darf nicht zu einfach sein, so daß sich der Konsument auch noch nach den ersten Kontakten damit beschäftigt.
- Die Schaltung darf nicht zu massiert erfolgen.
- Die Spots sollten variiert werden, dadurch bleibt das Interesse länger erhalten.
- Im Programmumfeld sollte für möglichst viele andere Produkte geworben werden (heterogene Werbekonkurrenz).

Die emotionale Beeinflussung bei Low-Involvement folgt dagegen vor allem den Gesetzmäßigkeiten der klassischen Konditionierung, die wir an anderer Stelle bereits geschildert haben. Unter solchen Bedingungen sind mehrere Wiederholungen, auch in relativ kurzen Abständen, sinnvoll und erforderlich. Beide Extrempunkte gilt es bei der Bestimmung eines Optimums für die Kontaktzahl abzuwägen. Auch sind die Abnutzungsgefahren bei Bildern wesentlich geringer als bei Texten.

7.6. Wissensbasis zu Aktualisierung und Kaufabsicht

Der Standardeinsatz von ESWA sieht vor, daß der Benutzer alle im System vorhandenen Teilaspekte der Werbewirkung analysieren will. Dies geschieht, wenn nach dem Aufruf der Funktion "Werbewirkungsanalyse" das übergeordnete Faktum "Analyse aller Werbewirkungen" abgeleitet wird. Dann werden die beiden grundlegenden, in ESWA vorhandenen Werbeziele - Aktualisierung und Kaufabsicht - betrachtet. Neben diesen zentralen Zielen ist ferner der "Impulskauf" vorhanden, die Wissensbasis hierzu ist allerdings nicht detailliert ausgebaut. Wir betrachten deshalb hier lediglich die Aktualisierung und die Kaufabsicht.

In Abb. 49 sind die beiden obersten Ableitungsebenen zur Aktualisierungswirkung dargestellt. Die Dominanz im Werbeabschnitt trägt der Erkenntnis Rechnung, daß Werbung, die durch besondere Aktivierungskraft und/oder Wiederholung oder Reminder einen Werbeabschnitt dominiert, überproportionalen Erfolg erzielt und gleichzeitig die Verarbeitung der Konkurrenzwerbung herabsetzt. Da diese Taktik allerdings nicht überbewertet werden darf, wird vorerst nur ein schwacher Gewichtungsfaktor von 0,22 vorgesehen.

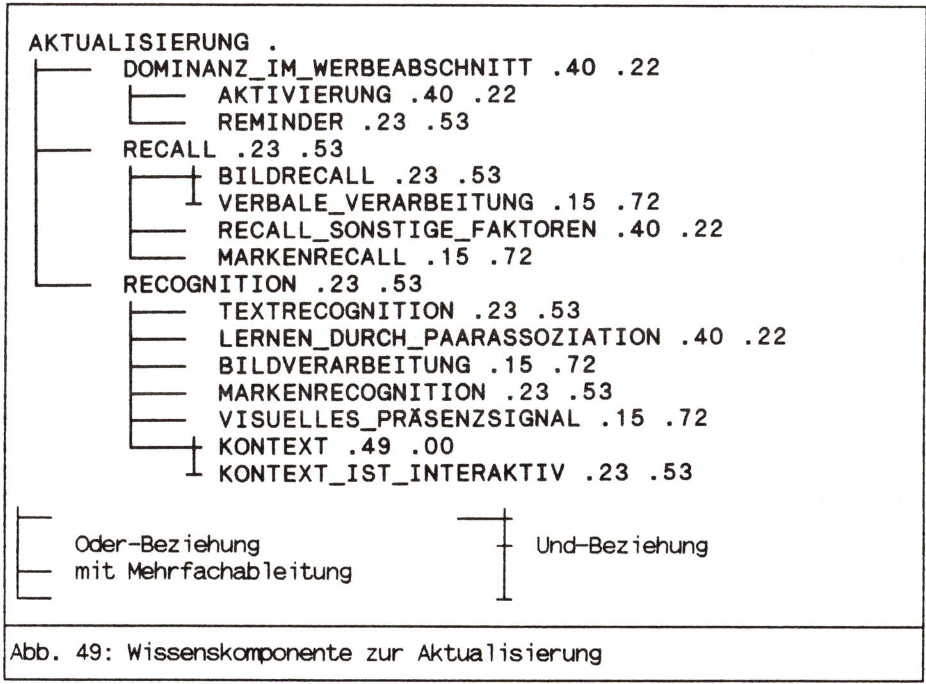

Abb. 49: Wissenskomponente zur Aktualisierung

Den Hauptbeitrag zur Aktualisierungswirkung einer Marke liefert in ESWA eine optimierte Recall- und Recognitionwirkung der Werbung.[31]

---

31 Es ist zu bedenken, daß zur Konstruktvalidierung dieser Beziehung in einem Kausalmodel (z.B. mit LISREL) aufgrund der besonderen Terminologie solcher Modelle, wenn es um die Verknüpfung von Konstrukt- und Indikatorebene geht, abweichende Kausalrichtungen in der Modellkonzeption erforderlich sind. Die Regelverknüpfungen des Expertensystems können deshalb nicht unmittelbar im

Die Recallwirkung setzt sich aus dem Bildrecall und der verbalen Verarbeitung, den sonstigen Faktoren und dem Markenrecall zusammen. Der Bildrecall wird direkt aus der Bildverarbeitung abgeleitet, so daß hier nur die beiden Teilaspekte "Markenrecall" und "sonstige Faktoren" einer weiteren Betrachtung bedürfen.

Da dem Recall der Marke eine große Bedeutung zukommt, was sich letztlich auch darin widerspiegelt, daß in empirischen Untersuchungen der Recall der Marke besonders stark gewichtet wird, soll auch in ESWA der herausragenden Stellung der Kommunikation der Marke ein starkes Gewicht zukommen. Unter den sonstigen Faktoren fassen wir zur besseren Feinjustierung alle jene Gestaltungstechniken zusammen, die einen begrenzten, aber nachweisbaren Beitrag zur Erzielung guter Recallergebnisse leisten. Hier haben wir berücksichtigt:

- Lernen durch Paarassoziation,
- Vorhandensein eines visuellen Präsenzsignals,
- eine antizipierte Kaufsituation durch den Kontext und
- ein zur Kaufsituation stimmungskongruenter Kontext.

(Graphisch werden diese Fakten im Kapitel zur Validierung von ESWA dargeboten.)

Ähnlich geschieht die Ableitung von Recognition, die aus der verbalen Verarbeitung einen direkten Beitrag zum Textrecognition ableitet. Ferner wird das Lernen durch Paarassoziationen, die Bildverarbeitung, das Markenrecognition, visuelle Präsenzsignale und ein interaktiver Kontext berücksichtigt. Es bedarf keiner besonderen Erwähnung, daß der Beitrag der Bildverarbeitung als besonders wichtig angesehen wird und deshalb den höchsten Gewichtungsfaktor erhält. Dem Lernen durch Paarassoziationen kommt hier lediglich die besondere Aufgabe zu, jene Gestaltungstechniken zu berücksichtigen, deren positiver, aber begrenzter Beitrag zur Erzielung von

---

Verhältnis 1:1 in ein solches Kausalmodell übernommen werden (vgl. auch Zinkhan, Locander und Leigh 1986).

Recognition ergänzend beachtet werden soll. Dies sind vor allem die Technik der Buchstabenbetonung und die sich wechselseitig verstärkende Präsentation von Bild- und Textinformationen.

In Abb. 50 folgen nun die beiden obersten Ableitungsebenen zur Kaufabsicht. Die Einstellung zur Marke gilt in Anlehnung an die klassische Theorie als der zentrale Prädiktor für die Kaufabsicht. Daneben spielen situative Komponenten und der Spezifikationsgrad der Einstellung eine Rolle. Die Verfügbarkeit der Marke kommt somit im Distributionsgrad zum Ausdruck (vgl. auch Specht 1988). Der Spezifikationsgrad wurde im theoretischen Teil ausgiebig erörtert. Wir gehen davon aus, daß diese Anfangsfehler in der Anwendung von Einstellungswerten heute weitestgehend bekannt sind, trotzdem wollen wir im Sinne einer möglichst vollständigen Checkliste diesen Aspekt in die Wissensbasis aufnehmen.

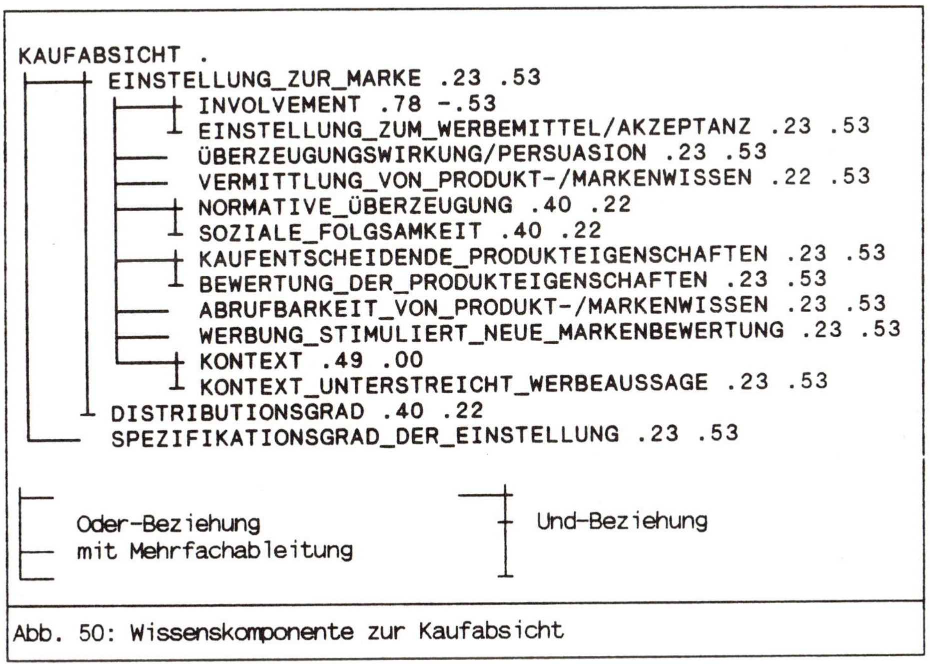

Abb. 50: Wissenskomponente zur Kaufabsicht

8. Validierung

8.1. Problemdiskussion am Beispiel von MYCIN

Das Expertensystem MYCIN kann von seiner Grundstruktur, in bezug auf seinen Inferenzmechanismus, die Konzeption zur Berücksichtigung unsicheren Wissens und der Entwicklungsgeschichte, als geeignetes Vorläufermodell für ESWA betrachtet werden. Die Entwicklungsgeschichte kann deshalb als vergleichbar angesehen werden, weil MYCIN auch aus der angewandten Forschung, in diesem Falle der "Stanford University", hervorgegangen ist. Wenn auch dem Entwicklungsteam von MYCIN mehr Mannjahre zur Verfügung standen, so ist doch bemerkenswert, daß zum Erfolg des Projektes ein enges Zusammenwirken von Knowledge-Engineer und Domainexperten notwendig war, bishin zu einer Verschmelzung beider Funktionen. Dies widerspricht teilweise den idealtypischen Schilderungen, wonach der reine Computerspezialist, nach einigen Fachgesprächen mit dem Experten des Wissensbereichs, eine brauchbare Lösung entwickeln kann. Und: je schwieriger sich diese Zusammenarbeit über Fachgrenzen hinweg gestaltet, desto eher bietet sich die Verschmelzung beider Funktionen in der Hand des Domainexperten an. Dieser Gedanke wird durch die Entwicklung anwendungsfreundlicher Werkzeugsysteme sicherlich begünstigt. Vielleicht ist es aber auch eine Reaktion auf die durch den Schritt in die praktische Anwendung der KI entstandenen Probleme in den Kommunikationsbeziehungen der sonst relativ heterogenen Entwicklungsteams (vgl. auch Schöneburg 1988).

Doch konzentrieren wir uns auf die Validierung von MYCIN: Es wurde die Kompetenz von MYCIN in bezug auf die Identifizierung der voraussichtlichen Krankheitserreger, die Auswahl geeigneter Dosierungen wirksamer Arzneimittel und die Vorschläge weiterer Diagnoseverfahren untersucht. Acht unabhängige Prüfer beurteilten die Auswahl von Medikamenten durch MYCIN, zusammen mit den Angaben von acht anderen Ärzten und einem Studenten, in zehn schwierigen Fällen von Meningitis (vgl. Buchanan und Shortliffe 1985; Yu et al. 1985). Die Prüfer bewerteten jeden Fall und beurteilten die dazu erstellten Diagnosen und Arzneiverschreibungen, ohne die Identität der Diagnostiker zu kennen und ohne zu wissen, daß eine Diagnose von MYCIN stammte. MYCIN und drei der Diagnostiker schlugen in allen zehn Fällen eine erfolgreiche Therapie vor. Die Rezeptvorschläge von MYCIN wurden in 65% als richtig beurteilt. Die menschlichen Experten erzielten hier nur Werte von 43% bis 63%. Harmon und King (1987, S.24) führen die Stärke von MYCIN auf vier Faktoren zurück:

1. "Die Wissensbank von MYCIN, die auf dem Wissen einiger der hervorragendsten Ärzte beruht, ist äußerst detailliert und ebenso umfassend wie das Wissen der meisten Spezialisten für Meningitis.

2. MYCIN übersieht nichts und vergißt nicht ein einziges Detail. Es zieht jede Möglichkeit in Betracht. Es gibt unter Ärzten den beliebten Ausspruch: "Eine Krankheit muß einem einfallen, damit man ihre Symptome erkennen kann." MYCIN zieht jede mögliche Krankheit, über die es Informationen hat, in Erwägung.

3. Das Programm zieht niemals übereilte Schlüsse und versäumt nie, alle wesentlichen Informationen einzuholen. Wie naheliegend eine Krankheit auch sein mag, MYCIN überprüft doch sämtliche Einzelheiten und erwägt alle Alternativen.

4. MYCIN wird von einem großen medizinischen Zentrum gewartet und ist demnach grundsätzlich immer auf dem aktuellsten Stand. Einige seiner Therapieempfehlungen beruhen auf den in der jüngsten Fachliteratur veröffentlichten Daten. Solche Informationen finden sich nicht in Lehrbüchern und sind nur solchen Spezialisten bekannt, die regelmäßig die Fachzeitschriften verfolgen und auch daran denken, alle neuen Informationen in ihre diagnostischen Verfahren einzubeziehen."

Der bei MYCIN durchgeführte Blindtest garantiert sicherlich schon ein hohes Maß an Objektivität und geht weit über die Standardprozedur hinaus. Andererseits kann man sich vorstellen, daß objektive Meßwerte über den tatsächlichen Therapieerfolg der einzelnen Vorschläge ein glaubwürdigeres und realitätsnäheres Außenkriterium zur Beurteilung sind.

8.2. Fallbezogene Validierung von Expertensystemen

Wenn auch in etwas verklärter Weise, so zeigt die oben geschilderte Validierungsprozedur für MYCIN die üblichen Charakteristika einer Überprüfung von Expertensystemen. Die richtige Arbeitsweise wird dadurch belegt, daß ein oder mehrere menschliche Experten aufgrund von Fallbetrachtungen ein Qualitätsurteil abgeben. Der "Knowledge Engineer" legt dem Domainexperten die Lösung einiger Fälle vor. Dieser bekundet dann seine mehr oder weniger große Übereinstimmung und Akzeptanz der Systemlösung. Insgesamt werden folgende Punkte zur Beachtung empfohlen (vgl. Gaschnig et al. 1983):

1. Komplexe Tatbestände bzw. Prozesse können nicht anhand eines einzigen Kriteriums (bzw. Meßwerts) validiert werden.

2. Je mehr unterschiedliche Kriterien (bzw. Meßwerte) zur Bewertung vorliegen, desto fundierter kann eine globale Beurteilung durchgeführt werden.

3. Die Experten werden in der Einschätzung der relativen Bedeutung einzelner Kriterien, entsprechend ihren persönlichen Interessen und Schwerpunkten, nicht übereinstimmen.

4. Wenn Übereinstimmung über die Meßprozedur erzielt werden kann, lassen sich die Kriterien auch experimentell überprüfen.

Eine andere Methode, die aufgrund der allgemeinen Diskussion um "Künstliche Intelligenz" entwickelt wurde, ist der Turing Test. Vereinfacht funktioniert der Test wie folgt: Man sitzt in einem Raum vor einem Computerterminal. Dieses ist gleichzeitig mit einem anderen Terminal, an dem eine zweite Person sitzt, und mit einem Computer verbunden. Ist man nicht in der Lage, Mensch und Maschine auseinanderzuhalten, kann man dem Computer Intelligenz zuschreiben (vgl. Turing 1963).

Eine modifizierte Form des Turing Tests wird zur Validierung des oben beschriebenen Expertensystems ADCAD eingesetzt. Zuerst werden die

Systemvorschläge mit den Lösungen der Kreativen der Werbeagentur verglichen. Wenn starke Abweichungen auftreten, wird der Entscheidungsprozeß von ADCAD interaktiv zurückverfolgt und die für die Fehleinschätzung verantwortlichen Regeln modifiziert. Im zweiten Schritt soll dann ein modifizierter Turing-Test eingesetzt werden. Eine Gruppe der Werbeagentur arbeitet mit Unterstützung von ADCAD, eine zweite Gruppe wie üblich. Der Turing Test wird dann erfolgreich absolviert, wenn der Auftraggeber nicht unterscheiden kann, welche Kampagne von der ADCAD-Gruppe stammt. Dieses Vorgehen ist allerdings nur sinnvoll, wenn die ADCAD-Gruppe weitgegend die Vorschläge des Expertensystems übernimmt.

8.3. Konzeption zur Validierung von Expertensystemen

8.3.1. Szenario zur Datenbeschaffung

Wenn wir auch in Ermangelung ausreichend geeigneter Testergebnisse und aufgrund von Zeitrestriktionen für diese Arbeit keine absolute Konstruktvalidierung durchführen können, so ist doch als Besonderheit von ESWA eine spätere Vervollkommnung im Systemaufbau bereits vorgesehen. Zum besseren Verständnis der weiteren Ausführungen führen wir deshalb ein kleines Szenario durch.[32]

Einige Marktforschungsunternehmen bieten seit einiger Zeit standardisierte Werbetestverfahren an. Stellen wir uns vor, daß für ein bestimmtes Produkt eines für uns relevanten Marktes (vgl. hierzu Busse von Colbe et al. 1985) eine repräsentative Stichprobe der dort anzutreffenden Werbung vorliegt. Diese sollte aus methodischer Sicht mindestens einhundert Werbetests umfassen. Mit diesen Pretests erhalten wir nun weitestgehend standardisierte Meßwerte für z.B.: Aufmerksamkeit, Textverständlichkeit, Recall, Recognition, Einstellung zum Werbemittel, Einstellungsveränderung, Persuasion usw. Dies ist für die nahe Zukunft keine unrealistische Annahme - auch könnte man sich in einem ersten Schritt auf die Konsumgüterwerbung insgesamt konzentrieren. Allerdings setzt dies auch voraus, daß der gesamte Prozeß der Marktforschung

---

32 Vgl. zur Abgrenzung zwischen Szenarien und Visionen: Tietz (1987). Szenarien haben im allgemeinen einen Realitätsanspruch. Sie sind weitgehend ausgereifte, widerspruchsfreie Konzepte für mögliche zukünftige Situationen. Ihnen liegen implizite oder explizite Basisannahmen und konkrete Hypothesen zugrunde.

stärker mit dem Marketing-Management verzahnt wird und wechselseitig die Fragen und Antwortspielräume vor dem ganzen Problemhintergrund gesehen werden (vgl. Kaas 1987).

Parallel hierzu oder auch nachträglich beurteilt ein oder mehrere in Werbefragen geschulte/r Anwender mit ESWA die gleiche Auswahl von Anzeigen bzw. Spots.

Ein Problem stellen die nicht unmittelbar vergleichbaren Meßwerte zu den einzelnen Konstrukten dar. Die Aktivierung wurde eventuell sogar mit psychobiologischen Verfahren gemessen und liegt als Veränderung des Hautwiderstandes in Kiloohm vor. Andere Konstrukte wurden mit Ratingskalen, wiederum andere womöglich mit Paarvergleich usw. ermittelt. Diese Werte können in ihrer Rohform nicht gleichzeitig mit den ESWA-Werten verglichen werden. Mit Hilfe der hier vorgestellten T-Skala ist es aber möglich, diese verschieden erfaßten Meßwertreihen in T-Werte zu transformieren, sofern tendenziell metrische Skalen vorliegen. Danach ist man sogar in der Lage, die absoluten T-Werte einer ESWA-Konsultation mit den durch Werbetests ermittelten T-Werten zu vergleichen. Damit kann ESWA nicht nur korrelativ validiert werden, sondern nach einer ausreichenden Feinjustierung können die **absoluten Werte einer ESWA-Konsultation in bezug auf die Normstichprobe interpretiert werden**. Im folgenden Abschnitt werden wir, aufbauend auf diesem Szenario, den Grundstein für eine solche umfassende Validierungskonzeption erörtern (vgl. auch Neibecker 1989).

8.3.2. Differenzierung der Validitätsbegriffe

Die konventionellen Möglichkeiten zur Validierung eines Expertensystems können auf Dauer nicht befriedigen. Zu sehr bleibt der Systementwickler auf subjektive Wahrnehmungen des Experten angewiesen, ohne daß eine Quantifizierung und intersubjektiv nachprüfbare Bewertung erfolgen könnte. Aufbauend auf den Erkenntnissen der empirischen Sozialforschung soll deshalb ein umfassenderes Modell zur Validierung entwickelt werden (vgl. Bagozzi 1980; Cook und Campbell 1979; Lienert 1969; Neibecker 1985a).

In der empirischen Forschung hat man sog. Gütekriterien einer Messung entwickelt, wobei zwischen Validität (Gültigkeit) und Reliabilität (Zuverlässigkeit) unterschieden wird. Betrachtet man den Output eines Expertensystems als das Ergebnis einer Meßprozedur, so fällt es nicht schwer, die Parallelität bzw. Analogie der Betrachtungsweise zu erkennen.

Von Interesse sind hier vor allem die drei folgenden Validitätsarten:

- inhaltliche Validität
- kriterienbezogene Validität
- Konstruktvalidität.

8.3.2.1. Inhaltliche Validität

Übertragen auf die Validitätsprüfung von Expertensystemen umfaßt die **inhaltliche Validität** den gesamten Arbeitsgang von der Planung bis hin zur Fertigstellung des Systems. Dazu zählt eine repräsentative bzw. vollständige Abbildung der Wissensdomäne im System. Es ist durch (subjektive) Experteneinschätzung sicherzustellen, daß die Wissensdomäne vollständig bzw. in angemessenem Umfang ohne offensichtliche Verletzungen der Plausibilität abgebildet wird. Dies ist ein wichtiger Punkt während der Entstehung eines Expertensystems, der jedoch nur schwer quantifiziert werden kann. Insofern muß der inhaltlichen Validität eine Sonderfunktion zugestanden werden.

In der nächsten Phase sollten die weitgehend subjektiven Validierungstechniken durch objektivere Techniken ersetzt werden. Diese lassen sich vor allem auf das fertige System anwenden.

8.3.2.2. Kriterienbezogene Validität

Wendet man eine **kriterienbezogene Validitätsprüfung** an, werden die Ergebnisse des Expertensystems mit den Werten eines sog. Außenkriteriums verglichen. Der Grad der Validität läßt sich abschätzen, indem die Ergebnisse der beiden "Meßmethoden" miteinander korreliert werden.

Die Wahl des Außenkriteriums stellt also für diesen Validierungsvorgang einen entscheidenden Schritt dar, wobei natürlich sofort auch die Frage nach der Validität des Außenkriteriums auftaucht. In jedem Fall ist aber der errechnete Validitätskoeffizient eine wichtige Größe, die im Hinblick auf das zugrundeliegende Außenkriterium interpretiert werden kann und objektiv nachprüfbar ist.

Im Falle von ESWA kommen hierfür sowohl ökonomische Größen, als auch kommunikative Teilziele in Frage. Als ökonomische Indikatoren, die als Außenkriterium verwendet werden können, sind vor allem Umsatz und Marktanteil zu nennen. Ökonomische Indikatoren stehen jedoch häufig nicht zur Verfügung, bzw. können nicht eindeutig zugerechnet werden. Deshalb stützt sich die Validierung auf kommunikative, nicht-ökonomische Indikatoren. So können, um einige davon zu wiederholen, die vom Expertensystem ermittelten Werte für Kaufabsicht, Einstellungsänderungen und Recall bis hin zu besonders diagnostischen Größen wie Aufmerksamkeitswirkung, Aktivierung und Einstellung zum Werbemittel mit den Werten von Werbepretests verglichen werden.

Bereits dieser Schritt, hin zu einem objetiv nachprüfbaren Außenkriterium, ist mit beträchtlichem Aufwand verbunden, liefert aber im Gegenzug glaubwürdigere Belege für die Funktionstüchtigkeit eines Expertensystems als das konventionelle Vorgehen. In der oben geschilderten Prozedur zur Validierung von MYCIN wurde das Urteil von acht unabhängigen Prüfern als Außenkriterium verwendet. Letztlich bleibt dieses Vorgehen einer Ebene verhaftet, auf der ein Experte den andern bestätigt. Dem außenstehenden Dritten bleibt nur übrig, auf die Objektivität und Richtigkeit der Expertenurteile zu vertrauen.

Mit dem Einsatz von **intersubjektiv nachprüfbaren Außenkriterien** gewinnt man dagegen schon weitgehend **objektive** und **quantifizierbare Validitätskoeffizienten**, mit denen die **Leistungsfähigkeit eines Expertensystems** ausgewiesen werden kann. Auch **Veränderungen in der Wissensbasis können** auf diese Weise in ihrer Wirkung **quantifiziert werden**, indem man die erklärte Varianz vor und nach der Veränderung der Wissensbasis miteinander vergleicht.

8.3.2.3. Konstruktvalidität

Eine weitere Steigerung stellt die **Konstruktvalidierung** dar. Da die kriterienbezogene Validität die Frage der theoretischen Bedeutung der einzelnen Meßwerte im Hintergrund läßt, ist die Verknüpfung von theoretischer und empirischer Ebene gerade das Ziel der Konstruktvalidierung.

Während also die kriterienbezogene Validitätsprüfung oftmals nur Beziehungen auf der meßtechnischen, empirischen Ebene überprüft, ist es das Ziel der Konstruktvalidierung, diese Meßebene mit der theoretischen Ebene, den theoretischen Konstrukten einer Disziplin, zu verbinden. Natürlich sind hier die Grenzen fließend, denn alleine die Kenntnis einer diagnostischen Größe, wie z.B. die Aufmerksamkeit, setzt ein beachtliches Maß an theoretischem Vorwissen voraus.

Wegen der fehlenden operationalen Faßbarkeit ist die Konstruktvalidierung ein Vorgang von erheblicher Schwierigkeit. Deshalb ist es bis heute nicht unumstritten, wie die Überprüfung der Konstruktvalidität in operationale Anweisungen zu transformieren ist. Eine umfassende Analyse umfaßt jedoch folgende sechs Punkte:

(1.) Die theoretische Bedeutsamkeit des Konstrukts.
(2.) Beobachtbarkeit des Konstrukts.
(3.) Interne Konsistenz der Operationalisierung.
(4.) Konvergenzvalidität.
(5.) Diskriminanzvalidität.
(6.) Nomologische Validität.

Die **theoretische Bedeutsamkeit** kanalisiert sich im vorliegenden Falle einer fokussierten Betrachtung im Rahmen der Validierung von Expertensystemen auf die **"nicht-triviale"** Definition der Wissensdomäne. Damit einher ist implizite die Forderung nach der **Beobachtbarkeit** bzw. empirischen Verankerung der verwendeten Begriffe zu erfüllen.

Schwieriger ist die Sicherstellung der **internen Konsistenz** der Operationalisierung. Sie erfordert die Homogenität und Eindimensionalität der Indikatoren. Logische Erwägungen legen es nahe, möglichst nach eindimensionalen Indikatoren zu suchen, da nur so eine sinnvolle Korrespondenz zwischen theoretischer und empirischer Ebene möglich ist.

Die interne Konsistenz sog. Indexmessungen ist sichergestellt wenn: (1.) die Eindimensionalität eines Indikators nachgewiesen wird (mit Faktorenanalyse oder dem allgemeinen linearen Strukturgleichungsmodell); (2.) die Messung eine angemessene Reliabilität erzielt.

Eine herausragende Bedeutung kommt der Konvergenz- und Diskriminanzvalidität zu.

Konvergenzvalidität ist das Ausmaß, in dem zwei oder mehr Versuche, das gleiche Konzept durch mindestens zwei unterschiedliche Meßverfahren zu messen, übereinstimmen. Anders formuliert: Wenn zwei oder mehr Meßinstrumente (z.B. Pretestergebnis und Urteil des Expertensystems) das gleiche Konstrukt messen, dann sollten sie notwendigerweise auch hoch miteinander korrelieren.

Diskriminanzvalidität ist das Ausmaß, in dem sich Messungen von verschiedenen Konstrukten voneinander unterscheiden. Das bedeutet, daß Messungen von verschiedenen Konstrukten nur wenig gemeinsame Varianz aufweisen sollen. Hohe Korrelationen begründen Zweifel an der Eindimensionalität der Indikatoren und/oder des Konstrukts. Der nachdrucksvollste Test von Diskriminanzvalidität ist möglich, wenn ähnliche Meßverfahren verwendet werden. Werden selbst mit ähnlichen Meßverfahren Unterschiede bei der Messung verschiedener Konstrukte festgestellt, so kann dies kaum auf eventuelle Methodenartefakte zurückgeführt werden, sondern muß in der Unterschiedlichkeit der Konstrukte begründet sein.

Nomologische Validität kommt dem am nächsten, was im allgemeinen mit "Verstehen" eines Begriffes gemeint ist. Hier wird der Versuch unternommen, die Konstrukte zusammen mit den dazugehörenden Indikatoren in ein umfassendes "Begriffsgefüge" zu integrieren. In der Regel wird eine (empirisch belegte) nomologische Validität nur erreicht, wenn die zuvor beschriebenen Komponenten erfüllt werden.

8.3.3. Kriterienbezogene Validierung von ESWA

8.3.3.1. Validierung von Recall und Recognition

Aus einer Untersuchung von Neibecker (1987b) liegen zu sechzehn, nach Werbewirkungskriterien manipulierten Anzeigen die entsprechenden Recall und Recognitionwerte vor (vgl. die Anzeigenabbildungen im Anhang). Diese rein-visuellen Anzeigen wurden nach den beiden Kriterien "interaktiv-organisiert" und "bizarr-unorganisiert" manipuliert. Die Einzelheiten über die Bedeutung dieser Wirkungsfaktoren findet man im Kapitel 6.1.5.

Die Recalleistung ergibt sich durch die Addition der Werte für Marken- und Bildrecall, wobei die Markenerinnerung doppelt gewichtet wurde. Die Recognitionwerte sind der Überzeugtheitswert einer Skala von -6 bis +6, wobei +6 bedeutet: die Anzeige wurde mit höchster Überzeugung richtig wiedererkannt. Diese Konfidenzratings sind den Werten eines "forced-choice" Verfahrens mit Korrektur von "Rateeffekten (guessing correction) vergleichbar (vgl. Krugman 1986; als aktuelle Diskussionsbeiträge bezüglich Recall versus Recognition u.a.: Rubin 1985; Singh et al. 1988; Zinkhan et al. 1986; sowie zur Ratekorrektur: Gescheider 1976; Intraub 1984; Singh und Churchill 1987).

Zum Design der Untersuchung (durchgeführt am Institut für Konsum- und Verhaltensforschung der Universität des Saarlandes; Direktor Prof. Dr. Werner Kroeber-Riel): 80 Testpersonen wurden zufällig auf dem Campus ausgewählt. Das Durchschnittsalter betrug 23,6 Jahre. Diese Testpersonen wurden den zwei experimentellen Gruppen zufällig zugeordnet. Sie sahen jeweils für drei Sekunden die acht Anzeigen einer Manipulationskategorie, mittels Rotationen wurden eventuelle Reihenfolgeeffekte kontrolliert. Nach zwanzig Minuten wurde der Recall und sodann die Recognitionleistung über Computerbefragung (mit vollautomatischer Diaprojektion) ermittelt (vgl. Tabelle 3). Das Spektrum der ausgewählten Produkte deckte einen weiten Bereich ab.

Anzeige für	Interaktiv-organisierte Anzeigen Recognition	Interaktiv-organisierte Anzeigen Recall	Bizarr-unorganisierte Anzeigen Recognition	Bizarr-unorganisierte Anzeigen Recall
Pkw	4,17	2,95	3,13	1,98
Reifen	4,98	1,75	3,55	2,05
Zigaretten	3,88	1,23	2,68	1,93
Uhr	4,83	1,28	4,03	0,98
Heimsauna	5,23	3,45	4,08	1,80
Bildplatte	3,95	0,88	2,05	0,43
Tabak	4,75	1,30	4,13	0,70
Taschenrechner	3,53	0,83	1,78	0,58
	Ergebnisse von ESWA			
Pkw	70	63	58	61
Reifen	66	61	60	57
Zigaretten	55	52	55	52
Uhr	53	56	33	40
Heimsauna	72	62	59	54
Bildplatte	53	56	49	52
Tabak	65	59	65	58
Taschenrechner	52	52	29	39

Tabelle 3: Ausgangsdaten zur kriterienbezogenen Validierung von ESWA

Die folgenden Abbildungen zeigen einen "Plot" der Recall- und Recognitionwerte (vgl. Abb. 51 und Abb. 52).

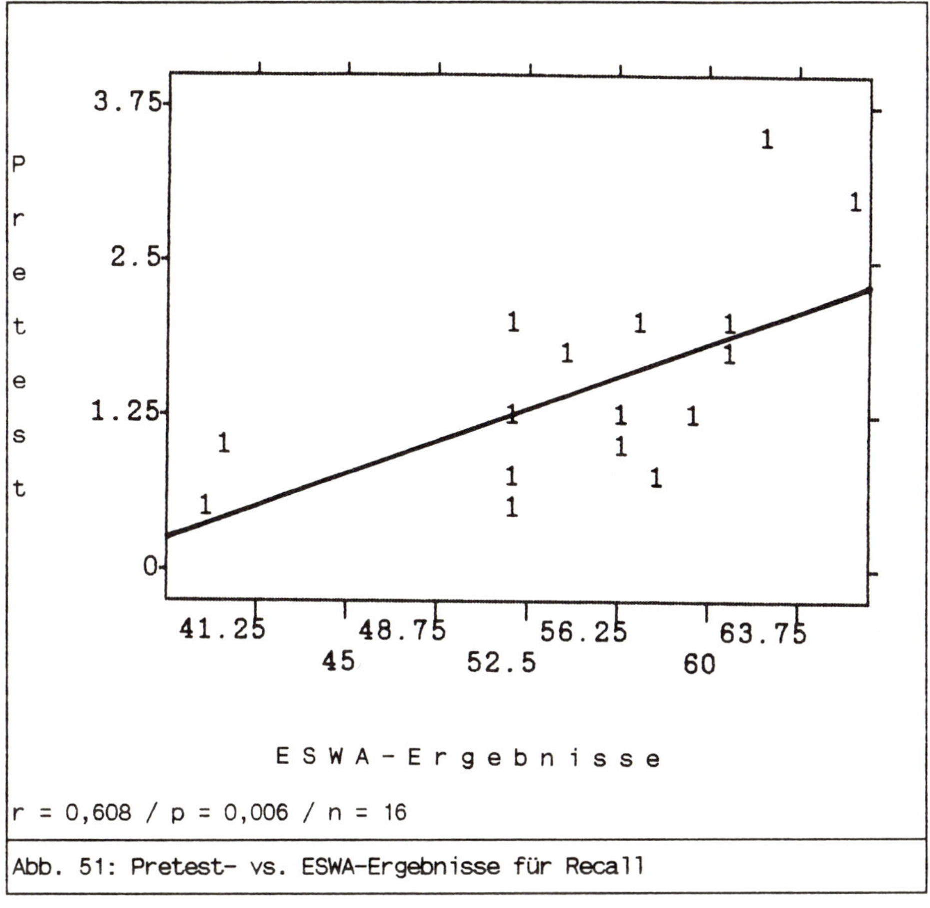

Abb. 51: Pretest- vs. ESWA-Ergebnisse für Recall

Die Korrelationen von r = 0,61 für Recall und 0,63 für Recognition belegen eine relativ hohe Kriteriumsvalidität. Es besteht also ein signifikanter Zusammenhang zwischen den von ESWA ausgewiesenen Werten und den in einem Pretest ermittelten "objektiven" Ergebnissen. Dies ist ein sicherlich ermutigender, erster Schritt, der einen erheblichen Teil der Wissensbasis von ESWA bestätigt. Konkret handelt es sich um jene Regeln der Wissensbasis, die sich mit der Bildwirkung und deren Bedeutung für die Aktualisierung beschäftigen. Dies bedeutet, daß alle Regeln, die sich mit der Textwirkung, der Überzeugungswirkung und der Einstellungsbildung befassen, für diese Teilvalidierung nicht berücksichtigt werden - man sagt auch, daß diese Regeln hier nicht feuern. Die Textwirkung scheidet hier nur deshalb aus, da es sich bei den Testanzeigen um rein visuelle Reize handelt. Selbstverständlich wird der

Einfluß von Text auf die kognitive Verarbeitung bis hin zu Recall- und Recognitionwirkungen in der ESWA-Wissenskomponente berücksichtigt.

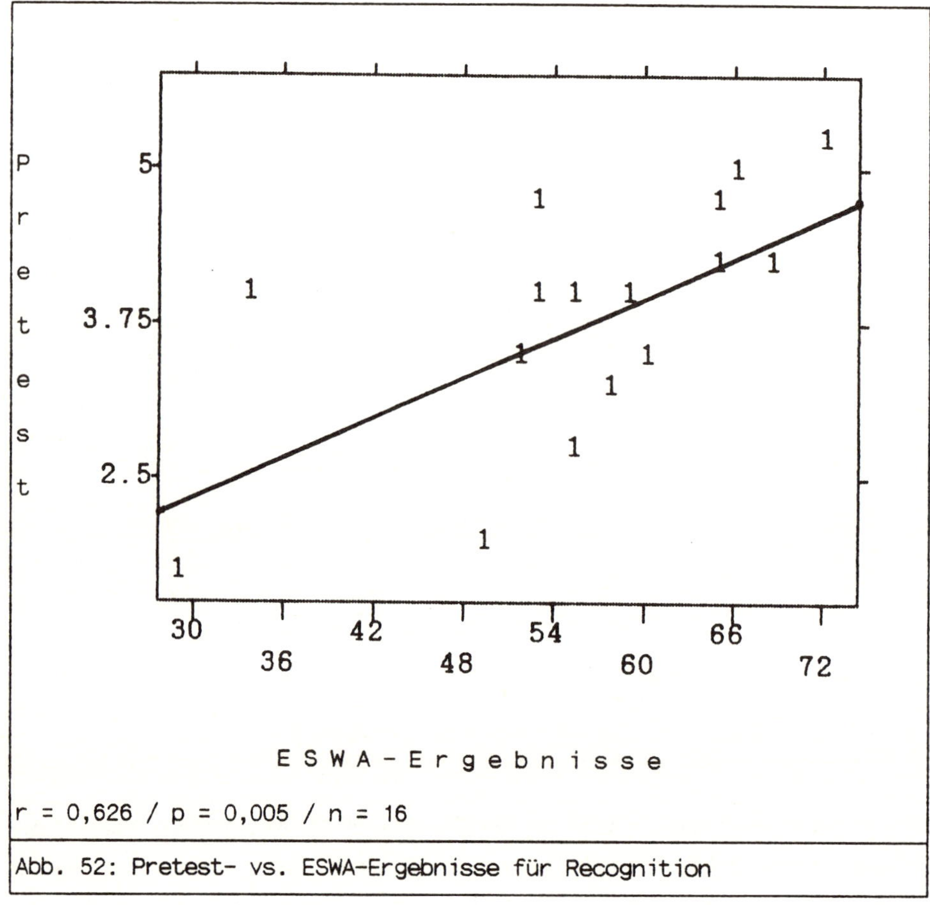

r = 0,626 / p = 0,005 / n = 16

Abb. 52: Pretest- vs. ESWA-Ergebnisse für Recognition

Von den im Januar 1989 in ESWA enthaltenen 208 Regeln wurden somit zur Beurteilung der vorliegenden Anzeigen etwas über 100 Regeln herangezogen. Um einen Einblick in die konkrete Arbeitsweise des Expertensystems zu geben, wird für die Anzeige Pkw (Datsun) in der Version "interaktiv-organisiert" die gesamte Ergebnistabelle (Tabelle 4) wiedergegeben.

Diese Ergebnistabelle gibt dem geschulten Anwender eine Reihe detaillierter, diagnostischer Hinweise, wie das Endergebnis für Aktualisierung zustandekommt. Sie reicht weit über das Globalergebnis für Aktualisierung,

Recall und Recognition hinaus. Gleichzeitig kann der Benutzer ablesen, in welchen Teilbereichen seine Anzeige Schwachpunkte zeigt. In der aktuellen Version kann ESWA noch keinen "automatischen" Verbesserungsbericht erstellen. Dazu wäre ergänzend ein berichtsgenerierendes Expertensystem notwendig, da hierzu wieder ganz besondere Probleme zu lösen sind, die u. a. die Vermeidung von Monotonie und die Verschachtelungstiefe der Argumentation betreffen (vgl. Büttner et al. 1988).

Der Benutzer sollte sich deshalb zusätzlich zu dieser Ergebnistabelle einen Auszug der Wissenskomponente erstellen. Diesen kann er beispielsweise mit dem graphisch-gestützten Teil der Erklärungskomponente abrufen. In Abb. 53 werden ersatzweise die obersten drei Hierarchiestufen der Wissenskomponente für Recall, und in Abb. 54 für Recognition gezeigt.

T e i l w i r k u n g e n	T-Wert	R e g e l n			
AKTIVE_INFORMATIONSSUCHE	61	INV210	INV220	INV230	INV240
		INV250			
AKTIVIERUNG	69	AKT40	AKT50	AKT80	
AKTUALISIERUNG	67	WZ10	VW185	VW190	
ANSPANNUNG	56	EXTERN			
ANZEIGE	50	EXTERN			
ANZEIGE/SPOT_HEBT_SICH_AB	52	EXTERN			
ANZEIGENGRÖßE	50	EXTERN			
AUFMERKSAMKEIT	59	AKT10	AKT90	AUF110	
AUFTAKTINFORMATION_VERBAL	20	EXTERN			
AUFTAKTINFORMATION_VISUELL	53	EXTERN			
AUSGEDEHNTE_ENTSCHEIDUNGSPROZESSE	63	EXTERN			
AUSTAUSCHBARKEIT_DER_ERSCHEINUNGSFORM	78	EXTERN			
AUSTAUSCHBARKEIT_DER_INHALTL._AUSSAGE	79	EXTERN			
AUSTAUSCHBARKEIT_DER_WERBUNG	71	PIP10	PIP30		
BERÜCKSICHTIGUNG_MEHRERER_PRODUKTEIGENSCH.	65	EXTERN			
BEZUGSGRUPPENEINFLUSS	65	EXTERN			
BILDELEM.IN_DIESER_UMGEBUNG_UNWAHRSCH.	58	EXTERN			
BILDELEM._IN_UNMÖGLICHER_POSITION	67	EXTERN			
BILDGRÖßE	83	EXTERN			
BILDLICHE_UND_VERBALE_INFORMATION	20	EXTERN			
BILDORGANISATION	46	N55			
BILDRECALL	61	VW210			
BILDVERARBEITUNG	73	N40	N50	AKT30	AKT270
		AKT370	N60	N122	N130
		KON10			
BILDWIEDERHOLUNG_IM_SPOT	20	EXTERN			
BLICKKONTAKT	20	EXTERN			
CLUTTER/INFORMATIONSWIRRWARR	50	EXTERN			
DARBIETUNGSZEIT_0.1-3_SEK.	40	EXTERN			
DISKRIMINATION_DURCH_BILD	36	PIP50			
DOMINANZ_IM_WERBEABSCHNITT	55	AKT100			
EGO-INVOLVEMENT	43	INV50	INV60		
EINKAUFHÄUFIGKEIT	50	EXTERN			
EMOTIONALE-AKTIVIERUNG	51	AKT130	EMO60	EMO80	
EMOTIONALES-INVOLVEMENT	56	INV120			
EROTISCHE_AUSSTRAHLUNG	50	EXTERN			
FARBE	81	EXTERN			
GEDANKLICHE_WIDERSPRÜCHE	64	EXTERN			
GESCHÄFTSBESUCHE	50	EXTERN			
HELL-DUNKEL-KONTRAST	66	EXTERN			
HIERARCHIE_DER_ARGUMENTE	64	EXTERN			
INFORMATION_DURCH_WERBUNG	57	EXTERN			
INTEGRATION_SCHLÜSSELREIZE_AUFMERKSAMKEIT	64	EXTERN			
INTERAKTION_DER_BILDELEMENTE	64	N100	N102		
INVOLVEMENT	66	INV10	INV20	INV30	INV40
		INV130			
INVOLVEMENT-VERHALTENSWEISEN	67	INV140	INV150	INV160	INV170
		INV180			
KAMPAGNE/REMINDER	50	EXTERN			
KONKURRENZWERBUNG_VISUELL_ÄHNLICH	56	EXTERN			
KONTEXT_ANTIZIPIERT_KAUFSITUATION	24	EXTERN			
KONTEXT_IST_INTERAKTIV	49	EXTERN			
KONTEXT_STIMMUNGSKONGRUENT_ZU_KAUFSITUATION	52	EXTERN			
KONVERSATION	32	EXTERN			
LANGEWEILE-AUSGELASSENHEIT	49	EXTERN			
LEBENSSTIL_DURCH_MARKENKONSUM	57	EXTERN			

Tabelle 4a: Ergebnistabelle von ESWA zur Aktualisierungswirkung der Pkw-Anzeige, Teil 1

Teilwirkungen	T-Wert	Regeln			
LERNEN_DURCH_PAARASSOZIATION	44	N184			
MARKENNAME_FRÜHZEITIG_ERKENNBAR	58	EXTERN			
MARKENRECALL	53	XY10			
MARKENRECOGNITION	53	XY30			
MARKTSÄTTIGUNG	60	EXTERN			
MARKTÜBERSICHT	65	EXTERN			
MEDIENINVOLVEMENT	70	EXTERN			
MEHRERE_BILDER	50	EXTERN			
MINDESTZEIT_FÜR_BILDVERARBEITUNG	48	N120			
MUND-ZU-MUND_KOMMUNIKATION	45	EXTERN			
NATÜRL._GRÖßENVERHÄLTN._ZW.D._BILDELEM.	60	EXTERN			
NEUARTIGE_BILDKOMPOSITION	69	EXTERN			
ORIENTIERUNGSREAKTION	53	EXTERN			
PERSÖNLICHE_KOMMUNIKATION	63	EXTERN			
PHASE_IM_KAUFZYKLUS	50	EXTERN			
PHYSISCH_INTENSIVE_REIZE	77	AKT260	AKT280	AKT290	AKT300
PLAZIERUNGSWIRKUNG	50	AUF10	AUF20	AUF120	
PLAZIERUNG_LINKS/RECHTS	51	EXTERN			
PLAZIERUNG_UMSCHLAGSEITE	50	EXTERN			
PRODUKTGEBRAUCH_BEREITET_FREUDE	75	EXTERN			
PRODUKTINVOLVEMENT	54	INV70			
PRODUKT_WIRD_PFLEGLICH_BEHANDELT	55	EXTERN			
RANDLOSES_BILD	81	EXTERN			
RECALL	63	VW200	N210	XY20	
RECALL_SONSTIGE_FAKTOREN	49	N192			
RECOGNITION	70	VW230	N194	N202	XY40
RÄUMLICHE_NÄHE/ÜBERLAPPUNG	71	EXTERN			
SINNVOLLE_BEZIEHUNG_ZW.D._BILDELEMENTEN	66	EXTERN			
SITUATIONSINVOLVEMENT	56	INV100	INV200		
TELEFONANRUFE	50	EXTERN			
TESTBERICHTE_KONSULTIERT	55	EXTERN			
TEXTRECOGNITION	59	VW220			
TEXTVERSTÄNDLICHKEIT	54	N730			
VERBALE_VERARBEITUNG	62	INV5	AKT360	N840	KON30
WAHRGENOMMENES_KAUFRISIKO	59	EXTERN			
WEITERGABE_GEGENSTÄNDE	26	EXTERN			
ZEITDRUCK_IN_KOMMUNIKATIONSSITUATION	50	EXTERN			
ZIELGRUPPE_HAT_HOBBYLEIDENSCHAFT	32	EXTERN			
ZIELGRUPPE_HAT_PRODUKTINTERESSE	55	EXTERN			
ZIELOBJEKT_HANDELT_AKTIV	65	EXTERN			
ÜBERRASCHENDE_REIZE	64	AKT60	AKT160	AKT310	AKT320

Tabelle 4b: Ergebnistabelle von ESWA zur Aktualisierungswirkung der Pkw-Anzeige, Teil 2

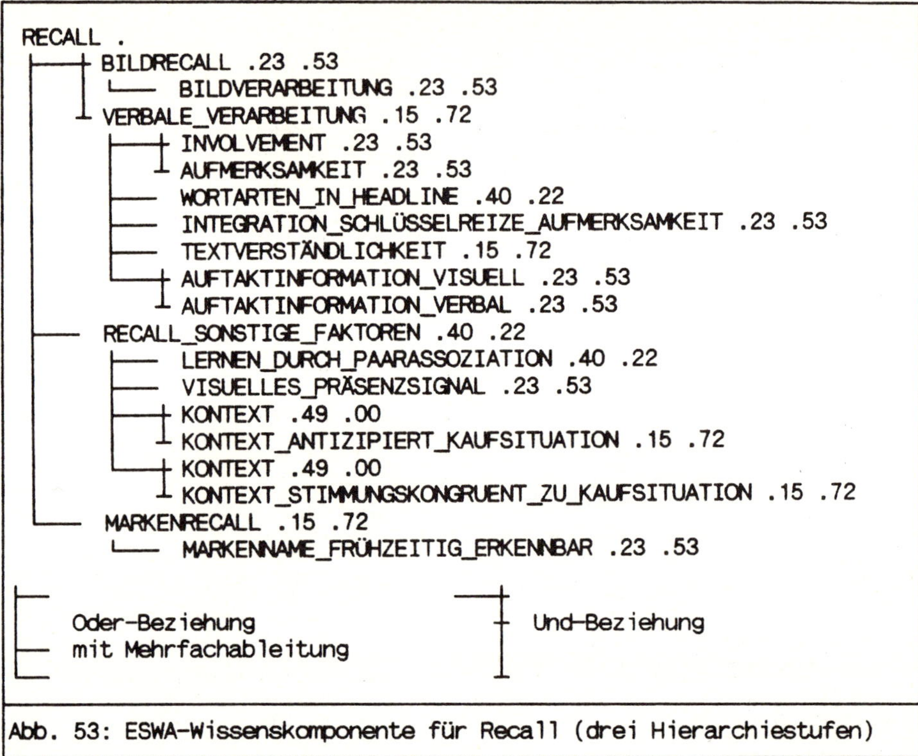

Abb. 53: ESWA-Wissenskomponente für Recall (drei Hierarchiestufen)

Konzentrieren wir uns hier auf den Recall. ESWA geht davon aus, daß mit zunehmendem Bildrecall auch die Recallwerte insgesamt zunehmen. Es wird aus Bildrecall und verbaler Verarbeitung ein gemeinsames Wissenselement für Recall abgeleitet. Da Bildrecall in der aktuellen Version der Wirkung der Bildverarbeitung auf verbale Prozesse entspricht, kommt in diesem Regelgeflecht zum Ausdruck, daß bei gleichzeitiger visueller und verbaler Verarbeitung eine besonders hohe Recallwirkung erzielt wird. Diese Regel baut somit auf dem Gedanken einer doppelten Kodierung im menschlichen Gehirn auf und leitet sich aus der Dualen Kodierungstheorie ab. Um die besondere Wechselwirkung dieser beiden Konstrukte auch adäquat zu berücksichtigen, wurde eine Interkorrelation zwischen Bildrecall und "verbale Verarbeitung" von 0,1 eingegeben (die Interkorrelationen werden in der graphischen Anzeige der Wissensbasis aus Übersichtlichkeitsgründen nicht angezeigt). Diese Berücksichtigung von Interkorrelationen, also von nicht vollständig unabhängigen Fakten, ist eine Besonderheit von ESWA, die in vielen anderen Expertensystemen nicht gegeben ist.

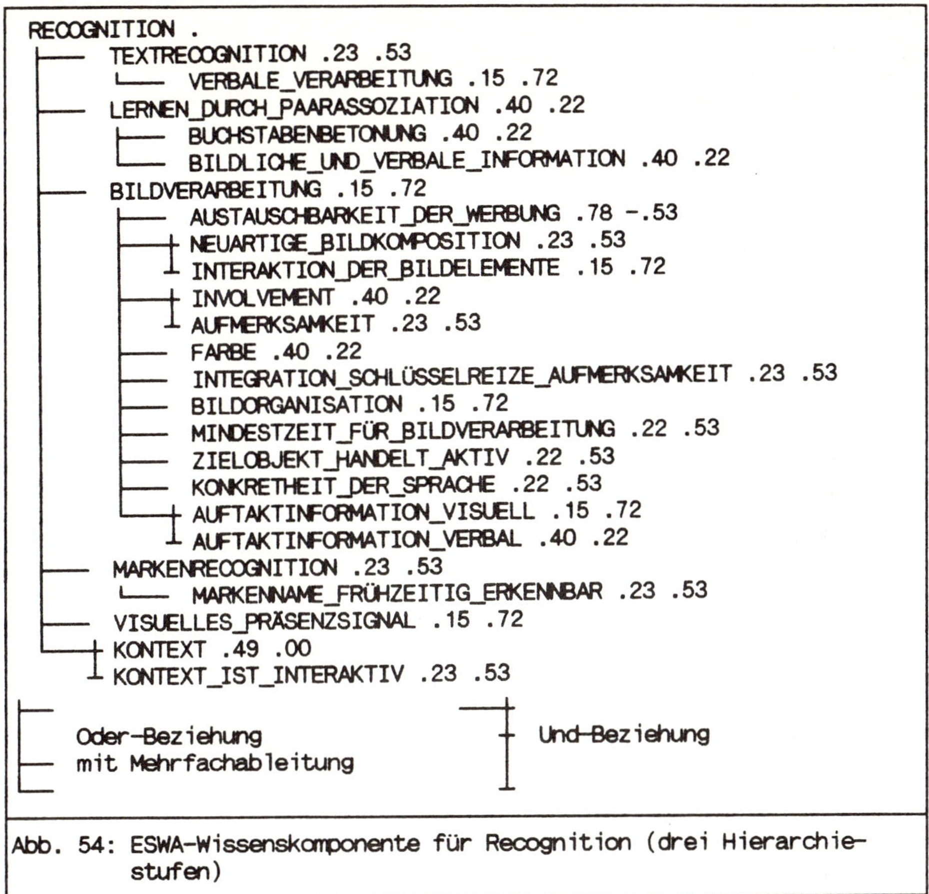

Abb. 54: ESWA-Wissenskomponente für Recognition (drei Hierarchiestufen)

Ferner wird aus einer Reihe sonstiger Fakten ein kombinierter Einfluß auf Recall abgeleitet - z.B. aus dem Vorhandensein eines visuellen Präsenzsignals usw. Abschließend wird noch der Markenrecall als eigenständige Wirkungsgröße berücksichtigt, da der Verankerung der Marke im "Gehirn" des Konsumenten im Marketing eine besondere Rolle zukommt.

Für unsere Datsunanzeige folgt: ein überduchschnittliches Involvement von 66, ein hoher Bildrecall von 61, eine gute "verbale Verarbeitung" von 62, ein niedriger Beitrag der sonstigen Recallfaktoren von 49 und ein befriedigender

Wert für den Markenrecall von 53. Da diese Anzeige bereits relativ gute Recallwerte erzielt, ist es in diesem konkreten Falle schwierig, die Anzeige noch zu verbessern. Trotzdem könnte mit einem visuellen **Präsenzsignal** und einer besseren **Integration des Markennamens** in die aufmerksamkeitsfördernden Bildelemente eine weitere Steigerung erzielt werden. Damit erklärt sich auch die Berücksichtigung des Konstrukts "verbale Verarbeitung" für diese visuelle Anzeige. In ESWA wird die Wirkung einer verbalen Auftaktinformation und der Einfluß der (inhaltlichen) Integration von Schlüsselreizen in die aufmerksamkeitsfördernden Elemente auch unter "verbale Verarbeitung" berücksichtigt. Wie aus Tabelle 4 ersichtlich, werden alle unmittelbar verbal-bezogenen Variablen, wie z.B. die Textverständlichkeit, für die Beurteilung dieser bildbetonten Anzeige nicht herangezogen.

Da der Bildverarbeitung bei den hier betrachteten, bildbetonten Anzeigen eine Schlüsselrolle zukommt, wollen wir diesen Aspekt der Wissensbasis näher betrachten.

Wir wissen aus Kapitel 6.1.9., daß der **Interaktion der Bildelemente**, der **Bildorganisation** und der **visuellen Auftaktinformation** eine relativ große, positive Bedeutung beigemessen wird, um eine gute Verarbeitung der visuellen Elemente zu erzielen. Dies erkennt man an den hohen Steigunsparametern der Transformationsfunktionen mit jeweils 0,72. Aber auch in der **Bildverarbeitung** erzielt die vorliegende Anzeige relativ gute Werte. Dies verwundert nicht, da die Anzeige vom Autor nach den Erkenntnissen der Bildverarbeitungstheorie manipuliert wurde.

Wenn trotzdem noch eine deutliche Verbesserung dieser Anzeige erzielt werden soll, dann sind Änderungen am Kontext (dem Hintergrund) und am Aktivierungspotential notwendig. Mit anderen Personen ließe sich z.B. die emotionale Aktivierungswirkung noch einmal verbessern. Auch eine weniger statische und aussagenbezogenere Kontextwahl könnte den Recall noch verbessern.

In Abb. 55 wollen wir einige ausgewählte Ergebnisse für Recognition noch einmal deskriptiv-statistisch darstellen. Für die vier Anzeigenpaare Pkw, Reifen, Heimsauna und Bildplatte werden links die objektiven Recognitionergebnisse und rechts die ESWA-Ergebnisse dargestellt. Der Trennungsstrich zwischen diesen Blöcken soll verdeutlichen, daß die Werte auf unterschiedlichen Skalen beruhen, so daß man hier lediglich die Rangwerte vergleichen kann. Bemerkenswert ist, daß die interaktiv-organisierten Anzeigen im Paarvergleich mit den bizarr-unorganisierten Versionen sowohl im Pretest, wie auch bei den ESWA-Ergebnissen, besser abschneiden. Ein anderer Aspekt betrifft die sich überlagernde Wirkung von emotionaler Aktivierung und Bildorganisation. Die Anzeige Heimsauna erzielt die höchsten Recognitionwerte. Auch ESWA ermittelt für diese Anzeige die höchsten Recognitionwerte. Obwohl in der bizarren Version das gleiche erotische Motiv verwendet wurde, fallen die objektiven Recognitionwerte ab, innerhalb der bizarr-unorganisierten Anzeigen behält jedoch diese Anzeige ihre Spitzenposition. Auch ESWA ist in der Lage, diese komplizierten Wechselwirkungen richtig zu erkennen. Die Anzeige Heimsauna behält in der Gruppe der bizarren Anzeigen ihre relative Spitzenposition und ESWA weist für die unorganisierte Version einen geringeren Recognitionwert aus als für die vergleichbare interaktiv-organisierte Version.

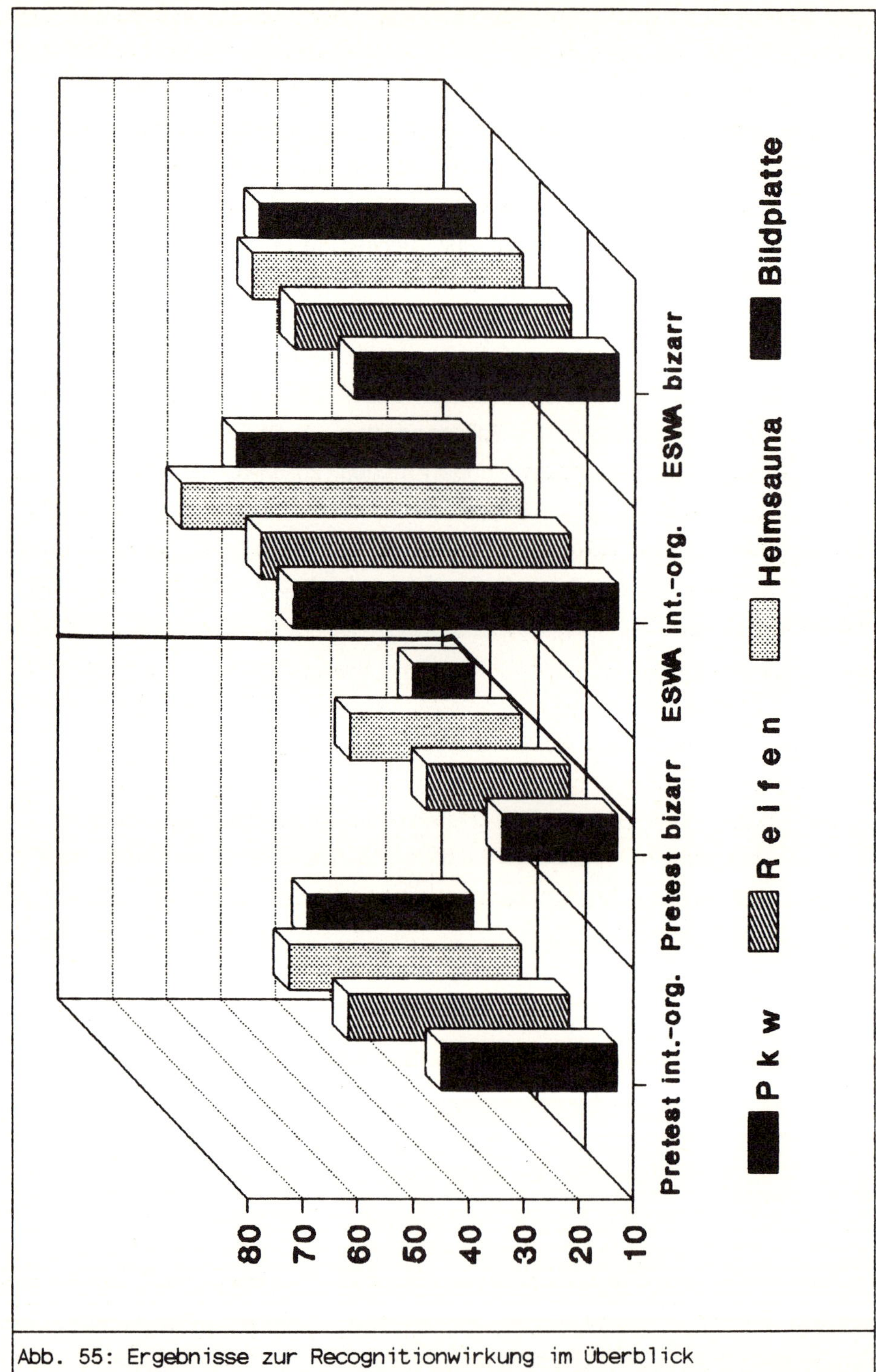

Abb. 55: Ergebnisse zur Recognitionwirkung im Überblick

Andererseits erkennt man auch, daß jenseits dieser Betrachtung der Rangpositionen die relativen Unterschiede von ESWA nicht ganz proportional zu den Pretestergebnissen ausgewiesen werden. Hier ist noch einige Arbeit in das Feintuning zu stecken, wenn einmal eine umfangreichere Stichprobe zur Verfügung steht. Insbes. scheint uns die Abstimmung zwischen Aktivierungswirkung und den diversen Möglichkeiten der Bildkomposition noch nicht vollständig gelungen zu sein. Ergänzend wollen wir deshalb den wichtigen Teilaspekt der Aktivierungsanalyse einer gesonderten Überprüfung unterziehen.

8.3.3.2. Validierung von Aktivierung

Wir wollen in einem weiteren Schritt eine kriterienbezogene Validierung der ESWA-Regeln zur Bestimmung der Aktivierungskraft eines Werbereizes vornehmen. Hierzu liegen uns Marktforschungsdaten vor. Wir greifen die einheitlich erhobenen Meßwerte zu fünf Anzeigen heraus.[33] Dabei handelt es sich um eine Anzeige für "GARD-Kurspülung", eine Anzeige für "POLYKUR Balsam Spülung" und drei Anzeigen einer neuen Werbelinie für POLYKUR. Das Aktivierungspotential wurde mit Hilfe der elektrodermalen Reaktion (EDR) ermittelt, ein in der Werbewirkungsforschung weithin bekanntes Meßverfahren, dessen Objektivität und Validität mehrfach belegt wurde (vgl. u.a.: Kroeber-Riel 1984a; Wimmer 1980; Steiger 1988). Das Marktforschungsinstitut, das den Werbepretest durchführte, verfügt über eine Normierungsmethode, die weitgehend dem Vorschlag von Keitz (1981) entspricht. Die durchschnittlich aktivierende Anzeige des relevanten Feldes konkurrierender Anzeigen erhält den Wert 100. Somit ergeben sich für die fünf Anzeigen (vgl. Anhang, sowie Tabelle 5):

---

33 An dieser Stelle danke ich Herrn E. Cabus (Leiter der Marktforschung der Henkel KGaA, Düsseldorf), daß er für die Validierung dieses Expertensystems ausgewählte Pretestergebnisse zur Verfügung gestellt hat. Die Untersuchungen wurden von neutralen Marktforschungsinstituten durchgeführt.

Anzeige	EDR-Messung	ESWA-Ergebnis
POLYKUR-GRÜN	123	75
POLYKUR-ROT	104	53
POLYKUR-BLAU	100	45
POLYKUR-ALT	103	62
GARD	96	58

Tabelle 5: Ausgangsdaten zur Validierung von Aktivierung

Auch hier sollen die Ergebnisse regressionsanalytisch dargestellt werden (Abb. 56).

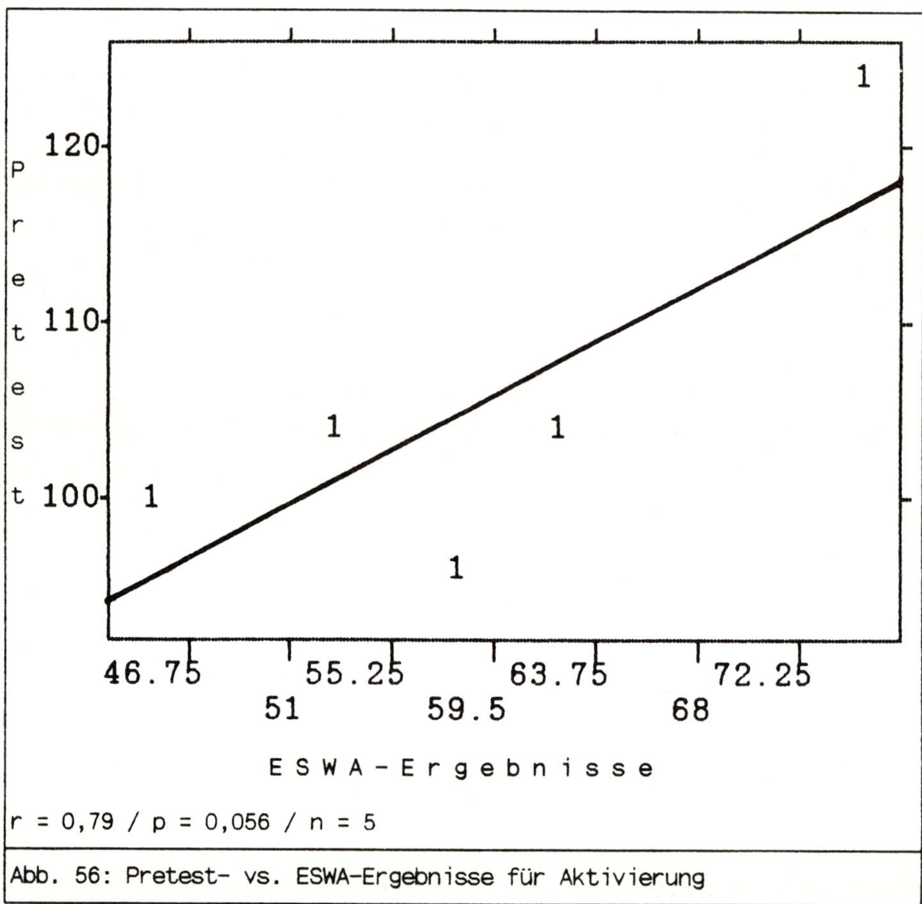

Abb. 56: Pretest- vs. ESWA-Ergebnisse für Aktivierung

Die Ergebnisse sind abgerundet auf dem 5%-Niveau signifikant. Dies ist zur Prognose des Aktivierungspotentials von Anzeigen ein gutes Ergebnis - insbes. wenn man bedenkt, daß verbale Verfahren zur Aktivierungsmessung keine besseren Übereinstimmungen erzielen (vgl. Meyer-Hentschel 1983). Für Anzeigen mit sozialem Potential sind mit verbalen Verfahren keine signifikanten Korrelationen erzielbar, sie schwanken in der zitierten Studie von -0,42 bis hin zu 0,50. Für neutrale Anzeigen liegen die Korrelationen jedoch bei rund 0,95 und erzielen hohe Signifikanz.[34]

Wir wollen deshalb das Ergebnis für die Anzeige GARD, die hier die größte Abweichung von der Regressionsgeraden aufweist, näher betrachten. In Tabelle 6 sind die Ergebnisse der ESWA-Konsultation wiedergegeben, Abb. 17 zeigt den entsprechenden Ausschnitt aus der Wissensbasis.

---

34 Hierbei ist aber zu bedenken, daß die Bilder von Meyer-Hentschel das gesamte Spektrum aktivierender Bildreize umfassen, angefangen von der Badezimmerfliese bis hin zu hoch-erotischen Reizen. Dadurch ergeben sich zwangsläufig stabilere Regressionskoeffizienten, als wir dies für unsere doch sehr ähnlichen Anzeigenmotive erwarten können.

Teilwirkungen	T-Wert	Regeln			
AKTIVIERUNG	58	AKT40	AKT50	AKT80	
ANSPANNUNG	63	EXTERN			
ANZEIGE	50	EXTERN			
ANZEIGE/SPOT_HEBT_SICH_AB	41	EXTERN			
ANZEIGENGRÖßE	51	EXTERN			
BILDGRÖßE	70	EXTERN			
EMOTIONALE-AKTIVIERUNG	72	AKT130	EMO60	EMO80	
EROTISCHE_AUSSTRAHLUNG	67	EXTERN			
FARBE	81	EXTERN			
GEDANKLICHE_WIDERSPRÜCHE	33	EXTERN			
HEADLINEGRÖßE	67	EXTERN			
LANGEWEILE-AUSGELASSENHEIT	63	EXTERN			
MEHRERE_BILDER	60	EXTERN			
NEUARTIGE_BILDKOMPOSITION	38	EXTERN			
PHYSISCH_INTENSIVE_REIZE	68	AKT260 AKT330	AKT280	AKT290	AKT300
RANDLOSES_BILD	82	EXTERN			
ÜBERRASCHENDE_REIZE	30	AKT60	AKT160	AKT310	AKT320

Tabelle 6: ESWA-Ergebnistabelle zur Aktivierung der Gard-Anzeige

Verglichen mit den Pretestwerten, die für diese Anzeige eine knapp unterdurchschnittliche Aktivierungsleistung von 96 ausweisen, prognostiziert ESWA eine leicht überdurchschnittliche Aktivierung von 58. Die Skala des Marktforschungsinstituts normiert die Anzeigen auf einen Durchschnittswert von 100, ESWA verwendet hierfür die allgemeinere T-Skala, deren mittlerer Wert bei 50 liegt.

Zu dieser Abweichung ist anzumerken, daß die GARD-Anzeige zum Zeitpunkt der Testdurchführung bereits geschaltet wurde und somit ebenso wie die Anzeige POLYKUR-ALT von der Mehrzahl der Testpersonen schon gesehen wurde. Demgegenüber waren die restlichen POLYKUR-Anzeigen neue Entwürfe, die den Testpersonen unbekannt waren. Da EDR-Messungen bekanntlich einem Adaptionseffekt unterliegen, insbesondere wenn es sich um gedankliche Wirkungsmuster handelt, dürfte die ausgewiesene Aktivierungswirkung dieser beiden Anzeigen, im Vergleich zu den neuen Entwürfen, tendenziell zu niedrig liegen.

Andererseits resultiert die Bewertung durch ESWA aus einer relativ starken emotionalen und physisch-intensiven Wirkungsdeterminante. Die Neuartigkeit der GARD-Anzeige, und damit die Überraschungswirkung, wurde vergleichsweise niedrig angenommen. Hierzu ist anzumerken, daß es gerade in der Beurteilung der emotionalen Ausstrahlung dieser Anzeige unterschiedliche Positionen in bezug auf verschiedene Zielgruppen geben mag. In einem solchen Fall ist es ratsam, ähnlich dem Vorgehen anderer Expertensysteme mit vergleichbaren Problemstellungen, auf "Labordaten" zurückzugreifen und apparative Methoden und/oder Befragungsergebnisse einzusetzen. Das Expertensystem MYCIN erfragt z.B. vom Benutzer die Ergebnisse von Urinproben und Blutuntersuchungen, andere Fragen erfordern den Einsatz eines Mikroskops zur Beurteilung von Bakterienstämmen usw. Diesem Vorgehen vergleichbar wird es immer dann vorteilhaft sein, die objektiveren Ergebnisse eines Pretests in ESWA einzugeben, wenn sich der Benutzer nicht in die Zielgruppe hineinversetzen kann. Sofern dies nicht möglich ist, bleibt als Ausweg, eine Art Sensitivitätsanalyse für die kritischen Fakten durchzuführen. Man kann dann im Batchmodus für unterschiedliche Werte eine Berechnung durchführen und erkennt somit welche Auswirkungen ein bestimmtes Faktum auf das Gesamtergebnis ausübt. Nach unserer Meinung ist die erotische Ausstrahlung der GARD-Anzeige zumindest größer als die erotische Ausstrahlung von zwei POLYKUR-Neuentwürfen, weshalb sich nach unserer Überzeugung die überdurchschnittliche, emotionale Aktivierungskraft für die GARD-Anzeige rechtfertigen läßt - aber dies bleibt letztlich eine empirische Frage.

Abschließend soll noch das gute Abschneiden der Anzeige POLYKUR-GRÜN diskutiert werden. Der relativ hohe Aktivierungswert für diese Anzeige folgt einerseits aus einer überraschenden Wirkung, die durch das ungewöhnlich gestaltete, grüne Hütchen ausgelöst wird, andererseits aus der vergleichsweise großen, emotionalen Aktivierung. Durch den Augenkontakt und die Gesamtdarstellung der "Präsenterin" wird eine erotische Ausstrahlung erzielt, die über den Werten der beiden anderen Anzeigen der neuen Linie liegt.

Ein letzter Aspekt betrifft die Variabilität der Ergebnisse unterschiedlicher Benutzer. Durch die Vorgabe einer Normstichprobe läßt sich dieses Problem sicherlich entscheidend abschwächen, andererseits sollte man realistischerweise einplanen, daß es stets eine Reihe von Fakten geben wird, für die keine Normwerte vorliegen. Dieser Fragestellung gingen wir im Rahmen einer Seminarveranstaltung nach (durchgeführt an der Johann Wolfgang Goethe-Universität, Frankfurt/M, im WS88/89). Von zwei Seminarteilnehmern (B2 und B6) stellen wir die Ergebnisse unseren Resultaten gegenüber (B1; vgl. Abb. 57 und Abb. 58). Die Seminarteilnehmer beurteilten die gleichen Anzeigen, jedoch ohne unsere Ergebnisse zu kennen.

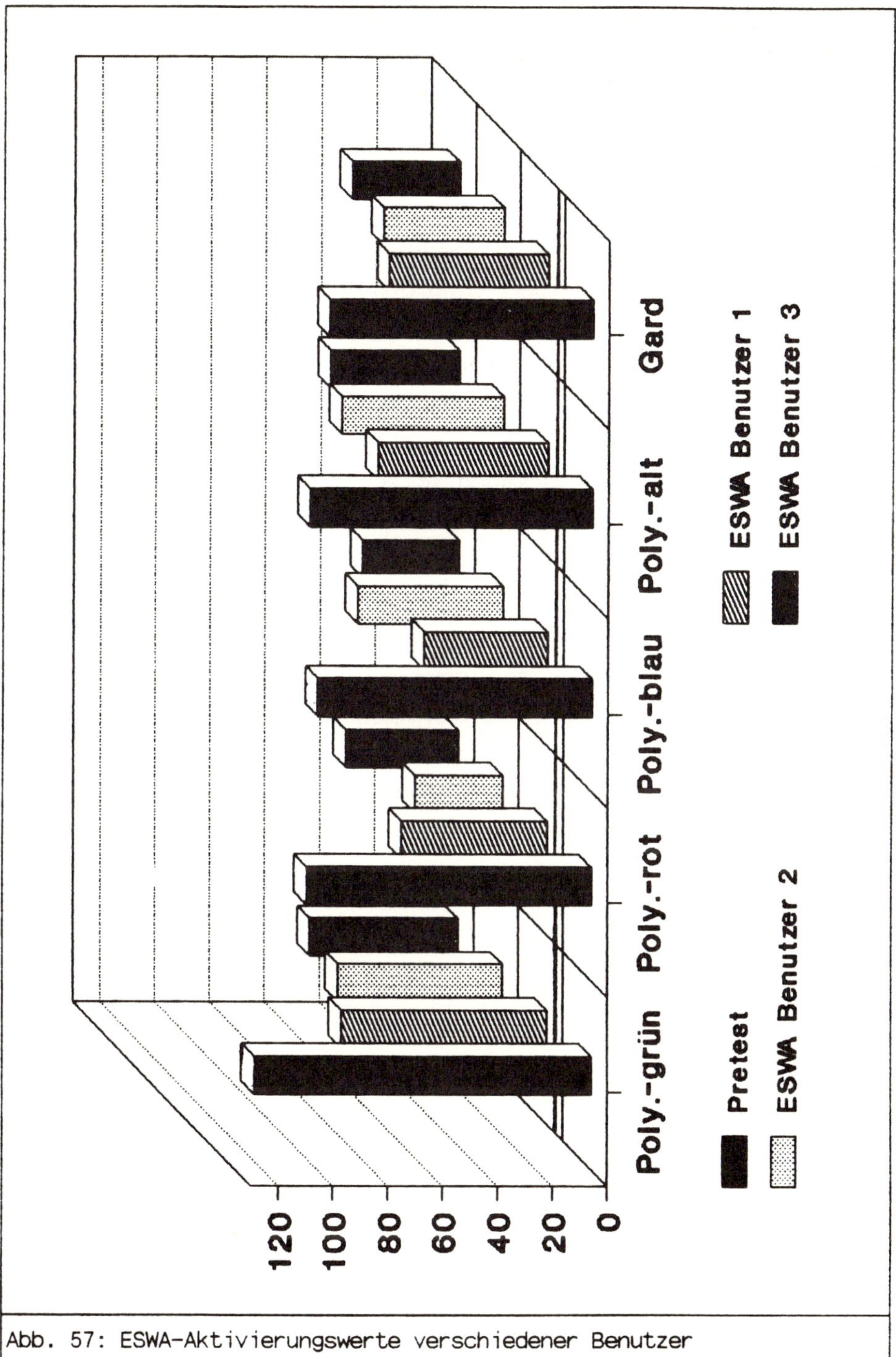

Abb. 57: ESWA-Aktivierungswerte verschiedener Benutzer

Auch hier wiederum weist der waagerechte Trennungsstrich zwischen Pretest-Ergebnissen und ESWA-Benutzern darauf hin, daß beide "Meßmethoden" auf unterschiedlichen Skalen messen. Die Rangwerte zeigen für die drei wichtigen Anzeigen GARD, POLYKUR-ALT und POLYKUR-GRÜN Übereinstimmung. Ferner sind die Unterschiede zwischen den drei Benutzern für diese drei Anzeigen relativ gering. Die beiden Neuentwürfe POLYKOR-ROT und POLYKUR-BLAU zeigen aber auch hier auffällige Unterschiede zwischen den Anwendern. Es kann trotz dieser ermutigenden Ergebnisse des Prototypen allerdings nicht verschwiegen werden, daß es für den breiten Einsatz von Expertensystemen in Wissensbereichen mit vagem, unsicherem Wissen entscheidend darauf ankommen wird, inwieweit man durch geeignete Maßnahmen diese intersubjektive Variabilität in den Griff bekommt (vgl. auch Hasher und Zacks 1984; Solomon et al. 1985). Unser Vorschlag einer Normstichprobe ist sicherlich ein geeigneter Schritt in diese Richtung. In Abb. 58 werden die Mittelwerte der verschiedenen Benutzer und die vollständige Korrelationstabelle angegeben. Die Studenten können als typische ESWA-Anwender betrachtet werden. Sie sind durch die Bearbeitung der Seminararbeit zu Quasi-Experten geworden. Daneben wurden von den Studenten aber auch Laien gebeten, in diesem Fall Versuchspersonen (VP) aus der potentiellen Zielgruppe, die Anzeigen mit ESWA zu beurteilen. Teilweise liegen uns nur die Durchschnittswerte mehrerer "Laienbeurteilungen" vor, was wir entsprechend gekennzeichnet haben.

Benutzer	Mittelwert	Standardabweichung
B1 (Autor)	58.60	11.1490
B2 (Student)	43.20	7.4297
B3 (Laie)	44.40	8.9051
B4 (Laie)	48.80	15.6269
B5 (Laie)	55.80	11.8828
B6 (Student)	49.60	11.7175
B7 (4 VP)	24.20	3.6332
B8 (Student)	52.00	10.2956
B9 (5 VP)	56.00	13.7477

K o r r e l a t i o n s t a b e l l e

	B1	B2	B3	B4	B5	B6	B7	B8	B9
B1	1.000	.954	.855	.254	-.012	.494	.607	.291	.1517
B2	.954	1.000	.958	.424	.244	.523	.535	.496	.2913
B3	.855	.958	1.000	.651	.341	.466	.607	.714	.5391
B4	.254	.424	.651	1.000	.438	.324	.608	.982	.9298
B5	-.012	.244	.341	.438	1.000	.548	-.357	.568	.1668
B6	.494	.523	.466	.324	.548	1.000	.125	.360	-.0279
B7	.607	.535	.607	.608	-.357	.125	1.000	.507	.6857
B8	.291	.496	.714	.982	.568	.360	.507	1.000	.8831
B9	.151	.291	.539	.929	.166	-.027	.685	.883	1.0000

Reliabilitätskoeffizient nach Spearman-Brown: $r_{tt} = 0{,}917$

Reliabilitätskoeffizient nach Split-Half: $r_{tt} = 0{,}886$

Korrelation der Summe aller Benutzer mit Pretest: r = 0,934 p=0,01

Korrelation von B1 + B2 + B3 mit Pretest: r = 0,887 p=0,02

Abb. 58: Reliabilitätswerte zur Aktivierung

Bereits mit wenigen Benutzern lassen sich ansehnliche Reliabilitäten erzielen. Ein Reliabilitätskoeffizient r_{tt} von 0,917 muß als überdurchschnittlich bezeichnet werden, vergleicht man die Werte mit herkömmlichen Itemreliabilitäten. Die hohe Korrelation der ESWA-Ergebnisse über alle Benutzer mit den Pretestergebnissen von 0,934 ist somit nur die logische Konsequenz der guten Reliabilitätswerte. Ein zweiter Aspekt scheint uns aber noch viel interessanter. Wir haben auszugsweise die Ergebnisse der Benutzer B1 bis B3 gemittelt und mit den objektiven Werten verglichen. Bereits diese drei Benuter erzielen eine ausgezeichnete Korrelation von r = 0,887. Das bedeutet für den praktischen Einsatz: Wenn zwei bis drei Entscheidungsträger unabhängig voneinander die Werbeentwürfe mit ESWA beurteilen und die Ergebnisse dann aufsummiert werden, kann man bereits mit äußerst stabilen Resultaten rechnen. Wenn man bedenkt, wieviel Personen gewöhnlich in solchen Sitzungen anwesend sind, so kann mit einem Expertensystem ohne lange und endlose Diskussionen ein Grundstock an entscheidungsrelevanten Daten gelegt werden, der herkömmlichen Expertenrunden voraussichtlich überlegen ist. Mit Sicherheit werden dadurch sachgerechtere Diskussionen gefördert.

8.4. Konzeption zur Konstruktvalidierung von ESWA

In Abb. 59 wird das Grundmodell zur Überprüfung der nomologischen Validität von ESWA wiedergegeben.[35] Die kausalen Beziehungen werden durch Pfeile von Determinierenden zu Determinierten dargestellt.

In diesem Modell sind neben unmittelbar meßbaren Konstrukten (wie z.B. verbale Verarbeitung und Bildverarbeitung) auch Konstrukte höherer Ordnung (im Sinne einer hierarchischen Faktorenanalyse) enthalten - z.B. die kognitiven und emotionalen Prozesse.

Auf der Ebene der meßbaren Konstrukte wird dem "objektiven" Meßergebnis aus einem Pretest der Output des Expertensystems gegenübergestellt. Soll eine nomologische Validierung gelingen, so ist es erforderlich, daß diese Ergebnisse auf der "unteren Meßebene" konsistent mit allen anderen Messungen zusammenwirken. Dies ist eine sehr restriktive Forderung des Modells, die empirisch äußerst schwierig zu belegen ist. Andererseits stellen solche Kausalmodelle eine umfassende, intersubjektiv nachprüfbare und quantifizierbare Methode zur Validierung eines Meßverfahrens (Expertensystems) dar.

---

[35] Theoretische Konstrukte werden durch Kreise, Operationalisierungen (Indikatoren) durch Rechtecke und Wirkungsbeziehungen durch Pfeile angegeben. Ergebnisse des Expertensystems werden durch den Computer symbolisiert. Dies entspricht der Terminologie, wie sie für Kausalmodelle üblich ist. Ein Modell dieser Art kann beispielsweise mit LISREL überprüft werden (vgl. zusammenfassend Neibecker 1985a)

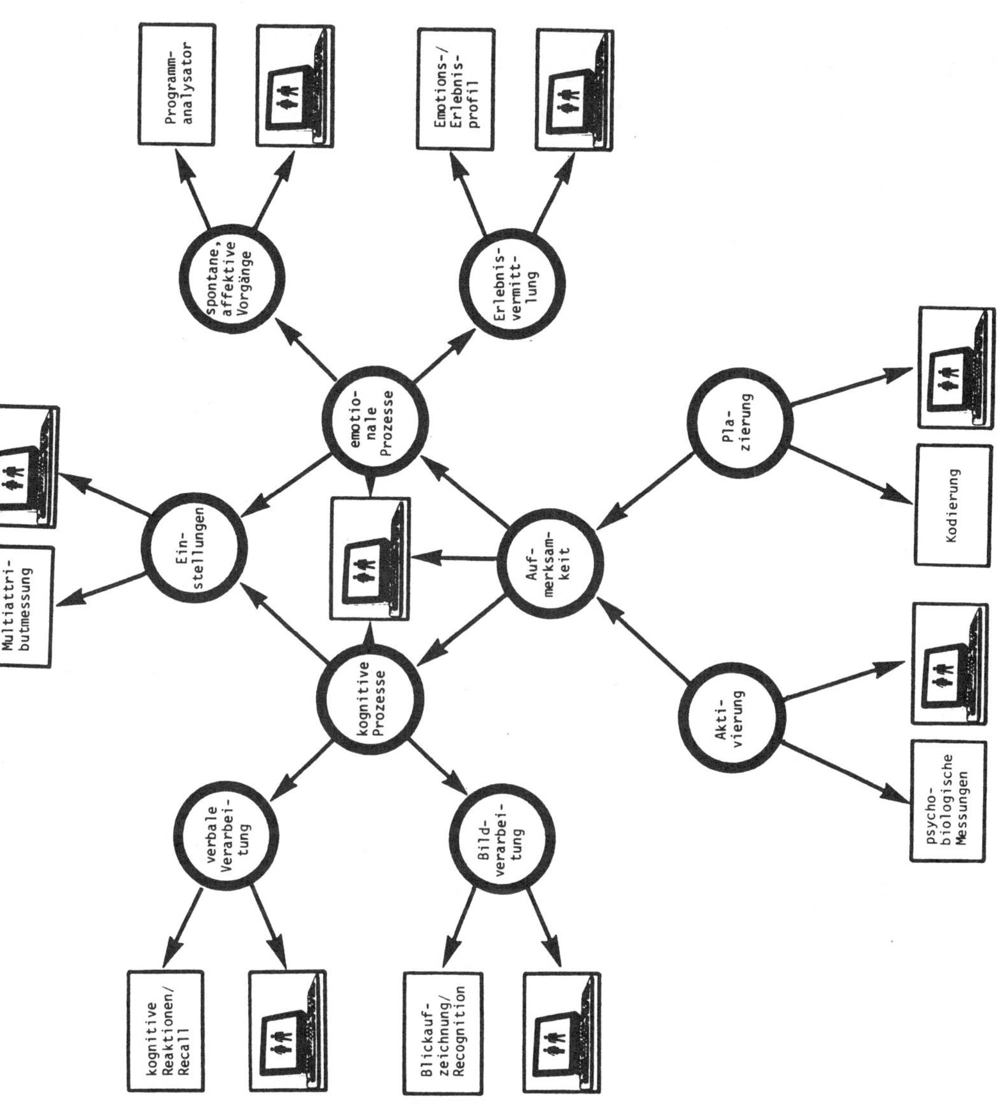

Abb. 59: Grundmodell zur Überprüfung der nomologischen Validität von ESWA

Es fällt auf, daß die Konstrukte höherer Ordnung nur durch Expertensystemurteile operationalisiert werden. Dies ist in zweierlei Hinsicht erklärungsbedüftig:

(1.) Die hier aufgeführten Konstrukte höherer Ordnung sind mit den heute bekannten Meßmethoden nur mit sehr großem Aufwand - wenn überhaupt -

einer direkten Messung zugänglich. Dies erschwert im mathematisch-statistischen Sinn die Schätzbarkeit des Modells. Mit Hilfe einer umfassenden, theoretisch fundierten Abbildung der Wissensdomäne im Expertensystem können aber auch hierfür "Meßwerte" gewonnen werden. Aufgrund der vielfältigen Verzahnungen der Regeln untereinander, erfüllen die ESWA-Ergebnisse für diese abgeleiteten Konstrukte sicherlich nicht ganz die strengen statistischen Anforderungen der Schätzverfahren. Jedoch kann der eventuelle Verlust an Freiheitsgraden u.E. bei entsprechender Fallzahl, unter pragmatischen Gesichtspunkten vernachlässigt werden - denn um ein solches Kausalmodell sinnvoll überprüfen zu können, ist eine Normstichprobe von etwa hundert Fällen erforderlich.

(2.) Die Ergebnisse des Expertensystems zu den Konstrukten höherer Ordnung bleiben durch die Einbindung in ein nomologisches Gesamtmodell mit den objektiven Meßwerten verknüpft. Dadurch wird nach wie vor eine globale Validierung des Expertensystems erzielt, auch wenn es im Augenblick nicht möglich ist, jeden einzelnen Meßwert des Expertensystems mit experimentellen Ergebnissen zu belegen.

Dies entspricht weitgehend den Überlegungen zur liberalen Auffassung vom Empirismus (vgl. Kapitel 5.3.2. in Teil 1), wo man ein Theoriegebilde zuläßt, das über der Beobachtungsebene schwebt und durch Interpretationsregeln mit ihr verzahnt ist. Von bestimmten Beobachtungsdaten steigt man über diese interpretativen Verbindungen zur theoretischen Ebene empor, deren Konstrukte wiederum durch ein Hypothesengeflecht miteinander verbunden sind.

9. Schlußbemerkung

Erst wenn es gelingt, mehrere Werbetreibende für eine solche Idee zu gewinnen und diese auch bereit sind, die wichtigsten (Standard-) Konstrukte der Werbewirkung nach einem vergleichbaren, normierten Verfahren zu messen, kann die hier konzipierte nomologische Validierung realisiert werden. Aber bereits die kriterienbezogene Validierung, wie sie für ESWA durchgeführt wurde, geht über das bisher übliche Maß der Evaluation von

Expertensystemen hinaus. Allerdings ist diese aufwendige Überprüfung von Expertensystemen nur in jenen Wissensdomänen sinnvoll, die vorwiegend auf heuristisches, vages Wissen und induktive Schlußfolgerungen angewiesen sind. Für Konfigurationssysteme ist dies wohl kaum erforderlich, da man hier weitgehend mit klassischer Logik und dichotomen Regeln auskommt. Dementsprechend läßt sich die Evaluation auch einfacher bewerkstelligen. Schließlich ist ein Konfigurationssystem danach zu beurteilen, ob es beispielsweise einen Computer vollständig "zusammengesetzt" hat. Dies läßt sich mit einem Probelauf relativ überschaubar nachprüfen. Solche weitgehend "Alles oder Nichts Entscheidungen" liegen jedoch weder in der Werbewirkungsanalyse, noch bei medizinischen oder geologischen Expertisen vor. Der Rückgriff auf die sehr differenziert entwickelten, psychologischen Testkonzepte zur Validitätsprüfung stellt dann eine echte Bereicherung zur Evaluation von Expertensystemen dar, die offensichtlich in der KI-Literatur bislang nicht so stringent gesehen wurde.

Insgesamt liefert der vorliegende Prototyp von ESWA bereits brauchbare Ergebnisse. Dies belegt, daß der Einsatz von Expertensystemen zur Werbewirkungsbeurteilung durchaus realisierbar ist. ESWA ist u.W. der erste Versuch, diese vage und durch heuristisches Entscheidungsverhalten gekennzeichnete Wissensdomäne, in einer für Expertensysteme geeigneten Weise aufzubereiten und implementationsorientiert darzustellen.

Literaturverzeichnis

Aaker, D. A. und D. E. Bruzzone: Viewer Perceptions of Prime-Time Television Advertising. **Journal of Advertising Research** 21, Nr. 5, 1981, 15-23.

Aaker, D. A. und D. E. Bruzzone: Causes of Irritation in Advertising. **Journal of Marketing** 49, 1985, 47-57.

Aaker, D. A., D. M. Stayman und M. R. Hagerty: Warmth in Advertising: Measurement, Impact and Sequence Effects. **Journal of Consumer Research** 12, 1986, 365-381.

Ajzen, I. und M. Fishbein: Attitude-Behavior Relations: A Theoretical Analysis and Review of Empirical Research. **Psychological Bulletin** 84, 1977, 888-918.

Ajzen, I. und M. Fishbein: **Understanding Attitudes and Predicting Social Behavior**. Englewood Cliffs: Prentice-Hall 1980.

Alba, J. W. und A. Chattopadhyay: Effects of Context and Part-Category Cues on Recall of Competing Brands. **Journal of Marketing Research** 22, 1985, 340-349.

Alba, J. W. und J. W. Hutchinson: Dimensions of Consumer Expertise. **Journal of Consumer Research** 13, 1987, 411-454.

Alba, J. W. und H. Marmorstein: The Effects of Frequency Knowledge on Consumer Decision Making. **Journal of Consumer Research** 14, 1987, 14-25.

Alesandrini, K. L. und A. A. Sheikh: Research on Imagery: Implications for Advertising. In A. A. Sheikh, Hrsg., 1983, 535-556.

Alesandrini, K. L.: Strategies That Influence Memory for Advertising Communications. In R. J. Harris, Hrsg., 1983, 65-82.

Allen, C. T., K. A. Machleit und S. S. Marine: On Assessing the Emotionality of Advertising Via Izard's Differential Emotions Scale. In **Advances in Consumer Research** 15, M. J. Houston, Hrsg., Provo, UT.: Association for Consumer Research 1988, 226-231.

Allen, C. T. und T. J. Madden: A Closer Look at Classical Conditioning. **Journal of Consumer Research** 12, 1985, 301-315.

Alwitt, L. F. und A. A. Mitchell (Hrsg.): **Psychological Processes and Advertising Effects. Theory, Research, and Applications**. Hillsdale, NJ.: Lawrence Erlbaum 1985.

Anders, H.-J.: Neue Informationstechniken und ihre Bedeutung für die Marktforschung. **Marketing ZFP** 10, 1988, 172-176.

Anderson, D. R.: Online Cognitive Processing of Television. In L. F. Alwitt und A. A. Mitchell, Hrsg., 1985, 177-199.

Anderson, J. R.: **Cognitive Psychology and Its Implications**. New York: Freeman 1985.

Andresen, T.: **Anzeigenkontakt und Informationsüberschuss.** Dissertation Universität des Saarlandes, Saarbrücken 1988.

Antil, J. H.: Conceptualization and Operationalization of Involvement. **Advances in Consumer Research** 11, T. C. Kinnear, Hrsg., Provo, UT.: Association for Consumer Research 1984, 203-209.

Appel, V., S. Weinstein und C. Weinstein : Brain Activity and Recall of TV Advertising. **Journal of Advertising Research** 19, 1979, 7-15.

Areni, C. S. und R. J. Lutz: The Role of Argument Quality in the Elaboration Likelihood Model. In **Advances in Consumer Research** 15, M. J. Houston, Hrsg., Provo, UT: Association for Consumer Research 1988, 197-203.

Arora, R.: Validation of an S-O-R Model for Situation, Enduring, and Response Components of Involvement. **Journal of Marketing Research** 19, 1982, 505-516.

Assael, H.: **Consumer Behavior and Marketing Action**. Boston, Mass.: Kent 1984.

Baddeley, A. D.: Domains of Recollection. **Psychological Review** 89, 1982, 708-729.

Baddeley, A. und M. Woodhead: Depth of Processing, Context, and Face Recognition. **Canadian Journal of Psychology** 36, 1982, 148-164.

Bänsch, A.: **Käuferverhalten**. München: Oldenbourg 1986.

Baggaley, J.: **Psychology of the TV Image**. Westmead: Gower 1980.

Bagozzi, R. P.: **Causal Models in Marketing**. New York et al.: Wiley 1980.

Bagozzi, R. P.: A Field Investigation of Causal Relations Among Cognitions, Affect, Intentions, and Behavior. **Journal of Marketing Research** 19, 1982, 562-584.

Bagozzi, R. P.: Expectancy-Value Attitude Models: An Analysis of Critical Theoretical Issues. **International Journal of Research in Marketing** 2, 1985, 43-60.

Baker, M. J. und G. A. Churchill, Jr.: The Impact of Physically Attractive Models on Advertising Evaluations. **Journal of Marketing Research** 14, 1977, 538-555.

Barclay, J. R.: Comprehension and Sentence Memory. **Cognitive Psychology** 4, 1973, 229-254.

Barg, C.-D.: **Messung und Wirkung der psychischen Aktivierung durch die Werbung**. Dissertation an der Universität des Saarlandes, Saarbrücken 1977.

Baron, R. S., P. H. Baron und N. Miller: The Relation Between Distraction and Persuasion. **Psychological Bulletin** 80, 1973, 310-323.

Barr, A. und E. A. Feigenbaum (Hrsg.): **The Handbook of Artificial Intelligence**. Stanford, CA: HeurisTech Press 1982.

Baschek, I.-L., J. Bredenkamp, B. Oehrle und W. Wippich: Bestimmung der Bildhaftigkeit (I), Konkretheit (C) und der Bedeutungshaltigkeit (m) von 800 Substantiven. **Zeitschrift für experimentelle und angewandte Pschologie** 24, 1977, 353-396.

Batra, R. und M. L. Ray: How Advertising Works at Contact. In L. F. Alwitt und A. A. Mitchell, Hrsg., 1985, 13-43.

Batra, R. und M. L. Ray: Affective Responses Mediating Acceptance of Advertising. **Journal of Consumer Research** 13, 1986a, 234-249.

Batra, R. und M. L. Ray: Situational Effects of Advertising Repetition: The Moderating Influence of Motivation, Ability, and Opportunity to Respond. **Journal of Consumer Research** 12, 1986b, 432-445.

Beatty, S. E. und S. M. Smith: External Search Effort: An Investigation Across Several Product Categories. **Journal of Consumer Research** 14, 1987, 83-95.

Behrens, G. und A. Hinrichs: Werben mit Bildern. Zum Stand der Bildwahrnehmungsforschung. **Werbeforschung & Praxis** 30, 1986, 85-88.

Behrens, G.: **Konsumentenverhalten. Entwicklungen, Abhängigkeiten, Möglichkeiten**. Heidelberg: Physica 1988.

Bentler, P. M. und G. Speckart : Attitudes "Cause" Behaviors: A Structural Equation Analysis. **Journal of Personality and Social Psychology** 40, 1981, 226-238.

Bergfeld, V. A., L. S. Choate und N. E. A. Kroll: The Effect of Bizarre Imagery on Memory as a Function of Delay: Reconfirmation of Interaction Effect. **Journal of Mental Imagery** 6, 1982, 141-158.

Berlyne, D. E.: **Konflikt, Erregung, Neugier**. Stuttgart: Klett 1974.

Bernhard, U.: **Blickverhalten und Gedächtnisleistung beim visuellen Werbekontakt unter besonderer Berücksichtigung von Plazierungseinflüssen**. Frankfurt 1978.

Bettman, J. R.: Consumer Psychology. **Annual Review of Psychology** 37, 1986, 257-289.

Biederman, I.: On Processing Information from a Glance at a Scene: Some Implications for a Syntax and Semantics of Visual Processing. In S. Treu, Hrsg., 1977, 75-88.

Biederman, I.: Do Background Depth Gradients Facilitate Object Identification? **Perception** 10, 1981, 573-578.

Biederman, I., R. C. Teitelbaum und R. J. Mezzanotte: Scene Perception: A Failure to Find a Benefit from Prior Expectancy or Familiarity. **Journal of Experimental Psychology: Learning, Memory, and Cognition** 9, 1983, 411-429.

Bloch, P. H. und G. D. Bruce: Product Involvement as Leisure Behavior. **Advances in Consumer Research** 11, Provo, UT: Association for Consumer Research 1984, 197-202.

Böcker, F.: Die Bildung von Präferenzen für langlebige Konsumgüter in Familien. In **Marketing ZFP** 9, 1987, 16-24.

Bone, P. F., P. S. Ellen, R. W. Easley und S. E. McNeely: A Comment on "Relationship Between Source Expertise and Source Similarity in an Advertising Context". **Journal of Advertising** 15, 1986, 47-48.

Bonoma, T. und L. C. Felder: Nonverbal Communication in Marketing: Toward a Communicational Analysis. **Journal of Marketing Research** 14, 1977, 169-180.

Boose, J. und B. Gaines (Hrsg.): **Knowledge Acquisition**. New York: Academic Press (in Vorbereitung).

Borkowski, L.: **Formale Logik**. München: Beck 1977.

Bost, E.: **Ladenatmosphäre und Konsumentenverhalten**. Heidelberg: Physica 1987.

Bower, G. H., M. B. Karlin und A. Dueck: Comprehension and Memory for Pictures. **Memory & Cognition** 3, 1975, 216-220.

Bower, G. H.: Mood and Memory. **American Psychologist** 36, 1981, 129-148.

Bransford, J. D. und M. K. Johnson: Contextual Prerequisites for Understanding: Some Investigations of Comprehension and Recall. **Journal of Verbal Learning and Verbal Behavior** 11, 1972, 717-726.

Breitkopf, L.: Die Skalierung von Emotionen als Informationsverarbeitungsprozess. **Zeitschrift für experimentelle und angewandte Psychologie** 29, 1982, 545-567.

Britton, B. K., T. S. Holdredge, C. Curry und R. D. Westbrook: Use of Cognitive Capacity in Reading Identical Texts With Different Amounts of Discourse Level Meaning. **Journal of Experimental Psychology: Human Learning and Memory** 5, 1979, 262-270.

Brockhoff, K.: **Produktpolitik**. Stuttgart-New York: Fischer 1981.

Brodsky, P. und M. Brodsky: An Arousal Interval Scale: A Psychophysical Scale for GSR Analysis. **Perceptual and Motor Skills** 47, 1978, 747-756.

Brombacher, R.: **Entscheidungsunterstützungssysteme für das Marketing-Management.** Berlin et al.: Springer 1988.

Brown, G.: Pretests und Posttests und wieder zurück. **Viertel-Jahreshefte für Media und Werbewirkung** 2 / 1986, 5-9.

Brown, J. (Hrsg.): **Recall and Recognition**. London - New York: Wiley 1976.

Brünne, M., F.-R. Esch und H.-D. Ruge: **Berechnung der Informationsüberlastung in der Bundesrepublik Deutschland**. Forschungsbericht des Instituts für Konsum- und Verhaltensforschung, Universität des Saarlandes 1987.

Brungs, S.: Kann Werbung, die auf die Nerven geht, erfolgreich sein? **WWG-Informationen**, Foge 97, 1984, 57-63.

Bryce, W. und T. J. Olney: Modality Effects in Television Advertising: A Methodology for Isolating Message Structure from Message Content Effects. In **Advances in Consumer Research** 15, M. J. Houston, Hrsg., Provo, UT: Association for Consumer Research 1988, 174-177.

Bryson, L. (Hrsg.): **Communication of Ideas**. New York: Harper 1948.

Buchanan, B. G. und E. H. Shortliffe: The Problem of Evaluation. In Buchanan B. G. und E. H. Shortliffe, Hrsg., 1985, 571-588.

Buchanan, B. G. und E. H.Shortliffe (Hrsg.): **Rule-Based Expert Systems. The MYCIN Experiments of the Stanford Heuristic Programming Project**. Reading, Mass. et al.: Addison-Wesley 1985.

Buck, R.: **The Communication of Emotion**. New York: Guilford 1984.

Buck, R.: **Human Motivation and Emotion**. New York et al.: Wiley 1988.

Büttner, U., U. Dräger, M. Geiß, P. Krug, P. Mertens, J. Purnhagen, N. Rauh und S. Wittmann: Expertensysteme zur Jahresabschußanalyse für mittlere und kleine Unternehmen. **ZfB Zeitschrift für Betriebswirtschaft** 58, 1988, 229-251.

Bugelski, B. R.: Imagery and the Thought Processes. In A. A. Sheikh, Hrsg., 1983, 72-95.

Burdich, I. und G. Kaplitza: Spielregeln der Werbung (I). **Viertel-Jahreshefte für Media- und Werbewirkung** 1/ 1987, 4-8.

Burke, M. C. und J. A. Edell: Ad Reactions Over Time: Capturing Changes in the Real World. **Journal of Consumer Research** 13, 1986, 114-118.

Burke, R. R. und T. K. Srull: Competitive Interference and Consumer Memory for Advertising. **Journal of Consumer Research** 15, 1988, 55-68.

Burnkrant, R. E. und T. J. Page, JR.: An Examination of the Convergent, Discriminant, and Predictive Validity of Fishbein's Behavioral Intention Model. **Journal of Marketing Research** 19, 1982, 550-561.

Burnkrant, R. E. und T. J. Page Jr.: The Structure and Antecedents of the Normative and Attitudinal Components of Fishbein's Theory of Reasoned Action. **Journal of Experimental Social Psychology** 24, 1988, 66-87.

Burnkrant, R. E. und A. G. Sawyer: Effects of Involvement and Message Content on Information-Processing Intensity. In R. J. Harris, Hrsg., 1983, 43-64.

Burroughs, W. J. und R. A. Feinberg: Using Response Latency to Assess Spokesperson Effectiveness. **Journal of Consumer Research** 14, 1987, 295-299.

Bush, L. E.: Individual Differences Multidimensional Scaling of Adjectives Denoting Feelings. **Journal of Personality and Social Psychology** 25, 1973, 50-57.

Busse von Colbe W., P. Hammann und G. Laßmann: **Betriebswirtschaftstheorie, Band 2, Absatztheorie**. Berlin et al.: Springer 1985.

Cacioppo, J. T. und R. E. Petty: Central and Peripheral Routes to Persuasion: The Role of Message Repetition. In L. F. Alwitt und A. A. Mitchell, Hrsg., 1985, 91-111.

Cairns, H. S., W. Cowart und A. D. Jablon: Effects of Prior Context upon the Integration of Lexical Information during Sentence Processing. **Journal of Learning and Verbal Behavior** 20, 1981, 445-453.

Calder, B. J. und B. Sternthal: Television Commercial Wearout: An Information Processing View. **Journal of Marketing Research** 17, 1980, 173-186.

Capocasa, A., L. Denon und R. Lucchi: Understanding Audiences of TV Commercial Breaks. What People do, How They React, How Much They Recall? Broadcast Advertising Research, ESOMAR: **Broadcasting and Research**, Englefield Green, 6th-8th May, 1985, 81-109.

Carnap, R.: **Einführung in die symbolische Logik**. Wien und New York: 1960.

Carnap, R. und W. Stegmüller: **Induktive Logik und Wahrscheinlichkeit**. Wien: Springer 1959.

Carpenter, P. A. und M. Daneman: Lexical Retrieval and Error Recovery in Reading: A Model Based on Eye Fixations. **Journal of Verbal Learning and Verbal Behavior** 20, 1981, 137-160.

Cermak, S. und F. J. M. Craik (Hrsg.): Levels of Processing in Human Memory. Hillsdale, NJ.: Lawrence Erlbaum 1979.

Chaiken, S.: Heuristic Versus Systematic Information Processing and the Use of Source Versus Message Cues in Persuasion. **Journal of Personality and Social Psychology** 39, 1980, 752-766.

Chattopadhyay, A. und J. W. Alba: The Situational Importance of Recall and Inference in Consumer Decision Making. **Journal of Consumer Research** 15, 1988, 1-12.

Cherniak, C.: Prototypicality and Deductive Reasoning. **Journal of Verbal Learning and Verbal Behavior** 23, 1984, 625-642.

Childers, T. L. und M. J. Houston: Conditions for a Picture-Superiority Effect on Consumer Memory. **Journal of Consumer Research** 11, 1984, 643-654.

Cialdini, R. B., R. E. Petty und J. T. Cacioppo: Attitude and Attitude Change. **Annual Review of Psychology** 32, 1981, 357-404.

Clark, M. S. und S. T. Fiske (Hrsg.): **Affect and Cognition**. Hillsdale, NJ.: Lawrence Erlbaum 1982.

Collins, R. L., S. E. Taylor, J. V. Wood und S. C. Thompson: The Vividness Effect: Elusive or Illusory? **Journal of Experimental Social Psychology** 24, 1988, 1-18.

Compagnon Marktforschungs-Institut i.A.d. H. Bauer Verlages: **Meßverfahren der Anzeigenwirkung und die Faktoren, die die Anzeigenwirkung beeinflussen**. Stuttgart 1973.

Cook, R. L. und J. M. Schleede: Application of Expert Systems to Advertising. **Journal of Advertising Research** 28, 1988, 47-56.

Cook, T. D. und D. T. Campbell: **Quasi-Experimentation**. Chicago: Rand McNally 1979.

Corlett, W. C.: **Central or Pripheral Routes to Attitude Change: The Role of Repetition in Television Commercial Wearout**. Dissertation Universtity of Iowa, zitiert nach: Cacioppo J. T. und R. E. Petty, 1984.

Cox, D. S. und A. D. Cox: What Does Familiarity Breed? Complexity as a Moderator of Repetition Effects in Advertisement Evaluation. **Journal of Consumer Research** 15, 1988, 111-116.

Craig, C. S., B. Sternthal und C. Leavitt: Advertising Wearout: An Experimental Analysis. **Journal of Marketing Research** 13, 1976, 365-372.

Davis, R. und J. J. King: The Origin of Rule-Based Systems in AI. In B. G. Buchanan und E. H. Shortliffe, Hrsg., 1985, 20-52.

Derbaix, C. und P. V. Abeele: Consumer Inferences and Consumer Preferences. The Status of Cognition and Consciousness in Consumer Behavior Theory. **International Journal of Research in Marketing** 2, 1985, 157-174.

Dichtl, E.: Strategische Dimensionen der Produktentwicklung im Informationszeitalter. **Marketing ZFP** 10, 1988, 157-163.

Dijk, T. A. van und W. Kintsch: **Strategies of Discourse Comprehension**. New York et al.: Academic Press 1983.

Dijk, T. A. van: **Textwissenschaft**. Tübingen: Niemeyer 1980.

Diller, H.: **Preispolitik**. Stuttgart et al.: Kohlhammer 1985.

Dolinsky, R. und K. Zabrucky: Effects of Environmental Context Changes on Memory. **Bulletin of the Psychonomic Society** 21, 1983, 423-426.

Downing, C. J., R. J. Sternberg und B. H. Ross: Multicausal Inference: Evaluation of Evidence in Causally Complex Situations. **Journal of Experimental Psychology: General** 114, 1985, 239-263.

Dröge, C. und R. Y. Darmon: Associative Positioning Strategies Through Comparative Advertising: Attribute Versus Overall Similarity Approaches. **Journal of Marketing Research** 24, 1987, 377-388.

Duda, R. O., P. E. Hart und N. J. Nilsson: **Subjective Bayesian Methods for Rule-Based Inference Systems**. Arbeitspapier SRI International, Menlo Park, CA, 1976.

Duda, R. O., P. E. Hart, N. J. Nilsson und G. L. Sutherland: Semantic Network Representations in Rule-Based Inference Systems. In Waterman, D. A. und F. Hayes-Roth, 1978, 203-221.

Duncan, C. P. und J. E. Nelson: Effects of Humor in a Radio Advertising Experiment. **Journal of Advertising** 14, 1985, 33-40.

Eddy, J. K. und A. L. Glass: Reading and Listening to High and Low Imagery Sentences. **Journal of Verbal Learning and Verbal Behavior** 20, 1981, 333-345.

Edell, J. A. C.: **The Information Processing of Pictures in Print Advertisements**. Dissertation, Pittsburg Penn.: Carnegie-Mellone University 1981.

Edell, J. A. und M. C. Burke: The Moderating Effect of Attitude Toward an Ad on Ad Effectiveness Under Different Processing Conditions. **Advances in Consumer Research** 11. Provo, UT: Association for Consumer Research 1984, 644-649.

Edell, J. A. und R. Staelin: The Information Processing of Pictures in Print Advertisements. **Journal of Consumer Research** 10, 1983, 45-61.

Edinger, J. A. und M. L. Patterson: Nonverbal Involvement and Social Control. **Psychological Bulletin** 93, 1983, 30-56.

Edwards, W.: Conservatism in Human Information Processing. In Formal Representations of Human Judgement, B. Kleinmuntz, Hrsg., (zitiert nach Anderson J. R. 1985), New York: Wiley 1968.

Ekman, P., W. V. Friesen und P. Ellsworth: What Emotion Categories or Dimensions can Observers Judge from Facial Behavior? In P. Ekman, Hrsg., 1982, 39-55.

Ekman, P. (Hrsg.): **Emotion in the Human Face**. Cambridge et. al.: Cambridge University Press 1982.

Engel, J. F. und R. D. Blackwell: **Consumer Behavior**. Chicago et al.: Dryden 1982.

Ericsson, K. A. und H. A. Simon: **Protocol Analysis: Verbal Reports as Data**. Cambridge: MIT-Press 1984.

Esch, F.-R. und T. Muffler: Expertensysteme im Marketing. **Marketing ZFP**, 1989 (in Vorbereitung).

Etgar, M.: One-Sided versus Two-Sided Comparative Message Appeals for New Brand Introductions. **Journal of Consumer Research** 8, 1982, 460-465.

Faison, E. W. J.: **Advertising: A Behavioral Approach for Managers**. New York et al.: Wiley 1980.

Farah, M. J.: Psychophysical Evidence for a Shared Representational Medium for Mental Images and Percepts. **Journal of Experimental Psychology: General** 114, 1985, 91-103.

Feigenbaum, E. A. und J. Feldman (Hrsg.): Computer and Thought. New York: McGraw-Hill 1963.

Finke, R. A.: Theories Relating Mental Imagery to Perception. **Psychological Bulletin** 98, 1985, 236-259.

Finn, A.: Print Ad Recognition Readership Scores: An Information Processing Perspective. **Journal of Marketing Research** 25, 1988, 168-177.

Fishbein, M. und I. Ajzen: **Belief, Attitude, Intention and Behavior**. Reading Ma. et al.: Addison-Wesley 1975.

Fiske, S. T.: Social Cognition and Affect. In J. H. Harvey, 1981, 227-264.

Folkes, V. S.: The Availability Heuristic and Perceived Risk. **Journal of Consumer Research** 15, 1988, 13-23.

Forschungsgruppe Konsum und Verhalten (Hrsg.): Innovative Marktforschung. Würzburg-Wien: Physica 1983.

Freyd, J. J.: The mental representation of movement when static stimuli are viewed. **Perception & Psychophysics** 33, 1983, 575-581.

Früh, W.: **Lesen, Verstehen, Urteilen. Untersuchungen über den Zusammenhang von Textgestaltung und Textwirkung**. Freiburg-München: Alber 1980.

Gardner, M. P.: Advertising Effects on Attributes Recalled and Criteria Used for Brand Evaluations. **Journal of Consumer Research** 10, 1983, 310-318.

Gardner, M. P.: Does Attitude Toward the Ad Affect Brand Attitude Under a Brand Evaluation Set? **Journal of Marketing Research** 22, 1985a, 192-198.

Gardner, M. P.: Mood States and Consumer Behavior: A Critical Review. **Journal of Consumer Research** 12, 1985b, 281-300.

Gardner, M. P., A. A. Mitchell und J. E. Russo: Low Involvement Strategies for Processing Advertisements. **Journal of Advertising** 14, 1985, 4-56.

Gardner, M. P. und D. W. Rook: Effects of Impulse Purchases on Consumers' Affective States. In **Advances in Consumer Research** 15, M. J. Houston, Hrsg., Provo, UT.: Association for Consumer Research 1988, 127-130.

Gaschnig, J., P. Klahr, H. Pople, E. Shortliffe und A. Terry: Evaluation of Expert Systems: Issues and Case Studies. In F. Hayes-Roth, D. A. Waterman und D. B. Lenat, Hrsg., 1983, 241-280.

Gaugler, E., H. G. Meissner und N. Thom (Hrsg.): **Zukunftsaspekte der anwendungsorientierten Betriebswirtschaftslehre. Erwin Grochla zum 65. Geburtstag gewidmet**. Stuttgart: Poeschel 1986.

Gaul, W. und M. Schader (Hrsg.): **Data, Expert Knowledge and Decisions**. Berlin et. al.: Springer 1988.

Gaul, W. und A. Schaer: A PROLOG-Based PC-Implementation for New-Product Introduction. In W. Gaul und M. Schader, Hrsg., 1988, 42-53.

Gehm, T. und K. R. Scherer: Emotionsantezedente Faktoren als subjektive Dimensionierungskriterien emotionsbeschreibender Adjektive. **Sprache & Kognition** 2, 1987, 51-63.

Geist, M. N. und R. Köhler (Hrsg.): **Die Führung des Betriebes**. Stuttgart: Poeschel 1981.

Gelb, B. D. und G. M. Zinkhan: The Effect of Repetition on Humor in a Radio Advertising Study. **Journal of Advertising** 14, 1985, 13-20.

Gescheider, G. A.: **Psychophysics Method and Theory**. Hillsdale, NJ.: Lawrence Erlbaum 1976.

Ghazizadeh, U. R.: **Werbewirkungen durch emotionale Konditionierung**. Frankfurt et al.: Lang 1987.

Ghorpade, S.: Agenda Setting: A Test of Advertising's Neglected Function. **Journal of Advertising Research** 26, 1986, 23-27.

Glass, A. L., D. R. Millen, L. G. Beck und J. K. Eddy: Representation of Images in Sentence Verification. **Journal of Memory and Language** 24, 1985, 442-465.

Goldman, S. R. und C. K. Varnhagen: Memory for Embedded and Sequential Story Structures. **Journal of Memory and Language** 25, 1986, 401-418.

Goodman, I. R. und H. T. Nguyen: **Uncertainty Models for Knowledge-Based Systems**. Amsterdam et al.: North-Holland 1985.

Gorn, G. J.: The Effects of Music in Advertising on Choice Behavior: A Classical Conditioning Approach. **Journal of Marketing** 46, 1982, 94-101.

Graesser, A. C., N. L. Hoffman und L. F. Clark: Structural Components of Reading Time. **Journal of Verbal Learning and Verbal Behavior** 19, 1980, 135-151.

Grass, R. C. und W. H. Wallace: Situational Effects of TV Commercials. **Journal of Advertising Research** 9, 1969, 3-8.

Gresham, L. G. und T. A. Shimp: Attitude Toward the Advertisement and Brand Attitudes: A Classical Conditioning Perspective. **Journal of Advertising** 14, 1985, 10-17.

Groeben, N.: **Leserpsychologie: Textverständnis - Textverständlichkeit**. Münster: Aschendorff 1982.

Grunert, K. G.: **Informationsverarbeitungsprozesse bei der Kaufentscheidung: Ein gedächtnispsychologischer Ansatz**. Frankfurt/Main - Bern: Lang 1982.

Guilford, J. P.: **Fundamental Statistics in Psychology and Education**. New York et al: McGraw-Hill 1965.

Gutenberg, E.: **Grundlagen der Betriebswirtschaftslehre. Bd. 2: Der Absatz**. 17. Aufl., Berlin: Springer 1984.

Gutjahr, G.: **Markt- und Werbepsychologie**, Teil II, Verbraucher und Werbung. Heidelberg: Sauer 1974.

Gutman, E.: The Role of Individual Differences and Multiple Senses in Consumer Imagery Processing: Theoretical Perspectives. In **Advances in Consumer Research** 15, M. J. Houston, Hrsg., Provo, UT.: Association for Consumer Research 1988, 191-196.

Haberlandt, K. F. und A. C. Graesser: Component Processes in Text Comprehension and Some of Their Interactions. **Journal of Experimental Psychology: General** 114, 1985, 357-374.
Haberlandt, K., C. Berian und J. Sandson: The Episode Schema in Story Processing. **Journal of Verbal Learning and Verbal Behavior** 19, 1980, 635-650.
Haley, R. I., J. Richardson und B. M. Baldwin: The Effects of Nonverbal Communications in Television Advertising. **Journal of Advertising Research** 24, 1984, 11-18.
Hammann, P. und B. Erichson: **Marktforschung**. Stuttgart - New York: Fischer 1978.
Hannah, D. B. und B. Sternthal: Detecting and Explaining the Sleeper Effect. **Journal of Consumer Research** 11, 1984, 632-642.
Hansen, F. : Hemispheral Lateralization: Implications for Understanding Consumer Behavior. **Journal of Comsumer Research** 8, 1981, 23-36.
Hansen, U., und B. Stauss: Marketing als marktorientierte Unternehmenspolitik oder als deren integrativer Bestandteil? **Marketing ZFP** 5, 1983, 77-86.
Harkins, S. G. und R. E. Petty: Effects of Source Magnification of Cognitive Effort on Attitudes: An Information-Processing View. **Journal of Personality and Social Psychology** 40, 1981, 401-413.
Harkins, S. G. und R. E. Petty: Information Utility and the Multiple Source Effect. **Journal of Personality and Social Psychology** 52, 1987, 260-268.
Harmon, P. und D. King: **Expertensysteme in der Praxis**. München-Wien: Oldenbourg 1987.
Harris, R. J. (Hrsg.): **Information Processing Research in Advertising**. Hillsdale, NJ.: Lawrence Erlbaum 1983.
Harris, R. J., T. M. Dubitsky und K. J. Bruno: Psycholinguistic Studies of Misleading Advertising. In R. J. Harris, Hrsg., 1983, 241-262.
Harvey, J. H. (Hrsg.): **Cognition, Social Behavior, and the Environment**. Hillsdale, NJ.:Lawrence Erlbaum 1981.
Hasher, L., K. C. Rose, R. T. Zacks, H. Sanft und B. Doren: Mood, Recall, and Selectivity Effects in Normal College Students. **Journal of Experimental Psychology: General** 114, 1985a, 104-118.
Hasher, L. und R. T. Zacks: Automatic Processing of Fundamental Information. The Case of Frequency of Occurrence. **American Psychologist** 39, 1984, 1372-1388.
Hasher, L., R. T. Zacks, K. C. Rose und B. Doren: On Mood Variation and Memory: Reply to Isen (1985), Ellis (1985), and Mayer and Bower (1985). **Journal of Experimental Psychology: General** 114, 1985b, 404-409.
Hass, R. G.: Effects of Source Characteristics on Cognitive Responses and Persuasion. In R. E. Petty, T. M. Ostrom und T. C. Brock, Hrsg., 1981, 141-172.
Haugtvedt, C., R. E. Petty, J. T. Cacioppo, T. Steidley: Personality and Ad Effectiveness: Exploring the Utility of Need for Cognition. In **Advances in Consumer Research** 15, M. J. Houston, Hrsg., Provo, UT.: Association for Consumer Research 1988, 209-212.
Hauschildt, J.: **Entscheidungsziele - Zielbildung in innovativen Entscheidungsprozessen: theoretische Ansätze und empirische Prüfung**. Tübingen: Mohr 1977.
Havlena, W. J. und M. B. Holbrook: The Varieties of Consumption Experience: Comparing Two Typologies of Emotion in Consumer Behavior. **Journal of Consumer Research** 13, 1986, 394-404.

Hayes-Roth, F., D. A. Waterman und D. B. Lenat (Hrsg.): Building Expert Systems. London et al.: Addison-Wesley 1983.

Heflin, D. T. A. und R. C. Haygood: Effects of Scheduling on Retention of Advertising Messages. **Journal of Advertising** 14, 1985, 41-47.

Hempel, C. G.: **Grundzüge der Begriffsbildung in der empirischen Wissenschaft**. Düsseldorf: Bertelsmann 1974.

Heeter, C. und B. S. Greenberg: Profiling the Zapper. **Journal of Advertising Research** 25, 1985, 15-19.

Heimbach, A. E. und R. F. Yalch: The Affective and Cognitive Dimensions of Pictures in Advertising: An Extension of Mitchell & Olson. In **Advances in Consumer Research** 15, M. J. Houston, Hrsg., Provo, UT.: Association for Consumer Research 1988, 178-183.

Heinen, E.: **Grundlagen betriebswirtschaftlicher Entscheidungen. Das Zielsystem der Unternehmung**. 3. Aufl., Wiesbaden 1976.

Heyer, K. D. und A. Goring: Semantic Priming and Word Repetition: The Two Effects are Additive. **Journal of Memory and Language** 24, 1985, 699-716.

Hildebrandt, L. und V. Trommsdorff: Konfirmatorische Analysen in der empirischen Forschung. In Forschungsgruppe Konsum und Verhalten, Hrsg., 1983, 139-160.

Hock, H. S., L. Romanski, A. Galie und C. S. Williams: Real-world Schemata and Scene Recognition in Adults and Children. **Memory & Cognition** 6, 1978, 423-431.

Holbrook, M. B. und D. R. Lehmann: Form versus Content in Predicting Starch Scores. **Journal of Advertising Research** 20, 1980, 53-62.

Holbrook, M. B. und J. O'Shaughnessy: The Role of Emotion in Advertising. **Psychology & Marketing** 1, 1984, 45-64.

Hoppe-Graff, S.: Verstehen als kognitiver Prozeß. Psychologische Ansätze und Beiträge zum Textverstehen. **Zeitschrift für Literaturwissenschaft und Linguistik** 55, 1984, 10-37.

Houston, M. J., T. L. Childers und S. E. Heckler: Picture-Word Consistency and the Elaborative Processing of Advertisements. **Journal of Marketing Research** 24, 1987, 359-369.

Hovland, C. I., I. L. Janis und H. H. Kelley: **Communication and Persuasion**. New Haven - London: Yale University Press 1953.

Hoyos, C. G., W. Kroeber-Riel, L. Rosenstiel v. und B. Strümpel (Hrsg.): **Grundbegriffe der Wirtschaftspsychologie**. München: Kösel 1980.

Hunold, K. A.: Verbal Strategies for Product Presentation in Television Commercials. In **Advances in Consumer Research** 15, M. J. Houston, Hrsg., Provo, UT.: Association for Consumer Research 1988, 256-259.

Hüttner, M.: **Grundzüge der Marktforschung.** Berlin-New York: de Gruyter 1989.

Intraub, H.: Conceptual Masking: The Effects of Subsequent Visual Events on Memory for Pictures. **Journal of Experimental Psychology: Learning, Memory, and Cognition** 10, 1984, 115-125.

Inui, T. und K. Miyamoto: The Time Needed to Judge the Order of a Meaningful String of Pictures. **Journal of Experimental Psychology: Human Learning and Memory** 7, 1981, 393-396.

Irle, M. (Hrsg.): **Marktpsychologie**. 1. Halbband: Marktpsychologie als Sozialwissenschaft, 2. Halbband: Methoden und Anwendungen in der Marktpsychologie. Göttingen et al.: Hogrefe 1983.

Isen, A. M. und T. E. Shalker: The Effect of Feeling State on Evaluation of Positive, Neutral, and Negative Stimuli: When You "Accentuate the Positive," Do You "Eliminate the Negative"? **Social Psychology Quarterly** 45, 1982, 58-63.

Isen, A. M.: Toward Understanding the Role of Affect in Cognition. In R. Wyer Jr. und T. Srull, Hrsg., 1984, 179-236.

Isen, A. M.: Asymmetry of Happiness and Sadness in Effects on Memory in Normal College Students: Comment on Hasher, Rose, Zacks, Sanft, and Doren. **Journal of Experimental Psychology: General** 114, 1985, 388-391.

Izard, C. E. :Differential Emotions Theory and the Facial Feedback Hypothesis of Emotion Activation: Comments on Tourangeau and Ellsworth's "The Role of Facial Response in the Experience of Emotion". **Journal of Personality and Social Psychology** 40, 1981b, 350-54.

Izard, C. E.: **Human Emotions**. New York et al.: Plenum Press 1977.

Izard, C. E.: **Die Emotionen des Menschen: eine Einführung in die Grundlagen der Emotionspsychologie**. Weinheim et al.: Beltz 1981.

Jackson, P.: Expertensysteme. Eine Einführung. Bonn et al.: Addison-Wesley 1987.

Jeck-Schlottmann, G.: **Visuelle Informationsverarbeitung bei wenig involvierten Konsumenten**. Dissertation Universität des Saarlandes, Saarbrücken 1987.

Johnston, W. A. und V. J. Dark: Selective Attention. **Annual Review of Psychology** 37, 1986, 43-75.

Kaas, K. P.: Marktforschung 2000. In C. Schwarz, F. Sturm und W. Klose, Hrsg., 1987, 123-137.

Kahle, L. R. und P. M. Homer: Physical Attractiveness of the Celebrity Endorser: A Social Adaptation Perspective. **Journal of Consumer Research** 11, 1985, 954-961.

Kahneman, D. und A. Tversky: On the Psychology of Prediction. **Psychological Review** 80, 1973, 273-251.

Kamins, M. A. und H. Assael: Two-Sided Versus One-Sided Appeals: A Cognitive Perspective on Argumentation, Source Derogation, and the Effect of Disconfirming Trial on Belief Change. **Journal of Marketing Research** 24, 1987, 29-39.

Kanal, L. N. und J. F. Lemmer: **Uncertainty in Artificial Intelligence**. Amsterdam et al.: North-Holland 1986.

Kanungo, R. N. und S. Pang: Effects of Human Models on Perceived Product Quality. **Journal of Applied Psychology** 57, 1973, 172-178.

Kapferer, J.-N. und G. Laurent: Consumer Involvement Profiles: A New Practical Approach to Consumer Involvement. **Journal of Advertising Research** 25, 1986, 48-56.

Kaplan, B. M.: Zapping - The Real Issue is Communication. **Journal of Advertising Research** 25, 1985, 9-12.

Kassarjian, H. H.: Low Involvement: A Second Look. In **Advances in Consumer Research** 8, K. B. Monroe, Hrsg., Ann Arbor: Association for Consumer Research 1981, 31-34.

Kassarjian, H. H.: Consumer Psychology. **Annual Review Psychology** 33, 1982, 619-649.

Keitz, B. von: **Wirksame Fernsehwerbung**. Würzburg-Wien: Physica 1983.

Keitz, W. von: **Der Saarbrücker Aktivierungs-Test (SAT)**. Ein Verfahren zur objektiven Beurteilung von Konsumgüteranzeigen. Köln 1981.

Kimmel, H. D., E. H. van Olst und J. F. Orlebeke (Hrsg.): **The Orienting Reflex in Humans**. Hillsdale, NJ.: Lawrence Erlbaum 1979.

Kiphart, M. J., D. D. Sjogren und H. A. Cross: Some Factors Involved in Complex-Picture Recognition. **Bulletin of the Psychonomic Society** 22, 1984, 197-199.

Kisielius, J. und B. Sternthal: Detecting and Explaining Vividness Effects in Attitudinal Judgments. **Journal of Marketing Research** 21, 1984, 54-64.

Kisielius, J. und B. Sternthal: Examining the Vividness Controversy: An Availability-Valence Interpretation. **Journal of Consumer Research** 12, 1986, 418-431.

Köhler, R.: **Beiträge zum Marketing-Management. Planung, Organisation, Controlling.** Stuttgart: Poeschel 1988.

Koeppler, K.: **Werbewirkungen definiert und gemessen.** Hamburg: Heinrich Bauer Stiftung 1974.

Körth, H., C. Otto, W. Runge und M. Schoch: **Lehrbuch der Methematik für Wirtschaftswissenschaften.** Opladen: Westdeutscher Verlag 1972.

Kolers, P. A. und S. J. Brison: Commentary: On Pictures, Words, and Their Mental Representation. **Journal of Verbal Learning and Verbal Behavior** 23, 1984, 105-113.

Koppelmann, U.: **Produktmarketing.** Entscheidungsgrundlage für Produktmanager. Stuttgart et al.: Kohlhammer 1987.

Kosslyn, S. M.: **Image and Mind.** Cambridge Mass.: Harvard University Press 1980.

Kosslyn, S. M.: **Ghosts in the Mind's Machine.** New York - London: Norton 1983.

Kosslyn, S. M., B. J. Reiser, M. J. Farah und S. L. Fliegel: Generating Visual Images: Units and Relations. **Journal of Experimental Psychology: General** 112, 1983, 278-303.

Kraetzschmar, G. K. und E. Plattfaut: **Unterstützung der Strategiefindung im Rahmen der Unternehmensplanung mit Hilfe eines in PROLOG implementierten wissensbasierten Systems.** Arbeitspapier der Informatik-Forschungsgruppe VIII. Universität Erlangen-Nürnberg 1987.

Krallmann, H. (Hrsg.): **Expertensysteme im Unternehmen.** Berlin: Schmidt 1986.

Krauß, W.: **Insertwirkungen im Werbefernsehen.** Eine empirische Untersuchung zum "Mainzelmännchenеffekt". Bochum: Brockmeyer 1982.

Kraut, R. E. : Social Presence, Facial Feedback, and Emotion. **Journal of Personaltiy and Social Psychology** 42, 1982, 853-863.

Kroeber-Riel, W.: Activation Research: Psychobiological Approaches in Consumer Research. **Journal of Consumer Research** 5, 1979, 240-250.

Kroeber-Riel, W.: Analyse des nicht-kognitiven Konsumentenverhaltens. In Forschungsgruppe Konsum und Verhalten, Hrsg., 1983, 13-44.

Kroeber-Riel, W.: **Konsumentenverhalten.** 3.Aufl., München: Vahlen 1984a (2. Aufl. 1980; 1. Auflage 1975).

Kroeber-Riel, W.: Emotional Product Differentiation by Classical Conditioning (With Consequences for the "Low-Involvement Hierarchy"). **Advances in Consumer Research** 11, T. C. Kinnear, Hrsg., Provo, UT: Association for Consumer Research 1984b, 538-554

Kroeber-Riel, W.: Effects of Emotional Pictorial Elements in Ads Analyzed By Means of Eye Movement Monitoring. **Advances in Consumer Research** 11. Provo, UT: Association for Consumer Research 1984c, 591-596.

Kroeber-Riel, W.: Zentrale Probleme auf gesättigten Märkten. **Marketing ZFP** 6, 1984d, 210-214.
Kroeber-Riel, W.: Vorteile der bildbetonten Werbung. **Werbeforschung & Praxis** 30, 1985, 122-126.
Kroeber-Riel, W.: Die inneren Bilder der Konsumenten. **Marketing ZFP** 8, 1986, 81-96.
Kroeber-Riel, W.:Informationsüberlastung durch Massenmedien und Werbung in Deutschland. Messung - Interpretation - Folgen. **DBW, Die Betriebswirtschaft** 47, 1987, 257-264.
Kroeber-Riel, W.: **Strategie und Technik der Werbung**. Verhaltenswissenschaftliche Ansätze. Stuttgart et al.: Kohlhammer 1988.
Kroeber-Riel, W., C. D. Barg und R. M. Wimmer: **Bericht über den Psychophysiologischen Test (PPP) der dor-flüssig-Werbung**. Forschungsbericht des Instituts für Konsum- und Verhaltensforschung, Universität des Saarlandes 1977.
Kroeber-Riel, W., und G. Meyer-Hentschel: **Werbung Steuerung des Konsumentenverhaltens**. Würzburg-Wien: Physica 1982.
Kroll, J. F. und M. C. Potter: Recognizing Words, Pictures, and Concepts: A Comparison of Lexical, Object, and Reality Decisions. **Journal of Verbal Learning and Verbal Behavior** 23, 1984, 39-66.
Krugman, H. E.: The Impact of Television Advertising: Learning Without Involvement. **Public Opinion Quarterly** 29 1965, 349-356.
Krugman, H. E.: Television Program Interest and Commercial Interruption. **Journal of Advertising Research** 23, 1983, 21-23.
Krugman, H. E.: Low Recall and High Recognition of Advertising. **Journal of Advertising Research** 26, 1986, 79-86.
Kuß, A.: Computereinsatz in der Datenerhebung. In H. Simon, Hrsg., 1987, 53-62.
Kutschera, F. von und A. Breitkopf: **Einführung in die moderne Logik**. Freiburg-München: Alber 1985.
LaPiere, R. T.: Attitudes versus Action. **Social Forces** 13, 1934, 230-237.
Laird, J. D., J. J. Wagener, M. Halal, und M. Szegda : Remembering What You Feel: Effects of Emotion on Memory. **Journal of Personality and Social Psychology** 42, 1982, 646-657.
Lasswell, H. D.: The Structure and Function of Communication in Society. In L. Bryson, Hrsg., 1948.
Laurent, G. und J.-N. Kapferer: Measuring Consumer Involvement Profiles. **Journal of Marketing Research** 22, 1985, 41-53.
Lazarus, R. S. : Thoughts on the Relations Between Emotion and Cognition. **American Psychologist** 37, 1982, 1019-024.
Lazarus, R. S.: On the Primacy of Cognition. **American Psychologist** 39, 1984, 124-129.
Lee, L. J., G. R. Adams und W. R. Dobson: Male and Female Attributions and Social Influence Behavior Towards a Physically Attractive Female. **Journal of Psychology** 117, 1984, 97-103.
Leigh, J. H. und C. R. Martin Jr. (Hrsg.): **Current Issues and Research in Advertising. Reviews of Selected Areas**. Ann Arbor, MI.: University of Michigan 1983.
Leventhal, H. und A. J. Tomarken: Emotion: Today's Problems. **Annual Review of Psychology** 37, 1986, 565-610.
Leventhal, H.: The Integration of Emotion and Cognition: A View from the Perceptual-Motor Theory of Emotion. In M. S. Clark und S. T. Fiske, Hrsg., 1982.

Leven, W.: Der Zusammenhang zwischen Informationsaufnahme und Informationsspeicherung beim Betrachten von Werbeanzeigen. **Marketing ZFP** 1, 1983, 13-28.

Lienert, G. A.: **Testaufbau und Testanalyse**. 3. Aufl., Weinheim et al.: Beltz 1969.

Lienert, G. A.: **Verteilungsfreie Methoden in der Biostatistik**, Bd. I, Meisenheim: Hain 1973.

Lienert, G. A.: **Verteilungsfreie Methoden in der Biostatistik**. Tafelband. Meisenheim: Hain 1975.

Lindsay, P. N., und D. A. Norman: **Human Information Processing**. An Introduction to Psychology. New York: Academic Press (Deutsche Übersetzung 1981) 1977.

Lindzey, G. und E. Aronson (Hrsg.): Handbook of Social Psychology, Vol. II. Hillsdale, NJ: Lawrence Erlbaum 1985.

Lippman, M. Z. und M. W. Shanahan: Pictorial Facilitation of Paired-Associate Learning: Implications for Vocabulary Training. **Journal of Educational Psychology** 64, 1973, 216-222.

Liska, A. E.: A Critical Examination of the Causal Structure of the Fishbein/Ajzen Attitude-Behavior Model. **Social Psychology Quarterly** 47, 1984, 61-74.

Loftus, E. F. und J. C. Palmer: Reconstruction of Automobile Destruction: An Example of the Interaction Between Language and Memory. **Journal of Verbal Learning and Verbal Behavior** 13, 1974, 585-589.

Loftus, G. R. und N. H. Mackworth: Cognitive Determinants of Fixation Location During Picture Viewing. **Journal of Experimental Psychology: Human Perception and Performance** 4, 1978, 565-572.

Loftus, G. R.: Picture Perception: Effects of Luminance on Available Information and Information-Extraction Rate. **Journal of Experimental Psychology: General** 114, 1985, 342-356.

Lorch, R. F., E. P. Lorch und P. D. Matthews: On-Line Processing of the Topic Structure of a Text. **Journal of Memory and Language** 24, 1985, 350-362.

Lord, K. R. und R. E. Burnkrant: Television Program Elaboration Effects on Commercial Processing. In **Advances in Consumer Research** 15, M. J. Houston, Hrsg., Provo, UT.: Association for Consumer Research 1988, 213-218.

Lutz, K. A., und R. J. Lutz: Effects of Interactive Imagery on Learning: Application to Advertising. **Journal of Applied Psychology** 62, 1977, 493-498.

Lutz, R. J.: Affective and Cognitive Antecedents of Attitude Toward the Ad: A Conceptual Framework. In L. F. Alwitt und A. A. Mitchell, Hrsg., 1985.

Lu, D. und D. A. Kiewit: Passive People Meters: A First Step. **Journal of Advertising Research** 27, 1987, 9-14.

MacInnis, D. J. und L. L. Price: The Role of Imagery in Information Processing: Review and Extensions. **Journal of Consumer Research** 13, 1987, 473-491.

MacKenzie, S. B.: The Role of Attention in Mediating the Effect of Advertising on Attribute Importance. **Journal of Consumer Research** 13, 1986, 174-195.

MacKenzie, S. B., R. J. Lutz und G. E. Belch: The Role of Attitude Toward the Ad as a Mediator of Advertising Effectiveness: A Test of Competing Explanations. **Journal of Marketing Research** 23, 1986, 130-143.

MacLachlan, J. und P. Jalan: The Effect of Pre-Questions on Advertising Recall. **Journal of Advertising** 14, 1985, 18-22.
MacLachlan, J. und M. H. Siegel: Reducing the Costs of TV Commercials by Use of Time Compressions. **Journal of Marketing Research** 17, 1980, 52-57.
Madden, T. J. und M. G. Weinberger: Humor in Advertising: A Practitioner View. **Journal of Advertising Research** 24, 1984, 23-29.
Madden, T. J., C. T. Allen und J. L. Twible: Attitude Toward the Ad: An Assessment of Diverse Measurement Indices Under Different Processing "Sets". **Journal of Marketing Research** 25, 1988, 242-52.
Madigan, S.: Picture Memory. In J. C. Yuille, Hrsg., 1983.
Mandler, G. und B. J. Shebo: Knowing and Liking. **Motivation and Emotion** 7, 1983, 125-144.
Mandler, J. M. und N. S. Johnson: Some of the Thousand Words a Picture is Worth. **Journal of Experimental Psychology: Human Learning and Memory** 2, 1976, 529-540.
Mandler, J. M. und N. S. Johnson: Remembrance of Things Parsed: Story Structure and Recall. **Cognitive Psychology** 9, 1977, 111-151.
Mandler, J. M. und G. H. Ritchey: Long-Term Memory for Pictures. **Journal of Experimental Psychology: Human Learning and Memory** 3, 1977, 386-396.
Marks, D. F.: Mental Imagery and Consciousness: A Theoretical Review. In A. A. Sheikh, Hrsg., 1983.
Marschark, M.: Imagery and Organization in the Recall of Prose. **Journal of Memory and Language** 24, 1985, 734-745.
Marx, W.: Das Wortfeld der Gefühlsbegriffe. **Zeitschrift für experimentelle und angewandte Psychologie** 29, 1982, 137-146.
Mazursky, D. und Y. Schul: The Effect of Advertisement Encoding on the Failure to Discount Information: Implications for the Sleeper Effect. **Journal of Consumer Research** 15, 1988, 24-36.
McGhee, P. E. und J. H. Goldstein (Hrsg.): **Handbook of Humor Research**. Vol. I und II. New York et al.: Springer 1983.
McGuire, W. J.: Attitudes and Attitude Change. In G. Lindzey und E. Aronson, Hrsg., 1985, 233-346.
McKoon, G.: Notes, Comments, and New Findings. The Representation of Pictures in Memory. **Journal of Experimental Psychology: Human Learning and Memory** 7, 1981, 216-221.
McQuarrie, E. F. und J. M. Munson: The Zaichkowsky Personal Involvement Inventory: Modification and Extension. **Advances in Consumer Research**. M. Wallendorf und P. Anderson, Hrsg., Provo, UT.: Association for Consumer Research 1987, 36-40.
McSweeney, F. K. und C. Bierley: Recent Developments in Classical Conditioning. **Journal of Consumer Research** 11, 1984, 619-631.
Meffert, H.: **Strategische Unternehmensführung und Marketing**. Wiesbaden: Gabler 1988.
Meffert, H. und K.-G. Windhorst: Sieben "Wertetypen" auf der Spur. **Absatzwirtschaft**, Heft 9/84, 116-124.
Mehrabian, A.: **Nonverbal Communication**. Chicago: Aldine 1972.
Mehrabian, A.: **Basic Dimensions for a General Psychological Theory**. Cambridge, Mass.: Oelgeschlager, Gunn & Hain 1980.
Mehrabian, A., und J. A. Russel: **An Approach to Environmental Psychology**. Cambridge Massachusetts: MIT Press 1974.
Meier, H.: **Deutsche Sprachstatistik**. Hildesheim: Olms 1967.

Merikle, P. M. und J. Cheesman: Current Status of Research on Subliminal Perception. **Advances in Consumer Research**, M. Wallendorf und P. A. Anderson, Hrsg., Provo, UT., Association for Consumer Research 1987, 298-302.

Mertens, P. und K. Allgeyer: Künstliche Intelligenz in der Betriebswirtschaft. **Zeitschrift für Betriebswirtschaft** 53, 1983, 686-707.

Mertens, P., V. Borkowski und W. Geis: **Betriebliche Expertensystem-Anwendungen**. Eine Materialsammlung. Berlin et al.: Springer 1988.

Mescheder, B.: Funktionen und Arbeitsweise der Expertensystem-Shell TWAICE. In S. E. Savory, Hrsg., 1985, 57-90.

Metzger, G.: Contam's VCR Research. **Journal of Advertising Research** 26, (Seite RC-8 bis RC-12), 1986.

Meyer-Hentschel, G.: **Aktivierungswirkung von Anzeigen**. Würzburg: Physica 1983.

Meyer-Hentschel, G.: **Erfolgreiche Anzeigen**. Wiesbaden: Gabler 1988.

Miniard, P. W., P. R. Dickson und K. R. Lord: Some Central and Peripheral Thoughts on the Routes to Persuasion. In **Advances in Consumer Research** 15, M. J. Houston, Hrsg., Provo, UT.: Association for Consumer Research 1988, 204-208.

Mitchell, A.: Cognitive Processes Initiated by Exposure to Advertising. In R. J. Harris, Hrsg., 1983, 13-42.

Mitchell, A. A.: The Effect of Verbal and Visual Components of Advertisements on Brand Attitudes and Attitude Toward the Advertisement. **Journal of Consumer Research** 13, 1986, 12-24.

Mitchell, A. A. und J. C. Olson: Are Product Attribute Beliefs the Only Mediator of Advertising Effects on Brand Attitude? **Journal of Marketing Research** 18, 1981, 318-332.

Moldovan, S. E.: Copy Factors Related to Persuasion Scores. **Journal of Advertising Research** 24, 1984/85, 16-22.

Monaco, G. E. und D. Kaiser: Effects of Prior Preference, Inferences, and Believability in Consumer Advertising. In R. J. Harris, Hrsg., 1983, 263-287.

Moore, D. J. und R. Reardon: Source Magnification: The Role of Multiple Sources in the Processing of Advertising Appeals. **Journal of Marketing Research** 24, 1987, 412-417.

Moore, D. L. und J. W. Hutchinson: The Influence of Affective Reactions to Advertising: Direct and Indirect Mechanisms of Attitude Change. In L. F. Alwitt und A. A. Mitchell, Hrsg., 1985.

Moore, D. L., D. Hausknecht und K. Thamodaran. Time Compression, Response Opportunity, and Persuasion. **Journal of Consumer Research** 13, 1986, 85-99.

Mord, M. S. und E. Gilson: Shorter Units: Risk-Responsibility-Reward. **Journal of Advertising Research** 25, 1985, 9-19.

Mühlbacher, H.: Ein situatives Modell der Motivation zur Informationsaufnahme und -verarbeitung bei Werbekontakten. **Marketing ZFP** 10, 1988, 85-94.

Müller-Hagedorn, L.: **Das Konsumentenverhalten. Grundlagen für die Marktforschung.** Wiesbaden: Gabler 1986.

Müller-Merbach, H.: Betriebswirtschaftslehre nach dem Jahr 2000. In E. Gaugler, H. G. Meissner und N. Thom, Hrsg., 1986, 497-511.

Munch, J. M. und J. L. Swasy: Rhetorical Question, Summarization Frequency, and Argument Strength Effects on Recall. **Journal of Consumer Research** 115, 1988, 69-76.

Muncy, J. A. und S. D. Hunt: Consumer Involvement: Definitional Issues and Research Directions. **Advances in Consumer Research** 11, T. C. Kinnear, Hrsg., Provo, UT.: Association for Consumer Research 1984, 193-196.

Murphy, J. H., I. C. M. Cunningham und G. B. Wilcox: The Impact of Program Environment on Recall of Humorous Television Commercials. **Journal of Advertising** 8, 1979, 17-21.

Nastansky, L.: Microcomputer im Marketing. **Marketing ZFP** 6, 1984, 31-40.

Natsoulas, T.: Basic Problems of Consciousness. **Journal of Personality and Social Psychology** 41, 1981, 132-178.

Neibecker, B.: Computerkontrollierte Magnitudeskalierung. **Marketing ZFP** 5, 1983, 185-189.

Neibecker, B.: The Validity of Computer-Controlled Magnitude Scaling to Measure Emotional Impact of Stimuli. **Journal of Marketing Research** 21, 1984, 325-331.

Neibecker, B.: **Konsumentenemotionen**. Messung durch computergestützte Verfahren. Würzburg-Wien: Physica 1985a.

Neibecker, B.: Neue Medien und computergestützte Werbewirkungsanalyse. **Planung und Analyse** 12, 1985b, 476-480.

Neibecker, B.: Processing Complexity in Magnitude Versus Category Scaling. In **Advances in Consumer Research** 13, R. J. Lutz, Hrsg., Provo, UT.: Association for Consumer Research 1986, 286-290.

Neibecker, B.: The Dynamic Component in Attitudes Towards the Stimulus. In **Advances in Consumer Research** 14, P. F. Anderson and M. Wallendorf, Hrsg., Provo, UT.: Association for Consumer Research 1987a, 482-486.

Neibecker, B.: Werben mit Bildern. **Marketing Journal**, 1987b, 356-361.

Neibecker, B.: Apparative Marktforschung: Ein Beitrag zur Werbewirkungs-analyse. **Werbeforschung & Praxis**, 1987c, 19-24.

Neibecker, B.: Expertensysteme, Werbewirkung: Informationen und kein Ende. **Gablers Magazin** 1988, Nr. 10, 24-28.

Neibecker, B.: Einsatz von Expertensystemen im Marketing. In A.-W. Scheer, Hrsg., 1989, Band II.

Neibecker, B., J. Früchtenicht und W. von Keitz: Über die Lesbarkeit von Farbe und Schrift. **Forschungsbericht des Instituts für Konsum- und Verhaltensforschung**. Universität des Saarlandes, Saarbrücken 1980.

Nelson, D. L.: Remembering Pictures and Words: Appearance, Significance, and Name. In L. S. Cermak und F. J. M. Craik, Hrsg., 1979, 45-76.

Nelson, D. L., V. S. Reed und J. R. Walling: Pictorial Superiority Effect. **Journal of Experimental Psychology: Human Learning and Memory** 2, 1976, 523-528.

Nelson, D. L., V. S. Reed und C. L. McEvoy: Learning to Order Pictures and Words: A Model of Sensory and Semantic Encoding. **Journal of Experimental Psychology: Human Learning and Memory** 3, 1977, 485-497.

Nelson, J. E., C. P. Duncan und N. T. Frontczak: The Distraction Hypothesis and Radio Advertising. **Journal of Marketing** 49, 1985, 60-71.

Neville, H. J., M. Kutas, G. Chesney und A. L. Schmidt: Event-Related Brain Potentials during Initial Encoding and Recognition Memory of Congruous and Incongruous Words. **Journal of Memory and Language** 25, 1986, 75-92.

Nieschlag, R., E. Dichtl und H. Hörschgen: **Marketing**. 15. Aufl., Berlin: Duncker & Humblot 1988.

Noelke, U.: Das Wesen des Knowledge Engineering. In S. E. Savory, Hrsg., 1985, 109-123.

Nunnally, J. C.: **Psychometric Theory**. New York et al.: McGraw-Hill 1978.

Öhman, A.: The Orienting Response, Attention, and Learning: An Information-Processing Perspective. In H. D. Kimmel et al., Hrsg., 1979, 443-471.

Paivio, A.: Perceptual comparisons through the mind's eye. **Memory & Cognition** 3, 1975, 635-647.

Paivio, A.: Imagery in Recall and Recognition. In J. Brown, Hrsg., 1976.

Paivio, A.: **Mental Representations. A Dual Coding Approach**. New York et al.: Oxford University Press 1986.

Paivio, A. und K. Csapo: Picture Superiority in Free Recall: Imagery or Dual Coding? **Cognitive Psychology** 5, 1973, 176-206.

Palmer, S. E.: The Effects of Contextual Scenes on the Identification of Objects. **Memory & Cognition** 3, 1975, 519-526.

Park, C. W. und S. M. Young: Consumer Response to Television Commercials: The Impact of Involvement and Background Music on Brand Attitude Formation. **Journal of Marketing Research** 23, 1986, 11-24.

Park, D. C. und D. A. Mason: Is there Evidence for Automatic Processing of Spatial and Color Attributes Present in Pictures and Words? **Memory & Cognition** 10, 1982, 76-81.

Pednault, E. P. D., S. W. Zucker und L. V. Muresan: On the Independence Assumption Underlying Subjective Bayesian Updating. **Artificial Intelligence** 16, 1981, 213-222.

Percy, L.: A Review of the Effect of Specific Advertising Elements upon Overall Communication Response. In J. H. Leigh und C. R. Martin Jr., Hrsg., 1983, 77-118.

Percy, L.: The Often Subtle Linguistic Cues in Advertising. In **Advances in Consumer Research** 15, M. J. Houston, Hrsg., Provo, UT.: Association for Consumer Research 1988, 269-274.

Petty, R. E., G. L. Wells und T. C. Brock: Distraction Can Enhance or Reduce Yielding to Propaganda: Thought Disruption Versus Effort Justification. **Journal of Personality and Social Psychology** 34, 1976, 874-884.

Petty, R. E., J. T. Cacioppo und M. Heesacker: Effects of Rhetorical Questions on Persuasion: A Cognitive Response Analysis. **Journal of Personality and Social Psychology** 40, 1981, 432-440.

Petty, R. E. und J. F. Cacioppo: Issue Involvement as a Moderator of the Effects on Attitude of Advertising Content and Context. In **Advances in Consumer Research** 8, K. B. Monroe, Hrsg., Ann Arbor: Association for Consumer Research 1981, 20-24.

Petty, R. E., J. T. Cacioppo und D. Schumann: Central and Peripheral Routes to Advertising Effectiveness: The Moderating Role of Involvement. **Journal of Consumer Research** 10, 1983, 135-146.

Petty, R. E. und J. T. Cacioppo: The Effects of Involvement on Responses to Argument Quantity and Quality: Central and Peripheral Routes to Persuasion. **Journal of Personality and Social Psychology** 46, 1984, 69-81.

Petty, R. E., T. M. Ostrom und T. C. Brock (Hrsg.): **Cognitive Responses in Persuasion**. Hillsdale, NJ.: Lawrence Erlbaum 1981.

Pezdek, K.: Cross-Modality Semantic Integration of Sentence and Picture Memory. **Journal of Experimental Psychology: Human Learning and Memory** 3, 1977, 515-524.

Pezdek, K.: Recognition Memory for Related Pictures. **Memory & Cognition** 6, 1978, 64-69.

Pfeiffer, T.: Real existierende Expertensysteme. **c't**, Heft 6/1987, 82-89.

Plutchik, R.: Emotion: **A Psychoevolutionary Synthesis**. New York: Harper & Row 1980.

Plutchik, R.: Emotions in Early Development: A Psychoevolutionary Approach. In R. Plutchik und H. Kellerman, Hrsg., 1983, 221-257.

Plutchik, R. und H. Kellerman, (Hrsg.): **Emotion. Theory, Research, and Experience**. Vol. 1: Theories of Emotion. New York et al.: Academic Press 1980.

Plutchik, R. und H. Kellerman (Hrsg.): **Emotion, Theory, Research, and Experience**. Vol. 2: Emotions in Early Development. New York et al.: Academic Press 1983.

Pollatsek, A., K. Rayner und W. E. Collins: Integrating Pictorial Information Across Eye Movements. **Journal of Experimental Psychology: General** 113, 1984, 426-442.

Potter, M. C.: Mundane Symbolism: The Relations Among Objects, Names, and Ideas. In N. R. Smith und M. B. Franklin, Hrsg., 1979, 41-65.

Pratkanis, A. R. und A. G. Greenwald: A Reliable Sleeper Effect in Persuasion: Implications for Opinion Change Theory and Research. In L. F. Alwitt und A. A. Mitchell, Hrsg., 1985, 157-176.

Prerau, D. S.: Selection of an Appropriate Domain for an Expert System. **The AI Magazine**, 1985, 26-30.

Pylyshyn, Z. W.: The Imagery Debate: Analogue Media Versus Tacit Knowledge. **Pschological Review** 88, 1981, 16-45.

Raffée, H. und K. P. Wiedmann: Der Wertewandel als Herausforderung für Marketingforschung und Marketingpraxis. **Marketing ZFP** 10, 1988, 198-210.

Rangaswamy, A., R. Burke, J. Wind und J. Eliashberg: **Expert Systems for Marketing**. Arbeitspapier an der Wharton School, University of Pennsylvania, 1986.

Rayner, K. (Hrsg.): **Eye Movements in Reading: Perceptual and Language Processes**. New York: Academic Press 1983.

Rayner, K.: The Perceptual Span and Eye Movement Control During Reading. In K. Rayner, Hrsg., 1983, 97-120.

Ray, M. L.: **Advertising and Communication Management**. Englewood Cliffs: Prentice-Hall 1982.

Ray, M. L. und P. H. Webb: Three Prescriptions for Clutter. **Journal of Advertising Research** 26, 1986, 69-77.

Reidenbach, R. E. und R. E. Pitts: Not All CEOs are Created Equal as Advertising Spokespersons: Evaluating The Effective CEO Spokesperson. **Journal of Advertising** 15, 1986, 30-36.

Reid, L. N. und L. C. Soley: Decorative Models and the Readership of Magazine Ads. **Journal of Advertising Research** 23, 1983, 27-32.

Rethans, A. J., J. L. Swasy und L. J. Marks: Effects of Television Commercial Repetition, Receiver Knowledge, and Commercial Length: A Test of the Two-Factor Model. **Journal of Marketing Research** 23, 1986, 50-61.

Richardson, A.: Verbalizer - Visualizer: A Cognitive Style Dimension. **Journal of Mental Imagery** 1, 1977, 109-126.

Richardson, A.: Imagery: Definition and Types. In A. A. Sheikh, Hrsg., 1983, 3-42.

Richins, M. L. und P. H. Bloch: After the New Wears Off: The Temporal Context of Product Involvement. **Journal of Consumer Research** 13, 1986, 280-285.

Richmond, D. und T. P. Hartman: Sex Appeal in Advertising. **Journal of Advertising Research** 22, 1982, 53-61.

Rogge, H.-J.: **Werbung**. Ludwigshafen: Kiehl 1988.

Rook, D. W.: The Buying Impulse. **Journal of Consumer Research** 14, 1987, 189-199.

Rossiter, J. R.: Predicting Starch Scores. **Journal of Advertising Research** 21, 1981, 63-68.

Rossiter, J. R. und L. Percy: Visual Communication in Advertising. In R. J. Harris, Hrsg., 1983, 83-125.

Rubin, D. C.: Memorability as a Measure of Processing: A Unit Analysis of Prose and List Learning. **Journal of Experimental Psychology: General** 114, 1985, 213-238.

Ruge, H.-D.: **Die Messung bildhafter Konsumerlebnisse**. Heidelberg: Physica 1988.

Ryan, M. R. und E. H. Bonfield: Fishbein's Intentions Model: A Test of External and Pragmatic Validity. **Journal of Marketing** 44, 1980, 82-95.

Sachs, L.: **Angewandte Statistik.** Berlin et al.: Springer 1974.

Savory, S. E. (Hrsg.): **Künstliche Intelligenz und Expertensysteme.** München-Wien: Oldenbourg 1985.

Savory, S. E. (Hrsg.): **Expertensysteme: Nutzen für Ihr Unternehmen**. München-Wien: Oldenbourg 1987.

Schachter, S. und J. E. Singer: Cognitive, Social, and Physiological Determinants of Emotional State. **Psychological Review** 69, 1962, 379-399.

Scheer, A.-W. und D. Steinmann: Einführung in den Themenbereich Expertensysteme. In A.-W. Scheer, Hrsg., 1988, 5-27.

Scheer, A.-W. (Hrsg.): **Betriebliche Expertensysteme, Bd. I: Einsatz von Expertensystemen in der Betriebswirtschaft - Eine Bestandsaufnahme**. Wiesbaden: Gabler 1988. **Bd. II: Einsatz von Expertensystem-Prototypen in betriebswirtschaftlichen Funktionsbereichen**. Wiesbaden: Gabler 1989.

Scherer, K. R.: Prolegomina zu einer Taxonomie affektiver Zustände: Ein Komponenten-Prozeß-Modell. In **Bericht über den 33. Kongreß der Deutschen Gesellschaft für Psychologie** in Mainz, Band 1, G. Lüer, Hrsg., Göttingen et al.: Hogrefe 1983, 415-423.

Schlinger, M. J.: A Profile of Responses to Commercials. **Journal of Advertising Research** 19, April 1979, 37-46.

Schlinger, M. J. R., L. F. Alwitt, K. E. McCarthy und L. Green: Effects of Time Compression on Attitudes and Information Processing. **Journal of Marketing** 47, 1983, 79-85.

Schmidt-Atzert, L.: **Die verbale Kommunikation von Emotionen: eine Bedingungsanalyse unter besonderer Berücksichtigung physiologischer Prozesse**. Dissertation Gießen 1980.

Schmidt-Atzert, L.: **Emotionspsychologie**. Stuttgart et al.: Kohlhammer 1981.

Schnupp, P. und C. T. Nguyen Huu: **Expertensystem-Praktikum**. Berlin et al.: Springer 1987.

Schöneburg, E.: Inferenzmechanismen sind meist nicht mächtig genug. **Computerwoche**, 2. Oktober 1987, 29-32.

Schöneburg, E.: Vorerst keine Garantie für Zuverlässigkeit. **Computerwoche**, 19. Februar 1988, 12-14.

Scholz, C. und M. Rohloff: **Unternehmenskultur und Expertensysteme: Eine methodische und inhaltliche Herausforderung**. Arbeitspapier, Universität des Saarlandes 1987.

Schwarz, C., F. Sturm und W. Klose (Hrsg. für Marketing zwischen Theorie und Praxis e.V.): Marketing 2000. Wiesbaden: Gabler 1987.

Schweiger, G. und H. Hruschka: Anzeigengestaltung in Fachzeitschriften. **Transfer**, 1979, 4-6.

Schweiger, G. und H. Schwarz: Kommunikation im Markt. In C. G. Hoyos et al., Hrsg., 1980, 365-377.

Schweiger, G.: Nonverbale Imagemessung. **Werbeforschung & Praxis** 30, 1985, 126-134.

Segalowitz, N. S.: The Perception of Semantic Relations in Pictures. **Memory & Cognition** 10, 1982, 381-388.

Serafine, M. L., J. Davidson, R. G. Crowder und B. H. Repp: On the Nature of Melody - Text Integration in Memory for Songs. **Journal of Memory and Language** 25, 1986, 123-135.

Sheikh, A. A. (Hrsg.): **Imagery. Current Theory, Research, and Application**. New York et al.: Wiley 1983.

Shepard, R. N.: Recognition Memory for Words, Sentences, and Pictures. **Journal of Verbal Learning and Verbal Behavior** 6, 1967, 156-163.

Sheppard, A.: Effect of Mode of Representation on Visual Humor. **Psychological Reports** 52, 1983, 299-305.

Shimp, T. A. Evaluative Verbal Content and Deception in Advertising: A Review and Critical Analysis. In R. J. Harris, Hrsg., 1983, 195-216.

Shimp, T. A.: Attitude Toward the Ad as a Mediator of Consumer Brand Choice. **Journal of Advertising** 10, 1981, 9-15.

Shortliffe, E. H.: Details of the Consultation System. In B. G. Buchanan und E. H. Shortliffe, Hrsg., 1985, 78-132.

Shortliffe, E. H. und B. G. Buchanan: A Model of Inexact Reasoning in Medicine. In B. G. Buchanan und E. H. Shortliffe, Hrsg., 1985, 233-262.

Shuptrine, F. K. und D. D. McVicker: Readability Levels of Magazine Ads. **Journal of Advertising Research** 21, 1981, 45-51.

Silberer, G.: Einstellungen und Werthaltungen. In M. Irle, Hrsg., 1983, 533-625.

Silverman, B. G. (Hrsg.): **Expert Systems for Business**. Reading et al.: Addison-Wesley 1987.

Simon, H.: ADPULS: An Advertising Model with Wearout and Pulsation. **Journal of Marketing Research** 19, 1982, 352-363.

Simon, H. (Hrsg.): **Marketing im technologischen Umbruch**. Stuttgart: Schäfer 1987.

Simon, J. L.: What do Zielske's Real Data Really Show about Pulsing? **Journal of Marketing Research** 16, 1979, 415-420.

Singh, S. N. und G. A. Churchill Jr.: Response-Bias-Free Recognition Tests to Measure Advertising Effects. **Journal of Advertising Research** 27, 1987, 23-36.

Singh, S. N. und M. L. Rothschild: Recognition as a Measure of Learning from Television Commercials. **Journal of Marketing Research** 20, 1983, 235-248.

Singh, S. N., M. L. Rothschild und G. A. Churchill, Jr.: Recognition Versus Recall as Measures of Television Commercial Forgetting. **Journal of Marketing Research** 25, 1988, 72-80.

Sissors, J. Z.: Confusions About Effective Frequency. **Journal of Advertising Research** 22, 1982, 33-37.

Six, B.: Effektivität der Werbung. In M. Irle, Hrsg., 2. Halbband, 1983, 341-386.

Smith, A.: Kampagnen, die wirken (II). **Viertel-Jahreshefte für Media- und Werbewirkung** 2/ 1987, 20-23.

Smith, G. H. und R. Engel: Influence of a Female Model on Perceived Characteristics of an Automobile. In **Proceedings of the 76th Annual Convention of the American Psychological Association**. 1968, 681-682.

Smith, N. R. und M. B. Franklin (Hrsg.): **Symbolic Functioning in Childhood**. Hillsdale, NJ.: Lawrence Erlbaum 1979.

Snodgrass, J. G.: Concepts and Their Surface Representations. **Journal of Verbal Learning and Verbal Behavior** 23, 1984, 3-22.

Soldow, G. F. und V. Principe: Response to Commercials as a Function of Program Context. **Journal of Advertising Research** 21, 1981, 59-65.

Solomon, I., A. Ariyo und L. A. Tomassini: Contextual Effects on the Calibration of Probabilistic Judgements. **Journal of Applied Psychology** 70, 1985, 528-532.

Sommer, R. und S. Aitkens: Mental Mapping of Two Supermarkets. **Journal of Consumer Research** 9, 1982, 211-215.

Specht, G.: **Distributionsmanagement**. Stuttgart et al.: Kohlhammer 1988.

Spieker, H.: Die Wirksamkeit humoriger Werbung. **Marketing ZFP** 9, 1987, 85-92.

Spoehr, K. T. und S. W. Lehmkuhle: **Visual Information Processing**. San Francisco: Freeman 1982.

Staats, A. W. und C. K. Staats: Effect of Number of Trials on the Language Conditioning of Meaning. **Journal of General Psychology** 61, 1959, 211-223.

Standing, L.: Learning 10000 Pictures. **Quarterly Journal of Experimental Psychology** 25, 1973, 207-222.

Steffenhagen, H.: **Kommunikationswirkung. Kriterien und Zusammenhänge**. Hamburg: Heinrich Bauer Stiftung 1984.

Steiger, A.: **Computergestützte Aktivierungsmessung in der Marketingforschung**. Frankfurt et al.: Lang 1988.

Steiner, G. A.: The People Look at Commercials: A Study of Audience Behavior. **Journal of Business** 39, 1966, 272-304.

Stelmack, R. M., L. M. Plouffe und H. W. Winogron: Recognition Memory and the Orienting Response: An Analysis of the Encoding of Pictures and Words. **Biological Psychology** 16, 1983, 49-63.

Stender, J.: Expertensysteme im Marketing - Anwendungsmöglichkeiten und Perspektiven. **Handbuch der modernen Datenverarbeitung** 23, 1986, 99-107.

Sternthal, B. und C. S. Craig: Humor in Advertising. **Journal of Marketing** 37, 1973, 12-18.

Stevens, S. S.: **Psychophysics. Introduction to its Perceptual, Neural, and Social Prospects.** New York et al.: Wiley 1975.

Sutherland, M. und J. Galloway: Role of Advertising: Persuasion or Agenda Setting? **Journal of Advertising Research** 21, 1981, 25-29.

Swartz, T. A.: A Further Examination of the Relationship Between Source Expertise and Source Similarity. **Journal of Advertising** 15, 1986, 49-50.

Swasy, J. L. und J. M. Munch: Examining the Target of Receiver Elaborations: Rhetorical Question Effects on Source Processing and Persuasion. **Journal of Consumer Research** 11, 1985, 877-886.

Tanimoto, S. L.: **The Elements of Artificial Intelligence**. Computer Science Press 1987.

Thorndyke, P. W.: Cognitive Structures in Comprehension and Memory of Narrative Discourse. **Cognitive Psychology** 9, 1977, 77-110.

Tietz, B.: Die Wertedynamik der Konsumenten und Unternehmer in ihren Konsequenzen auf das Marketing. **Marketing ZFP** 4, 1982, 91-102.

Tietz, B. (Hrsg.): **Die Werbung. Handbuch der Kommunikations- und Werbewirtschaft**, Band 1 (1981), Band 2 (1982), Landsberg am Lech: Moderne Industrie.

Tietz, B.: **Wege in die Informationsgesellschaft**. Stuttgart: Poller 1987.

Tomkins, S. S.: The Role of Facial Response in the Experience of Emotion: A Reply to Tourangeau and Ellsworth. **Journal of Personality and Social Psychology** 40, 1981, 355-357.

Treu, S. (Hrsg.): **User-Oriented Design of Interactive Graphics Systems**. New York: ACM 1977.

Triandis, H. C.: Values, Attitudes, and Interpersonal Behavior. **Nebraska Symposium on Motivation**. Lincoln-London: Universitiy of Nebraska Press 1980, 195-259.

Trommsdorff, V.: **Die Messung von Produktimages für das Marketing. Grundlagen und Operationalisierung**. Köln et al.: Carl Heymanns 1975.

Trommsdorff, V.: Massierte und verteilte Werbung. Rekonstruktion von ZIELSKEs Sägezähnen. **Diskussionspapier** Nr. 60, TU-Berlin 1981.

Trommsdorff, V.: Predicting Consumer Choice Probabilities by Causal Models of Competition. In **Advances in Consumer Research** 11, T. C. Kinnear, Hrsg., Provo, UT.: Association for Consumer Research 1984, 601-606.

Trommsdorff, V. und H. Schuster: Die Einstellungsforschung für die Werbung. In B. Tietz, Hrsg., 1981, 717-765.

Tulving, E.: Similarity Relations in Recognition. **Journal of Verbal Learning and Verbal Behavior** 20, 1981, 479-496.

Tulving, E.: How Many Memory Systems are There? **American Psychologist** 40, 1985, 385-398.

Tulving, E., und D. M. Thomson: Encoding Specificity and Retrieval Processes in Episodic Memory. **Psychological Review** 80, 1973, 352-373.

Turing, A.: Computing Machinery and Intelligence. In E. A. Feigenbaum und J. Feldman, Hrsg., 1963.

Underwood, G.: Memory Systems and Conscious Processes. In G. Underwood, und R. Stevens, 1979, 91-121.

Underwood, G. und R. Stevens (Hrsg.): **Aspects of Consciousness**. Band 1: Psychological Issues. London et al.: Academic Press 1979.

Vaughn, R.: How Advertising Works: A Planning Model. **Journal of Advertising Research** 20, 1980, 27-33.

Waterman, D. A. und F. Hayes-Roth (Hrsg.): **Pattern-Directed Inference Systems**. New York et al.: Academic Press 1978.

Waterman, D. A.: **A Guide to Expert Systems**. Reading, Massachusetts et al.: Addison-Wesley 1986.

Webb, P. H. und M. L. Ray: Effects of TV Clutter. **Journal of Advertising Research** 19, 1979, 7-12.

Weilbacher W. M.: **Advertising**. New York-London: Macmillan 1984.

Weinberg, P.: **Betriebswirtschaftliche Logik.** Düsseldorf: Bertelsmann 1971.
Weinberg, P.: Beobachtung des emotionalen Verhaltens. In Forschungsgruppe Konsum und Verhalten, 1983, 45-62.
Weinberg, P.: **Nonverbale Marktkommunikation**. Heidelberg: Physica 1986.
Weitz, B. A. und R. Wensley: **Strategic Marketing.** Boston, Ma.: Kent 1984.
Wells, G. L. und R. E. Petty: The Effects of Overt Head Movements on Persuasion: Compatibility and Incompatibility of Responses. **Basic and Applied Social Psychology** 1, 1980, 219-230.
Wells, W. D., C. Leavitt und M. McConville: A Reaction Profile for TV Commercials. **Journal of Advertising Research** 11, 1971, 11-17.
Westbrook, R. A.: Product/Consumption-Based Affective Responses and Postpurchase Processes. **Journal of Marketing Research** 24, 1987, 258-270.
Whalen, T., B. Schott, N. G. Hall und F. Ganoe: Fuzzy Knowledge in Rule-Based Systems. In B. G. Silverman, Hrsg., 1987, 99-119.
Wilton, P. C. und J. G. Myers: Task, Expectancy, and Information Assessment Effects in Information Utilization Processes. **Journal of Consumer Research** 12, 1986, 469-486.
Wimmer, R.-M.: **Wiederholungswirkungen der Werbung - eine empirische Untersuchung zur Auswirkung von Kontaktwiederholungen bei emotionaler Werbung**. Hamburg: Gruner und Jahr 1980.
Winston, P. H.: **Artificial Intelligence**. Reading, Massachusetts et al.: Addison-Wesley (deutsche Übersetzung 1987) 1984.
Wiswede, G.: Motivation des Kaufverhaltens. In C. G. Hoyos et al., Hrsg., 1980, 420-427.
Witt, D.: **Blickverhalten und Erinnerung bei emotionaler Anzeigenwerbung - eine experimentelle Untersuchung mit der Methode der Blickaufzeichnung**. Dissertation Universität des Saarlandes 1977.
Wöhe, G.: **Einführung in die Allgemeine Betriebswirtschaftslehre**. 16. Aufl., München: Vahlen 1986.
Wood, W., C. A. Kallgren und R. M. Preisler: Access to Attitude-Relevant Information in Memory as a Determinant of Persuasion: The Role of Message Attributes. **Journal of Experimental Social Psychology** 21, 1985, 73-85.
Woodall, W. G. und J. P. Folger : Encoding Specificity and Nonverbal Cue Context: An Expansion of Episodic Memory Research. **Communication Monographs** 48, 1981, 39-53.
Wright, P.: Cognitive Responses to Mass Media Advocacy. In R. E. Petty, T. M. Ostrom und T. C. Brock, Hrsg., 1981, 263-282.
Wyer, R. Jr. und T. Srull (Hrsg.): **Handbook of Social Cognition**. Hillsdale NJ.: Lawrence Erlbaum 1984.
Yalch, R. F. und R. Elmore-Yalch: The Effect of Numbers on the Route to Persuasion. **Journal of Consumer Research** 11, 1984, 522-527.
Yorke, D. A. und P. J. Kitchen: Channel Flickers and Video Speeders. **Journal of Advertising Research** 25, 1985, 21-25.
Yuille, J. C. und M. Marschark: Imagery Effects on Memory: Theoretical Interpretations. In A. A. Sheikh, Hrsg., 1983, 131-155.
Yuille, J. C. (Hrsg.): **Imagery, Memory and Cognition**. Hillsdale, NJ.: Lawrence Erlbaum 1983.
Yu, V. L., L. M. Fagan, S. W. Bennett, W. J. Clancey, A. C. Scott, J. F. Hannigan, R. L. Blum, B. G. Buchanan und S. N. Cohen: An Evaluation of MYCIN's Advice. In B. G. Buchanan und E. H. Shortliffe, Hrsg., 1985, 589-596.

Zadeh, L. A.: Fuzzy Sets. **Information and Control** 8, 1965, 338-353.
Zadeh, L. A.: The Concept of a Linguistic Variable and its Application to Approximate Reasoning-I. **Information Sciences** 8, 1975a, 199-249.
Zadeh, L. A.: The Concept of a Linguistic Variable and its Application to Approximate Reasoning-II. **Information Sciences** 8, 1975b, 301-357.
Zadeh, L. A.: The Concept of a Linguistic Variable and its Application to Approximate Reasoning-III. **Information Sciences** 9, 1975c, 43-80.
Zaichkowsky, J. L.: Measuring the Involvement Construct. **Journal of Consumer Research** 12, 1985, 341-352.
Zaichkowsky, J. L.: The Emotional Aspect of Product Involvement. **Advances in Consumer Research** 14, M. Wallendorf und P. Anderson, Hrsg., Provo, UT.: Association for Consumer Research 1987, 32-35.
Zajonc, R. B.: Feeling and Thinking. Preferences Need no Inferences. **American Psychologist** 35, 1980, 151-175.
Zajonc, R. B.: On the Primacy of Affect. **American Psychologist** 39, 1984, 117-123.
Zajonc, R. B., und H. Markus: Affective and Cognitive Factors in Preferences. **Journal of Consumer Research** 9, 1982, 123-131.
Zajonc, R. B. und H. Markus: Must all Affect be Mediated by Cognition? **Journal of Consumer Research** 12, 1985, 363-364.
Zeitlin, D. M. und R. A. Westwood: Measuring Emotional Response. **Journal of Advertising Research** 26, 1986, 34-44.
Zentes, J.: **EDV-gestütztes Marketing**. Berlin et al.: Springer 1987.
Zielske, H. A.: The Remembering and Forgetting of Advertising. **Journal of Advertising** 23, 1959, 239-243.
Zielske, H. A.: Does Day-After Recall Penalize "Feeling" Ads? **Journal of Advertising Research** 22, 1982, 19-23.
Zinkhan, G. M. und C. Fornell: A Test of Two Consumer Response Scales in Advertising. **Journal of Marketing Research** 22, 1985, 447-452.
Zinkhan, G. M. und B. D. Gelb: What Starch Scores Predict. **Journal of Advertising Research** 26, 1986, 45-50.
Zinkhan, G. M., W. B. Locander und J. H. Leigh: Dimensional Relationships of Aided Recall and Recognition. **Journal of Advertising** 15, 1986, 38-46.
o.V.: Mediaforschung. **Context**, Folge 12, 1988, 2-5.

Anhang

Seite

Anzeige für Pkw: interaktiv-organisiert

Anzeige für Pkw: bizarr-unorganisiert

Anzeige für Dunlop: interaktiv-organisiert

Anzeige für Dunlop: bizarr-unorganisiert

Anzeige für Zigaretten: interaktiv-organisiert

Anzeige für Zigaretten: bizarr-unorganisiert

Anzeige für Uhr: interaktiv-organisiert

Anzeige für Uhr: bizarr-unorganisiert

Anzeige für Heimsauna: interaktiv-organisiert

Anzeige für Heimsauna: bizarr-unorganisiert

Anzeige für Bildplatte: interaktiv-organisiert

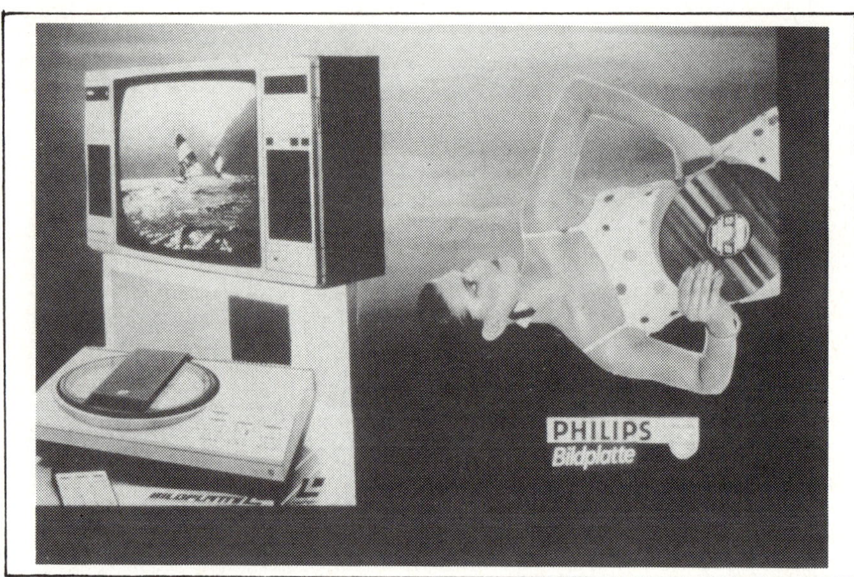

Anzeige für Bildplatte: bizarr-unorganisiert

Anzeige für Tabak: interaktiv-organisiert

Anzeige für Tabak: bizarr-unorganisiert

Anzeige für Taschenrechner: interaktiv-organisiert

Anzeige für Taschenrechner: bizarr-unorganisiert

Ablenkungsanzeige für Reifen: bizarr-unorganisiert

Ablenkungsanzeige für Bildplatte: interaktiv-organisiert

Anzeige POLYKUR-GRÜN

Anzeige POLYKUR-ROT

Anzeige POLYKUR-BLAU

Anzeige POLYKUR-ALT

Anzeige GARD

Sachregister